譯註
禮記淺見錄

❸

禮運·禮器·郊特牲·內則

譯註
禮記淺見錄

③

禮運·禮器·郊特牲·內則

권 근權 近 저
정병섭鄭秉燮 역

學古房

  본 역서는 고려말 조선초기 학자인 양촌 권근의 『예기천견록(禮記淺見
錄)』을 번역한 것이다. 권근은 매우 유명한 인물이며, 관련 연구도 많이 되
어 있기 때문에 별도로 덧붙일 말은 없다. 역자가 『예기천견록』을 번역하
게 된 것은 우연하고도 사소한 이유 때문이다. 『예기보주』를 완역하고 난
뒤에 무료함을 달래기 위해 무엇을 할까 고민하다가 책장 한켠에 놓여 있
던 『한국경학자료집성』이 눈에 들어왔다. 이 책은 모교의 대동문화연구원
에서 발간한 것인데, 대학원 박사과정 때 우연한 기회로 오경(五經) 전권
을 얻게 되었다. 그러나 당시에는 딱히 참고할 일이 없어 한쪽 구석에 먼지
와 함께 쌓여 있었고, 몇번의 이사를 거치면서 책장을 정리할 때마다 늘 구
석에서도 가장 후미진 곳을 차지하게 되었다. 그러던 중 조선 유학자인 김
재로의 『예기보주』를 번역하게 되었고, 번역 과정에서 조선 유학자들의
『예기』에 대한 주석은 어떠한 성향을 보일까 궁금증이 들었다. 그래서 오
경 중 『예기』 파트만 별도로 추려내서 가장 잘 보이는 곳에 두었는데, 첫
번째로 수록된 책이 바로 『예기천견록』이었고, 무심코 자판을 두드리다보
니 이렇게 책을 출판하게 되었다. 이것이 이 책을 번역하게 된 이유이다.
조선유학의 본원을 탐구하거나 양촌 권근의 사상적 특징을 밝히려는 거창
한 계획은 애당초 없었고, 나는 그런 뜻을 품을 만한 재목도 되지 못한다.

  『예기천견록』은 진호(陳澔)의 『예기집설(禮記集說)』을 그대로 차용하
고 있다. 즉 『예기』의 경문과 진호의 『집설』 주를 거의 가감없이 그대로
수록하고 있으며, 덧붙여 설명할 부분에서만 자신의 견해를 그 뒤에 간략
히 수록하고 있다. 물론 진호의 주석에 이견을 보인 부분에서는 나름의 근

거를 제시하며 반박하는 기록들도 종종 등장하지만, 대부분 진호의 견해를 그대로 따르고 있다. 따라서 『예기천견록』은 『예기』에 대한 새로운 해석을 제시하는 주석서라기보다는 『예기집설』을 조선에 소개하며, 미진했던 부분을 보완하는 성격이 강하다.

그렇다고 해서 전혀 의미없는 책은 아니다. 이 책의 가장 큰 특징은 경문의 순서를 자신의 견해에 따라 새롭게 배열했다는 점이다. 『예기』 자체가 단편적 기록들의 묶음이다보니, 경문 배열에 대한 문제는 정현(鄭玄) 이전부터 제기되어 왔다. 정현도 주를 작성하며 문장의 순서를 일부 바꾼 부분이 있지만, 매우 제한된 경우에 한한다. 이후 여러 학자들도 배열이 잘못되었거나 내용이 뒤죽박죽이라는 것을 알고 있었지만, 대부분 기존의 체제를 그대로 따랐다. 그런데 권근의 경우에는 각 편의 내용들을 일별하여, 동일한 주제에 따라 문장의 순서를 뒤바꾸고, 앞뒤의 내용이 연결되도록 문단을 재구성하였다. 또 『대학장구』에 착안하여, 『예기』의 일부 편들을 경문과 전문으로 구분하기도 했다. 이것이 이 책이 가진 가장 큰 특징이다.

나는 타고난 재질도 보잘것없고 게으른 성격 탓에 노력이란 것에 있어서도 그다지 밀도가 높지 않다. 따라서 이 책을 출간한다는 것이 부끄럽고 도움이 될 수 있을런지도 모르겠다. 무료함을 달래기 위해 지극히도 사소한 이유에서 시작된 역서이지만, 이 책을 발판으로 더 좋은 번역이 나왔으면 하는 바람이다. 끝으로 『예기천견록』을 출판할 수 있도록 허락해주신 학고방의 하운근 사장님께도 감사를 전한다.

- 본 책은 역주서(譯註書)로써, 『예기천견록(禮記淺見錄)』을 완역하고, 자세한 주석을 첨부했다.

- 『예기천견록』은 진호(陳澔)의 『예기집설(禮記集說)』에 대한 주석서로, 『예기』의 경문(經文)과 진호의 『집설』을 수록하고 자신의 견해를 덧붙이고 있다.

- 『예기천견록』의 가장 큰 특징은 경문 배열을 수정한 것이다. 일부 편들은 기존 『예기집설』의 문장 순서를 그대로 따르고 있지만, 특정 편들은 경문(經文)과 전문(傳文)으로 구분하여 새롭게 구성한 것들도 있고, 각 문장들을 주제별로 묶어서 순서를 바꾼 것이 많다. 이러한 점들을 나타내기 위해, 각 편의 첫 부분에는 『예기집설』의 문장순서와 『예기천견록』의 문장순서를 비교하여 도표로 제시하였고, 각 경문 기록 뒤에는 〈001〉・〈002〉・〈003〉 등으로 표시하여, 이 문장이 『예기집설』에서는 몇 번째 문장에 해당하는지 나타내었다.

- 『예기』 경문 해석은 진호의 『집설』에 따랐다. 권근이 진호의 해석에 대해 이견을 나타낸 것이 여러 차례 보이는데, 특별한 경우를 제외하면 주석을 통해 권근의 경문 해석을 확인할 수 있으므로, 권근의 주석에 따른 새로운 경문 해석은 별도로 제시하지 않았다.

- 본 역서의 『예기천견록(禮記淺見錄)』 원문과 표점은 한국유경편찬센터(http://ygc.skku.edu)의 자료를 사용하였다.

- 『예기천견록』의 주석 대상이 되는 『예기집설』의 저본은 다음과 같다. 『禮記』, 서울 : 保景文化社, 초판 1984 (5판 1995)

- $\boxed{\text{經文}}$ 으로 표시된 것은 『예기』의 경문 기록이다.

- $\boxed{\text{集說}}$ 로 표시된 것은 진호의 『집설』 기록이다.

- $\boxed{\text{淺見}}$ 으로 표시된 것은 권근의 주석이다.

목차

禮記淺見錄卷第十一 『예기천견록』 11권

禮記淺見錄卷第八

『예기천견록』 8권

「예운(禮運)」

淺見

近按: 此篇取一篇大旨而名之. 篇內記帝王禮樂制作之本陰陽造化
流通之理, 故謂之禮運. 推而至於體信達順而四靈畢至, 言禮之功
用極矣. 但往往言多浮誇, 是記者之失也.

내가 살펴보니, 「예운」편은 편 안에 나타난 큰 뜻을 가져다가 '예운(禮
運)'이라고 편명을 정한 것이다. 즉 「예운」편에서는 제왕이 예악을 제정
한 것은 음양이 조화를 이루며 두루 흐르는 이치에 근본을 두었다는 것
을 기록했다. 그렇기 때문에 '예운(禮運)'이라고 부른 것이다. 또 이를
미루어 신의를 체득하여 순리에 달통하고 네 가지 영물이 모두 이르게
되는 것은 예의 공용이 지극함을 말한 것이다. 다만 내용 중에는 종종
들뜨거나 과장된 면이 많이 나타나는데, 이것은 『예기』를 기록한 자의
잘못이다.

「예운」편 문장 순서 비교

『예기집설』	『예기천견록』	
	구분	문장
001	經1장	001
002		002
003		003
004		005
005		004
006		006
007		007
008		008
009		009
010		010
011		011
012		012
013		013
014		014
015		015
016		016
017	傳1장	017
018		018
019		019
020		020
021		021
022		022
023		023
024		028
025		024
026		025
027		026
028		027
029		029
030		030
031		031
032		032

『예기집설』	『예기천견록』	
	구분	문장
033		033
034		034
035		035
036		036
037		037
038		038
039		039
040		040
041		041
042		042
043		043
044		044
045		045
046		046
047	傳1장	047
048		048
049		049
050		050
051		051
052		052
053		053
054		054
055		055
056		056
057		057
058		058
059		059
060		060

경(經) 1장

昔者, 仲尼與[去聲]於蜡[乍]賓, 事畢, 出遊於觀[去聲]之上, 喟[夫媿反]然而嘆. 仲尼之嘆, 蓋嘆魯也. 言偃在側曰: "君子何嘆?" 孔子曰: "大道之行也, 與三代之英, 丘未之逮也, 而有志焉." 〈001〉

옛적에 공자가 사제사의['蜡'자의 음은 '乍(사)'이다.] 빈으로 참여를['與'자는 거성으로 읽는다.] 하였는데, 제사가 다 끝난 뒤에는 밖으로 나와서 관의['觀'자는 거성으로 읽는다.] 위로 올라가 휴식을 취하며, 한숨을 쉬며['喟'자는 '夫(부)'자와 '媿(괴)'자의 반절음이다.] 탄식을 하였다. 공자가 탄식을 하였던 것은 아마도 노나라의 일을 걱정해서 탄식한 것 같다. 자유가 곁에서 공자를 모시고 있다가 탄식 소리를 듣고서 물어보길, "스승님은 군자이신데, 어떤 이유로 탄식을 하신 겁니까?"라고 하였다. 그러자 공자가 대답해주길, "대도가 시행되던 일과 삼대의 영웅 및 현명한 자들이 시행했던 일들을 내가 비록 그 일들을 직접 볼 수는 없지만 나는 그것을 목표로 삼고 있다."라고 했다.

蜡禮, 詳見郊特牲篇. 孔子在魯與爲魯國蜡祭之賓, 畢事而遊息於觀上. 觀, 門闕也. 兩觀在門之兩旁, 懸國家典章之言於上以示人也. 喟然, 嘆聲也. 所以嘆魯者, 或祭事之失禮, 或因睹舊章而思古也. 言偃, 孔子弟子子游也. 問所以嘆之故, 夫子言我思古昔大道之行於天下, 與夫三代英賢之臣, 所以得時行道之盛. 我今雖未得及見此世之盛, 而有志於三代英賢之所爲也. 此亦夢見周公之意.

사(蜡)제사[1]에 대한 예법은 그 상세한 설명이 『예기』「교특생(郊特牲)」

편에 나온다. 공자가 노나라에 머물러 있을 때, 노나라에서 시행한 사제
의 빈객으로 참여를 하였다가 제사가 다 끝나서 관 위로 올라가 유람을
했을 때의 상황이다. '관(觀)'은 문 옆의 궐(闕)이다. 두 쌍의 관은 궁문
의 양쪽에 위치하고, 국가에서 시행하는 제도에 대한 기록들을 그 위에
게시하여 사람들에게 알려주었다. '위연(喟然)'은 탄식하는 소리이다. 공
자가 노나라에 대해서 탄식했던 이유는 아마도 제사를 지내는 과정 중
예법을 어긴 것이 있었거나 혹은 옛 제도를 확인한 것에 연유하여 고대
의 일들을 떠올렸기 때문일 것이다. '언언(言偃)'은 공자의 제자인 자유
이다. 자유는 공자가 탄식한 이유에 대해서 물어보았는데, 공자는 대답
하며, "나는 옛날에 대도가 천하에 두루 시행되고, 삼대의 영현인 명신
들이 때를 만나 도를 시행하여 성대해진 이유에 대해 생각하였다. 그리
고 나는 오늘날 비록 당시의 성대함에 대해서 직접 볼 수는 없지만, 삼
대의 영현들이 시행했던 일들에 대해 뜻을 두고 있다."라고 하였다. 이
말은 또한 공자가 주공을 사모하여 꿈속에서 주공을 만나보았다[2]는 뜻
과 부합된다.

集說

石梁王氏曰: 以五帝之世爲大同, 以禹・湯・文・武・成王・周公爲
小康, 有老氏意. 而註又引以實之, 且謂禮爲忠信之薄, 皆非儒者語.
所謂孔子曰: 記者爲之辭也.

---

1) 사(蜡)는 연말에 지내는 큰 제사를 뜻한다. 제사 대상은 천제(天帝) 등의 주요
신들을 제외한 나머지 하위 신들에 해당한다. 하위 신들은 그 수가 많아서, 일일
이 제사를 지낼 수 없기 때문에, 연말에 합동으로 제사를 지냈던 것이다. 『예기』
「잡기하(雜記下)」편에는 "子貢觀於蜡."라는 기록이 있는데, 이에 대한 정현의
주에서는 "蜡也者, 索也. 歲十二月, 合聚萬物而索饗之祭也."라고 풀이했다. 또
『예기』「교특생(郊特牲)」편에는 "蜡之祭也, 主先嗇而祭司嗇也, 祭百種, 以報
嗇也."라는 기록이 있다.
2) 『논어』「술이(述而)」: 子曰, "甚矣吾衰也! 久矣吾不復夢見周公!"

석량왕씨가 말하길, 오제 때의 세상을 '대동(大同)'으로 여기고, 우·탕·문왕·무왕·성왕·주공이 다스렸던 세상을 '소강(小康)'으로 여기는 것에는 노장의 뜻이 포함되어 있다. 그런데 정현의 주에서는 또한 그 말을 인용하여 해석을 하고 있고, 또 예는 충신의 껍데기라고 하였으니, 모두 유가의 말들이 아니다. 그런데 이곳 기록에는 '공자왈(孔子曰)'이라고 기록되어 있는데, 이것은 『예기』를 기록한 자가 공자에 가탁하여 쓴 말이다.

淺見

近按: 此章以下大同·小康之說, 先儒以爲非夫子之言, 蓋記者因此章之言而附會也. 今當以此章夫子言爲經, 而以下章大同·小康之說爲傳也.

내가 살펴보니, 이 장으로부터 그 뒤에서는 대동과 소강에 대한 설명이 나오는데, 선대 학자들은 공자의 말이 아니라고 여겼다. 아마도 이것은 『예기』를 기록한 자가 이 문장에 나오는 말에 따라 견강부회한 것 같다. 따라서 이 문장에 나오는 공자의 말을 경문으로 삼아야 하고, 그 뒤의 장에 나오는 대동과 소강의 설명은 전문으로 삼아야 한다.

전(傳) 1장

大道之行也, 天下爲供. 選[去聲]賢與能, 講信脩睦, 故人不獨
親其親, 不獨子其子. 使老有所終, 壯有所用, 幼有所長, 矜[鰥]
寡・孤獨・廢疾者, 皆有所養. 男有分[扶問反], 女有歸. 貸, 惡
其棄於地也, 不必藏於己. 力, 惡其不出於身也, 不必爲[去聲]
己. 是故謀閉而不興, 盜竊亂賊而不作. 故外戶而不閉, 是謂
大同.〈002〉

대도가 시행되었던 오제 시대 때에는 천하를 모든 사람들의 공동 소유
물로 여겼으므로, 제왕의 지위를 자신의 아들에게 물려주지 않았고 현
명하고 유능한 자에게 선양하였다. 그래서 현명한 자와 유능한 자를 선
발하고['選'자는 거성으로 읽는다.] 진실과 신의를 가르치고 화목함을 실천
하였다. 그렇기 때문에 사람들은 자신의 부모만을 부모로 여기지 않았
고, 자신의 자식만을 자식으로 여기지 않았다. 노인은 여생을 잘 마칠
수 있었고, 장성한 자는 일할 곳을 가질 수 있었으며, 어린 아이는 잘
성장할 수 있었고, 홀아비나['矜'자의 음은 '鰥(환)'이다.] 과부, 고아나 가족
이 없는 자, 질병에 걸린 자들은 모두 보살핌을 받을 수 있었다. 남자들
은 자신의 능력에 맞는 각자의 직업을['分'자는 '扶(부)'자와 '問(문)'자의 반절
음이다.] 가졌고, 여자들은 모두 화목한 집안으로 시집을 갈 수 있었다.
재화에 대해서는 그대로 버려두어 쓸모없게 됨을 미워하였지만, 자기의
이익만을 챙기지는 않았다. 힘에 대해서는 각자 다 발휘하지 않는 것을
미워하였지만, 자기만을 위해서['爲'자는 거성으로 읽는다.] 사용하지는 않
았다. 이러한 까닭으로 중상모략이 생겨나지 않았고, 도적질과 강도질
이 발생하지 않았다. 그러므로 대문을 걸어 잠글 필요가 없었으니, 이
러한 세상을 '대동(大同)'이라고 부른다.

集說

天下爲公, 言不以天下之大私其子孫, 而與天下之賢聖公共之. 如堯授舜, 舜授禹, 但有賢能可選, 卽授之矣. 當時之人, 所講習者誠信, 所脩爲者和睦, 是以親其親以及人之親, 子其子以及人之子. 使老者壯者幼者各得其所, 困窮之民, 無不有以養之. 男則各有士農工商之職分, 女則得歸于良奧之家. 貨財, 民生所資以爲用者, 若棄捐於地而不以時收貯, 則廢壞而無用, 所以惡其弃於地也. 今但得有能收貯以資世用者足矣, 不必其擅利而私藏於己也. 世間之事, 未有不勞力而能成者, 但人情多詐, 共事則欲逸已而勞人, 不肯盡力, 此所以惡其不出於身也. 今但得各竭其力, 以共成天下之事足矣, 不必其用力而獨營己事也. 風俗如此, 是以奸邪之謀, 閉塞而不興; 盜竊亂賊之事, 絶滅而不起. 暮夜無虞, 外戶可以閉, 豈非公道大同之世乎? 一說, 外戶者, 戶設於外而閉之向內也.

'천하위공(天下爲公)'은 천하의 대권을 사사롭게 자신의 자손들에게만 물려주지 않았고, 천하의 성현들과 함께 공적으로 공유하였다는 뜻이다. 마치 요임금이 순임금에게 천하를 물려주고, 순임금이 우임금에게 천하를 물려주었던 것처럼, 단지 그에게 선발될만한 현명함과 능력이 있다면, 곧 그에게 천하를 물려주었던 것이다. 당시의 사람들이 익히고 배웠던 것들은 성(誠)과 신(信)이었고, 닦고 실천하였던 것들은 화(和)와 목(睦)이었다. 이러한 까닭으로 자신의 부모를 친애하여 남의 부모에게까지 친애함이 미쳤던 것이며, 자신의 자식을 자애롭게 대하여 남의 자식들에게까지 자애로움이 미쳤던 것이다. 노인·장성한 자·어린 아이가 각각 자신에게 알맞은 자리를 획득할 수 있도록 하였고, 곤궁한 백성들이 부양되지 않는 경우가 없도록 하였다. 남자들은 각자 사·농·공·상에 따른 자신에게 맞는 직분이 있게 되었고, 여자들은 모두 선량하고 화목한 집안으로 시집을 갈 수 있었다. 재화의 경우 백성들이 생활하는데 바탕이 되는 것을 쓸모 있는 것으로 여기는데, 만약 땅에 방치가 되어 적절한 시기에 거둬서 저장해두지 않는다면, 쇠락해져서 쓸모가 없게 되니, 이것이 바로 땅에 그대로 방치해 두는 것을 미워했던 까닭이다. 오늘날에도 단지 잘 수렴하여 저장을 해서, 세간의 쓰임에 공급만 되면 충분할 뿐이니, 이로움을 독차지하여 사사롭게 자기만 소유할 필요가 없다. 그리고 세상의 일이란 것은 노력을 하지 않고 성취할 수 있는 것이 없는데, 다만 사람의 감정에는 거짓됨이 많으므로, 함께 일을 한다면 자기는 쉬려고 하고 남만을 수고롭게 하여, 기꺼이 자신의 힘을 발휘하지 않으려고 하니, 이것이 바로 각자 힘을 발휘하지 않는 것을 미워했던 까닭이다. 오늘날에도 단지 각자 그 힘을 다 발휘하여서, 천하의 일들을 함께 성취할 수 있으면 충분할 뿐이니, 그 힘을 발휘하는 것을 유독 자신의 일에만 쏟아 부을 필요가 없다. 당시의 풍속이 이와 같았으니, 이러한 까닭으로 간사한 모략들이 차단되어 생겨나지 않았고, 도적질과 강도질이 근절되어 발생하지 않았다. 날이 저물어도 근심할 것이 없어서, 대문을 걸어두지 않을 수 있었으니, 어찌 공정한 도리가 살아 있는 대동(大同)의 세상이 아니겠는가? 일설에는 '외호(外戶)'라는 말을 호(戶)를 밖에 설치하여, 밖에서부터 곧장 안으로 향하는 방향을 가려두는 것이라 풀이한다.

經文

今大道旣隱, 天下爲家, 各親其親, 各子其子, 貨力爲[去聲]己. 大人世及以爲禮, 城郭溝池以爲固, 禮義以爲紀, 以正君臣, 以篤父子, 以睦兄弟, 以和夫婦, 以設制度, 以立田里, 以賢勇知[去聲], 以功爲己. 故謀用是作, 而兵由此起. 禹·湯·文·武·成王·周公, 由此其選[去聲]也. 此六君子者, 未有謹於禮者也, 以著其義, 以考其信, 著有過, 刑仁講讓, 示民有常. 如有不由此者, 在執[勢]者去[上聲], 衆以爲殃, 是謂小康.〈003〉

대도가 숨어버리게 되자 천하는 더 이상 공동의 소유물이 아니었으므로, 천자의 지위도 자신의 자손들에게 전수하게 되었고, 백성들도 모두 각자 자신의 부모에게만 친애하게 대했고, 자신의 자식들에게만 자애롭게 대했으며, 재화와 힘은 자신만을 위해서['爲'자는 거성으로 읽는다.] 사용하게 되었다. 천자나 제후 등의 군주들은 자신의 자손들 및 형제들에게 지위를 전수해주는 것을 예법으로 정하였고, 성곽이나 도랑 등을 설치하여 자신의 나라를 단단하게 방비하였으며, 예와 의를 범할 수 없는 기강으로 정하여, 이로써 군신관계를 바로잡았고, 부자관계를 돈독하게 하였으며, 형제관계를 화목하게 만들었고, 부부관계를 조화롭게 하였으며, 제도를 설정하고, 농경지와 주택지의 경계를 세웠으며, 용맹하고 박식한['知'자는 거성으로 읽는다.] 자를 현명한 자로 여기게 되었고, 자신만을 위해서 공적을 세우게 되었다. 이러한 까닭으로 모략이 이러한 틈을 타서 생겨나게 되었고, 전쟁이 이러한 상황으로 인해 발생하게 되었다. 우·탕·문왕·무왕·성왕·주공은 이러한 예의를 통하여 선발된['選'자는 거성으로 읽는다.] 자들이다. 이러한 여섯 명의 군자들은 예에 삼가지 않은 경우가 없어서, 이것을 통해 의를 드러내고, 신을 완성하였으며, 백성들 중에서 잘못이 있는 자에 대해서는 그 죄를 온 천하에 드러내어 일벌백계하였고, 인애의 도리를 법칙으로 삼고 겸양의 도리를 설명해주어, 백성들에게 상도와 상법이 있음을 보여주었다. 만약 이러한 예의를 통해 일을 시행하지 않는 자가 있다면, 그가 비록 군주의 자리에['執'자의 음은 '勢(세)'이다.] 오른 자라고 할지라도 제거가['去'자는 상성으로 읽는다.] 되었고, 백성들은 그를 재앙을 가져오는 나쁜 군주라 여기게 되었으니, 이러한 세상을 '소강(小康)'이라고 부른다.

集說

天下爲家, 以天下爲私家之物而傳子孫也. 大人, 天子·諸侯也. 父子相傳爲世, 兄弟相傳爲及. 紀, 綱紀也. 賢勇知, 以勇知爲賢也. 涿鹿之戰, 有苗之征, 兵非由後王起也, 謂兵由此起, 擧湯·武之事言

之耳. 著, 明也. 考, 成也. 刑仁, 謂法則仁愛之道. 講讓, 講說遜讓
之道. 示民有常, 言六君子謹禮而行著義以下五事, 示民爲常法也.
在埶, 居王者之勢位也. 言爲天下之君, 而不以禮行此五事, 則天下
之人, 以爲殃民之主, 而共廢黜之也. 此謂小小安康之世, 不如大道
大同之世也.

'천하위가(天下爲家)'는 천하를 자기 집안의 사유물로 여겨서 군주의 지
위를 자손들에게 물려준다는 뜻이다. '대인(大人)'은 천자 및 제후 등을
뜻한다. 부친과 자식이 서로 전수해주고 전수받음이 '세(世)'이고, 형제
들끼리 서로 전수해주고 전수받음이 '급(及)'이다. '기(紀)'자는 기강을
뜻한다. '현용지(賢勇知)'는 용맹하고 박식한 자를 현명한 자로 여겼다는
뜻이다. 황제는 치우(蚩尤)[1]와 탁록 땅에서 전쟁을 했고,[2] 순임금은 우
를 시켜서 유묘를 정벌하였다.[3] 따라서 전쟁 그 자체는 후대의 제왕 때
부터 시작된 것은 아니다. 그러나 경문에서 전쟁이 이 시기부터 발생하
였다고 한 것은 탕임금과 무왕이 걸과 주를 정벌했던 일화에 기준을 두
고 기록한 것일 뿐이다. '저(著)'자는 "밝힌다."는 뜻이다. '고(考)'자는
"완성한다."는 뜻이다. '형인(刑仁)'은 인애의 도리를 법칙으로 삼았다는
뜻이다. '강양(講讓)'은 겸손하게 사양하는 도리를 강론하였다는 뜻이다.
'시민유상(示民有常)'은 여섯 명의 군자들이 "예를 신중하게 지켜서 의를
드러낸다."는 등의 다섯 가지 일들을 시행하여, 백성들에게 이러한 것들
을 변함없는 법도로 삼았음을 보여준다는 뜻이다. '재세(在埶)'는 제왕의

---

1) 치우(蚩尤)는 전설시대에 존재했다고 전해지는 구려족(九黎族)의 수장을 뜻한
   다. 청동기로 병장기를 만들었으며, 황제(黃帝)와 탁록(涿鹿) 땅에서 전쟁을 벌였
   지만, 패전하여 피살되었다고 전해진다. 다만 각 문헌들에서 설명하는 '치우'의
   신분에 대해서는 이견이 많다. 염제(炎帝)의 신하였다고도 전해지고, '황제'의 신
   하라고도 설명한다. 한편 '구려족'의 군주라고도 설명하고, 천하를 통치했던 자라
   고도 설명한다. 또한 '황제'에게 반기를 들었기 때문에, 악인(惡人)을 대표하는
   명칭으로도 사용된다.
2) 『장자』「도척(盜跖)」 : 然而黃帝不能致德, 與蚩尤戰於涿鹿之野, 流血百里.
3) 『서』「우서(虞書)·대우모(大禹謨)」 : 帝曰, 咨禹, 惟時有苗弗率, 汝徂征.

세력과 지위를 가진다는 뜻이다. 즉 이 문장은 천하의 군주노릇을 하고 있는 자라 하더라도, 예에 따라서 이러한 다섯 가지 일들을 시행하지 않는다면, 천하의 모든 사람들이 백성에게 해를 끼치는 군주라 여기게 되어, 모두가 힘을 모아 그를 폐위시켜서 축출하게 된다는 뜻이다. 이러한 시기를 소소하게 태평한 세상이라고 부르니, 대도가 시행된 대동의 세상만은 못한 것이다.

陳氏曰: 禮家謂太上之世貴德, 其次務施報往來, 故言大道爲公之世, 不規規於禮. 禮乃道德之衰忠信之薄, 大約出於老莊之見, 非先聖格言也.

진씨가 말하길, 예학자들은 다음과 같이 말했다. 삼황과 오제가 통치하던 태상(太上)[4]의 시대에는 덕을 가장 귀중하게 여겼고, 그 다음 시대에는 은덕을 베풀고 보답하는 것에 힘썼으며 예에서는 서로 주고받는 것을 숭상하였다고 했다.[5] 그렇기 때문에 대도가 시행된 시대에 대해서는 천하가 공동의 소유였던 세상이어서, 예에 얽매이지 않았다고 말한 것이다. 그러나 예라는 것을 곧 도덕이 쇠약해졌을 때 나타나는 것이라고 여기고, 충신이 옅어져서 생겨난 것이라고 여기는 주장은 대체적으로 노장의 견해에서 나온 것으로, 선대 성현의 격언은 아니다.

淺見

近按: 前釋大道之行, 此釋三代之英之意也. 貨力爲己, 在事未成之前, 而爲己以爲之也. 以功爲己, 在事已成之後, 而以爲己之功也.

---

4) 태상(太上)은 태고(太古)·상고(上古)라고도 부른다. 삼황(三皇)과 오제(五帝)가 통치하던 시기를 뜻한다. 『예기』「곡례상(曲禮上)」편에는 "太上貴德."이라는 기록이 있는데, 이에 대한 육덕명(陸德明)의 『경전석문(經典釋文)』에서는 "太上, 謂三皇五帝之世."라고 풀이했다.
5) 『예기』「곡례상(曲禮上)」023장: 太上貴德, <u>其次務施報, 禮尙往來</u>, 往而不來, 非禮也; 來而不往, 亦非禮也.

故二"爲"字, 音不同. 仲尼之嘆, 蓋嘆魯禮之失, 言偃有問, 則難言其
國失禮之事, 故答以有志於古之意. 大道之行與三代之英者, 時有
先後, 故對擧而言, 上古鴻荒之世, 無爲而治, 故以道而言, 三代因
時制禮以致治, 故以人而言, 非以五帝之世爲盛而三王之時爲不足
也. 記者, 乃謂大道行於五帝之時而爲大同, 隱於三王之世而爲小
康, 夫帝之與王, 雖時有降, 而道則不降, 豈行於五帝而隱於三王乎?
且謂禮爲忠信之薄, 先儒謂是出於老莊之見, 非儒者語, 誠是也. 若
幷以首章爲非孔子之言, 則過矣. 此二節, 記者因首章孔子之言, 而
附會之, 失其本旨, 然因首章而釋之者, 故當以傳文也.

내가 살펴보니, 앞에서는 대도의 시행을 풀이했고, 이곳에서는 삼대의
영웅이란 뜻을 풀이한 것이다. 재화와 힘을 자신을 위해서 사용했다는
것은 일이 아직 성사되기 이전에 자신을 위해서 그 일을 시행했다는 뜻이
다. 공적을 자신의 것으로 삼았다는 것은 일이 이미 성사된 이후에
자신의 공적으로 여겼다는 뜻이다. 그러므로 2개의 '위(爲)'자는 그 음이
다르다. 공자가 탄식을 했던 것은 아마도 노나라의 예법이 실추된 것에
탄식을 했던 것 같은데, 자유가 질문을 하게 되자 본인의 나라에서 벌인
실례의 사안들을 직접 말하기가 어려웠기 때문에 고대의 뜻에 대해 목
표를 두고 있다고 대답한 것이다. 대도의 시행과 삼대 때의 영웅은 시대
적으로 선후의 차이가 있다. 그렇기 때문에 대비적으로 열거해서 말한
것이다. 상고 때에는 인위적으로 행위하지 않고도 다스려졌기 때문에
도를 기준으로 말한 것이며, 삼대 때에는 시기에 따라 예법을 제정하여
다스림을 지극히 했기 때문에 사람을 기준으로 말한 것이니, 오제의 시
대를 융성한 시기로 여기고 삼왕의 시대를 부족하다고 여긴 것이 아니
다. 『예기』를 기록한 자는 대도가 오제의 시대 때 시행되어서 대동이
되고, 삼왕의 시대에는 숨어서 소강이 된다고 했는데, 오제와 삼왕은 비
록 시대적으로 차이가 있지만 도에 있어서는 차이가 없는데, 어떻게 오
제 때에는 시행되고 삼왕 때에는 숨었다고 할 수 있는가? 또 예는 충신
의 껍데기라고 하였는데, 선대 학자들은 이것이 노장의 견해에서 도출
된 말이며 유자의 말이 아니라고 했으니, 이것은 참으로 옳은 주장이다.

만약 이러한 기록까지도 아울러서 첫 장 전체를 공자의 말이 아니라고 여긴다면 지나친 처사이다. 이 두 문단은 『예기』를 기록한 자가 첫 장에서 공자가 한 말에 따라 견강부회로 덧붙인 것인데, 본지를 놓치고 있지만, 첫 장으로 인해 그 의미를 풀이한 것이기 때문에, 마땅히 전문으로 여겨야 한다.

言偃復[扶又反]問曰: "夫子之極言禮也, 可得而聞與?" 孔子曰: "我欲觀夏道, 是故之杞而不足徵也. 吾得夏時焉. 我欲觀殷道, 是故之宋而不足徵也, 吾得坤乾焉. 坤乾之義, 夏時之等, 吾以是觀之."〈005〉[舊在"可得而正也"之下.]

자유가 다시['復'자는 '扶(부)'자와 '又(우)'자의 반절음이다.] 공자에게 질문하기를 "선생님께서는 예의 중요성에 대해서 강조하여 말씀하셨는데, 자세한 내용에 대해서 설명해주실 수 있습니까?"라고 하였다. 그러자 공자가 다시 대답해주기를 "나는 일찍이 하나라의 도를 살펴보고자 하였다. 그래서 하나라의 후예들이 사는 기나라에 갔었으나 문헌이 부족하여 제대로 확인할 수 없었고, 대신 그곳에서 『하시』를 얻었다. 그리고 나는 또한 은나라의 도를 살펴보고자 하였다. 그래서 은나라의 후예들이 사는 송나라에 갔었으나 그곳에서도 문헌이 부족하여 제대로 확인할 수 없었고, 대신 『곤건』을 얻었다. 그러므로 그 예법에 대해서는 자세히 말할 수는 없으나 『곤건』에 나타난 의리와 『하시』에 열거된 사례 등에 대해서 나는 이 두 서적을 통해 어느 정도만 가늠할 수 있을 따름이다."라고 했다. [옛 판본에는 "올바르게 다스려 질 수 있었던 것이다."[1]라고 한 문장 뒤에 수록되어 있었다.]

集說

杞, 夏之後. 宋, 殷之後. 徵, 證也. 孔子言我欲觀考夏・殷之道, 故適二國而求之. 意其先代舊典, 故家遺俗, 猶有存者. 乃皆無可徵驗

---

1) 『예기』「예운」004장 : 言偃復問曰, "如此乎禮之急也?" 孔子曰, "夫禮, 先王以承天之道, 以治人之情, 故失之者死, 得之者生. 詩曰, '相鼠有體, 人而無禮, 人而無禮, 胡不遄死!' 是故夫禮, 必本於天, 殽於地, 列於鬼神, 達於喪・祭・射・御・冠・昏・朝・聘. 故聖人以禮示之, 故天下國家<u>可得而正也</u>."

者, 僅於杞得夏時之書, 於宋得坤乾之易耳. 夏時, 或謂卽今夏小正.
坤乾, 謂歸藏, 商易首坤次乾也. 所謂坤乾之義理, 夏時之等列, 吾
但以此二書觀之而已, 二代治天下之道, 豈可悉得而聞乎? 論語曰:
"文獸不足故也."

'기(杞)'나라는 하나라의 후예를 봉해준 나라이다. '송(宋)'나라는 은나라
의 후예를 봉해준 나라이다. '징(徵)'자는 "증험한다."는 뜻이다. 공자의
말을 풀이하자면, 내가 하나라와 은나라의 도를 고찰하고자 하였기 때
문에, 두 나라에 가서 직접 그 기록들을 찾았다. 그 의도는 아마도 이전
세대의 오래된 전장제도와 대대로 전승된 집안에 남아 있는 풍속들 중
보존된 것이 여전히 남아있을 것이라고 생각한 것이다. 그런데 이 두
나라에는 증거 자료로 삼을 수 있는 기록들이 없었고, 겨우 기나라에서
『하시』라는 서적을 얻었고, 송나라에서 『곤건』이라는 역을 얻는데 그쳤
을 따름이다. 『하시』에 대해서, 어떤 자들은 오늘날 『대대례기』 속에
남아 있는 「하소정(夏小正)」편에 해당한다고 말한다. 그리고 『곤건』에
대해서는 『귀장』이라고 여기는데, 상나라 때의 역을 『곤건』이라고 부르
는 이유는 순서가 곤괘부터 시작하며, 그 다음에 건괘가 오기 때문이다.
이른바 『곤건』의 의리와 『하시』의 사례 등에 대해서, 나는 단지 이 두
서적을 통해서 확인만 했을 따름이니, 하나라와 은나라가 천하를 다스
렸던 도에 대해서, 어찌 모두 확인할 수 있었겠는가? 그 이유에 대해
『논어』에서도 "문헌이 부족하기 때문이다."[2]라고 했다.

淺見

近按: 此節問答, 舊在下節之下. 今以上下文勢, 及此章之後, 記者
釋之之序觀之, 當爲先問, 蓋章首夫子之說, 但言有志於古, 引而不
發, 故言偃復請其極言. 孔子以其言禮不可無徵, 故答以欲觀夏·殷

---

2)『논어』「팔일(八佾)」: 子曰, "夏禮吾能言之, 杞不足徵也, 殷禮吾能言之, 宋不
足徵也. 文獻不足故也. 足則吾能徵之矣."

之道, 而杞・宋之不足徵. 蓋前言三代之英, 故此先以夏・殷言之,
夫二代之禮, 夫子能言之者, 而言其後之不足徵者, 謙辭也. 言倘復
疑聖人生知, 無所不通, 而尙且欲觀夏殷之道, 必之杞之宋以求之,
故又有下節禮如此其急也之問.

내가 살펴보니, 이 문단에 기록된 질문과 답변을 옛 판본에서는 아래 문
단의 뒤에 수록하고 있었다. 현재 앞뒤의 문맥 및 이 장의 뒤에 『예기』
를 기록한 자가 그 의미를 풀이한 순서로 살펴보니, 마땅히 먼저 한 질
문이 된다. 장의 첫 부분에 나온 공자의 말에서는 단지 옛 도리에 뜻을
두고 있다고 말하며, 자세하게 풀어서 설명하지 않았다. 그렇기 때문에
자유가 재차 자세한 설명을 청했던 것이다. 공자는 예를 설명함에 징험
할 것이 없어서는 안 되기 때문에, 하나라와 은나라의 도를 살펴보고자
했지만 기나라와 송나라의 자료로는 징험하기에 부족하다고 답변했다.
앞에서 삼대 때의 영웅을 언급했기 때문에, 이곳에서는 우선적으로 하
나라와 은나라를 언급한 것인데, 두 시대의 예법에 대해서 공자는 충분
히 설명을 할 수 있었지만, 그들 나라의 후손국에는 징험할 자료가 부족
하다고 말했는데, 이것은 겸손하게 표현한 말이다. 자유는 재차 성인은
태어나면서부터 아는 자라서 통하지 않는 것이 없는데도 오히려 하나라
와 은나라의 도를 살펴보고자 하여 기어코 기나라와 송나라에 가서 찾
았다는 사실에 의문이 들었다. 그렇기 때문에 또 뒤의 문단에는 예가
이와 같이 급선무가 되느냐는 질문이 있는 것이다.

言偃復問曰: "如此乎禮之急也?" 孔子曰: "夫禮, 先王以承天之道, 以治人之情, 故失之者死, 得之者生. 詩曰: '相[去聲]鼠有體, 人而無禮, 人而無禮, 胡不遄死!' 是故, 夫禮必本於天, 殽[效]於地, 列於鬼神, 達於喪·祭·射·御·冠[去聲]·昏·朝·聘. 故聖人以禮示之, 故天下國家可得而正也." 〈004〉 [舊在"小康"之下.]

자유가 다시 공자에게 질문하기를 "이처럼 예는 급선무가 되는 것입니까?"라고 하였다. 그러자 공자가 다시 대답해주기를 "무릇 예에 대해서 설명하자면, 선왕은 예를 통해 하늘의 도를 계승했고, 사람의 정감을 다스렸다. 그렇기 때문에 예를 잃어버린 자는 죽게 되었고, 얻은 자는 살게 되었다. 『시』에서도 '쥐를 보더라도['相'자는 거성으로 읽는다.] 사람처럼 오체(五體)를 가지고 있으니, 사람이 되고서 어찌 예가 없단 말인가? 사람이 되고서 예가 없다면, 어찌하여 빨리 죽어버리지 않는가!'[1]라고 하였다. 이러한 까닭으로 무릇 예라는 것은 반드시 하늘의 도리에 근본을 두었고 땅의 도리를 본받았으며['殽'자의 음은 '效(효)'이다.] 귀신의 도리를 본받아서, 상례·제례·활쏘기·수레 몰기·관례['冠'자는 거성으로 읽는다.]·혼례·조례·빙례에 두루 미쳤다. 그러므로 성인은 예를 직접 실천하며 모범을 보여주었고, 그러므로 천하 국가도 올바르게 다스려 질 수 있었던 것이다."라고 했다. [옛 판본에는 "소강이다."[2]라고 한 문장 뒤에 수록되어 있었다.]

---

1) 『시』「용풍(鄘風)·상서(相鼠)」: 相鼠有體, 人而無禮. 人而無禮, 胡不遄死.
2) 『예기』「예운」003장 : 今大道旣隱, 天下爲家, 各親其親, 各子其子, 貨力爲己. 大人世及以爲禮, 城郭溝池以爲固, 禮義以爲紀, 以正君臣, 以篤父子, 以睦兄弟, 以和夫婦, 以設制度, 以立田里, 以賢勇知, 以功爲己. 故謀用是作, 而兵由此起. 禹·湯·文·武·成王·周公, 由此其選也. 此六君子者, 未有不謹於禮者也, 以著其義, 以考其信, 著有過, 刑仁講讓, 示民有常. 如有不由此者, 在埶者去, 衆以爲殃, 是謂小康.

禮本於天, 天理之節文也. 殽, 效也. 效於地者, 效山澤高卑之勢爲
上下之等也. 後章殽以降命以下乃詳言之. 列於鬼神, 禮有五經, 莫
重於祭也. 喪祭以下八事, 人事之儀則也.

"예는 하늘의 도에 근본을 두고 있다."는 말은 예가 곧 천리를 나타내는
절도와 형식이 된다는 뜻이다. '효(殽)'자는 "본받는다."는 뜻이다. "땅의
도리를 본받는다."는 말은 산이나 연못 등에 나타나는 높고 낮은 기세를
본받아서, 인간 세상에 적용하는 상하의 등급으로 삼는다는 뜻이다. 이
러한 것과 관련해서는 뒤에 나오는 "본받아서 명령을 내린다."라는 등등
의 내용에서 자세히 설명하고 있다. "제사를 통해 귀신의 도를 본받는
다."고 하였는데, 예에는 오경이 있지만, 그 중에서 제례보다 중요한 것
이 없기 때문이다. 상례나 제례 등 그 이하의 여덟 가지 일들은 사람에
대한 일들을 처리하는 법칙이 된다.

近按: 此蓋言偃因聞夫子之杞之宋之說, 而問之, 故曰: "如此乎禮之
急也." 若接首章有志之言, 則意不相屬也. 夫子於前旣言夏殷, 故於
此總稱先王以答之. 自"失之者死", 至引詩一段, 言甚迫切, 恐非夫
子之言, 況夫子方嘆魯禮之失, 豈敢遽以此言之哉? 然人有禮則得
其分而安, 故有必生之道, 無禮則失其分而危, 故有必死之理, 足以
明其禮之甚重, 而警乎人之無禮者也. "胡不遄死"者, 詩之本旨, 怪
其不死而責之, 疑辭也. 此引之, 則言其必死之意, 決辭也. 此節卽
此一篇之綱領, 篇內皆行此節之意而推言之也.

내가 살펴보니, 이 문장은 아마도 자유가 공자가 기나라와 송나라에 갔
었다고 설명해준 것을 들은 바에 따라 질문한 것이다. 그렇기 때문에
"이처럼 예는 급선무가 되는 것입니까?"라고 말한 것이다. 만약 첫 장에
나온 뜻을 두고 있다는 말과 접해 있다면 의미가 서로 연결되지 않는다.
공자는 앞에서 이미 하나라와 은나라의 사안을 언급했다. 그렇기 때문

에 이곳에서 총괄적으로 선왕을 지칭해서 답변한 것이다. "잃는 자는 죽는다."라고 한 구문으로부터 『시』를 인용한 한 단락에 이르기까지는 그 말이 매우 쌀쌀맞으니, 아마도 공자의 말이 아닌 것 같다. 공자는 노나라의 예가 실추되는 것에 탄식을 했는데, 어떻게 갑작스럽게 이와 같은 말을 할 수 있었겠는가? 그런데 사람에게 예가 있다면 본분을 얻어 편안하게 되기 때문에 반드시 살아나는 도가 있게 되지만, 예가 없다면 본분을 잃고 위태롭게 되기 때문에 반드시 죽게 되는 이치가 있다. 따라서 이것을 통해서는 예가 매우 중요하다는 사실을 밝히고 무례한 사람을 경계하기에 충분하다. '호불천사(胡不遄死)'는 『시』의 본지에 따르면 죽지 않는 것을 괴이하게 여겨서 문책하는 것으로, 의심스러워하는 말에 해당한다. 이곳에서 이 말을 인용했다면 반드시 죽게 되리라는 뜻을 말한 것으로, 단호하게 결정짓는 말에 해당한다. 이곳 문단은 곧 이 편의 강령에 해당하며, 편 안의 기록들은 모두 이 문단의 뜻을 실천하는 것을 미루어 언급한 말들이다.

夫禮之初, 始諸飲食, 其燔[煩]黍捭[百]豚, 汙[烏花反]尊而抔[掊]
飲, 蕢桴[浮]而土鼓, 猶若可以致其敬於鬼神. 〈006〉 [舊在"吾以是
觀"之下.]

무릇 예의 기원은 음식에서 비롯되었으니, 이전에는 날로 먹었지만, 예
를 만들면서 기장을 볶아['燔'자의 음은 '煩(번)'이다.] 먹었고, 돼지고기를
익혀['捭'자의 음은 '百(백)'이다.] 먹었으며, 웅덩이를 파서['汙'자는 '烏(오)'자와
'花(화)'자의 반절음이다.] 물을 고이게 만들어 손으로 떠서['抔'자의 음은 '掊
(부)'이다.] 마셨고, 흙을 뭉쳐 북채를 만들어['桴'자의 음은 '浮(부)'이다.] 흙
으로 쌓아서 만든 북을 쳤으니, 이처럼 간소하고 보잘 것 없는 것들이
지만, 이것들을 통해 귀신에게 공경함을 지극하게 표현할 수 있었다.
[옛 판본에는 "나는 이 두 서적을 통해 어느 정도만 가늠할 수 있다."[1]라고 한 문장
뒤에 수록되어 있었다.]

燔黍, 以黍米加於燒石之上燔之使熟也. 捭豚, 擘折豚肉加於燒石
之上而熟之也. 汙尊, 掘地爲汙坎以盛水也. 抔飲, 手掬而飲之也.
蕢拚, 搏土塊爲擊鼓之椎也. 土鼓, 築土爲鼓也. 上古人心無僞, 雖
簡陋如此, 亦自可以致敬於鬼神也.

'번서(燔黍)'는 기장 알곡을 달궈진 돌 위에 올려놓고서 볶아서 익힌다는
뜻이다. '패돈(捭豚)'은 돼지고기를 잘게 찢어서 달궈진 돌 위에 올려놓
고서 익힌다는 뜻이다. '와준(汙尊)'은 땅을 파서 웅덩이를 만들어 물이
고이게 만들었다는 뜻이다. '부음(抔飲)'은 웅덩이에 고인 물을 손으로

---

1) 『예기』 「예운」 005장 : 言偃復問曰, "夫子之極言禮也, 可得而聞歟?" 孔子曰,
"我欲觀夏道, 是故之杞而不足徵也, 吾得夏時焉. 我欲觀殷道, 是故之宋而不
足徵也, 吾得坤乾焉. 坤乾之義, 夏時之等, 吾以是觀之."

움켜쥐어서 마셨다는 뜻이다. '괴부(蕢桴)'는 흙덩이를 뭉쳐서 북을 치는 북채를 만든다는 뜻이다. '토고(土鼓)'는 흙을 쌓아올려서 북을 만든다는 뜻이다. 상고시대 때 살았던 사람들의 마음에는 거짓됨이 없어서, 비록 이처럼 간소하고 남루하였지만 또한 이것 자체로도 귀신들에게 공경함을 다 표현할 수 있었다.

淺見

近按: 此下至"禮之大成也", 孔子因言偃之問, 而極言之者也. 燔黍·捭豚等事, 雖甚簡陋, 猶可致敬於鬼神, 況不足於養生乎? 故下節, 又以送死之事言之也.

내가 살펴보니, 이 문장으로부터 그 이하로 "예 중에서도 가장 성대한 것이다."[2]라고 한 문장까지는 공자가 자유의 질문으로 인해 자세히 설명해준 답변에 해당한다. 기장을 볶거나 돼지고기를 익히는 등의 사안은 비록 매우 간단하면서도 비루하지만, 오히려 이것으로도 귀신에게 공경을 지극히 할 수 있었는데, 하물며 살아있는 부모를 봉양함에 있어서 부족하게 했었겠는가? 그렇기 때문에 다음 단락에서는 또한 죽은 자를 전송하는 사안을 언급한 것이다.

---

2) 『예기』「예운」 011장 : 作其祝號, 玄酒以祭, 薦其血毛, 腥其俎, 孰其殽. 與其越席, 疏布以冪. 衣其澣帛, 醴醆以獻, 薦其燔炙. 君與夫人交獻以嘉魂魄, 是謂合莫. 然後退而合亨, 體其犬·豕·牛·羊, 實其簠·簋·籩·豆·鉶羹, 祝以孝告, 嘏以慈告, 是謂大祥. 此禮之大成也.

及其死也, 升屋而號[平聲], 告曰: "皐某復!" 然後飯[上聲]腥而苴[玆於反]孰. 故天望而地藏也, 體魄則降, 知[去聲]氣在上. 故死者北首[去聲], 生者南鄉[去聲], 皆從其初.〈007〉

사람이 죽었을 때에는 지붕 위에 올라가서 그의 혼을 부르니['號'자는 평성으로 읽는다.] 부를 때에는 "아아! 아무개여 다시 돌아오라!"라고 한다. 그렇게 했는데도 그가 다시 살아나지 않는다면, 그런 뒤에 죽은 자를 전송하는 의식을 시행하니, 생쌀을 시신의 입에 물리고['飯'자는 상성으로 읽는다.] 익힌 고기를 포장하여['苴'자는 '玆(자)'자와 '於(어)'자의 반절음이다.] 죽은 자를 전송하는 제물로 쓴다. 그러므로 하늘을 바라보며 초혼을 하고, 땅에 백이 머물도록 하니, 백은 하강하여 땅으로 꺼지고, 지기는['知'자는 거성으로 읽는다.] 상승하여 천상에 머물기 때문이다. 그래서 죽은 자의 머리는['首'자는 거성으로 읽는다.] 북쪽을 향하게 두고, 살아있는 자들은 머리를 남쪽으로 둔다고['鄉'자는 거성으로 읽는다.] 했으니, 이러한 모든 의식들은 예가 처음 생겨났을 때의 절차들을 그대로 따르는 것이다.

所以升屋者, 以魂氣之在上也. 皐者, 引聲之言. 某, 死者之名也. 欲招此魂令其復合體魄, 如是而不生, 乃行死事. 飯腥者, 用上古未有火化之法, 以生稻米爲含也. 苴孰者, 用中古火化之利, 包裹熟肉爲遣送之奠也. 天望地藏, 謂始死望天而招魂, 體魄則葬藏于地也. 所以然者, 以體魄則降而下, 知氣則升而上也. 死者之頭向北, 生者之居向南. 及以上送死諸事, 非後世創爲之, 皆是從古初所有之禮也.

지붕 위에 올라가는 이유는 혼기가 공중에 머물러 있기 때문이다. '고(皐)'라는 것은 소리를 길게 빼어 부르는 말이다. '모(某)'자는 죽은 자의 이름에 해당한다. 죽은 자의 혼을 불러서 다시금 몸과 혼을 결합시키고자 하는 것인데, 이처럼 했는데도 다시 살아나지 않으면, 곧 죽은 자에 대한 의식을 시행한다. '반성(飯腥)'이라는 것은 상고시대 때 아직 불로 익히는 조리법이 있지 않았을 때의 예법에 따라서, 생쌀을 입에 물리는 것이다. '저숙(苴孰)'은 중고시대 때 불로 익히는 조리법을 사용하여, 익힌 고기를 포장해서 죽은 자를 전송하는 제물로 차리는 것이다. '천망지장(天望地藏)'이라는 말은 사람이 이제 막 죽었을 때, 하늘을 바라보며 혼을 부르고, 몸의 백은 장례를 치러 땅에 숨긴다는 뜻이다. 그렇게 하는 이유는 몸의 백은 하강하여 밑으로 꺼지고, 지기는 상승하여 하늘로 날아가기 때문이다. 죽은 자의 머리는 북쪽을 향하게 하고, 살아있는 자는 거처할 때 머리를 남쪽으로 둔다. 이처럼 죽은 자를 전송하는 여러 가지 일들은 후대에 창안하여 만들어낸 것이 아니라 모두 애초부터 고대에 있었던 예에 따른 것이다.

淺見

近按: 上言養生之事, 此言送死之禮, 皆是從其上古之初未有制作之時而言也.

내가 살펴보니, 앞에서는 살아있는 자를 봉양하는 사안을 언급하였고, 이곳에서는 죽은 자를 전송하는 예법을 언급하였는데, 이 모두는 상고시대 초기에 아직 예제가 만들어지지 않았을 때에 따라서 말한 것이다.

經文

昔者, 先王未有宮室, 冬則居營窟, 夏則居橧[曾]巢. 未有火化,
食草木之實鳥獸之肉, 飮其血茹[汝]其毛. 未有麻絲, 衣[去聲]其
羽皮.〈008〉

먼 옛날에는 선왕들도 아직 궁실이 제대로 갖춰지지 않아서, 겨울에는
동굴에서 살았고, 여름에는 나뭇가지들을 엮어['橧'자의 음은 '曾(증)'이다.]
만든 움막에서 살았다. 아직 불로 음식을 익혀먹는 방법이 없어서, 초
목의 과실을 먹고 짐승들의 고기를 날것으로 먹었고, 그 피를 마시고
털이 붙어 있는 상태에서 그대로 먹었다.['茹'자의 음은 '汝(여)'이다.] 견직
물이 아직 없어서, 짐승들의 털이나 가죽을 옷 대신 걸쳤다.['衣'자는 거성
으로 읽는다.]

集說

營窟者, 營累其土以爲窟穴也. 地高則穴於地中, 地卑則於地上, 累
土爲窟也. 橧巢者, 增聚薪柴以爲巢居也. 茹其毛者, 以未有火化,
故去毛不能盡而幷食之也.

'영굴(營窟)'은 흙을 쌓아올려서 토굴을 만든다는 뜻이다. 지대가 높은
곳에서는 땅 속으로 구멍을 팠고, 지대가 낮은 곳에서는 땅 위에 흙을
쌓아올려서 토굴을 만들었다. '증소(橧巢)'는 나뭇가지들을 쌓아올려서
둥지와 같은 움막을 만들었다는 뜻이다. '여기모(茹其毛)'는 아직 불로
구워먹는 방법이 없었기 때문에, 털을 다 제거하지 못하고, 털까지도 함
께 먹었다는 뜻이다.

淺見

近按: 此因上言飮食之禮, 而幷及宮室 · 衣服, 凡所以養生之事, 以
起下節聖人制作之事也.

내가 살펴보니, 이 문장은 앞에서 마시고 먹는 것에 대한 예법을 언급한 것에 따라서, 변과 궁실 및 의복 등 살아있는 자를 부양하는 일에 필요한 것들을 언급하여, 아래문단에서 성인이 관련된 것들을 제작하는 사안의 서두를 일으킨 것이다.

後聖有作, 然後脩火之利, 范金合土, 以爲臺榭·宮室·牖戶.
以炮[庖], 以燔, 以亨[烹], 以炙[隻], 以爲醴酪[洛]. 治其麻絲, 以爲
布帛. 以養生送死, 以事鬼神上帝, 皆從其朔.〈009〉

후대에 성인이 나타나 천하를 다스린 이후에야 불을 이용할 수 있었으
니, 금속을 주조하여 철제 도구를 만들고, 흙을 이겨서 도기 등을 만들
어서, 이러한 것들로써 대사·궁실·들창과 문 등을 만들었다. 그리고
불을 이용하여 음식을 싸서 익히기['炮'자의 음은 '庖(포)'이다.] 시작했고,
불 위에서 굽기 시작했으며, 솥에서 삶기['亨'자의 음은 '烹(팽)'이다.] 시작했
고, 꼬치구이를['炙'자의 음은 '隻(척)'이다.] 하기 시작했으며, 또한 불을 이용
해서 술과 식초를['酪'자의 음은 '洛(락)'이다.] 제조하였다. 그리고 천을 가공
하여 옷감을 만들었다. 또한 이렇게 만들어진 물건들로는 살아있는 자가
편안하게 생활할 수 있도록 보살피게 하였고, 죽은 자에 대해서는 장례
를 잘 치르도록 하였으며, 귀신 및 상제를 잘 섬기게 하였으니, 이것들은
모두 옛 성인이 처음으로 만든 것을 그대로 본받아 따르는 것이다.

范字, 當從竹. 韻註云: "以土曰型, 以金曰鎔, 以木曰模, 以竹曰范",
皆鑄器之式也. 范金, 爲形範以鑄金器也. 合土, 和合泥土爲陶器也.
裹而燒之曰炮, 加於火上曰燔, 煮於鑊曰亨, 貫串而置之火上曰炙.
酪, 醋也. 治, 湅染之類也. 此以上諸事, 皆火之利, 今世承用而爲
之, 皆是取法往聖, 故云皆從其朔. 朔, 亦初也.

'범(范)'자는 죽(竹)변을 구성요소로 해서, '범(范)'자로 기록해야 한다.
『운주』에는 "흙으로 만든 형틀을 '형(型)'이라 부르고, 금속으로 만든 형
틀을 '용(鎔)'이라 부르며, 나무로 만든 형틀을 '모(模)'라 부르고, 대나무
로 만든 형틀을 '범(范)'이라 부른다."[1]라고 하였으니, 이들 모두는 기물
을 주조하는 틀을 가리킨다. '범금(范金)'은 형틀로 떠서 금속 기물들을

주조한다는 뜻이다. '합토(合土)'는 진흙을 이겨서 도기를 만든다는 뜻이다. 겉을 싸서 불 속에서 익히는 것을 '포(炮)'라 부르고, 불 위에 올려서 익히는 것을 '번(燔)'이라 부르며, 솥 안에 넣고 삶는 것을 '팽(亨)'이라 부르고, 꼬챙이로 꽂아서 불 위에 올려서 굽는 것을 '적(炙)'이라 부른다. '낙(酪)'자는 식초를 뜻한다. '치(治)'자는 누이고 염색하는 일 등을 뜻한다. 여기에서 말하는 여러 가지 사안들은 모두 불을 이용하는 것으로, 오늘날에도 이러한 방법에 따라서 시행하고 있는데, 이것들은 모두 옛 성인들이 했던 것을 그대로 따르는 것이다. 그렇기 때문에 "이것들 모두는 그 삭을 따른 것이다."라고 말하였다. 여기에서의 '삭(朔)'자는 또한 초(初)자의 뜻이다.

淺見

近按: 此言後王制禮之事. 朔, 卽晦朔之朔, 鴻荒之世人文未著, 及後王制禮之初而文明始著, 猶月之晦而有朔也. 兩節皆言養生送死及事鬼神者, 禮之大節, 無過於此也.

내가 살펴보니, 이곳에서는 후세의 제왕이 예법을 제정한 사안을 언급하였다. '삭(朔)'자는 그믐과 초하루를 뜻할 때의 '삭(朔)'에 해당하니, 상고시대에는 인문이 아직 드러나지 않았고, 후세 제왕이 예법을 제정했던 초기에 이르러서야 문명이 비로소 드러나기 시작했는데, 이것은 달의 그믐이 지나 초하루가 시작되는 것과 같다. 두 문단에서는 모두 살아 있는 자를 봉양하고 죽은 자를 전송하는 일과 귀신을 섬기는 일들을 언급하였는데, 예의 큰 규범은 여기에서 벗어나는 것이 없다.

---

1) 『흠정음운술미(欽定音韻述微)』「16권」: 竹簡書也, 又法也, 楷式也. <u>以土曰型, 以金曰鎔, 以竹曰笵, 通作範</u>.

故玄酒在室, 醴醆[側眼反]在戶, 粢[才細反]醍[體]在堂, 澄酒在下, 陳其犧牲, 備其鼎俎, 列其琴瑟管磬鍾鼓, 脩其祝嘏[古雅反], 以降上神與其先祖, 以正君臣, 以篤父子, 以睦兄弟, 以齊上下, 夫婦有所, 是謂承天之祜[戶]. 〈010〉

그러므로 현주를 제실 안쪽에서도 가장 북쪽 끝에 두고, 예와 잔이라는['醆'자는 '側(측)'자와 '眼(안)'자의 반절음이다.] 술은 문 쪽에 두며, 제제는['粢'자는 '才(재)'자와 '細(세)'자의 반절음이다. '醍'의 음은 '體(체)'이다.] 당 위에 두고, 징주는 당 아래에 두며, 희생물을 진설하고, 솥과 도마를 갖추며, 금슬·관경·종고 등의 악기들을 진열하고, 축문과 신의 가호를 비는 글을['嘏'자는 '古(고)'자와 '雅(아)'자의 반절음이다.] 마련하여, 이로써 천상의 신들과 조상신들을 강림하게 했고, 군신의 도리를 바로잡았으며, 부자 관계를 돈독하게 했고, 형제들을 화목하게 했으며, 상하 계층을 가지런히 했고, 부부가 각각 자신의 자리를 얻어 유별하게 했으니, 이것을 바로 하늘의 축복을['祜'자의 음은 '戶(호)'이다.] 잇는다고 말한다.

太古无酒, 用水行禮, 後王重古, 故尊之名爲玄酒. 祭則設於室內而近北也. 醴, 猶體也, 酒之一宿者, 周禮謂之醴齊. 醆, 卽周禮盎齊. 盎, 猶翁也, 成而翁翁然, 蔥白色也. 此二者以後世所爲, 賤之. 陳列雖在室內, 而稍南近戶, 故云醴醆在戶也. 粢醍, 卽周禮醍齊, 酒成而紅赤色也, 又卑之, 列於堂. 澄酒, 卽周禮沈齊, 成而緽沈也, 又在堂之下矣. 此五者, 各以等降設之. 祝, 爲主人告神之辭. 嘏, 爲尸致福於主人之辭. 說見曾子問. 上神, 在天之神也. 祭統云: "君迎牲而不迎尸, 別嫌也", 是正君臣之義. "父北面而事之, 所以明子事父之道", 是篤父子也. 睦兄弟者, 主人獻長兄弟及衆兄弟禮. 齊上下者, 獻與餕各有次序, 無遺缺也. 夫婦有所者, 君在阼, 夫人在房, 及致爵之類也. 行禮如此, 神格鬼享, 豈承上天之福祐乎?

태고 때에는 술이 없었으므로, 술 대신 물을 사용하여 의례절차를 시행
했었는데, 후대 선왕들은 고대의 예법을 중시하였기 때문에, 물에 존귀
한 명칭을 붙여서 '현주(玄酒)'라고 불렀다. 제사를 지내게 되면, 현주는
제실 안에 설치하되 북쪽 벽 가까운 곳에 둔다. '예(醴)'자는 체(體)자와
같으니, 술을 한 번 더 걸러낸 것으로, 『주례』에서는 '예제(醴齊)'[1]라고
불렀다.[2] '잔(醆)'은 곧 『주례』에 나온 '앙제(盎齊)'[3]에 해당한다. '앙
(盎)'자는 옹(翁)자와 같으니, 술이 익고 나서 새파란 빛깔을 보이는 것
이다. 이 두 가지 술은 후대에 만들어진 것이니, 고대에 만들어진 것에
비해 천시하는 것이다. 진열하는 장소가 비록 제실 안에 해당하지만, 점
차 남쪽으로 진설되어 문에 가까워진다. 그렇기 때문에 "예와 잔을 문에
둔다."고 말한 것이다. '제제(粢醍)'는 곧 『주례』에 나온 '제제(醍齊: =緹
齊)'[4]에 해당하니, 술이 익고 나서 붉은 빛을 내는 것으로, 예와 잔보다
도 급이 낮으므로, 문보다도 밖인 당에 진설한다. '징주(澄酒)'는 곧 『주
례』에 나온 '침제(沈齊)'[5]에 해당하니, 술이 익은 다음 앙금을 가라앉힌
것으로, 제제'보다도 급이 낮아서 또한 당 아래에 두는 것이다. 이 다섯

---

1) 예제(醴齊)는 오제(五齊) 중 하나이다. 비교적 탁한 술에 해당한다. 술이 익고
   나서 앙금을 한 차례 걸러낸 것으로 염주(恬酒)와 같은 술이다.
2) 『주례』「천관(天官)·주정(酒正)」: 辨五齊之名, 一曰泛齊, 二曰醴齊, 三曰盎
   齊, 四曰緹齊, 五曰沈齊.
3) 앙제(盎齊)는 오제(五齊) 중 하나이다. '오제'는 술의 맑고 탁한 정도에 따라서
   다섯 가지 등급으로 분류한 술로, 주로 제사 때 사용한다. '앙제'는 오제 중에서도
   중간에 해당하는 술로, '앙제'부터 맑은 술이 된다. '앙제'는 술이 익고 나서 새파란
   빛깔을 보이는 것으로 찬백(鄼白)과 같은 술이다.
4) 제제(緹齊)는 제제(醍齊)라고도 부른다. 오제(五齊) 중 하나이다. 비교적 맑은
   술에 해당한다. 술이 익고 나서 붉은 빛깔을 보이는 것으로 하주(下酒)와 같은
   술이다.
5) 침제(沈齊)는 오제(五齊) 중 하나이다. 술이 익고 나서 앙금이 모두 가라앉아
   있는 것으로 조청(造淸)과 같은 술이다.

가지 술들은 각각 등급에 따라서 급을 낮춰가며 설치한다. '축(祝)'은 제주가 신에게 고하는 말이다. '가(嘏)'는 시동이 제주에게 신의 이름을 빌려 축복을 내리는 말이다. 자세한 설명은 『예기』「증자문(曾子問)」편에 나온다. '상신(上神)'은 천상에 있는 신을 뜻한다. 『예기』「제통(祭統)」편에서는 "군주가 희생물을 직접 맞아들이면서도 시동은 맞이하지 않는 이유는 신분의 구별이 없어지게 됨을 방지하기 위해서이다."라고 하였는데, 이것은 곧 군신의 의에 해당한다. 그리고 "부친이 북쪽을 향해 서서 섬기는 것은 자식이 부친을 섬기는 도리를 드러내는 방법이다."라고 하였으니, 이것은 부자관계를 돈독하게 한다는 뜻이다. "형제를 화목하게 한다."는 것은 제주가 장형제들과 뭇 형제들에게 술을 따라주는 예에 해당한다. "상하의 관계를 바르게 한다."는 것은 술잔을 바치고 남은 음식을 먹을 때 각각 서열에 따른 차례가 있지만, 참석한 자들 중에 참여를 못하게 함이 없는 것에 해당한다. "부부가 자기 자리를 얻는다."는 말은 군주가 동쪽 계단에 있으면 부인이 방에 있고, 또 술잔을 돌리는 등의 일 속에 남녀가 각각 자리를 달리하게 되는 것이다. 의례절차를 시행할 때 이처럼 한다면, 귀신들이 와서 흠향을 할 것이니, 어찌 천상의 가호를 계승하지 못하겠는가?

淺見

近按: 此以下全就祭禮而言之. 夫子嘆魯而雖不敢指言所失之事, 然此明言陳設之禮如此, 則夫子與於蜡賓而所觀祭禮, 必有與此不合者矣. 旣詳言此, 則其失不言而自現也. 況陳設之事, 宗祝有司之職, 禮之末節也, 小者猶有所不合, 則大者可知, 此孔子所以嘆之歟.

내가 살펴보니, 이곳 이하의 문장들은 전적으로 제례에 따라 언급한 것이다. 공자는 노나라에 대해 탄식을 하였고, 비록 잘못된 사안에 대해 직접적으로 가리켜 말하지 않았지만, 이곳에서는 진설하는 예법이 이와 같다고 말했으니, 공자는 사제사에 빈객으로 참여했다가 제례의 시행을 살펴보고, 분명 이와 같은 규정에 부합되지 않는 점들이 있음을 본 것이다. 따라서 이미 이와 같이 상세히 설명했다면, 그 잘못에 대해 언급하지 않더라도 저절로 잘못된 점들이 드러난다. 하물며 진설하는 사안은 종축과 유사의 직무이며 예의 말단에 해당하는데, 이처럼 사소한 부분에 있어서도 오히려 부합되지 않는 점이 있다면, 중대한 부분에 대해서도 부합되지 않는 점이 있음을 알 수 있다. 이것이 바로 공자가 탄식을 하게 된 이유일 것이다.

作其祝號, 玄酒以祭, 薦其血毛, 腥其俎, 孰其殽. 與其越[活]
席, 疏[平聲]布以冪[莫力反]. 衣[去聲]其澣[戶管反]帛, 醴酸以獻, 薦
其燔炙. 君與夫人交獻以嘉魂魄, 是謂合莫. 然後退而合亨
[烹], 體其大 · 豕 · 牛 · 羊, 實其簠 · 簋 · 籩 · 豆 · 鉶[刑]羹, 祝
以孝告, 嘏以慈告, 是謂大祥. 此禮之大成也.〈011〉

축호를 짓고, 현주를 진설하여 제사를 지내며, 희생물의 피와 털을 바치
고, 아직 조리하지 않은 생고기를 도마 위에 올려서 바치며, 살점이 붙
어 있는 뼈는 삶아서 익힌다. 왕골로['越'자의 음은 '活(활)'이다.] 짠 자리를
설치하고, 거친['疏'자는 평성으로 읽는다.] 베로 만든 천으로 술독을 덮는
다.['冪'자는 '莫(막)'자와 '力(력)'자의 반절음이다.] 누이고 염색한['澣'자는 '戶
(호)'자와 '管(관)'자의 반절음이다.] 천으로 만든 제복을 입고['衣'자는 거성으로
읽는다.] 예와 잔이라는 술로 술잔을 채워 바치며, 희생물의 살과 간장을
구워서 바친다. 제사를 주관하는 군주와 그의 부인은 교대로 시동에게
술잔을 바쳐서, 이것을 통해 죽은 자의 혼백에게 축복이 내려지도록 하
니, 이것을 '합막(合莫)'이라고 부른다. 이러한 절차를 시행한 이후에 물
러나서, 바쳤던 희생물의 고기를 거둬 함께 삶아서['亨'자의 음은 '烹(팽)'이
다.] 익히고, 희생물인 개 · 돼지 · 소 · 양 등을 부위별로 갈라서, 제기들
인 보 · 궤 · 변 · 두에 담고, 탕국을 끓여서 형에['鉶'자의 음은 '刑(형)'이다.]
담으며, 축문을 하길 효도로써 아뢰고, 가를 하길 자애로써 아뢰니, 이
것을 '대상(大祥)'이라고 부른다. 이것이 바로 예 중에서도 가장 성대한
것이다.

集說

周禮祝號有六: 一神號, 二鬼號, 三祇號, 四牲號, 五齍號, 六幣號.
作其祝號者, 造爲鬼神及牲玉美號之辭. 神號, 如昊天上帝; 鬼號,
如皇祖伯某; 祇號, 若后土地祇; 牲號, 若一元大武; 齍號, 若稷曰明

粢; 幣號, 若幣曰量幣; 祝史稱之以告鬼神也. 每祭必設玄酒, 其實
不用之以酌. 薦其血毛, 謂殺牲之時, 取血及毛, 入以告神於室也.
腥其俎, 謂牲旣殺, 以俎盛肉進於尸前也. 祭玄酒, 薦血毛, 腥俎, 此
三者是法上古之禮. 孰其殽以下, 是中古之禮. 殽, 骨體也, 以湯爛
爲熟. 越席, 蒲席也. 疏布, 麤布也. 羃, 覆尊也. 周禮越席疏布, 祭
天用之, 此以爲宗廟之用, 記者雜陳之也. 澣帛, 謂祭服以凍染之帛
制之也. 醴醆以獻者, 朝踐薦血腥時用醴, 饋食薦熟時用醆也. 薦其
燔炙者, 燔肉炙肝也. 特牲禮主人獻尸, 賓長以肝從; 主婦獻尸, 賓
長以燔從也. 第一君獻, 第二夫人獻, 第三君獻, 第四夫人獻, 故云
君與夫人交獻也. 此以上至孰其殽, 是法中古之禮, 皆所以嘉善於
死者之魂魄, 而求以契合於冥漠之中也. 然后退而合亨, 謂先薦爛,
未是熟物, 今乃退取向爛肉, 更合而烹煮之, 使熟而可食也. 又尸俎
惟載右體, 其餘不載者, 及左體等, 亦於鑊中烹煮之, 故云合亨也.
體其犬豕牛羊者, 隨其牲之大小烹熟, 乃體別骨之貴賤, 以爲衆俎,
用供尸及待賓客兄弟等也. 此是祭未饗燕之衆俎, 非尸前之正俎也.
簠, 內外圓而外方, 盛稻粱之器. 簋, 外圓而內方, 盛黍稷之器. 籩豆
形制同, 竹曰籩, 木曰豆. 鉶, 如鼎而小, 菜和羹之器也. 祝嘏說見
前. 孝, 事祖宗之道也. 慈, 愛子孫之道也. 合亨以下, 當世之禮也.
祥, 猶善也.

『주례』에 나온 축호(祝號)[1]에는 여섯 종류가 있다. 첫 번째는 신호(神
號)[2]이고, 두 번째는 귀호(鬼號)[3]이며, 세 번째는 기호(祇號)[4]이고, 네

---

1) 축호(祝號)는 육축(六祝)과 육호(六號)를 뜻한다. '육축'은 신(神)에게 제사를 지
   낼 때 사용하게 되는 여섯 종류의 기도문을 뜻하고, '육호'는 신(神)이나 제수(祭
   需)를 부를 때 아름답게 꾸며서 부르는 여섯 종류의 호칭을 뜻한다.

2) 신호(神號)는 신(神)을 아름답게 부르는 호칭을 뜻한다. 마치 상제(上帝)를 황천
   상제(皇天上帝)라고 부르는 경우와 같다. 신(神)의 이름을 존귀하게 여기기 때문
   에, 다시금 아름다운 칭호를 덧붙이는 것이다. 『주례』「춘관(春官)·대축(大祝)」
   편에는 "辨六號, 一曰神號."라는 기록이 있는데, 이에 대한 정현의 주에서는 "神
   號, 若云皇天上帝."라고 풀이했다. 한편 채옹(蔡邕)의 『독단(獨斷)』에는 "神號,

번째는 생호(牲號)[5]이며, 다섯 번째는 자호(齋號)[6]이고, 여섯 번째는 폐호(幣號)[7]이다.[8] 축호를 짓는 이유는 이러한 글을 지어서, 귀신 및 희

尊其名更爲美稱, 若曰皇天上帝也."라는 기록이 있다.

3) 귀호(鬼號)는 조상신을 아름답게 부르는 호칭을 뜻한다. 마치 조상신을 '황조의 맏이이신 아무개[皇祖伯某]'라고 부르는 경우와 같다. 『주례』「춘관(春官)·대축(大祝)」편에는 "辨六號, 一曰神號, 二曰鬼號."라는 기록이 있는데, 이에 대한 정현의 주에서는 "鬼號, 若云皇祖伯某."라고 풀이했다.

4) 기호(祇號)는 시호(示號)라고도 부른다. 땅의 신들을 아름답게 부르는 호칭을 뜻한다. 마치 후토(后土)나 지기(地祇)와 같은 용어들을 가리킨다. 『주례』「춘관(春官)·대축(大祝)」편에는 "辨六號, 一曰神號, 二曰鬼號, 三曰示號."라는 기록이 있고, 이에 대한 정현의 주에서는 "祇號, 若云后土地祇."라고 풀이했다.

5) 생호(牲號)는 제사 때 사용되는 희생물들을 아름답게 부르는 호칭을 뜻한다. 마치 소를 '한 마리의 발자국이 큰 쇠[一元大武]'라고 부르고, 돼지를 '털이 뻣뻣한 돼지[剛鬣]'라고 부르며, 양을 '털이 가늘고 부드러운 양[柔毛]'이라고 부르고, 닭을 '소리가 울려 퍼지는 닭[翰音]'으로 부르는 경우와 같다. 『주례』「춘관(春官)·대축(大祝)」편에는 "辨六號, 一曰神號, 二曰鬼號, 三曰示號, 四曰牲號."라는 기록이 있는데, 이에 대한 정현의 주에서는 "鄭司農云, 牲號, 爲犧牲皆有名號. 曲禮曰, '牛曰一元大武, 豕曰剛鬣, 羊曰柔毛, 雞曰翰音.'"이라고 풀이했다.

6) 자호(齋號)는 자호(粢號)라고도 부른다. 제사 때 사용되는 곡식들을 아름답게 부르는 호칭을 뜻한다. 마치 기장을 '향기롭고 찰진 기방밥[香合]'이라고 부르고, 수수를 '알갱이를 달고 있는 향기로운 줄기[香箕]'라고 부르며, 쌀을 '아름답고 무성한 쌀[嘉疏]'이라고 부르는 경우와 같다. 『주례』「춘관(春官)·대축(大祝)」편에는 "辨六號, 一曰神號, 二曰鬼號, 三曰示號, 四曰牲號, 五曰齋號."라는 기록이 있는데, 이에 대한 정현의 주에서는 정사농(鄭司農)의 주장을 인용하여, "粢號, 謂黍稷皆有名號也. 曲禮曰, '黍曰香合, 粱曰香箕, 稻曰嘉疏.'"라고 풀이했다.

7) 폐호(幣號)는 제사 때 신(神)에게 바치게 되는 옥(玉)이나 비단 등의 폐물을 아름답게 부르는 호칭을 뜻한다. 마치 옥(玉)을 '흠이 없는 아름다운 보옥[嘉玉]'이라고 부르고, 폐물을 '치수에 맞는 폐물[量幣]'이라고 부르는 경우와 같다. 『주례』「춘관(春官)·대축(大祝)」편에는 "辨六號, 一曰神號, 二曰鬼號, 三曰示號, 四曰牲號, 五曰齋號, 六曰幣號."라는 기록이 있는데, 이에 대한 정현의 주에서는 "幣號, 若玉云嘉玉, 幣云量幣."라고 풀이했다.

8) 『주례』「춘관(春官)·대축(大祝)」: 辨六號, 一曰神號, 二曰鬼號, 三曰示號, 四曰牲號, 五曰齋號, 六曰幣號.

생물, 옥 등을 아름답게 꾸미는 수식어를 붙이는 것이다. '신호(神號)'는 단지 신이라고만 부르지 않고, '호천상제(昊天上帝)'[9]로 부르는 말과 같은 것이며, '귀호(鬼號)'는 '황조백(皇祖伯)인 아무개'라고 부르는 말과 같은 것이고, '기호(祇號)'는 마치 '후토(后土)'와 '지기(地祇)'라고 부르는 말과 같은 것이며, '생호(牲號)'는 소를 '일원대무(一元大武)'라고 부르는 말과 같은 것이고, '자호(齋號)'는 기장을 '명자(明粢)'라고 부르는 말과 같은 것이며, '폐호(幣號)'는 폐물을 '양폐(量幣)'라고 부르는 말과 같은 것이니, 축관과 사관은 이러한 용어를 칭하여, 귀신들에게 아뢰는 것이다. 제사를 지낼 때마다 반드시 현주를 설치하지만, 실제로 그것을 사용하여 술잔을 채우지는 않는다. "희생물의 피와 털을 바친다."는 말은 희생물을 도살할 때, 피와 털을 채취하여, 그것들을 가지고 들어가서, 제실에서 신에게 아뢴다는 뜻이다. "도마에 성을 담는다."는 말은 희생물을 도축하고 난 뒤 도마에 그 고기들을 올리고서, 시동 앞에 진설한다는 뜻이다. 현주로 제사를 지내고, 희생물의 피와 털을 바치며, 희생물의 고기를 도마에 담아서 차려내는 이 세 가지 일들은 모두 상고시대의 예법을 본받은 것들이다. "살점이 붙은 뼈를 삶는다."는 일부터 그 이하의

---

9) 호천상제(昊天上帝)는 호천(昊天)과 상제(上帝)로 구분하여 해석하기도 하며, '호천상제'를 하나의 용어로 해석하기도 한다. 후자의 경우 '호천'이라는 말은 '상제'를 수식하는 말이다. 고대에는 축호(祝號)라는 것을 지어서 제사 때의 용어를 수식어로 꾸미게 되는데, '호천상제'의 경우는 '상제'에 대한 축호에 해당하며, 세분하여 설명하자면 신(神)의 명칭에 수식어를 붙이는 신호(神號)에 해당한다. 『예기』「예운(禮運)」편에는 "作其祝號, 玄酒以祭, 薦其血毛, 腥其俎, 孰其殽."라는 기록이 있고, 이에 대한 진호(陳澔)의 주에서는 "作其祝號者, 造爲鬼神及牲玉美號之辭. 神號, 如昊天上帝."라고 풀이했다. '호천'과 '상제'로 풀이할 경우, '상제'는 만물을 주재하는 자이며, '상천(上天)'이라고도 불렸다. 고대인들은 길흉(吉凶)과 화복(禍福)을 내릴 수 있는 능력을 갖추고 있었다고 생각하였다. 한편 '상제'는 오행(五行) 관념에 따라 동·서·남·북·중앙의 구분이 생기면서, 천상을 각각 나누어 다스리는 오제(五帝)로 설명되기도 한다. '호천'의 경우 천신(天神)을 뜻하는데, '상제'와 비슷한 개념이다. '호천'을 '상제'보다 상위의 개념으로 해석하여, 오제 위에서 군림하는 신으로 해석하는 경우도 있다.

사안들은 중고시대의 예법에 해당한다. '효(殽)'는 희생물의 뼈에 붙은 살점이니, 물에 끓여서 익히는 것이다. '활석(越席)'은 왕골로 짠 자리이다. '소포(疏布)'는 거친 베이다. '멱(冪)'은 술독을 덮는 천이다. 『주례』에 나온 '활석(越席)'[10]과 '소포(疏布)'[11]는 제천의식 때 사용하는 것인데, 이곳 문장에서는 종묘제사에서 사용하는 것들로 여기고 있으니, 『예기』를 기록한 자가 뒤섞어서 기술했기 때문이다. '한백(澣帛)'은 누이고 염색한 비단을 제단해서 만든 제사 복장을 뜻한다. "예와 잔을 바친다."는 말은 조천(朝踐)[12]을 하며, 희생물의 피와 날고기를 바칠 때, 술은 예를 사용하고, 궤식(饋食)[13]을 하며 익힌 고기를 바칠 때, 술은 잔을 사용한다는 뜻이다. "번과 적을 바친다."는 말은 희생물의 고기를 굽고, 희생물의 간장을 구워서 바친다는 뜻이다. 『의례』「특생궤식례(特牲饋食禮)」편에서는 주인이 시동에게 술잔을 바칠 때, 빈객의 수장은 희생물의 간장을 들고서 뒤따르며, 주부가 시동에게 술잔을 바칠 때, 빈객의 수장은 구운 고기를 가지고 뒤따른다고 하였다. 첫 번째의 헌(獻)은 군주가 술을 바치는 것이며, 두 번째의 헌은 그의 부인이 술을 바치는 것

---

10) 『주례』「춘관(春官)·사궤연(司几筵)」: 諸侯祭祀席, 蒲筵繢純, 加莞席紛純, 右彫几.

11) 『주례』「천관(天官)·멱인(冪人)」: 冪人, 掌共巾冪. 祭祀以疏布巾冪八尊.

12) 조천(朝踐)은 제례(祭禮) 의식 중 하나이다. 희생물의 피와 기름 등을 바치고, 단술을 따르게 되면, 비로소 제사를 본격적으로 시행하게 된다. 제주(祭主)의 부인이 되는 주부(主婦)는 이때 제사 때 진설해두는 제기(祭器)인 두변(豆籩) 등을 바치게 된다. '조천'은 바로 이러한 의식 절차를 가리킨다. 『주례』「춘관(春官)·사준이(司尊彝)」에는 "其朝踐用兩獻尊."이라는 기록이 있고, 이 기록에 대한 정현의 주에서는 "朝踐, 謂薦血腥, 酌醴, 始行祭事, 后於是薦朝事之豆籩."이라고 풀이하였다.

13) 궤식(饋食)은 음식을 바친다는 뜻이다. 고대에는 천자 및 제후들이 매월 초하루마다 종묘(宗廟)에서 음식을 바치는 의식을 치렀는데, 이것을 '궤식'이라고도 부른다. 『주례』「춘관(春官)·대종백(大宗伯)」편에는 "以饋食享先王."이라는 기록이 있다. 한편 조사(朝事)를 시행할 때, 조천(朝踐)을 끝낸 뒤, 생고기를 삶아서 재차 바치는 의식을 가리키기도 한다.

이고, 세 번째의 헌은 군주가 다시 술을 바치는 것이며, 네 번째의 헌은 그의 부인이 다시 술을 바치는 것이다. 그렇기 때문에 "군주가 부인과 함께 교대로 술잔을 바친다."고 말한 것이다. 이곳의 사안으로부터 그 위로 "살점이 붙은 뼈를 삶는다."는 일까지는 모두 중고시대의 예법을 본받은 것들이니, 이 모든 행위들은 죽은 자의 혼백에게 축복을 내려주어서, 저 세상에서도 서로 떨어지지 않고 부합되기를 기원하는 방법이다. 이처럼 시행한 뒤에 물러나서 고기들을 한데 섞어 익히는 것이니, 앞서 "난한 것을 바친다."고 한 것은 아직 익히지 않은 고기에 해당하며, 이러한 절차가 끝난 뒤에야 곧 물러나서 앞서 불에 그슬린 고기들을 가져다가 다시금 한데 모아서 삶으니, 그것들을 익혀서 먹을 수 있도록 조리하는 것이다. 또한 시동 앞에 진설되는 도마에는 오직 희생물의 오른쪽 부위만 올리고, 그 나머지 올리지 않은 것들과 좌측 부위 등은 또한 고기를 삶을 때, 솥 안에 함께 담아서 삶는다. 그렇기 때문에 '합팽(合亨)'이라고 말한 것이다. "개·돼지·소·양을 체(體)한다."는 말은 희생물의 크고 작은 몸집의 차이에 따라 익히고 삶아서, 곧 귀중하고 그렇지 않은 부위들을 종류별로 가른다는 뜻이며, 이것들은 종류별로 여러 도마에 담아서, 시동에게 바치거나 빈객들 및 형제 등을 대접하는데 사용하게 된다. 그런데 이것들은 제사 말미에 향연을 베풀며 차려내는 여러 도마들에 해당하는 것이지, 제사 때 시동 앞에 진설하는 제기로써의 도마는 아니다. '보(簠)'는 속은 원형으로 되어 있고 겉은 네모지게 된 것으로, 쌀이나 기장 등을 담는 제기이다. '궤(簋)'는 겉은 원형으로 되어 있고 속은 네모지게 된 것으로, 기장을 담는 제기이다. '변(籩)'과 '두(豆)'는 형태와 제작 방법이 동일한데, 대나무로 만든 것을 '변(籩)'이라 부르고, 나무로 만든 것을 '두(豆)'라 부른다. '형(鉶)'은 정(鼎)과 같은 것이지만 보다 작은 것으로, 풀죽이나 탕을 담는 제기이다. '축(祝)'과 '가(嘏)'에 대한 설명은 이전 장에 나온다. '효(孝)'는 조상을 섬기는 도리이다. '자애[慈]'는 자손들을 사랑하는 도리이다. '합팽(合亨)'으로부터 그 이하의 일들은 현재의 예법이다. '상(祥)'자는 선(善)자의 뜻이다.

近按: 孔子答言偃之問者, 至此而止. 上言陳設之制, 此言薦獻之事, 禮之終始備矣. 故曰禮之大成也.

내가 살펴보니, 공자가 자유의 질문에 답변한 내용은 여기에서 끝난다. 앞에서는 진설하는 예제를 언급하였고, 이곳에서는 음식을 바치고 술잔을 바치는 사안을 언급하였으니, 예의 시작과 끝이 모두 갖춰진 것이다. 그렇기 때문에 "예의 큰 완성이다."라고 했다.

孔子曰: "嗚呼哀哉! 我觀周道, 幽·厲傷之, 吾舍[上聲]魯何適
矣? 魯之郊禘, 非禮也, 周公其衰矣. 杞之郊也, 禹也, 宋之郊
也, 契[先列反]也, 是天子之事守也, 故天子祭天地, 諸侯祭社
稷."〈012〉

공자가 말하길, "오호라, 슬프도다! 내가 주나라의 도를 살펴보니, 유왕
과 여왕 때 크게 손상이 되었는데, 내가 노나라를 버리고['舍'자는 상성으
로 읽는다.] 어디로 간단 말인가? 노나라에서 교제사와 체제사를 지내는
것은 비례이니, 주공의 도가 쇠약해진 것이구나. 기나라에서 교제사를
지냈던 것은 우임금 때문이었고, 송나라에서 교제사를 지냈던 것은 설
['契'자는 '先(선)'자와 '列(렬)'자의 반절음이다.] 때문이었으니, 이 나라들은 천
자의 제례를 고수하며 지낼 수 있었다. 그래서 천자는 천지에게 제사를
지내는 것이며, 제후는 사직에게 제사를 지내는 것이다."라고 했다.

幽·厲之前, 周道已微, 其大壞則在幽·厲也. 魯周公之國, 夫子嘗
言其可一變至道, 則舍魯何往哉? 然魯之郊禘則非禮矣. 禹爲三代
之盛王, 故杞得以郊, 契爲殷之始祖, 故宋得以郊. 惟此二國, 可世
守天子之事以事其祖, 周公雖聖, 人臣也, 成王之賜固非, 伯禽之受
尤非. 周公制禮作樂, 爲萬世不易之典, 而子孫若此, 是周公之敎,
因子孫之僭禮而衰矣. 天地社稷之祭, 君臣之分, 稟不可踰, 曾謂人
臣而可僭天子之禮哉!

유왕과 여왕 이전에도 주나라의 도는 이미 미약해져 있었는데, 그것이
크게 무너진 것은 유왕과 여왕 때이다. 노나라는 주공의 나라인데, 공자
는 일찍이 노나라가 한 번 변하면 도에 이를 수 있다고 하였으니,[1] 노나

---

1) 『논어』「옹야(雍也)」 : 子曰, "齊一變, 至於魯, 魯一變, 至於道."

라를 떠나 어디로 가겠는가? 그러나 노나라에서 교제사와 체제사를 지낸 것은 비례이다. 우임금은 삼대 때의 성왕이었기 때문에, 기나라에서는 교제사를 지낼 수 있었던 것이고, 설은 은나라의 시조였기 때문에, 송나라에서는 교제사를 지낼 수 있었던 것이다. 오직 이 두 나라만이 대대로 천자의 제례를 지키며, 이로써 그들의 조상에게 제사를 지낼 수 있었는데, 주공이 비록 성인이었다고 하지만, 신하의 신분이었으므로, 성왕이 천자의 제사를 지낼 수 있도록 허락을 해준 것은 진실로 잘못된 일이며, 백금이 그것을 받아들인 것은 더욱 잘못된 일이다. 주공이 예악을 제정하여, 영원토록 변하지 않는 규범을 만들었는데, 자손들이 이와 같이 하였으니, 주공의 교화가 자손들의 참례로 인하여 쇠락해진 것이다. 천지와 사직에 대한 제사 규범은 군주와 신하의 구분이며, 그 구분이 엄격하므로 넘볼 수가 없었으니, 일찍이 신하이면서 천자의 예법을 범했다고 할 수 있겠구나.

浅見

近按: 自此以下雜引孔子之言, 又附記者之說, 以釋前章之意, 皆當以爲傳文. 此一節, 卽釋前章言偃所問, 第二節, 欲觀夏・殷而杞・宋不足徵之意也. 蓋欲觀二代, 而已不足徵, 欲觀周道, 而幽・厲傷之, 有志三代之英, 而皆未之逮, 則今舍魯而何適也? 魯之郊禘, 又非禮, 而周公制作之禮, 已至衰廢, 孔子安得而不嘆也?

내가 살펴보니, 이곳으로부터 그 뒤의 문장에서는 공자의 말을 뒤섞어 인용하고 있으며, 또 『예기』를 기록한 자의 설명을 덧붙여서 앞 장의 뜻을 풀이하였는데, 이 모두는 마땅히 전문으로 여겨야 한다. 1절은 앞 장에서 자유가 질문한 내용을 풀이한 것이며, 2절은 하나라와 은나라의 도를 살펴보고자 했지만 기나라와 송나라에는 징험할 것이 부족했다는 뜻에 해당한다. 두 시대의 도를 살펴보고자 했지만 이미 징험할 것이 부족하였고, 주나라의 도를 살펴보고자 했으나 유왕과 여왕이 이를 손상시켰는데, 삼대의 영웅들에게 뜻을 두고 있으나 이들 모두에 대해서

미치지 못하니, 지금 노나라를 버리고 어디로 간단 말인가? 노나라에서 교제사와 체제사를 지낸 것 또한 비례이고, 주공이 제정한 예법은 이미 쇠락하고 없어지는 지경에 이르렀는데, 공자가 어떻게 탄식하지 않을 수 있었겠는가?

或曰: "子於曾子問, 引論語陳司敗問昭公知禮之事, 以其所記魯公失禮之事, 皆非孔子之言, 此節所謂魯之郊禘非禮也者, 亦非孔子之言歟." 曰: "與人論議而揚其先君之失, 臣子忠厚者之所不忍也. 此節則但曰魯之郊禘非禮, 而不指言某公也. 且其言曰吾舍魯何適, 而嘆周公之衰, 則忠厚愛國不忘先祖, 拳拳懇惻之意, 藹然溢於言辭之表, 是嘆後世失禮之非, 而欲遵周公制作之舊也. 又況聖人禮法之宗主, 苟不言其非禮而正之, 則後世何自而知之乎?"

혹자가 "공자는 증자의 질문에 대해서 『논어』에서 진나라 사패가 소공이 예를 아냐고 질문했던 사안을 인용하여, 노나라 군주가 실례를 범한 사안을 기록하였는데, 이 모두는 공자의 말이 아니다. 따라서 이곳에서 노나라가 교제사와 체제사를 지낸 것은 비례라고 한 말 또한 공자의 말이 아니지 않겠는가?"라고 하여, 답하길 "남과 의론을 하며 선군의 잘못을 드러내는 것은 신하이자 충직함이 두터운 자는 차마 할 수 없는 일이다. 이곳 문단에서는 단지 노나라에서 교제사와 체제사를 지낸 것은 비례라고만 말하고, 어느 군주라고는 직접적으로 가리키지 않았다. 또 '내가 노나라를 버리고 어디로 간단 말인가?'라고 말하고 주공의 예악이 쇠퇴하게 된 것을 탄식했다면, 충직함이 두텁고 나라를 사랑하며 선조를 잊지 않은 것이고, 정성스럽고 간절한 뜻이 온화하게 말을 통해 겉으로 넘쳐 나온 것인데, 이것은 후세에 실례를 범한 잘못에 대해 탄식하고 주공이 제정한 옛 도리를 따르고자 한 것이다. 또한 성인은 예법의 종주가 되는데, 만약 비례를 언급하여 바로잡으려고 하지 않았다면, 후세에는 무엇을 통해 그러한 사실을 알 수 있었겠는가?"라고 대답했다.

祝嘏莫敢易其常古, 是謂大假.〈013〉

제사를 지낼 때 축사(祝辭)와 가사(嘏辭)의 경우에는 감히 옛날부터 시행되어 왔던 고대의 예법을 바꿀 수가 없는 것이니, 이처럼 고대의 예법에 따라 시행하는 것을 '축복의 성대함'이라 부른다.

集說

祭禮祝於始, 嘏於終, 禮之成也. 常古, 常事古法也. 不敢變易, 謂貴賤行禮, 一依古制也. 假, 亦當作嘏, 猶上章大祥之意. 言行當然之禮, 則有自然之福, 其福大矣.

제례에 있어서는 초반부에 축사를 하고, 종반부에 가사를 하니, 이 둘을 모두 시행해야만 예를 완성하게 된다. '상고(常古)'는 일상적으로 시행되었던 고대의 예법을 뜻한다. "감히 변화시키고 바꿀 수 없다."는 말은 신분의 차이와 상관없이 모두 의례를 시행할 때에는 동일하게 고대의 제도에 따랐다는 뜻이다. '가(假)'자 또한 마땅히 '가(嘏)'자로 읽어야 하니, '대가(大嘏)'라는 말은 곧 앞 문장에서 대상(大祥)이라고 한 뜻과 동일하다. 따라서 이 문장은 합당한 예법에 따라서 시행한다면, 자연적으로 축복이 내려지게 되는데, 그 축복이 성대하다는 뜻이다.

淺見

近按: 此下至"是謂疵國", 皆言得禮·失禮之事, 以釋前章偃問第三節失之者死, 得之者生之意也.

내가 살펴보니, 이곳으로부터 그 이하로 "이러한 나라를 질병에 걸린 나라라고 부른다."[1]라고 한 문장까지는 모두 예법에 맞는 사안과 예법에

---

1) 『예기』「예운」 023장 : 故政不正, 則君位危, 君位危, 則大臣倍, 小臣竊. 刑肅而

어긋난 사안들을 언급하여, 앞에서 자유의 질문 중 3절에 해당하는 "예를 잃어버린 자는 죽게 되었고, 얻은 자는 살게 되었다."라고 한 뜻을 풀이한 것이다.

俗敝, 則法無常, 法無常, 而禮無列, 禮無列, 則士不事也. 刑肅而俗敝, 則民弗歸也, 是謂疵國.

祝嘏辭說, 藏於宗祝巫史, 非禮也, 是謂幽國.〈014〉

축사와 가사에 대한 기록과 말들을 종백과 대축, 무관과 사관에게만 보관시키는 것은 비례이니, 이러한 나라를 어둡고 우매한 나라라고 부른다.

集說

祝嘏辭說, 禮之文也, 無文不行. 周禮大宗伯掌詔六號, 重其事耳. 衰世君臣慢禮, 惟宗祝巫史習而記之, 故謂幽昏之國, 言其昧於禮, 無以昭明政治也.

축사와 가사에 대한 기록과 말들은 예법에 따른 형식인데, 그러한 형식이 없으면 시행되지 않는다. 『주례』의 체제에 따르면, 대종백은 육호(六號)1) 중의 중대한 것을 대축에게 알려주는 일을 담당한다고 하였으니,2)

---

1) 육호(六號)는 여섯 종류의 호칭을 뜻한다. 제사와 관련하여 신들을 부르는 호칭 및 제사에 사용되는 물건들은 수식어를 붙여서 부르게 되는데, 이러한 수식어에 해당하는 여섯 가지 호칭은 신호(神號), 귀호(鬼號), 시호(示號), 생호(牲號), 자호(齍號), 폐호(幣號)를 가리킨다. 정현의 주장에 따르면 '신호'는 천신(天神)들에 대한 호칭을 아름답게 부르는 것으로, 상제(上帝)를 '황천상제(皇天上帝)'라고 부르는 예와 같고, '귀호'는 조상신들에 대한 호칭을 아름답게 부르는 것으로, '황조백인 아무개[皇祖伯某]'라고 부르는 예와 같으며, '시호'는 땅의 신들에 대한 호칭을 아름답게 부르는 것으로, '후토(后土)'나 '지기(地祇)'라고 부르는 예와 같고, '폐호'는 옥(玉)을 아름답게 부르는 것으로, '가옥(嘉玉)'이라고 부르는 예와 같으며, '폐호'는 폐백을 아름답게 부르는 것으로, '양폐(量幣)'라고 부르는 예와 같다고 설명한다. 정사농(鄭司農)의 주장에 따르면, '생호'의 경우 희생물의 종류에 따라서 각각 부르는 호칭들이 있는데, 소의 경우 '일원대무(一元大武)'라고 부르고, 돼지의 경우 '강렵(剛鬣)'이라고 부르며, 양의 경우 '유모(柔毛)'라고 부르고, 닭의 경우 '한음(翰音)'이라고 부른다. 또 '자호'는 기장과 같이 제사 때 바치는 곡식들을 뜻하는데, 서(黍)의 경우 '향합(香合)'이라고 부르고, 양(粱)의 경우 '향기(香箕)'라고 부르며, 도(稻)의 경우 '가소(嘉疏)'라고 부르는 예와 같다고 설명한다. 『주례』「춘관(春官)·대축(大祝)」편에는 "辨六號, 一曰神號, 二曰鬼號,

그 일을 중시했기 때문이다. 쇠락한 세상에서는 군주와 신하가 예법에 대해 태만하게 굴어서, 오직 종백과 대축, 무관과 사관만이 그것을 익혀서 기록해두었다. 그렇기 때문에 "어둡고 우매한 나라라고 부른다."고 한 것이니, 이 말은 곧 예법에 대해 우매하여, 이러한 예법으로 정치를 널리 드러내지 못했다는 뜻이다.

經文

醆[側眼反]斝[古雅反]及尸君, 非禮也, 是謂僭君.〈015〉

제사를 지내며 잔이나[‘醆’자는 ‘側(측)’자와 ‘眼(안)’자의 반절음이다.] 가[‘斝’자는 ‘古(고)’자와 ‘雅(아)’자의 반절음이다.] 등의 술잔으로 군주의 시동이 된 자에게 술을 따라주는 것은 비례이니, 이처럼 행동하는 군주를 참람된 군주라고 부른다.

集說

醆, 夏之爵, 斝, 殷之爵. 尸君, 君之尸也. 杞・宋, 二王之後, 得用以獻尸, 其餘列國惟用時王之器. 今國君皆用醆斝以及於尸君, 非禮也, 是僭上之君耳.

三曰示號, 四曰牲號, 五曰齍號, 六曰幣號."라는 기록이 있고, 이에 대한 정현의 주에서는 "號, 謂尊其名, 更爲美稱焉. 神號, 若云皇天上帝. 鬼號, 若云皇祖伯某. 祇號, 若云后土地祇. 幣號, 若玉云嘉玉, 幣云量幣. 鄭司農云, ‘牲號, 爲犧牲皆有名號. 曲禮曰, 牛曰一元大武, 豕曰剛鬣, 羊曰柔毛, 雞曰翰音. 粢號, 謂黍稷皆有名號也. 曲禮曰, 黍曰香合, 粱曰香萁, 稻曰嘉疏.'"이라고 풀이했다.
2) 『주례』「춘관(春官)・대종백(大宗伯)」: 凡祀大神, 享大鬼, 祭大示, 帥執事而卜日, 宿, 眡滌濯, 涖玉鬯, 省牲鑊, 奉玉齍, 詔大號, 治其大禮, 詔相王之大禮. / 이 문장에 대한 정현의 주 : 大號, 六號之大者, 以詔大祝, 以爲祝辭.

'잔(醆)'은 하나라 때 천자가 쓰던 술잔이다. '가(斝)'는 은나라 때 천자가 쓰던 술잔이다. '시군(尸君)'은 군주의 시동이 된 자를 뜻한다. 기나라와 송나라는 두 왕조의 후예국이므로, 잔이나 가 등의 술잔을 사용해서 시동에게 술잔을 바칠 수가 있지만, 나머지 제후국들에서는 오직 당시의 천자가 하사해준 술잔만 사용할 수 있을 뿐이다. 오늘날 제후국의 군주들은 모두 잔이나 가와 같은 술잔을 사용해서, 군주의 시동이 된 자에게 술잔을 따라서 바치는데, 이것은 비례에 해당하며, 이처럼 행동하는 군주는 그 윗사람에게 참람되게 행동하는 군주에 해당할 따름이다.

經文

> 冕弁兵革, 藏於私家, 非禮也, 是謂脅君.⟨016⟩

면류관이나 피변, 병장기 등을 대부의 집안에서 보관하는 것은 비례이니, 이처럼 행동하는 대부가 있다면, 그 나라의 제후를 협박을 당하는 군주라고 부른다.

集說

冕, 祭服之冠. 弁, 皮弁也. 大夫稱家, 大夫以朝廷之尊服 · 國家之武衛而藏於私家, 可見其强橫, 則此國君者, 乃見脅於强臣之君也.

'면(冕)'자는 제사 복장에 쓰는 면류관을 뜻한다. '변(弁)'자는 피변(皮弁)[3]을 뜻한다. 대부의 영지를 '가(家)'라고 부르는데, 조정에서나 입는

---

3) 피변(皮弁)은 고대에 사용되었던 관(冠)의 명칭이다. 백색 사슴의 가죽으로 만든 모자이다. 한편 관(冠)에 따른 의복까지 포함한 의미로 사용되기도 한다. 『주례』 「하관(夏官) · 변사(弁師)」에는 "王之皮弁, 會五采玉璂, 象邸, 玉笄."라는 기록이 있다.

존귀한 복장과 국가제례 때 호위용으로 사용하는 병장기를 대부가 자신의 영지에 보관하게 되어, 그들이 세력의 강성함을 이용해서 횡포를 부리고 있다는 사실을 확인할 수 있다면, 그 나라의 군주가 된 자는 곧 세력이 강성한 신하에게 협박을 당하고 있는 군주에 해당한다는 사실을 알 수 있다.

淺見

近按: 僭君, 言諸侯之僭天子, 脅君, 言大夫之脅其君也.

내가 살펴보니, '참군(僭君)'은 제후가 천자의 예법을 참람되게 사용한다는 것을 뜻하며, '협군(脅君)'은 대부가 자신의 군주를 위협한다는 뜻이다.

大夫具官, 祭器不假, 聲樂皆具, 非禮也, 是謂亂國.〈017〉

대부가 자신들의 가신들을 업무별로 모두 갖추고, 제기를 완전하게 구
비하여 남에게서 빌리지 않으며, 악기들을 모두 갖추는 것은 비례에 해
당하니, 이러한 대부가 있는 나라를 난잡한 국가라고 부른다.

集說

家臣不能具官, 一人常兼數事. 具官, 是僭擬也. 祭器惟公孤以上得
全備, 大夫無田祿者不設祭器. 以其可假也. 有田祿者祭器亦不得
全具, 須有所假, 不假, 亦僭擬也. 周禮大夫有判縣之樂, 少牢饋食
無奏樂之文, 是大夫祭不用樂也, 或君賜乃有之耳. 聲樂皆具, 亦僭
擬也. 尊卑無等, 非亂國而何?

대부에게 소속된 가신들의 경우, 담당하는 업무별로 관리를 둘 수 없으
니, 한 사람의 가신이 항상 여러 가지 업무들을 겸하고 있는 것이다. 따
라서 업무별로 관리들을 모두 갖추는 것은 참람하게도 군주를 모방하는
행위에 해당한다. 제기의 경우 오직 제후에게 소속된 고 이상의 계층만
이 완전하게 구비할 수가 있고, 대부들 중에 채읍으로 받은 영지가 없는
자의 경우에는 제기를 마련하지 않으니, 남에게서 빌릴 수 있기 때문이
다. 또 대부들 중에 채읍으로 받은 영지가 있는 자의 경우라 하더라도,
제기를 완전하게 구비할 수 없어서, 반드시 남에게서 빌리는 것도 있게
된다. 따라서 제기를 빌리지 않도록 완전하게 구비하는 일 또한 참람하
게도 자신보다 상위 계층의 예법을 모방하는 행위가 된다. 『주례』의 기
록에 따르면, 대부는 판현의 악기를 갖추지만, 『의례』「소뢰궤식례(少牢
饋食禮)」편에도 음악을 연주한다는 문장이 없으니, 이 말은 곧 대부가
제사를 지낼 때에는 음악을 사용하지 않는다는 뜻에 해당하므로, 간혹
군주가 하사를 해 주어야만 곧 음악연주를 할 수 있을 따름이다. 따라서
악기들을 모두 갖추는 것 또한 참람되게 자신보다 상위 계층의 예법을

모방하는 행위에 해당한다. 이처럼 신분의 차등이 없으니, 난잡한 나라가 아니고 무엇이겠는가?

經文

故仕於公曰臣, 仕於家曰僕. 三年之喪與新有昏者, 期[基]不使. 以衰裳入朝, 與家僕雜居齊齒, 非禮也, 是謂君與臣同國.〈018〉

그러므로 군주에게서 벼슬살이를 하는 자는 자신을 '신하'라 부르고, 대부 등에게서 벼슬살이를 하는 자는 자신을 '종'이라 부른다. 삼년상을 치른 자이거나 혼례를 치른 자에게는 1년['期'자의 음은 '基(기)'이다.] 동안 업무를 맡기지 않는다. 상복을 착용하고 조정에 들어가거나 조정에서 군주의 신하가 아닌 가신들과 더불어 뒤섞여서 행렬을 맞추는 것은 비례에 해당하니, 이러한 행태를 군주가 신하와 함께 그 나라를 공동으로 소유한다고 부른다.

集說

臣者, 對君之稱. 僕者, 服役之名. 仕於大夫者自稱曰僕, 則益賤矣. 人臣有三年之喪, 或新昏, 則一期之內, 君不使之, 所以體人情也. 就二者而論, 喪尤重於昏也. 今乃不居喪於家, 而以衰裳入朝, 是視君之朝如己之家矣是, 君與其臣共此國也. 就卿・大夫而言, 僕又其臣也, 今卿・大夫乃與其家之僕雜居齊列, 無貴賤之分, 亦是君與臣共此國也.

'신하'라는 말은 '군주'에 대비되는 말이다. '종'이라는 말은 어떤 일에 종사한다는 뜻의 명칭이다. 대부에게서 벼슬살이를 하는 자는 자신을 지칭하며 '복(僕)'이라고 부르니, 신하에 비해 그 신분이 더욱 미천하기 때문이다. 신하가 삼년상을 치렀거나 혹은 혼례를 치렀다면, 군주는 1년 동안 그를 부리지 않으니, 군주가 남의 정감까지도 자신의 정감처럼 느끼기 때문이다. 상사나 혼례에 대해서 논의하자면, 상사의 일이 혼례보다도 더욱 중대하다. 오늘날 신하에게 상이 발생했을 때, 그 신하가 상을 치르기 위해 자신의 집에 머물러 있는 경우가 아닌데도, 상복을 입고서 조정으로 들어가는 것은 군주가 주관하는 조정을 마치 자신의 집처럼 여기는 것이니, 이러한 행태는 군주가 자신의 신하들과 함께 그 나라를 공동으로 소유하는 것에 해당한다. 경과 대부에 대해서 말해보자면, '복(僕)'은 또한 그들의 신하에 해당하는데, 오늘날 경과 대부가 조정에서 곧 자신의 신하인 복들과 함께 뒤섞여 서며 행렬을 맞추는 것은 신분의 차별이 없는 것이니, 이 또한 군주가 신하들과 함께 그 나라를 공동으로 소유하는 것에 해당한다.

浅見

近按: 上言兵革藏於私家, 次言大夫具官, 是大夫浸强也. 然後家僕得位而與公臣雜居, 衰裳入朝而與私家無別, 君之勢日以微, 臣之黨日以衆, 君擁虛器而臣擅政柄, 豈非君與其臣竝尊而同制一國也哉? 嗚呼殆哉!

내가 살펴보니, 앞에서는 병장기를 대부의 영지에 보관한다고 말했고, 그 다음에는 대부가 관직들을 모두 갖춘다고 했는데, 이것은 대부가 군주의 권위를 범하며 강성해진 것을 뜻한다. 그런 뒤에 가신들이 지위를 얻어 군주의 신하와 함께 뒤섞여 선다고 했고, 상복을 입고 조정에 들어가서 자신의 영지에서 행동하는 것과 구별이 없게 된다고 했는데, 군주의 세력이 날로 미약해지고 신하의 무리가 날로 늘어서, 군주가 빈자리만 차지하고 신하가 제멋대로 정권을 휘두르는 것이니, 어찌 군주와 그 신하가 모두 존귀해져서 동시에 한 나라를 통제하는 것이 아니겠는가? 오호라, 위태롭구나!

故天子有田, 以處其子孫, 諸侯有國, 以處其子孫, 大夫有采, 以處其子孫, 是謂制度.〈019〉

그러므로 천자에게는 수도 안의 경작지가 있어서, 이로써 자신의 자손들에게 나눠주어 살아가게끔 하며, 제후에게는 분봉 받은 나라가 있어서, 이로써 자신의 자손들에게 나눠주어 살아가게끔 하고, 대부에게는 하사받은 채지가 있어서, 이곳에서 산출되는 녹봉으로 자신의 자손들을 살아가게끔 하는 것이니, 이것을 바로 '선왕이 만든 제도'라 부른다.

集說

王之子弟有功德者封爲諸侯, 其餘則分以畿內之田. 諸侯子孫命爲卿・大夫, 其有功德者亦賜采地. 所謂官有世功, 則有官族, 邑亦如之也. 大夫位卑, 不當割采地以與子孫, 但養之以采地之祿耳. 此先王之制度也.

천자의 자제들 중 공덕을 갖춘 자는 분봉을 받아서 제후가 되고, 그 나머지 자제들에 대해서는 천자의 수도 안에 있는 땅들을 나눠주게 된다. 제후의 자손들이 작위의 등급을 받으면 경이나 대부가 되는데, 그들 중에 공덕을 갖춘 자는 또한 채지를 하사받는다. 이 말은 곧 "해당 관직에서 대대로 공적을 쌓은 점이 있다면, 관직 이름으로 족명을 지어주기도 하며, 그 고을에 대해서도 또한 대대로 잘 다스리면, 고을이름으로 족명을 삼기도 한다."[1]라는 뜻이다. 대부의 지위는 낮으므로, 자신이 받은 채지를 분할하여 자손들에게 줄 수 없고, 단지 채지에서 산출되는 녹봉으로 그들을 부양할 따름이다. 이것이 바로 선왕이 만든 제도이다.

---

1) 『춘추좌씨전』「은공(隱公) 8년」: 子建德, 因生以賜姓, 胙之土而命之氏. 諸侯以字爲謚, 因以爲族. 官有世功, 則有官族, 邑亦如之.

> 淺見

近按: 此承上言君臣同國, 而言制度, 以明君臣上下各有定分, 不可
同國而無上下之分也.

내가 살펴보니, 이것은 앞에서 군주와 신하가 나라를 함께 소유한다고
말한 것을 이어받아서, 제도를 언급하여 군신 및 상하 계층에는 각각 정
해진 본분이 있어서, 나라를 함께 소유할 수 없으며 상하의 구분이 없어
서도 안 된다는 사실을 나타내고 있다.

經文

故天子適諸侯, 必舍[去聲]其祖廟, 而不以禮籍入, 是謂天子壞
[怪]法亂紀.〈020〉

그러므로 천자가 제후에게 찾아갈 때에는 반드시 그의 조묘에 머물게
['舍'자는 거성으로 읽는다.] 되지만, 예법이 기록된 전적을 숙지하지 않고
그곳에 들어간다면, 이것을 "천자가 법도를 무너트리고['壞'자의 음은 '怪
(괴)'이다.] 기강을 문란하게 한다."라고 부른다.

集說

廟尊於朝, 故天子舍之, 然必太史執簡記奏諱惡者, 不敢以天子之尊
而慢人之宗廟也. 不如此, 則是壞法度, 亂紀綱矣.

종묘는 조정보다 존귀한 장소이다. 그렇기 때문에 천자가 그 장소에 머
물게 된다. 그런데 반드시 태사를 시켜서 간책에 기록된 것을 가지고
와서, 피휘를 해야 할 것과 기일 등의 피해야 할 것들을 읽게 하는 이유
는 천자가 존귀하다는 이유만으로 감히 남의 종묘에서 태만하게 굴 수
없기 때문이다. 이처럼 하지 않는다면, 이것은 법도를 무너트리고 기강
을 문란하게 하는 행위에 해당한다.

淺見

近按: 此言天子雖尊, 亦不可無禮於下, 蓋上言下之不可以僭上, 此
言上之不可以慢下也.

내가 살펴보니, 여기에서는 천자가 비록 존귀하더라도 또한 아랫사람들
에게 무례하게 굴어서는 안 된다는 내용을 언급한 것이다. 앞에서는 하
위계층이 상위계층에 대해 참람되게 굴어서는 안 된다고 말해서, 이곳
에서는 상위계층이 하위계층에게 태만하게 굴어서는 안 된다는 사실을
언급한 것이다.

諸侯非問疾弔喪, 而入諸臣之家, 是謂君臣爲謔.〈021〉

제후가 자신의 신하들에 대해서, 질병 때 문병을 하거나 상사를 당하여 조문을 하는 경우가 아닌데도, 신하들의 집에 찾아가는 것을 "군주와 신하가 기롱한다."라고 부른다.

集說

諸侯於其臣有問疾弔喪之禮, 非此而往, 是戲謔也. 敗禮之禍, 恒必由之.

제후는 자신의 신하에 대해서, 질병이 걸렸을 때 문병을 가거나 상사에 대해서 조문을 하는 예법이 적용되지만, 이러한 일들이 아닌데도 찾아가는 것은 희롱하는 행위에 해당한다. 예법을 어그러트리는 화근은 항상 반드시 이러한 데에서 연유한다.

淺見

近按: 君臣之分, 雖主於嚴, 亦當有恩禮以相親, 故君於其臣, 有問疾·弔喪之事, 非此而入諸臣之家者, 非臣欲固寵而諂誘, 則是君畏强逼而降屈也. 君飮臣家, 相與戲謔, 雖若相親而可恃, 敗禮之禍, 終必及矣.

내가 살펴보니, 군주와 신하의 본분은 비록 엄격함을 위주로 하지만 또한 은정과 예법을 발휘하여 서로 친근해야만 한다. 그렇기 때문에 군주는 자신의 신하에 대해서 질병에 걸렸을 때 문병을 하거나 상사에 조문하는 일이 있는데, 이러한 경우가 아닌데 신하의 집으로 들어가는 것은 신하가 총애를 받고자 하여 군주를 꾀어 유혹을 한 것이거나 그것이 아니라면 군주가 신하의 강성함과 핍박이 두려워 굴복한 경우이다. 군주가 신하의 집에 찾아가서 음주를 하며 서로 농지거리를 한다면, 비록 서로 친하여 의지할 수 있다 하더라도 예를 어그러트리는 화근이 끝내 도달하게 될 것이다.

是故, 禮者君之大柄也, 所以別嫌明微, 儐[擯]鬼神, 考制度, 別
仁義, 所以治政安君也.〈022〉

이러한 까닭으로, 예라는 것은 군주가 나라를 다스리는데 필요한 큰
손잡이에 해당하니, 이것을 통해 의심스러운 것을 분별하고, 미묘한 일
을 밝혀내며, 귀신을 접대하고['儐'자의 음은 '擯(빈)'이다.] 제도를 상고하
며, 인의를 변별하니, 정치를 다스리고 군주의 지위를 안정시키는 방법
이다.

集說

國之有禮, 如器之有柄, 能執此柄, 則國可治矣. 接賓以禮曰儐, 接
鬼神亦然, 故曰儐. 制度, 如禮樂衣服度量權衡之類, 考而正之, 不
使有異. 仁主於愛, 義主於斷, 別而用之, 必當其宜.

나라에 예가 존재하는 것은 마치 기물에 손잡이가 있는 것과 같으니, 이
러한 손잡이를 잘 잡을 수 있다면, 나라도 잘 다스릴 수 있는 것이다.
빈객을 예법에 맞게 접대하는 것을 '빈(儐)'이라 부르는데, 귀신을 접대
하는 일 또한 빈객을 접대하는 것처럼 한다. 그렇기 때문에 귀신을 접대
하는 일 또한 '빈(儐)'이라 부른 것이다. '제도(制度)'는 마치 예악이나 의
복류 또는 도량형이나 저울 등의 부류를 뜻하니, 잘 상고하고 바로잡아
서, 차이가 생기지 않게 하는 것이다. 인(仁)은 사랑하는 마음을 위주로
하고, 의(義)는 결단력을 위주로 하니, 잘 변별해서 활용하여, 반드시 그
올바름에 맞아야 한다.

淺見

近按: 此總結上文, 以起下節之意. 夫禮之失, 始於嫌微之不謹, 所
當別而明之. 此總下文三者而言也. 儐鬼神, 是指自祝嘏至醆斝三
節而言也. 考制度, 是指自冕弁兵革至天子有田四節而言也. 別仁

義, 是指自天子適諸侯至諸侯非問疾二節而言也. 天子之適諸侯, 諸侯之問疾喪, 是推親愛之仁也. 天子不敢以慢人之宗廟, 諸侯不敢以謔臣之私家, 皆由制事之義也. 人君能執禮之大柄而不失, 則上下各得其分而相安, 故曰治政安君也.

내가 살펴보니, 이것은 앞 문장의 뜻을 총괄적으로 결론맺어 아래문단의 뜻을 일으킨 것이다. 예를 실추시키는 것은 의심스럽고 미묘한 것에 조심하지 않는 것에서 시작되니 마땅히 변별해서 밝혀야 한다. 이것은 아래문장에 나오는 세 가지 사안을 총괄적으로 설명한 것이다. '빈귀신(儐鬼神)'은 축사와 가사로부터 잔과 가에 대한 내용에 이르기까지 세 문단을 가리켜서 말한 것이다. '고제도(考制度)'는 면류관과 피변 및 병장기로부터 천자가 수도 안에 경작지를 둔다는 내용에 이르기까지 네 문단을 가리켜서 말한 것이다. '별인의(別仁義)'는 천자가 제후에게 찾아간다는 것으로부터 제후는 질병에 문병하는 것이 아니라고 한 내용에 이르기까지 두 문단을 가리켜서 말한 것이다. 천자가 제후에게 찾아가고 제후가 질병이나 상사에 문병과 조문을 하는 것은 친애하는 인의 마음을 미루어서 하는 것이다. 천자가 감히 남의 종묘에 대해 태만하게 굴지 않고, 제후가 감히 신하의 집에 대해서 희롱하지 않는 것은 모두 사안을 규제하는 의로움에 따른 것이다. 군주가 예라는 큰 손잡이를 잡아서 잃지 않을 수 있다면, 상하계층이 각각 자신의 본분을 얻어 서로 편안하게 될 수 있다. 그렇기 때문에 "정치를 다스리고 군주를 편안하게 만든다."라고 했다.

故政不正, 則君位危, 君位危, 則大臣倍, 小臣竊. 刑肅而俗敝,
則法無常, 法無常, 而禮無列, 禮無列, 則士不事也. 刑肅而俗
敝, 則民不歸也, 是謂疵[慈]國. 〈023〉

그러므로 정치가 올바르지 않으면, 군주의 지위는 위태롭게 되고, 군주
의 지위가 위태롭게 되면, 대신들은 군주의 뜻을 위반하게 되고, 소신들
은 도적질을 일삼게 된다. 형벌만 혹독해지고 풍속이 피폐해지면, 법에
일정한 도리가 없게 되고, 법에 일정한 도리가 없게 되어, 예법에 따른
등차가 없게 되니, 예법에 따른 등차가 없게 되면, 사들은 자신의 직무
를 돌보지 않는다. 형벌이 혹독하고 풍속이 피폐해지면, 백성들의 마음
은 군주에게 귀의하지 않으니, 이러한 나라를 '질병에 걸린 나라'라고['疵'자의 음은 '慈(자)'이다.] 부른다.

倍, 違上行私也, 或亦倍而去之之謂. 小臣竊, 所謂盜臣也. 肅, 峻急
也. 俗敝, 人無廉恥, 風俗敝敗也. 治國無禮, 故至於刑肅而俗敝. 爲
君者但恣己用刑, 遂廢常法, 法廢而禮無上下之列矣. 宜乎士不脩
職, 民心離叛也, 豈非疵病之國乎?

'배(倍)'자는 윗사람의 뜻을 위배하고, 개인적인 뜻에 따라 행동한다는
뜻이며, 혹은 배신을 하여 떠나가는 것을 뜻하기도 한다. "소신들이 도
적질을 한다."는 말은 이른바 '도적질하는 신하[盜臣]'[1]를 뜻한다. '숙
(肅)'자는 혹독하다는 뜻이다. '속폐(俗敝)'는 사람들에게 염치가 없어져
서, 풍속이 피폐해진다는 뜻이다. 나라를 다스리는데 예가 없기 때문에,

---

1) 『대학』「전(傳) 10장」: 孟獻子曰, "畜馬乘不察於雞豚, 伐冰之家不畜牛羊, 百
乘之家不畜聚斂之臣, 與其有聚斂之臣, 寧有盜臣."

형벌이 혹독하고 풍속이 피폐해지는 지경에 이른 것이다. 군주가 된 자가 단지 자기 마음이 내키는 대로 형벌을 시행하여, 결국 항상 지켜오던 법률을 없애버렸으니, 법률이 없어지고 예에 따라 신분의 등차를 지우던 질서가 없어진 것이다. 따라서 사들이 자신의 직무를 시행하지 않고, 백성들의 마음이 떠나버리는 것이 마땅한 일인데, 어찌 질병에 걸린 나라가 아니겠는가?

淺見

近按: 此因上言治政安君, 而反結之, 皆釋得失之意也.

내가 살펴보니, 이것은 앞에서 정치를 다스리고 군주를 편안하게 만든다는 것을 언급한 것에 따라서, 반대되는 내용을 언급하여 결론을 맺었으니, 이 모두는 예의 득실에 대한 뜻을 풀이한 것이다.

故國有患, 君死社稷, 謂之義, 大夫死宗廟, 謂之變[讀爲辨].〈028〉
[舊在"去其貪"之下.]

그러므로 나라에 환란이 발생했을 때, 군주가 사직을 지키다가 죽는 것을 '의(義)'라 부르며, 대부가 군주의 종묘를 지키다가 죽는 것을 '변(辨)'이라['變'자는 '辨'자로 풀이한다.] 부른다. [옛 판본에는 "그의 탐욕스러운 점은 버려서 쓰지 말아야 한다."[1]라고 한 문장 뒤에 수록되어 있었다.]

集說

大去死宗廟, 言衛君之宗廟而致死也. 然己之宗廟亦在本國, 不棄君之宗廟, 卽是不棄己之宗廟也. 舊說, 變, 讀爲辨. 辨, 猶正也. 一說, 其死有分辨, 非可以無死而死也.

"대부가 종묘를 지키기 위해 죽는다."는 말은 군주의 종묘를 지키며 목숨을 바친다는 뜻이다. 그런데 본인의 종묘 또한 자신의 나라에 있으므로, 군주의 종묘를 외면하지 않는다는 말은 곧 자신의 종묘를 외면하지 않는다는 뜻에 해당한다. 옛 학설에서는 '변(變)'자를 변(辨)자로 풀이하였다. 이때의 '변(辨)'자는 올바르다는 정(正)자와 같다. 또한 일설에는 그들의 죽음에 따라 그것을 기록하는 구별이 있으니, 죽지 않아도 되는데 죽은 경우는 아니라고 풀이한다.

淺見

近按: 上言失禮之極, 是必有亂亡之禍, 故此又言雖在喪亂之際, 亦不可棄禮也. 舊說變讀爲辨. 愚恐當作戀, 謂眷戀君親, 不忍偸生而背棄也. 國君之死社稷, 是舍生而取義也. 大夫之死宗廟, 是正丘首

---

1) 『예기』「예운」 027장 : 故用人之知, 去其詐, 用人之勇, 去其怒, 用人之仁, 去其貪.

之仁也. 然則變當爲戀明矣. 或曰如字, 謂當大變而能處之, 亦通.

내가 살펴보니, 앞에서는 예를 실추시킨 극심한 사례들을 언급하였는데, 이것은 반드시 혼란과 패망의 재앙을 가져온다. 그렇기 때문에 이곳에서는 전쟁 등이 발생하여 위급한 때라 하더라도 예를 버릴 수 없다고 재차 말한 것이다. 옛 학설에서는 '변(變)'자를 변(辨)자로 풀이했다. 내가 생각하기에 이 글자는 마땅히 '연(戀)'자로 기록해야 하니, 마음에 군주와 부모를 사모하는 마음을 품고 있어서, 차마 구차하게 생명을 구걸하여 배반하거나 내버리지 못한다는 뜻이다. 제후국의 군주는 사직을 위해서 목숨을 던진다고 했는데, 이것은 바로 목숨을 던져 의로움을 취한다는 뜻이다. 대부는 종묘를 위해 목숨을 던진다고 했는데, 이것은 바로 죽을 때 머리를 고향 쪽으로 둔다는 인함에 해당한다. 그렇다면 '변(變)'자가 연(戀)자가 되어야 함은 자명해진다. 혹자는 글자대로 읽으니, 큰 변란을 당해서도 잘 처신할 수 있다는 뜻이라고 하는데, 이 또한 뜻이 통한다.

故政者, 君之所以藏身也. 是故, 夫政必本於天, 殽效以降命. 命降于社之謂殽地, 降于祖廟之謂仁義, 降於山川之謂興作, 降於五祀之謂制度. 此聖人所以藏身之固也.〈024〉 [此下竝從舊文之次.]

그러므로 정치라는 것은 군주가 자신을 편안하게 안주시키는 방편이다. 이러한 까닭으로 무릇 정치라는 것은 반드시 하늘의 도리에 근본을 두고, 그 법칙을 본받아서 명령을 내려야 한다. 명령을 사에서 내리는 것을 '땅의 도리를 본받은 것'이라 부르고, 조묘에서 내리는 것을 '인의'라 부르며, 산천에서 내리는 것을 '사업을 흥성시키는 것'이라 부르고, 오사에서 내리는 것을 '제도'라 부른다. 이것이 바로 성인이 자신을 굳건하게 보존시켰던 방법이다. [이곳 문장으로부터 그 이하의 기록은 모두 옛 판본의 순서에 따랐다.]

藏, 猶安也. 君者, 政之所自出, 故政不正, 則君位危. 書言"天工人其代之", 典曰"天敍", 禮曰"天秩", 是人君之政, 必本於天而效法之, 以布命於下也. 社, 祭后土也. 因祭社而出命, 是效地之政, 有事於祖廟而出命, 是仁義之政, 有事於山川而出命, 是興作之政, 有事於五祀而出命, 是制度之政. 效地者, 效其高下之勢, 以定尊卑之位也. 仁義者, 仁以思慕言, 義以親疎言, 思慕之心無窮而親疎之殺有定. 又親親, 仁也, 尊尊, 義也. 自仁率親, 等而上之至于祖, 而尊尊之義隆, 自義率祖, 順而下之至于禰, 而親親之仁篤也. 興作之事, 非材不成, 故於山川. 制度之興, 始於宮室, 故本五祀. 夫安上治民, 莫善於禮. 聖人庸禮之政如此, 故身安而國可保也.

'장(藏)'자는 "편안하게 한다."는 뜻이다. 군주는 정치가 비롯되는 출로이다. 그렇기 때문에 정치가 올바르지 못하다면 군주의 지위도 위태롭게 된다. 『서』에서는 "하늘의 일을 사람이 대신하는 것입니다."[1]라고 하며, 법에 대해서는 "하늘이 차례대로 펼치다."라고 하였고, 예에 대해서는 "하늘이 질서를 지우다."라고 하였으니,[2] 이 말은 곧 군주가 시행하는 정치는 반드시 하늘에 근본을 두고 자연의 운행을 본받아 이로써 백성들에게 명령을 내리고 정사를 펼친다는 뜻이다. '사(社)'는 후토에게 제사를 지내다는 뜻이다. 사에서 제사를 지내는 일에 연유하여 명령을 내리는 것은 땅의 도리를 본받은 정령에 해당하고, 조묘에서 제사를 지내면서 명령을 내리는 것은 인의의 정령에 해당하며, 산천(山川)[3]에서 제사를 시행하면서 명령을 내리는 것은 사업을 흥성하게 하는 정령에 해당하고, 오사에서 제사를 시행하면서 명령을 내리는 것은 제도에 따른 정령에 해당한다. "땅의 도리를 본받는다."는 말은 땅의 높낮이에 따른 지세를 본받아서, 신분의 서열을 바로잡는다는 뜻이다. '인의(仁義)'라는 말에서 '인(仁)'자는 사모하는 마음에 기준을 두어 언급한 것이고, '의(義)'자는 친하고 소원한 관계에 기준을 두어 언급한 것이다. 따라서 '인의(仁義)'라는 말은 사모하는 마음은 무궁무진하지만, 친하고 소원한 차등적 관계에 따라 확정된 규정이 있다는 뜻이다. 또한 친근한 이를 친애하는 것은 '인(仁)'에 해당하며, 존귀한 자를 존귀하게 대하는 것은 '의(義)'에 해당한다. 인의 도리에 따라 부친을 따르고, 차등적으로 위로 소급하여 선조에게 이르게 되어, 존귀한 자를 존귀하게 여기는 의 또한 융성해지며, 의의 도리에 따라 선조를 따르고, 세대별로 내려와서 아래

---

1) 『서』「우서(虞書)·고요모(皋陶謨)」 : 無敎逸欲有邦, 兢兢業業. 一日二日萬幾. 無曠庶官. 天工人其代之.

2) 『서』「우서(虞書)·고요모(皋陶謨)」 : 天敍有典, 勅我五典五惇哉. 天秩有禮, 自我五禮有庸哉.

3) 산천(山川)은 오악(五嶽)과 사독(四瀆)의 신들을 가리키기도 하며, 산과 하천의 신들을 두루 지칭하기도 한다. 오악은 대표적인 다섯 가지 산으로, 중앙의 숭산(嵩山), 동쪽의 태산(泰山), 남쪽의 형산(衡山), 서쪽의 화산(華山), 북쪽의 항산(恒山)을 가리킨다. 사독은 장강(長江), 황하(黃河), 회하(淮河), 제수(濟水)를 가리킨다.

로 부친에게 이르게 되어, 친근한 이를 친애하는 인도 돈독해진다. 사업이 흥기되는 사안은 제대로 된 재목이 아니라면 이룰 수 없다. 그렇기 때문에 산천에서 명령을 내리는 것이다. 제도가 흥기되는 것은 궁실을 짓는 일에서 시작되었다. 그렇기 때문에 오사에 근본을 두는 것이다. 위정자를 편안하게 안주시키고 백성들을 다스리는 방편에는 예보다 좋은 것이 없다. 성인은 예에 따라 정치를 시행함이 이와 같았기 때문에, 본인도 편안하게 보존하였고 국가도 보존할 수 있었던 것이다.

淺見

近按: 自此至終篇, 皆是反覆論卜本天殽地 · 治人情 · 列鬼神之意, 以釋前章偃問第三節之大旨也.

내가 살펴보니, 이곳 문장으로부터 편의 끝까지는 모두 하늘에 근본을 두고 땅을 본받으며, 사람의 정감을 다스리고, 귀신의 도리를 본받는다는 뜻에 대해 반복해서 논변하여, 앞 장에서 자유가 질문했던 세 번째 절목의 큰 뜻을 풀이한 것이다.

故聖人參於天地, 竝於鬼神, 以治政也, 處其所存, 禮之序也, 玩其所樂[洛], 民之治也. 故天生時而地生財, 人其父生而師敎之, 四者君以正用之, 故君者立於無過之地也.⟨025⟩

그러므로 성인은 천지의 운행을 돕고, 귀신들과 나란히 서서, 이로써 정치를 다스리고, 천지와 귀신이 머무는 장소에 위치하여, 올바르게 예의 질서를 정한 것이고, 천지와 귀신이 즐거워하는['樂'자의 음은 '洛(락)'이다.] 것들을 익혀서, 백성들을 다스렸던 것이다. 따라서 하늘은 계절의 기운을 낳고, 땅은 재화를 생산하며, 사람은 그의 부모로부터 태어나고, 스승은 그들을 가르치게 되므로, 이 네 가지는 군주가 자신을 올바르게 함으로써 활용하는 것이다. 그렇기 때문에 군주는 허물이 없는 위치에 있어야 한다.

集說

此承上章言政之事. 謂聖人所以參贊天地之道, 儗竝鬼神之事, 凡以治政而已. 故處天地鬼神之所存, 則天高地下, 萬物散殊, 聖人法之, 此禮之所以序也. 玩天地鬼神之所樂, 則流而不息, 合同而化, 聖人法之, 此民之所以治也. 四時本於天, 百貨產於地, 人生於父, 而德成於師, 此四者, 君以正用之, 謂人君正身修德, 順天之時, 因地之利, 而財成其道, 輔相其宜, 以左右民, 使之養生喪死無憾, 然后設爲庠序學校之敎, 由之以孝悌焉, 則有以富之敎之而治道得矣. 然其要在君之自正其身, 立於無過之地而後可, 不能正其身, 如正人何?

이 문장은 앞 문장의 내용에 이어서, 정치에 대한 사안을 언급하고 있다. 즉 성인은 천지의 도리를 돕고, 귀신이 시행하는 일들을 본뜨고 나란히 참여하니, 무릇 이로써 정치를 다스릴 따름이라는 뜻이다. 그렇기 때문에 천지와 귀신들이 머무는 곳에 처하게 된다면, 하늘은 높고 땅은 낮으며, 만물은 사방에 흩어져 자라나며 제각각 다르게 되니, 성인은 이것을 본받게 된다. 이것이 바로 예가 이로써 차례 지워지게 된 이유이다. 천지와 귀신이 즐거워하는 것들을 완상하게 된다면, 끊임없이 흘러서 쉼이 없으며, 화합하여 동화가 되니, 성인은 이것을 본받게 된다. 이것이 바로 백성들이 이로써 다스려지게 된 이유이다. 사계절의 운행은 하늘에 근본을 두고 있고, 모든 재화는 땅에서 생산되며, 사람은 부모에게서 태어나고, 덕은 스승을 통해 완성되는데, 이 네 가지 것들은 군자가 자신을 올바르게 한 이후에야 활용해야 하는 것이다. 즉 이 말은 군주가 자신을 올바르게 다스리고 덕을 수양하여, 하늘의 운행에 순응하며, 땅의 이로움에 따라서, 그 도리를 마름질하고 완성하며, 그 합당함을 보필하여서, 백성들을 돌봐주고, 백성들로 하여금 생활을 하며 장례를 치르는데 있어서 아쉬움이 없도록 만든 이후에야, 상(庠)과 서(序)[1]와 같은 학교를 세워 교육을 시키고, 그들에게 효제와 같은 도리로 거듭나게 한다면, 그들을 풍요롭게 만들고 교화를 시킬 수 있게 되어, 정치의 도리를 얻게 된다는 의미이다. 그런데 그 요점은 군주 본인이 자신을 올바르게 다스리는데 있어서, 조금의 잘못도 없는 상태에 이르게 한 뒤에야 가능하다. 따라서 자신을 올바르게 다스릴 수 없다면, 어떻게 남을 다스릴 수 있겠는가?

---

1) 서(序)는 본래 향(鄉) 밑의 행정단위인 주(州)에 건립된 학교를 뜻한다. 『주례』「지관(地官)·주장(州長)」편에는 "春秋以禮會民而射于州序."라는 기록이 있다. 또한 하후씨(夏后氏) 때 건립한 학교로 설명하며, 동서(東西)와 서서(西序)로 구분하기도 한다. 『예기』「왕제(王制)」편에는 "夏后氏養國老於東序, 養庶老於西序."라는 기록이 있고, 이에 대한 정현의 주에서는 "皆學名也."라고 풀이했다. 한편 '서'는 은(殷)나라 때의 학교로 설명되기도 하며 주(周)나라 때의 학교로 설명되기도 한다. 『맹자』「등문공상(滕文公上)」편에는 "夏曰校, 殷曰序, 周曰庠, 學則三代共之."라는 기록이 있고, 『한서(漢書)』「유림전서(儒林傳序)」에는 "三代之道, 鄉里有敎, 夏曰校, 殷曰庠, 周曰序."라는 기록이 있다.

浅見

近按: 此承上言政而以及君道, 是因治政安君而言也.

내가 살펴보니, 이 문장은 앞에서 정치를 말한 것을 이어서 군주의 도를
언급하였으니, 정치를 다스리고 군주를 편안하게 한다는 것에 따라 말
한 것이다.

故君者所明[讀爲則]也, 非明[則]人者也, 君者所養[去聲]也, 非養人者也, 君者所事也, 非事人者也. 故君明[則]人則有過, 養人則不足, 事人則失位, 故百姓則[如字]君以自治也, 養君以自安也, 事君以自顯也. 故禮達而分[去聲]定, 故人皆愛其死而患其生.〈026〉

그러므로 군주가 된 자는 남이 본받아야['明'자는 '則(칙)'자로 풀이한다.] 할 대상이지, 남을 본받는['明'자의 음은 '則(칙)'이다.] 자가 아니고, 군주가 된 자는 봉양을['養'자는 거성으로 읽는다.] 받아야 할 대상이지, 남을 봉양하는 자가 아니며, 군주가 된 자는 섬김을 받아야 하는 대상이지, 남을 섬기는 자가 아니다. 그러므로 군주가 남을 본받게['明'자의 음은 '則(칙)'이다.] 되면, 허물이 생기게 되고, 남을 봉양하게 되면, 세상을 다스려나가기에는 역부족이 되며, 남을 섬기게 되면, 자신의 지위를 잃는 꼴이 된다. 그러므로 백성들은 군주를 본받음으로써['則'자는 글자대로 읽는다.] 자기 스스로를 다스려야 하고, 군주를 봉양함으로써 자기 스스로 생활의 안정을 찾아야 하며, 군주를 섬김으로써 자기 스스로 명성을 드날려야 한다. 그러므로 예가 온 세상에 두루 통하여 명분이['分'자는 거성으로 읽는다.] 바르게 확립되었던 것이고, 그러므로 사람들은 모두 의를 지키며 목숨을 던지는 것을 선망했고, 의롭지 못하게 살아가는 것을 치욕스럽게 생각했던 것이다.

集說

凡承上章君立於無過之地而言. 舊說, 明, 猶尊也, 故讀則君爲明君. 今定此章三明字皆讀爲則字, 則上下文義, 坦然相應矣, 不必迂其說也. 君者, 正身脩德而爲臣民之所則傚者也, 非則傚人者也, 臣民之所奉養也, 非奉養人者也, 臣民之所服事也, 非服事人者也. 君而則人, 則是身不足以爲人所取則, 而反取則於人, 非立於無過之地者

矣. 君而養人, 則一人之身, 豈能供億兆人之食? 必不足矣. 君而事
人, 則降尊以事卑, 爲失位矣. 惟百姓者則君而自治其身, 所謂文武
興則民好善也. 養君而自安, 謂竭力供賦稅, 則有耕食鑿飮之安也.
事君以自顯, 謂竭忠盡職, 則有錫爵之榮也. 禮敎通達而名分不踰,
故人皆慕守義而死, 恥不義而生也.

이 문장은 앞 장에서 "군주가 허물이 없는 곳에서 선다."고 한 말을 이
어서 언급한 내용이다. 옛 학설에서는 '명(明)'자를 "존귀하게 받든다."
라고 여겼기 때문에, '칙군(則君)'이라는 기록을 '명군(明君)'이라고 풀이
하였다. 지금 이곳 문장에 기록된 3개의 '명(明)'자를 모두 칙(則)자로
풀이해보면, 앞뒤의 문맥이 무난하게 서로 호응이 되니, 반드시 옛 학설
에 따라서 해석할 필요는 없다. 군주가 된 자는 자신을 바로잡고 덕을
수양하여, 신하와 백성들이 본받는 대상이 되어야 할 자이지, 남을 본받
는 자가 아니며, 군주는 신하와 백성들이 받들어서 봉양해야 하는 대상
이지, 남을 봉양하는 자가 아니며, 군주는 신하와 백성들이 복종해야 할
대상이지, 남에게 복종해야 할 자가 아니다. 군주가 되고서 남을 본받게
된다면, 이것은 곧 제 자신을 남이 본받도록 하기에 부족하여, 도리어
남을 본받게 되는 것이니, 허물이 없는 곳에서 우뚝 선 자에는 해당하지
않는다. 군주가 되고서 남을 봉양하게 된다면, 군주 한 사람이 어찌 모
든 백성을 먹여 살릴 수 있겠는가? 반드시 역부족이 될 것이다. 군주가
되고서 남을 섬긴다면, 자신의 존귀함을 한껏 낮춰서 신분이 낮은 자를
섬기는 꼴이 되니, 결국 그 지위를 잃는 모양새가 된다. 오직 백성들만
이 군주를 본받아서 스스로 제 자신을 다스리는 것이니, 이른바 문왕과
무왕이 일어난다면, 백성들이 선을 좋아하게 될 것이라는 뜻이다.[1] 그
리고 "백성들이 군주를 받들어 봉양하고, 이를 통해 자기 스스로 안주한
다."는 말은 백성들이 자신의 능력을 모조리 발휘하며 경작을 하고, 산
출된 양에서 일정부분을 떼어 세금으로 내면, 경작을 하여 밥을 먹고 우

---

1) 『맹자』 「고자상(告子上)」 : 或曰, 性可以爲善, 可以爲不善, 是故文武興, 則民
好善, 幽厲興, 則民好暴.

물을 파서 물을 마시는 등 생활의 안정이 생긴다는 뜻이다. "군주를 섬기고, 이를 통해 자기 스스로 이름을 드날리게 된다."는 말은 충심을 다하고 직분에 충실하게 되면, 작위를 하사받게 되는 영예를 누리게 된다는 뜻이다. 예법과 교화가 온 세상에 두루 통하게 되어, 명분이 올바름에서 벗어나지 않기 때문에, 사람들이 모두 도리를 지키며 목숨을 버리는 일을 선망하게 되고, 의롭지 못하게 살아가는 일을 치욕스럽게 생각하게 되는 것이다.

石梁王氏曰: 此處皆非夫子之言.

석량왕씨가 말하길, 이곳 문장들은 모두 공자의 말이 아니다.

淺見

近按: 此全言君道, 以釋無過之意. 然人君雖尊, 而於賢者所當則而法之, 禮而養之, 尊而事之也. 此節之言, 皆以爲非是, 啓人君矜高自用拒諫飾非之心, 故先儒以爲非孔子之言, 是也. 若其所謂禮達而分定者, 則亦格言也.

내가 살펴보니, 이것은 전적으로 군주의 도를 언급하여 허물이 없다는 뜻을 풀이한 것이다. 그런데 군주는 비록 존귀하더라도 현명한 자에 대해서라면 마땅히 본받아서 그를 법도로 삼아야 하고, 예우하고 그를 길러주며, 존귀하게 높여서 그를 섬겨야 한다. 이곳 문단에서 언급한 말들은 모두 이러한 것들이 옳지 않다고 여기고, 군주에 대해서 스스로를 과시하고 제멋대로 하며 간언을 막고 잘못을 포장하는 마음을 열어주고 있다. 그렇기 때문에 선대 학자들은 공자의 말이 아니라고 여겼는데, 이것은 옳은 주장이다. 그런데 "예가 온 세상에 두루 통하여 명분이 바르게 확립된다."라고 한 말의 경우에는 또한 격언에 해당한다.

故用人之知[去聲], 去[上聲]其詐, 用人之勇, 去其怒, 用人之仁, 去其貪.〈027〉

그러므로 사람의 지혜로운['知'자는 거성으로 읽는다.] 점은 가려서 써야하지만, 그가 가진 속임수의 능력은 버려서['去'자는 상성으로 읽는다.] 쓰지 말아야 하고, 사람의 용맹함은 가려서 써야하지만, 그의 난폭함은 버려서 쓰지 말아야 하며, 사람의 인자한 점은 가려서 써야하지만, 그의 탐욕스러운 점은 버려서 쓰지 말아야 한다.

集說

言人君用人, 當取其所長, 舍其所短. 蓋中人之才, 有所長必有所短也. 去, 猶棄也. 有知謀者易流於欺詐, 故用人之知, 當棄其詐而不責也. 有剛勇者易至於猛暴, 故用人之勇, 當棄其猛暴之過也.

이 문장의 내용은 군주가 사람을 등용할 때에는 마땅히 그들의 뛰어난 점을 채택해야 하며, 단점은 버려서 쓰지 말아야 한다는 뜻이다. 무릇 일반인들이 가지고 있는 재질에 따르면, 뛰어난 점도 있지만, 반드시 단점이라고 할 만한 점도 가지고 있다. '거(去)'자는 "버린다."는 뜻이다. 지모를 갖춘 자는 속임수를 써서 책임을 회피하길 잘한다. 그렇기 때문에 사람들의 지혜는 가려서 쓰되, 마땅히 그들의 속임수는 버려서 쓰지 말고, 그러한 분야에 책임을 맡기지 말아야 한다. 강성함과 용맹함을 갖춘 자들은 난폭해지기 쉽다. 그렇기 때문에 사람의 용맹함은 가려서 쓰되, 마땅히 그가 가지고 있는 난폭한 점들은 버려서 쓰지 말아야 하는 것이다.

朱子曰: 仁止是愛, 愛而無義以制之, 便事事都愛好. 物事也愛好, 官爵也愛愛, 錢也愛, 事事都愛, 所以貪也. 故用人之仁, 當棄其貪之失也.

주자가 말하길, '인(仁)'은 사랑함일 뿐인데, 사랑만 하고 의로움으로 제지하지 못한다면, 곧 모든 사물들에 대해 애착을 갖게 된다. 즉 사물들에 대해서도 좋아하고, 관작도 좋아하며, 돈도 좋아하게 되니, 모든 일들에 대해서 좋아하는 것은 곧 탐욕을 부리는 것이다. 그렇기 때문에 사람의 인자함은 가려서 쓰되, 그가 가진 탐욕의 잘못됨은 버려야 한다.

<u>淺見</u>

近按: 此因上言君道, 而言人君用人之事, 以釋上節人其父生而師教君以正用之意也. 朱子謂仁止是愛, 愛而無義以制之, 便事事都愛. 愚謂智之易流於詐, 勇之易至於怒, 則然矣. 仁者心無私累之謂, 而有貪之失, 何哉? 仁有小大, 有全體而無欲者, 有慈柔而無斷者, 全體而無私者, 未易得也. 人之慈柔, 亦美德也. 使之臨民, 必不殘暴以傷其力, 但患於事不能果決, 或有餽獻, 恐其卻之爲不恭而不能力辭. 又如吳祐所謂爲親而受汙辱之名, 是其心雖非貪得而未免有貪之毁, 蓋其過於慈柔之失也. 强果者, 必能力制餽遺有廉之名, 然以强果之材施於有政, 暴戾之患或及於民, 是不若慈柔者之愛民也. 雖受餽遺, 必不至橫斂以剝民矣, 故用人之仁, 當棄其貪之失也, 用知而去詐, 用勇而去怒, 用仁而去貪, 皆不求其備而各取其長, 先知其短而必備其患, 衆材畢用而流敝可塞, 此用人之權衡也. 或曰詐者, 似於知, 怒者, 似於勇, 貪者, 害於人, 用三德之人, 必去此三者, 用君子而去小人之意, 亦通.

내가 살펴보니, 이 문장은 앞에서 군주의 도를 언급한 것에 따라 군주가 사람을 등용하는 사안을 언급해서, 앞 문단에서 사람은 부모가 낳지만 스승이 가르치고 군주가 올바르게 함으로써 등용한다는 뜻을 풀이한 것이다. 주자는 "인은 사랑함일 뿐인데, 사랑만 하고 의로움으로 제지하지 못한다면, 곧 모든 사물들에 대해 애착을 갖게 된다."라고 했다. 내가 생각하기에 지혜를 갖춘 자는 속임수를 부리는데 빠지기 쉽고, 용맹을 갖춘 자는 분노를 일으키는데 빠지기 쉽다면 그러할 것이다. 그런데 인이라는 것은 마음에 삿된 얽매임이 없다는 것을 뜻하는데, 탐하는 잘못이 있다는 것은 어째서인가? 인에는 작음과 큼의 차이가 있으니, 본체를 온전히 하면서도 욕심이 없는 자도 있고, 자애롭고 유순하지만 결단성이 없는 자도 있는데, 본체를 온전히 하면서도 욕심이 없는 것은 쉽게 터득할 수 있는 것이 아니다. 사람이 자애롭고 유순한 것은 또한 아름다운 덕이 된다. 그로 하여금 백성들을 담당하게 한다면 분명 잔악하고 포악하게 굴어 그들의 힘을 해치게 하지는 않았을 것이다. 다만 어떤 사안에 대해서 과감하게 결단할 수 없어 간혹 누군가가 물건을 보내올 때 그것을 물리는 것이 공손하지 못한 것처럼 보일까를 염려하여 힘써 사양하지 못한다. 또 오우가 말한 것처럼 부친으로 인해 오욕의 이름을 받았다는 경우도 있는데, 이러한 경우는 마음이 비록 얻기를 탐한 것은 아니지만 탐욕이 있다는 비방을 면치 못한 경우이니, 지나치게 자애롭고 유순한 것에서 비롯된 잘못일 것이다. 한편 굳세고 과감한 자는 분명 보내온 물건에 대해 힘써 절제하여 청렴하다는 명성을 얻을 수 있지만, 굳세고 과감한 재주를 정치에 적용하게 되면 모질고 사나운 우환이 간혹 백성들에게 미치게 되니, 이것은 자애롭고 유순한 자가 백성들을 사랑하는 것만 못한 것이다. 그들은 비록 남이 보내온 물건을 받을지언정 분명 무자비하게 세금을 거둬 백성들의 것을 빼앗는 지경에는 이르지 않을 것이기 때문이다. 그래서 어떤 사람의 인함을 부릴 때에는 마땅히 그가 가지고 있는 탐욕이 부릴 수 있는 잘못의 발단을 버려야 하니, 지혜로운 자를 쓸 때에는 속임수를 제거해야 하고, 용맹한 자를 쓸 때에는 난폭함을 제거해야 하며, 인자한 자를 쓸 때에는 탐욕을 제거해야 하니, 이 모두는 완전히 갖추기를 구하는 것이 아니며 각각 그들의 장점을 취한 것인데, 먼저 그 사람의 단점을 알아야만 우환에 대해 확실하게 대비할 수 있고, 뭇 인재들을 모두 등용하되 잘못으로 흘러가는 폐단을 막을 수 있으니, 이것은 사람을 부리는 저울질에 해당한다. 혹자는 속임수를 잘 부리는 자는 지혜로운 자와 유사해보이고, 난폭한 자는 용맹한 자와 유사해보이며, 탐욕을 부리는 자는 남에게 해를 끼치는데, 지혜·용맹·인함이라는 세 가지 덕에 해당하는 자를 등용할 때에는 반드시 그와 유사한 세 부류의 사람들을 제거해야 하니, 이것은 군자를 등용하고 소인을 제거하는 뜻이라고 하는데, 이 풀이 또한 그 뜻이 통한다.

此節之下, 舊有"君死社稷"一節, 今移于上.

이곳 문단 뒤에 옛 판본에는 "군주가 사직을 지키다가 죽는다."[1]라고 한 문단이 있었는데, 이곳에서는 앞으로 옮겼다.

---

1) 『예기』「예운」 028장 : 故國有患, 君死社稷, 謂之義, 大夫死宗廟, 謂之變.

故聖人耐[能]以天下爲一家, 以中國爲一人者, 非意之也, 必知
其情, 辟[婢亦反]於其義, 明於其利, 達於其患, 然後能爲之. 何
謂人情? 喜·怒·哀·懼·愛·惡·欲, 七者弗學而能. 何謂
人義? 父慈·子孝·兄良·弟弟·夫義·婦聽·長惠·幼順·
君仁·臣忠, 十者謂之人義. 講信脩睦, 謂之人利. 爭奪相殺,
謂之人患. 故聖人之所以治人七情, 脩十義, 講信脩睦, 尚慈
讓, 去[上聲]爭奪, 舍禮何以治之?〈029〉

그러므로 성인은 능히['耐'자의 음은 '能(능)'이다.] 천하의 모든 백성을 자신
의 가족처럼 삼으며, 백성들을 자신처럼 삼는 자인데, 이것은 자기 개인
의 생각으로 억측을 한다고 해서 될 것이 아니니, 반드시 백성들의 정
감을 알아야 하며, 그들이 따라야 할 도의를 열어주고['辟'자는 '婢(비)'자와
'亦(역)'자의 반절음이다.] 그들이 이롭게 여기는 것들에 대해 잘 알고 있어
야 하며, 그들이 우환으로 여기는 것들에 대해서도 잘 알아야 하니, 그
런 이후에야 이처럼 할 수 있는 것이다. 그런데 무엇을 사람의 정감이
라 부르는가? 기쁨·노여움·슬픔·두려움·사랑함·싫어함·욕망을
뜻하니, 이러한 일곱 가지 감정들은 따로 배우지 않아도 모두가 갖추고
있는 것들이다. 또 무엇을 사람이 따라야 할 도의라 부르는가? 부친의
자애로움·자식의 효성스러움·형의 선량함·동생의 공경스러움·남
편의 의로움·부인의 순종함·연장자의 은혜로움·어린 자들의 온순
함·군주의 인자함·신하의 충성스러움이니, 이러한 열 가지 것들을
'인의'라 부른다. 신의를 가르치고 화목함을 실천하는 것을 '사람에게 이
로운 것'이라 부른다. 다투고 빼앗으며 서로 상해를 가함을 '사람에게
우환이 되는 것'이라고 부른다. 그러므로 성인은 이로써 사람의 일곱 가
지 정감을 다스리고, 열 가지 도의를 다듬으며, 신의를 가르치고, 화목
함을 실천하며, 자애로움과 겸손함을 숭상하고, 다투고 빼앗는 것들을
없애게['去'자는 상성으로 읽는다.] 되는데, 이러한 일들에 있어서 예를 버려

두고서 무엇으로써 다스리겠는가?

非意之, 謂非以私意臆度而爲之也, 必是知其有此七情也. 故開辟
其十義之途, 而使之由之, 明達其利與患之所在, 而使之知所趨, 知
所避, 然後能使之爲一家, 爲一人也. 七情不學而能, 有禮以治之,
則人義人利由此而生. 禮廢, 則人患由此而起.

'비의지(非意之)'라는 말은 자기 개인의 생각으로 억측을 하여 시행하는
것이 아니라는 뜻이니, 즉 반드시 백성들에게 이러한 일곱 가지 감정이
있다는 사실을 알고 있어야 한다는 의미이다. 그렇기 때문에 그들이 따
를 열 가지 도의의 길을 열어서, 그들로 하여금 따르도록 하는 것이니,
그들이 이롭게 여기고 근심거리로 여기는 것이 어디에 있는지를 잘 알
고 있어서, 그들로 하여금 지향해야 할 것들을 알게 하고, 피해야 할 것
들을 알게 한 이후에야, 백성들을 내 가족처럼 삼을 수 있고, 내 몸처럼
삼을 수 있게 된다. 일곱 가지 감정들은 배우지 않아도 모두 발휘할 수
있는 감정인데, 예로써 그것들을 다스리게 된다면, 사람이 따라야 할 도
의와 사람에게 이로운 것들이 바로 이로부터 생겨나게 된다. 따라서 예
가 없어지게 되면, 사람에게 우환이 되는 것이 바로 이로부터 발생하게
된다.

問: "愛與欲何別?" 朱子曰: "愛是汎愛那物, 欲則有意於必得, 便要
拏將來."

묻기를 "사랑과 욕망은 어떻게 구별됩니까?"라고 하자 주자는 "사랑은
어느 사물에게나 널리 사랑하는 것이며, 욕망은 반드시 얻어야겠다고
뜻을 가지게 되어, 꼭 얻고자 하는 것이다."라고 했다.

近按: 此節全就治人情之事, 而推言之也.

내가 살펴보니, 이 문단은 전적으로 사람의 정감을 다스리는 사안에 따라 그것을 미루어 언급한 것이다.

飲食男女, 人之大欲存焉. 死亡貧苦, 人之大惡存焉. 故欲惡
者, 心之大端.〈030〉

먹고 마시며 남녀 간에 관계를 맺는 것 속에는 사람의 가장 큰 욕망이
존재한다. 죽음과 가난함이라는 것 속에는 사람의 가장 큰 싫어함이 존
재한다. 따라서 욕망과 싫어함은 사람의 마음속에 있는 정감들 중에서
도 가장 큰 단서가 된다.

集說

人心雖有七情, 總而言之, 止是欲惡二者, 故曰大端也.

사람의 마음속에 비록 일곱 가지 정감이 포함되어 있다. 하지만, 이것들
을 총괄적으로 언급한다면, 단지 욕망과 싫어함이라는 두 가지 정감으
로 통괄된다. 그렇기 때문에 '큰 단서[大端]'라고 말한 것이다.

經文

人藏其心, 不可測度[大洛反]也. 美惡皆在其心, 不見[現]其色也,
欲一以窮之, 舍禮何以哉?〈031〉

사람은 그 마음을 깊숙한 곳에 감추고 있으니, 쉽사리 헤아려볼['度'자는
'大(대)'자와 '洛(락)'자의 반절음이다.] 수 없다. 감정의 아름다움과 추함은
모두 그 마음속에 있어서, 그 사람의 안색을 통해서 드러나지['見'자의 음
은 '現(현)'이다.] 않으니, 일일이 따져보고자 함에 예를 버려두고 무엇으
로써 관찰할 수 있겠는가?

欲惡之心藏於內, 他人豈能測度之? 所欲之善惡, 所惡之善惡, 豈可
於顏色覘之? 若要一一窮究而察識, 非求之於禮不可. 蓋七情中節,
十義純熟, 則舉動自然合禮, 若七情乖僻, 人倫有虧, 則言動之間,
皆失常度矣. 有諸中, 必形諸外也. 若不知禮, 則無以察其情義之得
失於動作威儀之閒矣.

욕망하고 싫어하는 마음들은 마음 깊숙한 곳에 숨어 있으니, 다른 사람
이 어찌 그것들을 잘 헤아려볼 수 있겠는가? 욕망하는 마음의 선악과
싫어하는 마음의 선악을 어찌 그 사람의 안색을 통해서 관찰 할 수 있겠
는가? 만약 일일이 따져보고 관찰하고자 한다면, 예에서 그 방법을 모색
하지 않고서는 불가능하다. 무릇 인간에게 내재된 일곱 가지 정감들이
법도에 맞고, 열 가지 도의가 사람들에게 숙련되어 있다면, 그 사람의
행동은 자연스럽게 예에 맞게 되는데, 만약 일곱 가지 정감이 어그러지
고 치우치게 되어, 인륜이 어그러지는 일이 발생하게 되면, 그 사람이
말하고 행동하는 모든 것들이 항상된 법도에 맞지 않게 된다. 마음에
있는 것들은 반드시 겉으로 드러나게 된다. 만약 예에 대해서 알지 못한
다면, 행동하고 위엄을 갖추는 사이에서, 그 사람이 가지고 있는 정감
과 도의가 합당하거나 어긋난다는 사실을 관찰할 수 있는 방법이 없게
된다.

近按: 上節總言治人七情, 而此又特舉欲惡二者以言也.

내가 살펴보니, 앞 문단에서는 사람의 일곱 가지 정감을 다스리는 일들
에 대해 총괄적으로 언급했는데, 이곳에서는 재차 욕망과 싫어함이라는
두 가지 정감을 특별히 제시해서 말한 것이다.

故人者, 其天地之德·陰陽之交·鬼神之會·五行之秀氣也.
〈032〉

그러므로 사람은 천지가 낳아준 덕을 품고 있고, 음양의 교합에 의해 태어났으며, 귀신의 두 기운이 오묘하게 합치되어 응결된 결과물이고, 오행 중에서도 가장 빼어난 기운을 타고난 존재이다.

集説

天地·鬼神·五行, 皆陰陽也. 德, 指實理而言, 交, 指變合而言, 會者, 妙合而凝也. 形生神發, 皆其秀而最靈者, 故曰五行之秀氣也.

천지(天地)·귀신(鬼神)·오행(五行)은 모두 음양(陰陽)의 기운에 해당한다. '덕(德)'은 음양의 실리(實理)를 가리켜서 언급한 말이고, '교(交)'는 음양의 변화와 화합을 가리켜서 언급한 말이며, '회(會)'는 음양의 기운이 오묘하게 화합하여 응결된다는 뜻이다. 사람의 육신과 정신이 생겨남에 그 기운들은 모두 음양의 기운 중에서도 가장 빼어나고 영묘한 것들이다. 그렇기 때문에 '오행 중에서도 가장 빼어난 기운'이라고 말한 것이다.

石梁王氏曰: 此語最粹.

석량왕씨가 말하길, 이 문장은 가장 핵심이 되는 말이다.

故天秉陽, 垂日星, 地秉陰, 竅[欺要反]於山川, 播[上聲]五行於四時, 和而後月生也. 是以三五而盈, 三五而闕.〈033〉

그러므로 하늘은 양기를 부려서 해와 별들을 하늘에 수놓았고, 땅은 음기를 부려서 산천에 구멍을 뚫어['竅'자는 '欺(기)'자와 '要(요)'자의 반절음이다.] 기운이 통하게 하였으며, 사계절마다 오행을 배치시켰는데['播'자는 상성으로 읽는다.] 이러한 운행이 조화를 이룬 뒤에야 달이 생겨나게 된다. 이러한 까닭으로 달은 15일마다 보름달이 되고, 15일마다 그믐달이 된다.

集說

竅於山川, 山澤通氣也. 五行, 一陰陽也. 質具於地, 氣行於天, 春木·夏火·秋金·冬水, 各主其事以成四時. 月之盈虧, 由於日之近遠. 四序順和, 日行循軌, 而後月之生明如期, 望而盈, 晦而死, 無朓朒之失也.

"산천에 구멍을 뚫는다."는 말은 산과 연못에 기운을 통하게 한다는 뜻이다.[1] 오행은 결국 음양이다. 재질은 땅에서 갖춰지고, 기운은 하늘에서 운행하게 되며, 봄의 목덕, 여름의 화덕, 가을의 금덕, 겨울의 수덕은 각각 자신이 맡은 일을 주관함으로써 사계절을 이룬다. 달이 차고 이지러짐은 해와의 거리에 달려 있다. 사계절의 순서가 법칙에 따라 조화롭고, 해의 운행이 궤도를 따르게 된 이후에야 달이 빛을 발함도 주기에 맞게 되어, 보름이 되어 달이 차고, 그믐이 되어 달이 없어지게 되니, 조뉵(朓朒)[2]의 차이가 생기지 않게 된다.

---

1) 『역』「설괘전(說卦傳)」: 天地定位, 山澤通氣, 雷風相薄, 水火不相射, 八卦相錯.

2) 조뉵(朓朒)은 육조(朒朓)라고도 부른다. 천문학의 용어로, 매월 초에 달이 동쪽 하늘에 나타나고, 매월 말에 달이 서쪽 하늘에 나타나는 것을 가리킨다.

經文

五行之動, 迭[田結反]相竭也. 五行·四時, 十二月, 還旋相爲本
也.〈034〉

오행의 운행은 갈마들어서['迭'자는 '田(전)'자와 '結(결)'자의 반절음이다.] 교
대로 소진이 된다. 오행·사계절·12개월은 다시 돌아와 교대로 시작
점이 된다.

集說

動, 運也. 竭, 盡也, 終也. 本者, 始也. 五行之運於四時, 迭相終而還
相始, 終則有始, 如環無端. 冬終竭而春始來, 則春爲夏之本, 春
竭而夏來, 則夏又爲秋之本. 已往者爲見在者所竭, 見在者爲方來
者所本. 五行四時十二月, 莫不皆然也.

'동(動)'자는 "운행한다."는 뜻이다. '갈(竭)'자는 "다한다."는 뜻이며, "끝
마친다."는 뜻이다. '본(本)'이라는 말은 "시작된다."는 뜻이다. 오행은
사계절 속에서 운행을 하면서, 갈마들며 서로 끝을 맺고서, 다시금 돌아
와 서로 시작을 하게 되니, 끝을 맺게 되면 새로운 시작이 있게 되는
것으로,[3] 마치 둥근 옥에 시작과 끝부분이 없는 것과 같다. 겨울이 끝을
맺어 소진이 되고 봄이 비로소 도래하게 되면 봄은 여름의 시작이 되고,
봄의 기운이 소진되어 여름이 찾아오게 되면 여름은 또한 가을의 시작
이 된다. 이미 떠나간 것은 현재에 있는 것들을 위해 소진되어 없어진
것이며, 현재에 남아 있는 것들은 앞으로 도래할 것에 의해 시작점이 된
다. 오행과 사계절 및 12개월 중에는 이와 같지 않은 것이 없다.

---

3) 『역』「고괘(蠱卦)·단전(彖傳)」: "先甲三日, 後甲三日", 終則有始, 天行也.

五聲·六律·十二管, 還相爲宮也.〈035〉

오성(五聲)[4]·육률(六律)[5]·12개의 관(管)은 순환하여 서로의 궁(宮)
이 된다.

集說

五聲, 宮·商·角·徵·羽也. 六律, 陽聲, 黃鍾子, 太簇寅, 姑洗辰,
蕤賓午, 夷則申, 無射戌也. 陰聲, 謂之六呂, 大呂丑, 應鍾亥, 南呂
酉, 林鍾未, 仲呂巳, 夾鍾卯也. 六律·六呂, 皆是候氣管名. 律, 法
也, 又云述也. 呂, 助也, 言助陽宣氣也. 摠而言之, 皆可稱律, 故月
令十二月皆稱律也. 長短之數, 各有損益. 又有娶妻生子之例. 長短
損益者, 如黃鍾長九寸, 下生者, 三分去一, 故下生林鍾長六寸也.
上生者, 三分益一, 如林鍾長六寸, 上生太簇長八寸也. 上下之生,
五下六上, 蓋自林鍾末至應鍾亥, 皆在子午以東, 故謂之下生. 自大
呂丑至蕤賓午, 皆在子午以西, 故謂之上生. 子午皆屬上生, 當云七
上, 而云六上者, 以黃鍾爲諸律之首, 故不數也. 律娶妻而呂生子者,
如黃鍾九以林鍾六爲妻, 太簇九以南呂六爲妻, 膈八而生子, 則林鍾
生太簇, 夷則生夾鍾之類也. 各依此推之可見. 還相爲宮者, 宮爲君
主之義, 十二管更迭爲主, 自黃鍾始, 當其爲宮, 五聲皆備. 黃鍾第

---

4) 오성(五聲)은 오음(五音)이라고도 하며, 일반적으로 궁(宮), 상(商), 각(角), 치
(徵), 우(羽) 다섯 가지 음을 뜻한다. 당(唐)나라 이후에는 또한 합(合), 사(四),
을(乙), 척(尺), 공(工)으로 부르기도 했다. 『맹자』「이루상(離婁上)」편에는 "不
以六律, 不能正五音."이라는 기록이 있는데, 이에 대한 조기(趙岐)의 주에서는
"五音, 宮商角徵羽"라고 풀이하였다.

5) 육률(六律)은 12율(律) 중 양률(陽律)에 해당하는 황종(黃鐘), 태주(大簇), 고선
(姑洗), 유빈(蕤賓), 이칙(夷則), 무역(無射)을 가리키는 용어이다. 또한 12율과
같은 의미로 사용되었다.

一宮, 下生林鍾爲徵, 上生太簇爲商, 下生商呂爲羽, 上生姑洗爲角, 餘倣此. 林鍾第二宮, 太簇三, 南呂四, 姑洗五, 應鍾六, 蕤賓七, 大呂八, 夷則九, 夾鍾十, 無射十一, 仲呂十二也. 此非十二月之次序, 乃律呂相生之次序也.

'오성(五星)'은 궁(宮)·상(商)·각(角)·치(徵)·우(羽)를 뜻한다. '육률(六律)'은 12율 중에서 양에 해당하는 소리를 뜻하니, 12지 중 자(子)에 해당하는 황종(黃鐘), 인(寅)에 해당하는 태주(大簇), 진(辰)에 해당하는 고선(姑洗), 오(午)에 해당하는 유빈(蕤賓), 신(申)에 해당하는 이칙(夷則), 술(戌)에 해당하는 무역(無射)을 가리킨다. 음에 해당하는 소리는 '육려(六呂)'를 뜻하니, 축(丑)에 해당하는 대려(大呂), 해(亥)에 해당하는 응종(應鐘), 유(酉)에 해당하는 남려(南呂), 미(未)에 해당하는 임종(林鐘), 사(巳)에 해당하는 중려(仲呂), 묘(卯)에 해당하는 협종(夾鍾)을 가리킨다. 육률과 육려는 모두 기후를 측정하는 피리관의 명칭이다. '율(律)'자는 법도를 뜻하고, 또한 '술(述)'이라고도 부른다. '여(呂)'자는 "돕는다."는 뜻으로, 양기를 도와서 기를 펼치도록 한다는 뜻이다. 총괄적으로 말을 하자면, 이 모두는 '율(律)'이라고 부를 수 있다. 그렇기 때문에 『예기』「월령(月令)」편에서는 12개월의 기후를 말하면서, 모두 '율(律)'이라고 불렀던 것이다. 피리관의 길이를 정할 때에는 각각 줄이거나 더하는 방법이 있다. 또 아내를 맞아 자식을 낳는 것과 같은 방법도 있다. 길이를 줄이거나 더하는 방법은 예를 들어 황종음을 내는 피리관의 길이는 9촌인데, 그 아래로 파생되는 것은 그 길이를 3등분하여, 전체 길이에서 그 하나 만큼을 뺀 것이다. 그렇기 때문에 그 아래로 파생되는 임종음을 내는 피리관은 그 길이가 6촌이 되는 것이다. 위로 파생되는 것은 그 길이를 3등분하여, 전체 길이에서 그 하나 만큼을 더한 것이다. 예를 들어 임종음을 내는 피리관의 길이는 6촌인데, 위로 파생되는 태주음을 내는 피리관은 그 길이가 8촌이다. 기준음을 놓고 봤을 때, 상하로 파생되는 음 중 다섯 음은 아래로 파생되고, 여섯 음은 위로 파생되는데, 무릇 미에 해당하는 임종음부터 해에 해당하는 응종음까지는 12지로 원형을 그렸을 때, 모두 기준 축이 되는 자(子)와 오(午)의 동쪽에 놓이게 된다. 그렇기 때문에 '하생(下生)'이라고 부르는 것이다. 또 축에 해당하는 대려음부터 오에 해당하는 유빈음까지는 모두 자와 오의 서쪽에 놓이게 된다. 그렇기 때문에 '상생(上生)'이라고 부르는 것이다. 또한 자'에 해당하는 황종음과 오에 해당하는 유빈음은 모두 상생에 속한다. 그렇기 때문에 마땅히 상생은 7개라고 해야 하는데, 여섯 개의 상생이라고 부른 이유는 황종음은 여러 음들의 기준이 되기 때문에, 그 수치 안에 포함시키지 않은 것이다. 율이 아내를 맞아들이고, 여가 자식을 낳는다는 말은 예를 들어 황종은 9로써 임종의 6을 아내로 삼고, 태주는 9로써 남려의 6을 아내로 삼는데, 8을 벌리며 새끼음을 낳으니, 임종은 태주를 낳고, 이칙은 협종을 낳는 부류와 같은 것이다. 나머지 음들에 대해서도 이러한 방법에 따라 유추해보면, 그 세부 내용들을 알 수 있다. "순환하여 서로의 궁(宮)이 된다."는 말은 오음 중 궁에는 군주의 의미가 포함되어 있으니, 12개의 음을 내는 피리관들은 다시금 갈마들며 서로의 주인이 되는데, 황종으로부터 음이 시작되므로, 마땅히 그 음은 오음 중의 궁에 해당하며, 오음은 이를 통해 모두 갖춰지게 된다. 황종이 1궁이 되면, 하생인 임종은 치가 되고, 상생인 태주는 상이 되며, 하생인 남려는 우가 되고, 상생인 고선은 각이 되며, 나머지도 모두 이와 같다. 따라서 임종이 2궁이 되고, 태주가 3궁이 되며, 남려가 4궁이 되고, 고선이 5궁이 되며, 응종이 6궁이 되고, 유빈이 7궁이 되며, 대려가 8궁이 되고, 이칙이 9궁이 되며, 협종이 10궁이 되고, 무역이 11궁이 되며, 중려가 12궁이 되는 경우에도 위의 경우와 같다. 그런데 이것들은 12개월의 순서를 뜻하는 것이 아니니, 곧 육률과 육려가 생겨나는 순서에 해당한다.

五味・六和[去聲]・十二食, 還相爲質也.〈036〉

오미・육화['和'자는 거성으로 읽는다.]・12개월 동안 각 달마다 먹는 음식 들은 순환하여 서로간의 바탕이 된다.

集說

酸・苦・辛・鹹, 加滑與甘, 是五味・六和也. 十二食, 十二月之所 食也. 還相爲質者, 如春三月以酸爲質, 夏三月以苦爲質, 而六和皆 相爲用也.

신맛[酸]・쓴맛[苦]・매운맛[辛]・짠맛[鹹]에 향신료 맛[滑]과 단맛[甘]을 더한 것이 바로 '오미(五味)'와 '육화(六和)'에 해당한다. '십이식(十二食)' 은 12개월 동안 각 달마다 먹는 음식들이다. "순환하여 서로간의 바탕이 된다."는 말은 예를 들어 계춘인 3월에는 신맛을 음식의 기본 바탕으로 삼고, 계하인 6월에는 쓴맛을 바탕으로 삼게 되어, 육화가 모두 서로간 의 쓰임이 된다는 뜻이다.

經文

五色・六章・十二衣, 還相爲質也.〈037〉

오색(五色)6)・육장・12개월마다 입는 의복은 순환하여 서로간의 바탕 이 된다.

6) 오색(五色)은 청색[青], 적색[赤], 백색[白], 흑색[黑], 황색[黃]을 뜻한다. 고대에는 이 다섯 가지 색깔을 순일한 색깔로 여겨서, 정색(正色)으로 규정하였고, 그 이외 의 색깔들은 간색(間色)으로 분류하였다.

五色, 青·赤·黃·白·黑也. 幷天玄爲六章. 十二月之衣, 如月令春衣靑·夏衣朱之類. 還相爲質, 謂畫繢之事, 主其時之一色, 而餘色間雜也.

'오색(五色)'은 청색·적색·황색·백색·흑색이다. 오색은 하늘의 검은 색과 합쳐 '육장(六章)'이 된다. 12개월마다 입는 의복이라는 것은 예를 들어 『예기』 「월령(月令)」편에서 봄에는 의복을 청색으로 하고, 여름에는 의복을 적색으로 한다는 부류와 같다. "순환하여 서로간의 바탕이 된다."는 말은 수를 놓거나 그림을 그리는 일에 있어서, 그 시기에 해당하는 한 색깔을 주된 색으로 사용하고, 나머지 색들을 중간에 가미한다는 뜻이다.

經文

故人者, 天地之心也, 五行之端也, 食味別[皮列反]聲被色而生者也. 〈038〉

그러므로 사람은 천지의 마음을 담고 있으며, 오행의 단서를 가지고 있고, 음식의 맛을 분별하며 소리를 분별하고['別'자는 '皮(피)'자와 '列(렬)'자의 반절음이다.] 의복의 색깔을 분별할 줄 아는 존재로 태어났다.

集說

天地之心, 以理言, 五行之端, 以氣言. 食五味, 別五聲, 被五色, 其間皆有五行之配, 而性情所不能無者.

천지의 마음이라는 말은 이치에 기준을 두고 한 말이며, 오행의 단서라는 말은 기에 기준을 두고 한 말이다. 오미를 분별하여 맛보고, 오성을 분별하여 들으며, 오색을 분별하여 의복에 적용하는데, 그 사이에는 모두 오행과 짝을 이룸이 있고, 성정상 없을 수 없는 것이다.

問: "人者天地之心." 朱子曰: "謂如天道福善禍淫, 乃人所欲也. 善者人皆欲福之, 淫者人皆欲禍之." 又曰: "敎化皆是人做, 此所謂人者天地之心也."

묻기를 "사람이 천지의 마음이라는 말은 무슨 뜻입니까?"라고 하자 주자가 대답해주길, "마치 하늘의 도리에 따라 선한 자에게는 복을 내려주고 음란한 자에게는 재앙을 내려주는 것이 곧 사람들도 바라는 점이라는 뜻이다. 즉 선한 자에 대해서는 사람들이 모두 그에게 복을 주려고 하며, 음란한 자에 대해서는 사람들이 모두 재앙을 주려고 한다는 뜻이다."라고 했다. 또 말하길, "교화라는 것은 모두 사람답게 만드는 것으로, 여기에서 말하는 것처럼 '사람이 천지의 마음이다.'라는 뜻이다."라고 했다.

淺見

近按: 此承上言治人之情, 而又深論所以爲人之理. 此節之言最爲精密也. 人者天地之德, 全以性之實理而言也. 人者天地之心, 兼以氣之妙用而言也. 人居天地之中, 全得天地之實理, 亦得天地之秀氣, 能參天地以贊化育之功, 是人爲天地之心也. 經之本旨, 是主理而言. 然天道福善·禍淫, 而善者未必得福, 淫者未必得禍, 人性好善惡惡, 而爲善者恒少, 爲惡者恒多, 其故何也? 蓋性卽理也, 心兼乎氣, 理無爲而氣用事, 故人有好善·惡惡之性, 然而不能爲善而去惡者, 以心爲一身之主, 而動於欲故也. 天有福善·禍淫之理, 然而善者或反得禍, 淫者或反得福者, 以人爲天地之心, 而衆以勝之也. 人心得其正, 則人事順, 而天道亦得其理之常. 人心失其正, 則人事亂, 而天道亦反其理之正. 此亦人爲天地之心者, 而不得不兼氣以言之也. 雖然氣有消長, 而理則不變, 一時氣數之盛, 雖能勝其常理, 而祥灾或有不得其正, 及其久也, 理必復其常, 而淫者必不保其終, 善者必有慶於後矣. 天地之心, 何嘗不正? 福善禍淫之理, 何嘗不明也?

내가 살펴보니, 이것은 앞에서 사람의 정감을 다스린다고 말한 뜻을 이어받고, 또 사람의 이치가 되는 이유에 대해 논의한 것이다. 이곳 문단에서 말한 내용들은 가장 정밀하다. "사람은 천지가 낳아준 덕을 품고 있다."는 말은 전적으로 성의 실리를 기준으로 말한 것이다. "사람은 천지의 마음을 담고 있다."는 말은 기의 오묘한 운용까지도 겸해서 말한 것이다. 사람은 천지 사이에 머물고 있으면서 천지의 실리를 온전히 얻었고, 또한 천지의 빼어난 기운을 받아서 천지에 참여하여 화육하는 공덕을 도울 수 있으니, 이것이 사람이 천지의 마음이 되는 이유이다. 경문의 본지는 이치를 위주로 말한 것이다. 그런데 하늘의 도에 따르면 선한 자에게는 복을 내려주고 음란한 자에게는 재앙을 내려주는데, 선한 자가 반드시 복을 얻는 것은 아니며, 또 음란한 자도 반드시 재앙을 받는 것이 아니며, 사람의 본성은 선을 좋아하고 악을 싫어하는데, 선을 행하는 자는 항상 적고 악을 행하는 자는 항상 많으니, 그 이유는 어째서인가? 성이라는 것은 곧 이치에 해당하고, 마음이라는 것은 기까지도 겸하고 있으며, 이치는 행위함이 없지만 기는 일을 부린다. 그렇기 때문에 사람은 선을 좋아하고 악을 싫어하는 본성을 가지고 있지만, 그럼에도 선을 행하거나 악을 제거할 수 없는 경우도 있으니, 이들은 마음을 자신의 주인으로 삼아서 욕심에 따라 행동했기 때문이다. 하늘에는 선한 자에게 복을 내려주고 음란한 자에게 재앙을 내려주는 이치가 있지만, 선한 자가 간혹 재앙을 받고, 음란한 자가 간혹 복을 받는 경우가 있으니, 사람을 천지의 마음으로 삼더라도 많은 기들이 이치를 이겨내기 때문이다. 사람의 마음이 바름을 얻으면 사람의 일도 순탄하게 되고 천도 또한 이치의 항상됨을 얻게 된다. 사람의 마음이 바름을 잃게 되면 사람의 일도 혼란스럽게 되고 천도 또한 이치의 바름을 거스르게 된다. 이것은 또한 사람을 천지의 마음으로 삼으면서 부득이하게 기까지도 함께 언급했던 이유이다. 비록 그렇다고 하지만 기에는 소멸되고 커지는 차이가 있는 반면 이치는 불변하니, 일시적으로 기가 융성하여 비록 항상된 이치를 이겨내어 복과 재앙이 내려지는 것이 간혹 바름을 얻지 못한 경우가 있더라도, 오랜 시간이 지나게 되면 이치는 반드시 항상됨을 회복하게 될 것이고 음란한 자는 반드시 끝을 보존할 수 없게 될 것이며 선한 자는 분명 이후에 경사스러운 일이 생길 것이다. 천지의 마음에 어찌 일찍이 바르지 못한 경우가 있었겠는가? 그리고 선한 자에게 복을 내려주고 음란한 자에게 재앙을 내려주는 이치가 어찌 일찍이 드러나지 않은 경우가 있었겠는가?

經文

故聖人作則, 必以天地爲本, 以陰陽爲端, 以四時爲柄, 以日星爲紀, 月以爲量[去聲], 鬼神以爲徒, 五行以爲質, 禮義以爲器, 人情以爲田, 四靈以爲畜[許又反]. 以天地爲本, 故物可擧也, 以陰陽爲端, 故情可睹也, 以四時爲柄, 故事可勸也, 以日星爲紀, 故事可列也, 月以爲量, 故功有藝也, 鬼神以爲徒, 故事可守也, 五行以爲質, 故事可復也, 禮義以爲器, 故事行有考也, 人情以爲田, 故人以爲奧也, 四靈以爲畜, 故飮食有由也. 〈039〉

그러므로 성인은 규범을 제정함에 반드시 천지를 근본으로 삼으며, 음양을 단서로 삼고, 사계절을 정치를 시행하는 큰 기조로 삼으며, 해와 달을 기강으로 삼고, 달을 기한으로['量'자는 거성으로 읽는다.] 삼으며, 귀신을 짝을 이루어야 할 대상처럼 삼고, 오행을 올바름으로 삼으며, 예의를 기물을 완성하는 것처럼 삼고, 사람의 정감 다스리는 것을 농경지를 다스리는 것처럼 삼으며, 네 가지 신령스러운 동물들을 집에서 기르는 가축처럼['畜'자는 '許(허)'자와 '又(우)'자의 반절음이다.] 삼는다. 천지를 근본으로 삼았기 때문에 모든 사물들이 시행될 수 있으며, 음양을 단서로 삼았기 때문에 정감을 살펴볼 수 있고, 사계절을 큰 기조로 삼았기 때문에 사업을 권면할 수 있으며, 해와 별을 기강으로 삼았기 때문에 사업을 열거하여 제시할 수 있고, 달을 기한으로 삼았기 때문에 사업의 결과물을 식물을 재배하듯 시기에 맞도록 할 수 있으며, 귀신을 의지하고 짝을 이루는 동류로 삼았기 때문에 사업을 오래도록 지킬 수 있고, 오행을 올바른 바탕으로 삼았기 때문에 사업을 재차 진행할 수 있으며, 예의를 기물을 만들 듯이 하였기 때문에 사업의 수행에 있어서 이룸이 생기는 것이고, 사람의 정감에 대해서 농경지를 다스리듯 하였기 때문에 사람에게는 방안의 중심인 아랫목이 생긴 것처럼 된 것이며, 네 가지 신령스러운 동물들을 가축처럼 기르게 되었기 때문에 음식을 만들 때 사용할 수 있는 재료들이 생긴 것이다.

集說

此章凡十條, 自天地至人情九條, 皆是覆說前章諸事. 萬事萬物之理, 不出乎天地之間, 聖人作爲典則, 而以天地爲本, 則事物之理, 皆可擧行.

이곳 문장에 기록된 총 10가지 조목 중 천지에 대한 조목부터 인정에 대한 조목까지의 9개는 모두 앞 장에서 설명한 여러 사안에 대해 재차 설명한 말이다. 모든 사물들의 이치는 천지 사이에서 벗어나지 않으니, 성인이 법칙을 만들며 천지를 근본으로 삼는다면, 모든 사물들의 이치가 시행될 수 있게 된다.

情之善者屬陽, 惡者屬陰, 求其端於陰陽, 則善惡可得而見.

정 중에서 선한 부류의 것들은 양에 속하고, 악한 부류의 것들은 음에 속하는데, 음양 안에서 그 단서를 찾게 된다면, 선악을 확연히 판별할 수 있게 된다.

柄, 猶權也. 四時各有當爲之事, 執當時之權柄, 以敎民立事, 則事可勸勉而成.

'병(柄)'은 저울대와 같다. 사계절마다 각각 마땅히 시행해야 할 일들이 있으니, 해당 계절의 정책 기조를 가지고서 백성들을 교화시키고 사업을 수립한다면, 해당 일들에 대해서 백성들에게 권면하여 성사시킬 수 있게 된다.

日星爲紀, 如日中星鳥, 日永星火之類, 所以紀時之早晚. 列者, 以十二月之事, 詳列以示民, 而使之作爲也.

"해와 별을 기강으로 삼는다."고 하였는데, 여기에서 말하는 해와 별은

낮과 밤의 길이가 같아져서 춘분이 되고, 해당 별자리가 남방 주작의 7수가 되거나 낮의 길이가 길어져서 하지가 되고, 해당 별자리가 동방 창룡의 대화성이 된다고 할 때의 해나 별 등의 종류와 같다. 따라서 이것을 통해 각 계절별 시간의 빠르고 늦음에 대해 기틀을 세우게 된다. '열(列)'이라는 말은 12개월마다 시행해야 할 일들을 자세히 열거하여 백성들에게 보여주고, 그들로 하여금 자신들이 해야 할 일들을 시행토록 한다는 뜻이다.

量, 限量也, 謂十二月之分限. 分限不踰, 則所爲皆得其時, 故事功滋長, 如樹藝然也.

'양(量)'이라는 말은 수량의 한정을 뜻하니, 즉 12개월마다의 구분된 기한을 의미한다. 이러한 기한을 벗어나지 않게 된다면, 시행하는 일들이 모두 알맞은 때를 얻게 된다. 그렇기 때문에 사업의 성과도 더욱 커지는 것이니, 마치 수목이 무성해지는 것과 같다.

徒, 如徒侶之相依. 郊社·宗廟·山川·五祀之禮, 皆與政事相依, 卽前章殽地以下諸事. 如此行政, 則凡事可悠久不失也.

'도(徒)'는 동년배들이 서로 의지하고 짝을 이룬다는 뜻과 같다. 교사·종묘·산천·오사에서 시행하는 제례들은 모두 정사와 서로 연계되니, 곧 앞 장에서 "땅의 도리를 본받는다."라고 한 말부터 그 이하의 여러 사안들에 해당한다. 만약 이처럼 정치를 시행한다면, 모든 일들을 오래도록 시행하더라도 정상궤도에서 벗어나지 않게 될 것이다.

五行之氣, 周而復始. 質, 猶正也. 國家歲有常事, 必取正於五行之時分, 則其事亦今歲周而來歲復始也.

오행의 기운은 한 바퀴를 순환하면 재차 시작된다. '질(質)'자는 올바름을 뜻한다. 국가의 입장에서는 1년마다 고정적으로 시행해야 할 일들이 있는데, 반드시 오행에 따른 각 계절별 정령에서 그 바름을 취해야 하니, 그렇게 된다면 해당 사안 또한 올해에 한 바퀴를 순환하고도, 그 다음해에 재차 시작이 된다.

器必成而後適於用, 今用禮義如成器, 則事之所行, 豈有不成者乎? 考, 成也.

기물은 반드시 완성된 이후에야 쓰이게 되니, 오늘날 예의를 사용함에 기물을 완성하는 것처럼 한다면, 해당 사업을 시행함에 어찌 완성되지 않는 경우가 생기겠는가? '고(考)'자는 "완성한다."는 뜻이다.

治人情如治田, 不使邪辟害正性, 如不使稊稗害嘉穀, 則人皆有宿道向方之所, 如室之有奧也.

사람의 정감을 다스리는 일은 농경지를 다스리는 일과 같으니, 사벽한 마음이 올바른 본성을 해치지 못하게 하는 것을 모양이 유사한 잡초들이 곡식을 해치지 못하게 하는 것처럼 한다면, 사람들은 모두 도로 귀의하며 올바르게 나아가야 할 방향을 알게 되니, 이것은 마치 방안에 중심이 되는 아랫목이 있는 것과 같다.

六畜, 人家所豢養. 四靈本非可以豢養致者, 今皆爲聖世而出, 如馴畜然, 皆聖人道化所感耳. 飮食有由者, 由, 用也. 謂四靈爲鳥獸魚鱉之長, 長至則其屬皆至, 有可用之以供庖廚者矣.

육축(六畜)[1]은 집안에서 먹이를 주어 키우는 동물이다. 사령(四靈)[2]은 본래 먹이를 주며 기를 수 있는 동물이 아닌데, 현재 이 동물들이 모두

---

1) 육축(六畜)은 여섯 종류의 가축을 뜻한다. 말[馬], 소[牛], 양(羊), 닭[雞], 개[犬], 돼지[豕]를 가리킨다. 『춘추좌씨전』「소공(昭公) 25년」에는 "爲六畜·五牲·三犧, 以奉五味."라는 기록이 있고, 이에 대한 두예(杜預)의 주에서는 "馬·牛·羊·雞·犬·豕."라고 풀이했다.
2) 사령(四靈)은 네 가지 신령스러운 동물을 뜻한다. 기린[麟], 거북이[龜], 봉황새[鳳], 용[龍]을 가리킨다.

성인이 다스리는 세상에 출현하여, 마치 길들여서 사육하는 가축처럼 되니, 이 모두는 성인이 도에 따라 교화를 하여 그것에 감화되었기 때문이다. "음식에 유(由)가 있다."는 말에서, '유(由)'자는 쓰임이라는 뜻이다. 즉 네 가지 신령스러운 동물들은 조수나 물고기, 자라 등의 수장이 되는데, 수장이 되는 동물들이 찾아온다면, 그 안에 소속된 모든 생물들이 찾아오게 되어, 이것들을 사용해서 부엌에 제공할 만한 것들이 있게 된다는 의미이다.

淺見

近按: 此又本天地鬼神而推言之, 以及化育之盛而四靈畢至, 四靈至, 則庶物之繁育可知, 故飲食有由也.

내가 살펴보니, 이 문장은 또한 천지와 귀신에 근본을 두고 그 부류를 미루어 언급해서, 화육하는 작용이 융성하게 되어 사령이 모두 찾아온다고 했는데, 사령이 찾아오게 되면 다른 사물들도 번성하게 길러진다는 사실을 알 수 있다. 그렇기 때문에 음식에 재료가 생기는 것이다.

何謂四靈? 麟·鳳·龜·龍, 謂之四靈. 故龍以爲畜, 故魚鮪
[偉]不淰[審], 鳳以爲畜, 故鳥不獝[況必反], 麟以爲畜, 故獸不狘
[許月反], 龜以爲畜, 故人情不失.〈040〉

그렇다면 무엇을 '사령(四靈)'이라 부르는가? 기린·봉황·거북이·용
을 '사령(四靈)'이라 부른다. 그러므로 용을 가축으로 삼았기 때문에, 물
고기들이['鮪'자의 음은 '偉(위)'이다.] 놀라서 달아나지['淰'자의 음은 '審(심)'이
다.] 않고, 봉황을 가축으로 삼았기 때문에, 새들이 날아가지['獝'자는 '況
(황)'자와 '必(필)'자의 반절음이다.] 않으며, 기린을 가축으로 삼았기 때문에,
짐승들이 달아나지['狘'자는 '許(허)'자와 '月(월)'자의 반절음이다.] 않고, 거북
이를 가축으로 삼았기 때문에, 사람들의 정감도 잃지 않게 된다.

鮪, 魚之大者, 故持言之. 淰, 群隊驚散之貌. 獝, 驚飛也. 狘, 驚走
也. 三靈物旣馴擾如畜, 則其類皆隨從之, 雖見人亦不爲之驚而飛
走矣. 龜能前知, 人有所決以知可否, 故不失其情之正也. 上三物皆
因飮食有由而言, 龜獨不言介蟲之類應者, 以其爲決疑之寶, 非可以
飮食之物例之也.

'유(鮪)'는 물고기들 중에서도 큰 놈이다. 그렇기 때문에 특별히 지시해
서 언급한 것이다. '심(淰)'자는 무리가 놀라서 뿔뿔이 흩어지는 모양을
뜻한다. '휼(獝)'자는 놀라서 날아간다는 뜻이다. '월(狘)'자는 놀라서 달
아난다는 뜻이다. 용·봉황·기린이라는 세 가지 영물들을 가축처럼 길
들이게 된다면, 그들과 같은 부류의 동물들도 모두 뒤따라 순종하게 되
어, 비록 사람을 보게 되더라도 또한 사람으로 인해 놀라서 날아가거나
달아나지 않게 된다. 거북이는 앞으로 발생할 일들을 알 수 있어서, 사
람은 결단할 일이 생기면 거북점을 통해서 가부를 판단하게 된다. 그렇
기 때문에 정감의 올바름도 잃지 않게 된다. 앞에서 말한 세 가지 영물

들은 모두 음식의 재료로 사용되는 점이 있기 때문에, 이러한 관점에서 관련 동물들에 대해 언급한 것인데, 거북이에 대해서는 유독 딱딱한 껍질을 가진 동물 부류들이 어떻게 반응하는지 언급하지 않았다. 그 이유는 거북이를 의심스러운 사안을 판결할 수 있는 보배로 여겨서, 음식으로 사용되는 동물들과 같은 것으로 제시할 수 없었기 때문이다.

石梁王氏曰: 四靈以爲畜, 衍至此無義味, 太迂疏, 何所無龜?

석량왕씨가 말하길, "네 가지 영물들을 가축으로 삼는다."는 말에 대해서, 쓸데없이 부풀려져 이곳 문장까지 설명되고 있는데, 특별한 의미는 없으며, 매우 우활한 얘기이다. 어느 곳엔들 거북이가 없겠는가?

經文

故先王秉蓍龜, 列祭祀, 瘞[瞖]繪[似仍反], 宣祝嘏辭說, 設制度. 故國有禮, 官有御, 事有職, 禮有序.〈041〉

그러므로 선왕은 시초점과 거북점을 쳐서 제사를 차례대로 거행하였고, 폐백을['繪'자는 '似(사)'자의 '仍(잉)'자의 반절음이다.] 매장하여['瘞'자의 음은 '瞖(예)'이다.] 신에게 아뢰었으며, 축사와 가사의 말들을 선양하고, 제도를 설치하였다. 그렇기 때문에 나라에는 예가 생겼으며, 관직은 다스려졌고, 사업에는 그 직임이 생겼으며, 예에는 질서가 생기게 되었다.

集說

瘞, 埋也. 繪, 幣帛也. 祭法云: "瘞埋於泰祈, 祭地也." 繪之言贈, 埋幣告神者, 亦以贈神也. 宣, 揚也. 先王重祭祀, 故定期日於蓍龜, 而陳列祭祀之禮. 設爲制度如此其詳, 制度一定, 國家有典禮可守, 官有所治, 事有其職, 禮得其字也.

'예(瘞)'자는 "매장한다."는 뜻이다. '증(繒)'은 제물로 바치는 폐백이다. 『예기』「제법(祭法)」편에서는 "태절(泰折)[1]에 폐백을 매장하여, 땅에 제사를 지냈다."라고 하였다. '증(繒)'자는 "바친다."는 뜻으로, 폐백을 매장하여 신에게 아뢰는 것은 또한 이것을 통해 신에게 제물을 바치는 것이다. '선(宣)'자는 "드날린다."는 뜻이다. 선왕은 제사를 중시하였기 때문에, 시초점과 거북점을 쳐서 제사지낼 날짜를 정하고, 제사의 의례를 차례대로 거행하였다. 제도를 설치할 때 이처럼 상세하였고, 또한 제도가 일정하여, 국가에는 지킬만한 예법이 생기게 되었고, 관직은 다스려지게 되었으며, 사업에는 그 직임이 생기게 되었고, 예는 올바른 질서를 얻게 된 것이다.

經文

故先王患禮之不達於下也. 故祭帝於郊, 所以定天位也. 祀社於國, 所以列地利也. 祖廟, 所以本仁也. 山川, 所以儐鬼神也. 五祀, 所以本事也. 故宗祝在廟, 三公在朝, 三老在學, 王前巫而後史, 卜筮瞽侑皆在左右, 王中[句], 心無爲也, 以守至正.〈042〉

그러므로 선왕은 예가 천하에 두루 달통하지 않을까를 염려한다. 그렇기 때문에 교외에서 상제에게 제사를 지내는 것은 하늘의 지위를 확정

---

1) 태절(泰折)은 북쪽 교외에 설치되었던 제단을 뜻한다. 땅에 대한 제사를 지내던 곳이다. 단(壇)자와 절(折)자는 모두 흙을 쌓아올려 제사지내는 장소를 만든다는 뜻이다. 태(泰)자는 천지(天地)와 같은 중요한 신들에게 제사를 지낸다는 뜻에서 붙여진 글자이다. 『예기』「제법(祭法)」편에는 "燔柴於泰壇, 祭天也. 瘞埋於泰折, 祭地也."라는 기록이 있고, 이에 대한 정현의 주에서는 "壇·折, 封土爲祭處也."라고 풀이하였다.

하는 방법이다. 국성에서 사직에 제사를 지내는 것은 땅의 이로움을 열거하여 천명하는 방법이다. 종묘에서 제사를 지내는 것은 인을 근본으로 삼는 방법이다. 산천에게 제사를 지내는 것은 귀신을 빈객처럼 접대하는 방법이다. 오사에 제사를 지내는 것은 일에 근본을 두는 방법이다. 그러므로 종축(宗祝)2)은 종묘에 위치하고, 삼공은 조정에 위치하며, 삼로는 학교에 위치하고, 천자는 무들을 앞에 위치시키며, 사들을 뒤에 두고, 거북점과 시초점을 치는 관리와 악사 및 사보(四輔)3)들은 모두 천자의 좌우에 위치하며, 천자는 그 중심에 위치하니['中'자에서 구문을 끊는다.] 마음에 다른 작용이 일어나지 않아서, 이로써 지극히 올바른 도리를 지키게 된다.

---

2) 종축(宗祝)은 종백(宗伯)과 태축(太祝)을 뜻한다. 둘 모두 제사를 주관하는 관리들인데, '종백'은 예법과 관련된 부서의 수장이며, '태축'은 제사를 시행할 때 일을 주도하는 관리이다. 『국어(國語)』「주어중(周語中)」편에는 "門尹除門, 宗祝執祀, 司里授館."이라는 기록이 있고, 이에 대한 위소(韋昭)의 주에서는 "宗, 宗伯, 祝, 太祝也."라고 풀이하였다.

3) 사보(四輔)는 사린(四鄰)이라고도 부른다. 군주를 보좌하는 네 명의 측근 신하들이다. 해당 관직명에 대해서는 이견이 있어서, 의(疑), 승(丞), 보(輔), 필(弼)을 '사보'로 부르기도 하며, 도(道), 필(弼), 보(輔), 승(承)을 '사보'로 부르기도 한다. 이들이 각각 담당하는 일들에 대해서는 정확히 알려진 바가 없다. 다만 『예기』「문왕세자(文王世子)」편에 대한 공영달(孔穎達)의 소(疏)에서는 "尙書大傳云: '古者天子必有四鄰: 前曰疑, 後曰丞, 左曰輔, 右曰弼. 天子有問, 無以對, 責之疑; 可志而不志, 責之丞; 可正而不正, 責之輔; 可揚而不揚, 責之弼. 其爵視卿, 其祿視次國之君也.'"라고 기록하였다. 즉 공영달은 『상서대전(尙書大傳)』을 인용하여, 천자의 앞에 있는 자를 '의'라고 부르고, 뒤에 있는 자를 '승'이라고 부르며, 좌측에 있는 자를 '보'라 부르고, 우측에 있는 자를 '필'이라 부른다고 설명한다. 또한 '의'는 천자의 의문에 대하여 대답을 하는 자이고, '보'는 천자가 올바르게 행동할 수 있도록 일러주는 자이며, '승'은 천자가 뜻으로 삼아야 할 것들을 알려주는 자이고, '필'은 천자가 선양해야 할 것들을 알려주는 자라고 설명한다. 이들의 녹봉은 차국(次國)의 제후에 비견되었다.

天子致尊天之禮, 則天下知尊君之禮, 故曰定天位. 食貨所資, 皆出
於地, 天子親祀后土, 正爲表列地利, 使天下知報本之禮也. 仁之實,
事親是也. 人君以子禮事尸, 所以達仁義之教於下也. 儐禮鬼神而
祭山川, 本諸事爲而祭五祀, 皆是使禮敎之四達, 此亦前章未盡之
意. 廟有宗祝, 朝有三公, 學有三老 · 五更, 無非明禮敎以淑天下.
巫主弔臨之禮而居前, 史書言動之實而居后, 瞽爲樂師, 侑爲四輔,
或辨聲樂, 或贊威儀, 而王居其中, 此心何所爲哉? 不過守君道之至
正而已. 此又是人君以禮自防, 示敎於天下也.

천자가 하늘을 존귀하게 받드는 예를 지극히 시행하면, 천하의 모든 백
성들이 군주를 존귀하게 받드는 예를 알게 된다. 그렇기 때문에 "하늘의
지위를 확정한다."고 말한 것이다. 음식과 재화가 재료로 삼는 것들은
모두 땅에서 생산되는데, 천자가 직접 후토에게 제사를 지내는 것은 바
로 땅의 이로움을 차례대로 나타내어, 천하의 백성들로 하여금 본원에
보답하는 예에 대해서 알게끔 하는 것이다. 인(仁)의 실질은 부모를 섬
기는데 있다. 군주가 자식이 시행하는 예에 따라서 시동을 섬기는 것은
천하에 인의의 교화가 두루 통하도록 하기 위해서이다. 귀신을 손님처
럼 예에 맞게 접대하고 산천에 제사를 지내며, 사업과 시행하는 일들에
근본으로 두고 오사에 제사를 지내는 것은 모두 예법과 교화가 사방에
두루 통하도록 하기 위해서이니, 이 말들은 또한 앞 문장에서 설명이 미
진했던 부분이다. 종묘에는 종축이 있고, 조정에는 삼공이 있으며, 학교
에는 삼로와 오경이 있어서, 예법과 교화를 밝혀서 천하를 바르게 하지
않는 경우가 없다. 무(巫)라는 관리는 조문하고 곡하는 예법들을 담당하
여, 왕 앞에 위치하는 것이고, 사(史)라는 관리는 말하고 행동하는 사실
을 기록하여, 왕 뒤에 위치하는 것이며, 고(瞽)는 악사이고, 유(侑)는 사
보인데, 여기에 속한 관리들 중 어떤 자들은 소리를 변별하고, 또 어떤
자들은 위엄을 갖추고 거동하는 일들을 도우며, 왕은 그 중간에 위치하
는데, 이러한 마음을 가지고 무엇을 할 것인가? 지극히 올바른 군주의

도리를 지키는 것에 불과할 따름이다. 이것은 또한 군주가 예로써 스스로를 방비하여, 천하의 모든 백성들에게 교화를 펼치는 일에 해당한다.

石梁王氏曰: 巫, 祭祀方用. 卜筮, 有事方問. 謂常在左右, 非也.

석량왕씨가 말하길, 무(巫)들은 제사 때 쓰이는 자들이며, 거북점과 시초점은 사안이 있을 때 묻게 되는 것이다. 따라서 위에서 "왕의 좌우에 있다."라고 한 말을 왕의 좌우에 항상 머물러 있다고 풀이하는 것은 잘못된 해석이다.

經文

故禮行於郊, 而百神受職焉. 禮行於社, 而百貨可極焉. 禮行於祖廟, 而孝慈服焉. 禮行於五祀, 而正法則焉. 故自郊社 · 祖廟 · 山川 · 五祀, 義之脩而禮之藏[去聲]也.〈043〉

그러므로 예를 교외의 제사에서 제대로 시행하여, 모든 신들이 자신의 직무를 제대로 수행하게 되었다. 또한 예를 사직의 제사에서 제대로 시행하여, 모든 재화를 풍족하게 사용할 수 있게 되었다. 또한 예를 조묘의 제사에서 제대로 시행하여, 효도와 자애의 도리가 시행되었다. 또한 예를 오사의 제사에서 제대로 시행하여, 법도와 규범이 올바르게 되었다. 그러므로 예의 시행은 교사 · 조묘 · 산천 · 오사 등에 대한 제사로부터 시행되었는데, 이러한 것들은 모두 의리를 정돈하여 나타내고, 예를 보존하는['藏'자는 거성으로 읽는다.] 방법이 된다.

集說

此承上文祭帝於郊等禮而言. 百神受職, 謂風雨節, 寒暑時, 而無咎徵也. 百貨可極, 謂地不愛寶, 物無遺利也. 孝慈服, 謂天下皆知服

行孝慈之道也. 正法則, 謂貴賤之禮, 各有制度, 無敢僭踰也. 聖王精
禋禮感格, 其效如此, 由此觀之, 則郊社 · 祖廟 · 山川 · 五祀, 皆義之脩
飾而禮之府藏也. 前言山川興作, 而此不言者, 法則之事包之也.

이 기록은 앞에서 "상제에 대한 제사를 교외에서 지낸다."는 등의 예에
대한 내용을 이어서 언급한 문장이다. "백신이 직책을 받는다."는 말은
비바람이 적절하게 되고, 추위와 더위가 시기에 맞게 되어, 재앙의 조짐
이 없게 된다는 뜻이다. "백화를 지극하게 할 수 있다."는 말은 땅이 보
화를 아까워하지 않아서, 사물에 대해 그 이로움을 다 사용하지 못하는
경우가 없다는 뜻이다. "효도와 자애로움이 실천된다."는 말은 천하의
모든 백성들이 효도와 자애의 도리를 시행해야 한다는 사실을 알게 된
다는 뜻이다. "법칙과 규범을 올바르게 한다."는 말은 귀천에 따른 예법
에 각각 합당한 제도가 생겨서, 감히 참람되게 넘보는 일이 없게 된다는
뜻이다. 성왕이 상제에 대한 제사를 정결히 시행하여, 그 뜻에 감복하여
신들이 찾아오게 되면, 그 효과가 이와 같으니, 이를 통해 살펴본다면,
교사 · 조묘 · 산천 · 오사에 대한 제사 등은 모두 그 의리를 정돈하여 나
타내고, 예를 보존하는 방법이 된다. 앞 문장에서는 산천에 대해서 사업
을 흥기시킨다고 하였는데, 이곳 문장에서 이러한 내용을 언급하지 않은
이유는 법칙에 대한 사안이 이러한 것까지도 포괄하고 있기 때문이다.

淺見

近按: 自"先王秉著龜"以下三節, 皆就列鬼神之事而推言之也. 上節
摠言祭祀之禮. 次節五所以皆言其義, 下節四禮行者皆言其效. 正
法則者, 對孝慈服, 皆以郊而言, 非正其法則也, 言有正法, 而人皆
則效之也.

내가 살펴보니, "선왕은 시초점과 거북점을 쳤다."라고 한 말로부터 그
이하의 세 문단은 모두 귀신의 도리를 본받는 사안을 미루어 언급한 것
들이다. 첫 문단에서는 제사의 예법에 대해 총괄적으로 언급하였다. 그
다음 문단에 나오는 다섯 개의 소이(所以) 구문들은 모두 그 의미를 언

급한 것이고, 마지막 문단에 나오는 네 개의 예행(禮行)이라는 구문들은 모두 그 효과를 언급한 것이다. '정법칙(正法則)'이라는 것은 효자복(孝慈服)과 대비가 되니 모두 교제사를 기준으로 말한 것으로, 법칙을 올바르게 한다는 뜻이 아니며, 올바른 법칙이 생겨서 사람들이 모두 그것을 본받게 된다는 의미이다.

是故, 夫禮必本於大[太]一, 分而爲天地, 轉而爲陰陽, 變而爲
四時, 列而爲鬼神, 其降曰命, 其官於天也.〈044〉

이러한 까닭으로, 무릇 예라는 것은 반드시 태일에['大'자의 음은 '太(태)'이
다.] 근본을 두고 있어서, 태일이 분화되어 천지가 되듯이 예는 분화하
여 귀천 등의 등급이 되며, 태일이 전화하여 음양이 되듯이 예는 전화
하여 길흉 등의 사안이 되고, 태일이 변화하여 사계절이 되듯이 예는
변화하여 오래되고 가까운 차이가 되며, 태일이 나열되어 귀신이 되듯
이 예는 나열되어 근본에 보답하는 정감이 되니, 이것을 명령으로 내리
는 것을 '명(命)'이라 부르고, 하늘을 본받는 일을 위주로 한다.

集說

極大曰太, 未分曰一. 太極, 函三爲一之理也, 分爲天地, 則有高早
貴賤之等, 轉爲陰陽, 則有吉凶刑賞之事, 變爲四時, 則有歲月久近
之差, 列爲鬼神, 則有報本反始之情. 聖人制禮, 皆本於此以降下其
命令者, 是皆主於法天也. 官者, 主之義.

지극히 큰 것을 '태(太)'라 부르며, 아직 분화되지 않은 것을 '일(一)'이라
부른다. '태극(太極)'은 천·지·인의 셋을 머금어 하나가 되는 이치이
니, 분화되어 천지가 된다면, 높고 낮음 또는 귀천을 나누는 등급이 생
기고, 전화하여 음양이 된다면, 길흉과 상벌을 시행하는 일들이 생기며,
변화하여 사시가 된다면, 연과 달에 길고 짧아지는 차이가 생기고, 나열
되어 귀신이 된다면, 근본에 보답하고 시초로 돌아가는 정감이 생긴다.
성인이 예를 제정할 때에는 모두 이러한 뜻에 근본을 두고서 명령을 내
리게 되니, 이것은 모두 하늘을 본받는 일을 위주로 한다. '관(官)'은 "위
주로 한다."는 뜻이다.

近按: 此又因本天之意而申言之. 其降曰命, 舊說以爲殼以降命之
意. 愚恐, 降, 如上帝降衷之降, 命, 卽天命謂性之命. 此節自本大一
至列鬼神五者, 皆以在天者而言, 故曰其官於天也. 下節乃言在人
之事, 不應便以降命爲人之事, 蓋上文五者, 是言造化流行之理, 其
降曰命者, 是就賦與人物而言之, 其理之降而賦於人物者, 是曰天命
之性, 此主於天而言也.

내가 살펴보니, 이 문장 또한 하늘에 근본을 둔다는 뜻으로 인해서 거듭
그 의미를 설명한 것이다. '기강왈명(其降曰命)'에 대해서 옛 학설에서는
본받아서 명령을 내린다는 뜻으로 여겼다. 내가 생각하기에, '강(降)'자
는 "상제가 충을 내려주었다."[1]라고 했을 때의 강(降)과 같고, '명(命)'은
"하늘이 명한 것을 성이라 부른다."[2]라고 했을 때의 명(命)에 해당한다.
이 문단에서 "태일에 근본을 둔다."라고 한 것으로부터 "나열되어 귀신
이 된다."라고 한 구문까지의 다섯 구절들은 모두 하늘에 있는 것을 기
준으로 말한 것이다. 그렇기 때문에 "하늘을 본받는다."라고 말한 것이
다. 아래 단락에 가서야 사람에게 해당하는 일들을 언급하고 있으니,
'강명(降命)'이라는 말을 사람에 대한 일로 여기는 것은 합당하지 못하
다. 앞 문장에 나온 다섯 가지 사안들은 조화롭게 유행하는 이치를 언급
한 것이니, '기강왈명(其降曰命)'이라는 것은 사람과 사물에게 부여되는
것에 따라 말한 것으로, 그 이치가 내려와 사람과 사물에게 부여된 것이
니, 이것을 하늘이 명한 성이라 부르며, 이것은 하늘을 위주로 언급한
것이다.

---

1) 『서』「상서(商書)·탕고(湯誥)」: 惟皇上帝降衷于下民, 若有恒性, 克綏厥猷惟后.
2) 『중용』「1장」: 天命之謂性, 率性之謂道, 修道之謂敎.

經文

夫禮必本於天, 動而之地, 列而之事, 變而從時, 協於分[去聲]藝. 其居人也曰養[義], 其行之以貨力 · 辭讓 · 飮食, 冠昏 · 喪祭 · 射御 · 朝聘.〈045〉

무릇 예는 반드시 하늘의 도리에 근본을 하여, 움직여서 땅의 도의를 본받고, 나열되어 일의 근본을 두게 되며, 변화하여 사계절을 따르게 되고, 기한과['分'자는 거성으로 읽는다.] 결과물의 시한에 합치된다. 이것을 사람에게 있어서는 '도의'라고['養'자의 음은 '義(의)'이다.] 부르며, 시행할 때에는 재력과 근력 · 사양함의 예절 · 음식 등의 물건으로써 하니, 관례 · 혼례 · 상례 · 제례 · 활 쏘는 예법 · 수레 모는 예법 · 조례 · 빙례 등이다.

集說

此亦本前章本於天殽於地之意. 動而之地, 卽殽地也. 列而之事, 卽五祀所以本事也. 變而從時, 卽四時以爲柄也. 協, 合也. 分, 謂月以爲量也. 藝, 卽功有藝也. 上言義之脩, 禮之藏, 故此亦始言禮, 終言義. 居人, 猶言在人也. 禮雖聖人制作, 而皆本於人事當然之義, 故云居人曰義也. 冠昏而下八者皆禮也, 然行禮者必有貨財之資, 筋力之强, 辭讓之節, 飮食之品, 亦皆當然之義也.

이 문장의 내용 또한 앞 문장에서 "하늘의 도리에 근본을 두고 땅의 도리를 본받는다."고 한 뜻에 근본을 두고 있다. "움직여서 땅에 다가간다."는 말은 "땅의 도리를 본받는다."는 뜻에 해당한다. "나열하여 사안에 다가간다."는 말은 "오사에 제사를 지내는 것은 일에 근본을 두는 방법이다."는 뜻에 해당한다. "변화하여 시기에 따른다."는 말은 "사계절을 정치를 시행하는 큰 기조로 삼는다."는 뜻에 해당한다. '협(協)'자는 "합치된다."는 뜻이다. '분(分)'자는 "달을 기한으로 삼는다."는 뜻이다. '예(藝)'자는 "사업의 결과물에 번성함이 있다."는 뜻이다. 앞 문장에서는

"도의를 수식하고, 예법이 보존된다."고 언급하였다. 그렇기 때문에 이곳 문장에서도 처음에는 예에 대해서 언급하고, 끝에서는 도의에 대해서 언급한 것이다. '거인(居人)'은 '사람에게 있어서'라는 뜻이다. 예는 비록 성인이 제작한 것이지만, 이 모두는 사람이 시행하는 일들에서 당연시되는 도의에 근본을 두고 있다. 그렇기 때문에 "사람에게 있어서는 '의(義)'라고 부른다."라고 말한 것이다. 관례 및 혼례 이하의 여덟 가지 항목들은 모두 예에 속한다. 그러나 예를 시행하는 데에는 반드시 재화의 밑천이 있어야 하고, 근력의 강함도 있어야 하며, 사양하는 예절도 있어야 하고, 음식과도 같은 많은 물품도 있어야 하는데, 이 모두는 또한 당연한 도의에 해당한다.

淺見

近按: 上以在天者言禮, 則曰必本於大一, 分而爲天地. 大一者, 理也. 未有天地之前先有此理, 故必本此而言之也. 此以在人者言禮, 則曰必本於天. 旣有天地而後有人也. 居人, 猶言在人. 冠昏而下八者, 皆人義之大者也. 此又以釋偃問第三節達於喪祭‧射御‧冠昏‧朝聘之意也.

내가 살펴보니, 앞에서는 하늘에 대한 것을 기준으로 예를 언급했으니, "반드시 태일에 근본을 두고 분화되어 천지가 된다."라고 말한 것이다. '태일(太一)'이라는 것은 이치에 해당한다. 아직 천지가 생겨나기 이전에 그보다 앞서서 이러한 이치가 있는 것이다. 그러므로 반드시 이것에 근본을 두고서 언급한 것이다. 이곳에서는 사람에 대한 것을 기준으로 예를 언급했으니, "반드시 하늘에 근본을 둔다."라고 말한 것이다. 이미 천지가 생겨났고 그 이후에 사람이 생겨났다. '거인(居人)'이라는 말은 재인(在人)이라는 말과 같다. 관례와 혼례로부터 그 이하의 여덟 가지 사안들은 모두 사람의 도의 중 중대한 것들이다. 이것은 또한 자유가 질문했던 3번째 절목 중 상제‧사어‧관혼‧조빙에 두루 통한다고 했던 뜻을 풀이한 것이다.

自祝嘏以下至此, 始言得失之事, 次言本天・殽地・治人情・列鬼
神之事, 終之以冠昏而下八者之義, 其釋首章第三節之意盡矣. 此
下文申言以總結之也.

축가(祝嘏)로부터 그 이하로 이곳에 이르기까지 처음에는 득실에 대한
사안을 언급했고, 그 다음으로는 하늘에 근본을 두고 땅을 본받으며 인
정을 다스리고 귀신을 열거하는 사안을 언급하였으며, 관례와 혼례 이
하의 여덟 가지 도의에 대한 것으로 끝을 맺었는데, 이것은 첫 장에 나
온 세 번째 절목의 뜻을 모두 풀이한 것이다. 뒤의 구문들에서는 이러한
것들을 거듭 설명해서 총괄적으로 결론을 맺고 있다.

故禮義也者, 人之大端也. 所以講信脩睦, 而固人之肌膚之
會·筋骸之束也. 所以養生·送死·事鬼神之大端也. 所以達
天地·順人情之大竇也. 故唯聖人爲知禮之不可以已也. 故壞
[怪]國·喪[去聲]家·亡人, 必先去[上聲]其禮.〈046〉

그러므로 예의라는 것은 사람에게 있어서는 큰 단서가 된다. 즉 예의는
신의를 강론하고 친목을 다지는 방법이며, 또한 사람의 살과 피부가 결
부되어 있고, 근육과 뼈가 결속되어 있는 것처럼 굳건하게 결속시키는
방법이다. 뿐만 아니라 예의는 살아있는 자를 부양하고, 죽은 자를 전
송하며, 귀신을 섬기는데 있어서도 큰 단서가 되고, 천지의 도리에 두루
달통하고, 사람의 정감에 따르는 큰 출입구가 된다. 그렇기 때문에 오
직 성인만이 예는 그만 둘 수 없는 대상임을 알고 있었다. 그러므로 나
라를 패망시키고['壞'자의 음은 '怪(괴)'이다.] 영지를 잃어버리며['喪'자는 거성
으로 읽는다.] 자신을 망친 자들은 반드시 먼저 그 예를 버렸기['去'자는 상
성으로 읽는다.] 때문이다.

肌膚之總會, 筋骨之聯束, 非不固也, 然無禮以維飭之, 則惰慢傾則
之容見矣, 故必禮以固之也. 竇, 孔穴之可出入者. 由於禮義則通達,
不由禮義則窒塞, 故以竇譬之. 聖人之能達天道順人惰者, 以其知
禮之不可以已也. 彼敗國之君, 喪家之主, 亡身之夫, 皆以先去其禮
之故也.

살과 피부가 결부되어 있고, 근육과 뼈가 결부되어 있는데, 이러한 경우
에는 굳건하게 붙어있지 않은 것이 없으나 예로 유지시켜 삼감이 없다
면 나태하고 흐트러진 모습이 드러나게 된다. 그렇기 때문에 반드시 예
로써 굳건하게 만들어야 한다. '두(竇)'자는 출입이 가능한 구멍을 뜻한
다. 예의로부터 비롯된다면 두루 통하게 되고, 예의에 따르지 않는다면

막히게 된다. 그렇기 때문에 구멍으로 비유를 한 것이다. 성인이 천도에 달통하고 인정에 따를 수 있었던 이유는 그가 예를 그만둘 수 없다는 사실을 알고 있었기 때문이다. 반면 저 패망한 나라의 군주, 영지를 잃은 주인, 자신을 망친 사람들은 모두 먼저 그 예법을 버렸기 때문이다.

淺見

近按: 以上諸節, 皆全言禮, 至上文兩節之末, 始兼言義, 此又竝舉而言之, 以申釋失之者死, 得之者生之意, 而未全主失之者言也.

내가 살펴보니, 앞의 여러 문단에서는 모두 전적으로 예에 대해서만 설명했는데, 앞 문장의 두 문단 말미에 이르러서는 처음으로 '의(義)'라는 것도 함께 언급하였고, 이곳에서는 또한 함께 열거하여 설명해서, 예를 잃어버린 자는 죽고 얻은 자는 산다는 뜻을 거듭 풀이하였고, 전적으로 잃는 경우만을 위주로 말하지 않았다.

故禮之於人也, 猶酒之有糵也, 君子以厚, 小人以薄.〈047〉

그러므로 예와 사람의 관계는 비유하자면 술에 누룩이 있는 것과 같으니, 군자는 예에 대해 노력했기 때문에 군자가 된 것이고, 소인은 소홀했기 때문에 소인이 된 것이다.

集說

人以禮而成德, 如酒以麴糵而成味. 君子厚於禮, 故爲君子, 小人薄於禮, 故爲小人, 亦如酒之有醇醨也.

사람은 예를 통해서 덕을 완성하니, 마치 술이 누룩을 통해서 향미를 완성하는 것과 같다. 군자는 예에 대하여 노력했기 때문에 군자가 된 것이고, 소인은 예에 대하여 소홀했기 때문에 소인이 된 것이니, 이 또한 술 중에서도 순일한 술이 있고 조악한 술이 있는 경우와 같다.

淺見

近按: 此結上文之意. 君子得之故厚, 小人失之故薄也.

내가 살펴보니, 이것은 앞 문장의 뜻을 결론 맺은 것이다. 군자는 예를 얻었기 때문에 후덕하게 된 것이고, 소인은 예를 잃었기 때문에 야박하게 된 것이다.

故聖王脩義之柄・禮之序, 以治人情. 故人情者, 聖王之田也,
脩禮以耕之.〈048〉

그러므로 성왕은 의의 요체와 예의 질서를 정비하여, 사람의 정감을 다
스린다. 그렇기 때문에 사람의 정감이라는 것은 성왕이 경작하는 농경
지와 같은 것이니, 예를 정비하여서 사람의 정감을 경작하는 것이다.

集說

劉氏曰: 脩者, 講明也. 柄者, 人所操也. 聖王講明乎義之所在, 使人
得所持循而制事之宜也. 人能操義之要, 以處禮之序, 則情之發皆
中節矣, 故可以治人情也. 禮者, 人情之防範, 脩道之敎, 莫先於禮,
故治人之情, 以禮爲先務, 如治田者必先以耒耜耕之也.

유씨가 말하길, '수(脩)'라는 말은 강론하여 밝힌다는 뜻이다. '병(柄)'이
라는 것은 사람이 어떤 도구를 사용할 때 잡게 되는 주요부위이다. 성왕
은 의가 있는 곳을 강론하여 밝혀서, 사람들로 하여금 준수하게 만들어
서, 일을 처리할 때의 합당함을 얻게끔 한 것이다. 사람들이 의의 요점
을 잡고서, 예에 따른 질서에 대처할 수 있게 된다면, 인정의 발로가 모
두 절도에 맞게 된다. 그렇기 때문에 이로써 인정을 다스릴 수 있는 것
이다. '예(禮)'라는 것은 사람의 정감을 규범화하는 것이니, 도를 실천하
는 교화 중에서 예보다 앞서는 것이 없다. 그렇기 때문에 사람의 정감을
다스릴 때, 예를 급선무로 삼는 것이니, 이것은 마치 농경지를 경작할
때 반드시 먼저 쟁기나 보습 등으로 밭을 가는 것과 같다.

經文

陳義以種[去聲]之.〈049〉

의를 펼쳐서 씨앗을 파종하는〔'種'자는 거성으로 읽는다.〕 것이다.

集說

義者, 人情之裁制, 隨事制宜而時措之, 如隨田之宜而種所當種也.

'의(義)'라는 것은 인정을 재단하고 절제하는 것으로, 일에 따라 합당함에 맞추고, 시의 적절하게 사용하는 것이니, 마치 경작지의 상태에 따라서 심을 수 있는 품종을 파종하는 것과 같다.

經文

講學以耨之. 〈050〉

학문을 강론하여, 싹을 북돋워주는 것이다.

集說

禮義固可使情之中節, 然或氣質物欲蔽之, 而私意生焉, 則如草萊之害嘉種矣. 故必講學以明理欲之辨, 去非而存是, 如農之耨, 以去草養苗也.

예의는 진실로 사람의 정감을 절도에 맞게끔 할 수 있지만, 간혹 기질과 사물에 대한 욕심이 그것을 가리게 되어, 사특한 생각이 발생하게 되니, 이것은 마치 잡초가 경작물을 해치는 경우와 같다. 그렇기 때문에 반드시 학문을 강론하여 천리와 인욕의 분별을 밝혀서, 그릇됨을 제거하고 올바름을 보존해야 하니, 이것은 마치 농사에서 김매기를 하여 잡초를 제거하고 싹이 자라나도록 하는 것과 같다.

本仁以聚之.⟨051⟩

인(仁)에 근본을 두고서, 수확을 하는 것이다.

講學以耨之者, 博而求之於不一之善, 所以得一本萬殊之理. 本仁以聚之者, 約而會之於至一之理, 所以造萬殊一本之妙也. 至此, 則會萬理爲一理, 而本心之德全矣. 此如穀之熟而斂之也.

"학문을 강론하여 북돋워준다."는 말은 널리 배워서 일률적이지 않은 올바름 속에서 이치를 추구하는 것이니, 이것은 하나의 근본이 모든 것에 다다르는 이치를 얻는 것이다. "인(仁)에 근본을 두고서 취합한다."는 말은 요약을 하여 지극한 하나의 이치로 귀결시키는 것으로, 이것은 온갖 것들이 하나의 근본에 다다르는 오묘한 도리를 만들어내는 것이다. 이러한 경지에 도달하게 된다면, 모든 이치를 회합하여 하나의 이치로 귀결시키게 되고, 본래부터 가지고 있는 마음의 덕성이 온전하게 보존된다. 이것은 마치 곡식이 여물어서 거둬들이는 것과 같다.

播樂以安之.⟨052⟩

음악을 퍼트려서, 백성들을 편안하게 만들어주는 것이다.

聚之者, 利仁之事, 未能安仁也. 故必使之詠歌舞蹈以陶養其德性, 消融其查滓, 而使之和順於道德焉, 則造於從容自然之域矣. 此則

如食之而厭飫也. 此五者聖王脩道之敎, 始終條理如此, 而講學居
其中, 以通貫乎前後. 蓋禮耕義種, 入德之功, 學之始條理也. 仁聚
樂安, 成德之效, 學之終條理也. 自始至終, 於仁義禮樂無所不講,
至其成也, 則禮義之功著於先, 仁樂之效見於後焉.

취합한다는 것은 인을 이롭게 여기는 사안으로, 아직 인을 편안하게 여
길 수 없는 것이다. 그렇기 때문에 반드시 그들로 하여금 시가를 노래
부르고 춤추게 하여, 그들의 덕성을 배양시키고, 남아 있는 찌꺼기들을
제거하게 만들며, 그들로 하여금 도덕에 합치되고 순종하도록 해야만,
자연의 도리에 따르게 되는 경지에 도달하게 된다. 이렇게 된다면, 마치
음식을 먹어서 포만감을 느끼게 되는 경우와 같게 된다. 앞서 언급한
다섯 가지 사안들은 성왕이 도리를 정비하여 펼친 교화로, 처음부터 끝
까지의 조리가 이와 같은데, 학문을 강론하는 일이 그 중간에 위치하여,
앞뒤의 사안을 관통하고 있다. 무릇 예를 통해 밭을 갈고 의를 통해 파
종을 하는 것은 덕성으로 진입하는 노력으로, 이것은 곧 학문을 하는 시
작점의 이치이다. 인으로 취합을 하고 악을 통해 편안하게 만드는 것은
덕을 이룬 효과로, 학문을 하는 종결점의 이치이다. 시종일관 인의예악
에 대하여 강설하지 않는 바가 없어서, 그 결실이 이루어지는 경지에 도
달하게 된다면, 예의의 공덕은 앞서서 드러나게 되고, 인악의 효과는 그
뒤에서 나타나게 된다.

經文

故禮也者, 義之實也. 協諸義而協, 則禮雖先王未之有, 可以
義起也.〈053〉

그러므로 예라는 것은 의에 따라 규정된 제도이다. 의에 화합하도록 하
여 합당하게 한다면, 비록 선왕이 예를 아직 갖추지 않았다 하더라도,
의를 통해서 예를 일으킬 수 있다.

實者, 定制也. 禮者, 義之定制, 義者, 禮之權度. 禮一定不易, 義隨
時制宜, 故協合於義而合當爲者, 則雖先王未有此禮, 可酌之於義而
創爲之禮焉. 比所以三代損益不相襲也.

'실(實)'이라는 것은 규정된 제도이다. '예(禮)'라는 것은 의에 따라 규정
한 제도이며, '의(義)'라는 것은 예에 따라 형평성을 맞추는 기준이다.
예는 한번 정해지면 바뀌지 않지만, 의는 시기에 따라 합당함에 맞추게
된다. 그렇기 때문에 의에 화합하여 마땅히 해야 할 것에 합치된다면,
비록 선왕이 이러한 예를 아직 갖추지 않았다 하더라도, 의에서 취득하
여 예를 창조할 수 있다. 이것이 바로 삼대가 전대에 비추어 예법 중
덜어낼 것은 덜어내고, 보탤 것은 보태어, 단순히 답습만 하지 않았던
이유이다.

義者, 藝之分[去聲], 仁之節也. 協於藝, 講於仁, 得之者强.〈054〉

의라는 것은 외적인 일을 구분하는 기준이며['分'자는 거성으로 읽는다.] 내
적인 인함을 조절하는 절도이다. 재예에 합치시키고, 인함을 풀어내서,
이러한 이치를 터득한 자는 강성하게 된다.

藝以事言, 仁以心言. 事之處於外者, 以義爲分限之宜, 心之發於內
者, 以義爲品節之制. 協於義者, 合其事理之宜也. 講於仁者, 商度
其愛心之親疏厚薄, 而協合乎行事之小大輕重, 一以義爲之裁制焉.
上好義, 則民莫敢不服, 故得義者强.

'재예[藝]'는 구체적인 사안의 측면에서 언급한 말이고, '인자함[仁]'은 마음의 측면에서 언급한 말이다. 외적으로 대처하는 일들에서는 의를 구분의 합당함으로 삼고, 내적으로 발현하는 마음에서는 의를 등급과 절차를 정하는 제도로 삼는다. "의에 합치된다."는 말은 사리의 합당함에 합치된다는 뜻이다. "인을 풀어낸다."는 말은 사랑하는 마음에 따른 친소와 두텁고 엷은 구분을 측량하여, 일을 시행할 때 나타나는 대소와 경중의 차이에 합치시켜서, 한결같이 의로 그것들을 재단하고 제정해야 한다는 뜻이다. 위정자가 의를 따르게 되면, 백성들 중에는 감히 복종하지 않는 자가 없게 된다. 그렇기 때문에 의를 얻는 자가 강성해지는 것이다.

經文

仁者, 義之本也, 順之體也, 得之者尊.〈055〉

인이라는 것은 의의 근본이며, 순리의 바탕이 되니, 이러한 이치를 터득한 자는 존귀하게 된다.

集說

仁者, 本心之全德, 故爲義之本, 是乃百順之體質也. 元者善之長, 體仁足以長人, 故得仁者尊. 上文言禮者義之實, 此言仁者義之本, 實以散體言, 本以全體言, 同一理也. 張子謂經禮三百, 曲禮三千, 無一事之非仁也. 猶之木焉, 從根本至枝葉皆生意, 此全體之仁也. 然自一本至十枝萬葉, 先後大小各有其序, 此散體之禮也. 而其自本至末, 一校一葉, 各具一理, 隨時榮悴, 各得其宜者, 義也.

'인(仁)'이라는 것은 마음에 내재된 온전한 덕성에 근본을 두고 있기 때문에, 의의 근본이 되니, 이것은 곧 모든 순리의 바탕이 된다. '원(元)'이라는 것은 선 중에서도 으뜸이니, 인을 체득하면 사람들 중에서도 뛰어난 자가 될 수 있다. 그렇기 때문에 인을 얻은 자가 존귀하게 되는 것이다. 앞 문장에서는 예가 의의 실질이라고 언급하였고, 이곳 문장에서는 인이 의의 근본이라고 언급하였는데, 실질이라는 말은 부분 부분에 기준을 두고 언급한 말이며, 근본이라는 말은 전체에 기준을 두고 언급한 말이니, 모두 똑같은 하나의 이치이다. 장자는 기준이 되는 예가 300가지이고, 세세한 예가 3,000가지인데, 한 가지 일이라도 인이 아닌 것이 없다고 말했다. 이것을 나무에 비유하자면, 곧 뿌리와 줄기로부터 가지와 잎사귀에 이르기까지 모두 생기를 가지고 있으니, 이것이 바로 전체적인 측면에서의 인이다. 그런데 하나의 줄기로부터 수만 개의 가지와 잎사귀에 이르기까지, 선후와 대소에 각각 해당하는 질서가 있게 되니, 이것이 바로 부분 부분에 해당하는 예이다. 그리고 근본으로부터 말단에 이르기까지, 하나의 가지 하나의 잎사귀라 하더라도, 각각 하나의 이치를 머금고 있는데, 시의에 따라 꽃을 피우고 또는 시들게 됨에 각각 그 올바름에 맞는 것이 바로 의이다.

經文

故治國不以禮, 猶無耜而耕也. 爲禮不本於義, 猶耕而弗種也. 爲義而不講之以學, 猶種而弗耨也. 講之以學而不合之以仁, 猶耨而弗穫也. 合之以仁而不安之以樂, 猶穫而弗食也.〈056〉

그러므로 나라를 다스림에 예로써 하지 않음은 보습이 없는데도 밭을 가는 것과 같다. 예를 시행함에 의에 근본을 두지 않음은 밭을 갈되 파종을 하지 않는 것과 같다. 의를 시행하되 학문으로 강론하지 않는 것은 파종을 하되 김을 매지 않는 것과 같다. 학문으로 강론을 하되 인에 합치시키지 않는 것은 김을 매되 수확을 하지 않는 것과 같다. 인에 합치시키되 음악으로 편안하게 해주지 않는 것은 수확을 하되 음식을 먹지 않는 것과 같다.

集說

此反譬以申明前段. 聖學敎養之事, 有始有卒, 其序不可紊而功不可缺, 如此.

이 문장은 비유를 반대로 하여, 앞 단락의 내용을 거듭 밝힌 것이다. 성인의 학문을 통해 교화와 배양을 하는 사안에는 정해진 시작과 마침이 있어서, 그 순서를 문란하게 할 수 없고, 그 노력 또한 누락할 수 없음이 이와 같다.

經文

安之以樂而不達於順, 猶食而弗肥也. 四體旣正, 膚革充盈, 人之肥也. 父子篤, 兄弟睦, 夫婦和, 家之肥也. 大臣法, 小臣廉, 官職相序, 君臣相正, 國之肥也. 天子以德爲車, 以樂爲御, 諸侯以禮相與, 大夫以法相序, 士以信相考, 百姓以睦相守, 天下之肥也. 是謂大順. 大順者, 所以養生送死事鬼神之常也. 〈057〉

안주시키길 음악으로 하되 순리에 통달하지 못함은 음식을 먹되 살이 찌지 않는 것과 같다. 사지가 올바르게 성장하고 피부가 탱탱하게 되는 것은 사람이 살찌는 것이다. 부자관계가 돈독해지고 형제관계가 화목해지며 부부관계가 조화롭게 되는 것은 집안이 살찌는 것이다. 대신들이 법도에 따르고 소신들이 염치를 지니며 관직자들이 서로 질서를 지키고 군주와 신하가 서로 올바르게 만드는 것은 국가가 살찌는 것이다. 천자는 덕을 수레로 삼고, 음악을 수레 모는 사람으로 삼으며, 제후는 예로써 서로 왕래하고, 대부는 법도로써 서로 차례를 지키며, 사는 신의로써 서로 상고해주고, 백성들은 화목함으로 서로를 지켜주는 것들은 천하가 살찌는 것이다. 이것을 바로 크게 순종함이라고 부른다. '대순(大順)'이라는 것은 삶을 부양하고, 죽은 자를 전송하며, 귀신을 섬기는 항상된 도리이다.

前章至播樂以安之而止, 此又益以不達於順, 猶食而弗肥一節者, 蓋安之以樂以前, 皆是成己之功, 大學明德之事也, 達之於順以後, 方是成物之效, 大學新民之事也. 故以人身之肥設譬, 而言家國天下之肥, 至此乃是聖學之極功. 成己成物, 合內外之道, 大學身脩 · 家齊 · 國治 · 天下平之事也, 故謂之大順. 大順則無爲而治, 所以養生送死事鬼神, 各得其常也. 以上竝劉氏說.

이전 문장에서는 "음악을 전파하여 편안하게 한다."라는 문장에 이르러 내용이 끝났는데, 이곳에서는 또한 "순리에 통달하지 않는 것은 음식을 먹었어도 살찌지 않는다."라는 한 구절을 덧붙이고 있다. 그 이유는 "음악으로써 편안하게 한다."고 한 말의 이전 문장들은 모두 자신을 완성하는 노력에 해당하는데, 이것은 『대학』에 기록된 "덕을 밝힌다."는 사안에 해당한다. "순리에 통달한다."고 한 말의 이후 문장들은 사물을 완성한 결실에 해당하는데, 이것은 『대학』에 기록된 "백성들을 새롭게 만든다."는 사안에 해당한다. 그렇기 때문에 사람의 몸이 살찐다는 사실을 가지고 비유하여, 가 · 국가 · 천하를 살찌우는 내용을 언급한 것이니, 이러한 경지에 이르게 된다면, 이것은 곧 성인의 학문에서 추구하는 지극한 공덕에 해당한다. 자신을 완성하고 만물을 완성하는 것은 내외를 합치는 도리이니, 『대학』에 기록된 자신이 다스려지고, 가가 다스려지며, 국가가 다스려지고, 천하가 평화로워지는 사안에 해당한다. 그렇기 때문에 이것을 '대순(大順)'이라고 부른 것이다. 큰 순리를 터득하게 된다면, 인위적인 행위를 하지 않아도 잘 다스려지게 되니, 이것은 곧 삶을 부양하고, 죽은 자를 전송하며, 귀신을 섬기는 일에 있어서, 각각 그 항상된 도리를 얻게 되는 것이다. 이상의 내용들은 모두 유씨의 주장이다.

大臣法, 盡臣道也. 小臣廉, 不虧所守也. 以德爲車, 由仁義行也. 以樂爲御, 動無不和也. 以禮相與, 朝聘以時也. 以法相序, 上不偪下, 下不僭上也. 以信相考, 久要不忘也. 以睦相守, 出入相友, 守望相助, 疾病相扶持也. 肥者, 充盛而無不足之意.

"대신들이 법칙을 따른다."는 말은 신하의 도리를 지극하게 실천한다는 뜻이다. "소신들이 염치를 지닌다."는 말은 수호해야 할 것들을 훼손시키지 않는다는 뜻이다. "덕을 수레로 삼는다."는 말은 인과 의에 따라서 시행을 한다는 뜻이다. "음악을 수레 모는 사람으로 삼는다."는 말은 행동에 조화롭지 않은 것이 없다는 뜻이다. "예로써 서로 왕래한다."는 말은 시기에 맞도록 조례와 빙례를 실시한다는 뜻이다. "법도로써 서로 질서를 지킨다."는 말은 윗사람은 아랫사람을 핍박하지 않고, 아랫사람은 윗사람을 범하지 않는다는 뜻이다. "신의로써 서로 상고한다."는 말은 오래된 약속이라 하더라도 잊지 않는다는 뜻이다. "화목함으로 서로를 지킨다."는 말은 출입하며 서로 협력하고, 지켜주면서 서로 돕고, 병에 걸리면 서로 부축해준다는 뜻이다. "살찐다."는 말은 충만하고 융성하여 부족함이 없다는 뜻이다.

淺見

近按: 此又申言理人情之意, 而推之禮耕義種至播樂以安五者, 其言治情之道爲學之序備矣, 皆格言也. 行而至於家國天下之肥, 終之以養生 · 送死 · 事鬼神之事, 是幷釋首章第三節之末天下國家可得而正之意, 兼及第四節以下養生 · 送死 · 事鬼神之意也.

내가 살펴보니, 이 문장은 또한 사람의 정감을 다스린다는 뜻을 거듭 설명하고, 이를 미루어 예에 따라 경작하고 의에 따라 파종하며 음악을 퍼트려서 편안하게 해준다는 다섯 사안에 이르고 있는데, 그 말에 있어서 정감을 다스리는 도와 학문을 하는 순서가 갖춰져 있으니, 모두 격언에 해당한다. 또 이를 실천하여 가 · 국 · 천하가 살찐다는 것에 이르렀고, 끝으로는 산 자를 봉양하고 죽은 자를 전송하며 귀신을 섬기는 사안을

언급했으니, 이 모두는 첫 장 제 3절의 말미에 천하와 국가를 올바르게
할 수 있다고 한 뜻을 풀이한 것이며, 아울러 제 4절 이하에서 산 자를
봉양하고 죽은 자를 전송하며 귀신을 섬긴다고 했던 뜻을 함께 설명한
것이다.

經文

故事大積焉而不苑[尹], 並行而不謬, 細行而不失. 深而通, 茂
而有間, 連而不相及也, 動而不相害也. 此順之至也. 故明於
順, 然後能守危也.〈058〉

그러므로 중대한 사안이 목전에 누적되더라도 정체되지['苑'자의 음은 '尹
(윤)'이다.] 않으며, 서로 다른 사안이 동시에 시행되더라도 어그러지지
않고, 세밀한 일들이 시행되더라도 빠트리는 일이 없게 된다. 요원한
일이라 하더라도 소통이 되고, 복잡한 일이라 하더라도 서로간의 구별
이 생기게 되며, 연접해 있는 일이라 하더라도 서로 침범을 하지 않게
되고, 작용이 동시에 발생하여 겹치는 일이 되더라도 서로 피해를 주지
않게 된다. 이것이 바로 순리의 지극한 효과이다. 그렇기 때문에 순리
에 해박한 이후에야 국가를 위기로부터 수호할 수 있게 된다.

集說

此以下至篇終, 皆是發明大順之說. 謂以此大順之道治天下, 則雖
事之大者, 積疊在前, 亦不至於膠滯. 雖事之不同者, 一時並行, 亦
不至舛謬也. 雖小事所行, 亦不以其微細而有失也. 雖深賾而可通,
雖茂密而有間, 謂有中間也. 兩物接連而相及, 則有彼此之爭, 兩事
一時而俱動, 則有利害之爭. 不相及, 不相害, 則無所爭矣. 此泛言
人君治天下之事, 有大有細, 有深有茂, 有連有動, 而自然各得其分
理者, 不過一順之至而已. 故明於順, 然後能守危亡之戒, 而不至於
危亡也.

이곳 문장부터 「예운」편의 끝까지는 모두 '대순(大順)'을 천명하는 설명
들이다. 즉 이 문장의 뜻은 이러한 대순의 도리로 천하를 다스리게 된다
면, 비록 중대한 사안들이 목전에 중첩되게 놓인다 하더라도, 교착되어
정체되는 지경에 이르지 않게 된다. 또한 비록 서로 다른 일들이 일시에
진행된다 하더라도, 착오를 일으키는 지경에는 이르지 않게 된다. 또한

비록 사소한 일들이 시행되더라도, 그것들이 미미하고 세세하다는 이유로 빠트리는 일이 없게 된다. 또한 비록 심오한 일이라 하더라도, 소통이 될 수 있게 되고, 비록 복잡한 일이라 하더라도, 서로간의 경계에 구별이 생기는데, "간이 생긴다."는 말은 곧 중간에 간극이 있다는 뜻이다. 두 사물이 서로 연접하여 다다르게 된다면, 서로간의 다툼이 발생하고, 두 사안이 일시에 모두 작용하게 된다면, 이해를 따지는 다툼이 발생하게 된다. "서로 다다르지 않는다."는 말과 "서로 해를 입히지 않는다."라는 말은 곧 다툼이 없다는 뜻이다. 이 문장의 내용은 군주가 천하의 일들을 다스릴 때에는 그 사안에는 큰 것도 있고 세밀한 것도 있으며, 심오한 것도 있고 복잡한 것도 있으며, 연접해 있는 것도 있고 작용이 겹치는 것도 있는데, 자연적으로 각각 그것에 맞는 이치를 얻게 되는 것은 하나의 순리에 따른 지극함에 불과할 따름이라는 내용을 광범위하게 설명한 것이다. 그렇기 때문에 순리에 밝은 연후에야 국가를 위태롭게 만들고 패망하게 만들지 말라는 지침을 지켜낼 수 있어서, 그러한 지경에 이르지 않게 되는 것이다.

淺見

近按: 此承上言大順之意而推言之. 此下至篇終, 皆是發明大順之意也.

내가 살펴보니, 이 문장은 앞에서 대순의 뜻을 말한 것을 이어받아서 이를 미루어 설명한 것이다. 이곳 문장부터 그 이하로「예운」편의 끝까지는 모두 대순의 뜻을 밝힌 것이다.

故禮之不同也, 不豐也, 不殺[色介反]也, 所以持情而合危也. 故
聖王所以順, 山者不使居川, 不使渚者居中原, 而不敝也. 用
水 · 火 · 金 · 木 · 飮食必時, 合男女, 頒爵位, 必當[去聲]年德,
用民必順. 故無水旱昆蟲之災, 民無凶饑妖孼之疾.〈059〉

그러므로 예에는 신분의 귀천에 따라 다르게 적용하는 규정이 있으며,
검소해야 할 경우에는 풍부하게 하지 않는 규정이 있고, 융성하게 해야
할 경우에는 낮춰서['殺'자는 '色(색)'자와 '介(개)'자의 반절음이다.] 하지 않는
규정이 있으니, 이러한 것들이 바로 사람들의 정감을 유지하고 계층을
통합하여, 위태로움으로부터 수호하는 방법이다. 그렇기 때문에 성왕이
백성들의 정감을 따랐던 방법은 예를 들어 산림지역에 거주하는 자에
대해서는 그들을 하천지역으로 이주시켜 거주하도록 하지 않으며, 물가
에 거주하는 자에 대해서는 평지로 이주시켜 거주하도록 하지 않게 하
여, 백성들이 곤경에 빠지지 않도록 하는 것이다. 그리고 수 · 화 · 금 ·
목 · 음식 등을 사용할 때에는 반드시 올바른 시기에 따르고, 남자와 여
자를 결혼시킬 때와 작위를 하사할 때에는 반드시 해당하는 나이와 덕
성에 합당하게끔['當'자는 거성으로 읽는다.] 하며, 백성들을 부릴 때에는 반
드시 농한기에 따른다. 그렇기 때문에 수해나 가뭄 또는 곤충으로 인한
재해가 없는 것이며, 백성들에게는 흉재나 기근 또는 요망한 사건 및
생물들에게 발생하는 기이한 변고 등의 우환이 없게 되는 것이다.

集說

貴賤有等, 故禮制不同, 應儉者不可豊, 應隆者不可殺. 所以維持人
情, 不使之驕縱, 保合上下, 不使之厄亂也. 聖王所以順民之情者,
如安於山, 則不徙之居川, 安於渚, 則不徙之居中原, 故民不困敝也.
獺祭魚然后虞人入澤梁, 及春獻鼈蜃, 狄獻龜魚之類, 是用水必時
也. 春取楡柳之火, 夏取棗杏之火, 季夏取桑柘之火, 狄取柞楢之火,

冬取槐檀檀火. 又周禮季春出火, 季秋納火之類, 是用火必時也. 卝
人以時取金玉錫石, 及月令季春審五庫之量, 金鐵爲先, 是用金必時
也. 仲冬斬陽木, 仲夏斬陰木, 是用木必時也. 飮食則如食齊視春時,
羹齊視夏時之類, 是也. 合男女必當其年, 頒爵位必當其德, 用民必
於農隙. 凡此皆是以順行之, 故能感召兩間之和, 而無旱乾水溢及
螟蝗之災也. 凶飢, 年凶殺不熟也. 妖, 謂衣服歌謠草木之恠. 孼, 謂
禽獸蟲豸之恠. 史家五行志所載代有之. 疾, 患也.

귀천에 따른 등급 차이가 있기 때문에, 예에 따른 제도도 다른 것이며,
검소하게 처리할 일을 대할 때에는 풍요롭게 할 수 없고, 융성하게 처리
할 일을 대할 때에는 낮춰서 할 수 없다. 이것은 사람의 정감을 유지하
여, 교만하고 방종한 곳으로 빠지지 않게 하여, 상하의 계층을 보호하고
합치시켜서, 위태롭고 혼란스러운 지경에 이르지 않게끔 하는 방법이
다. 성왕이 백성들의 정감을 따랐던 방법은 예를 들어 산 지역에서 안주
하고 있는 경우라면, 하천 지역으로 옮겨서 거주하지 않게끔 하고, 물가
에서 안주하고 있는 경우라면, 평지로 옮겨서 거주하지 않게끔 하였기
때문에, 백성들이 곤란하게 되거나 피폐해지지 않았던 것이다. 수달이
물고기를 제사지낸 연후에야 우인(虞人)[1]이 못에 들어가 물고기를 잡
고, 봄이 되면 자라와 조개를 바치며, 가을이 되면 거북이와 물고기를
바치는 부류는 바로 수를 사용하되 반드시 올바른 시기에 따르는 것이
다. 봄에는 느릅나무와 버드나무로 피운 불을 사용하고, 여름에는 대추
나무와 은행나무로 피운 불을 사용하며, 계하에는 뽕나무와 산뽕나무로
피운 불을 사용하고, 가을에는 떡갈나무와 졸참나무로 피운 불을 사용
하며, 겨울에는 홰나무와 박달나무로 피운 불을 사용한다. 또 『주례』에
기록된 것처럼 계춘 때 본격적으로 불을 사용하도록 알리고, 계추 때 야
외에서 불을 지피는 것을 금지하는 부류가 바로 화를 사용하되 반드시

---

1) 우인(虞人)은 산림(山林)을 관장하는 관리이다. 『여씨춘추(呂氏春秋)』「계하(季
夏)」에는 "乃命虞人入山行木."이라는 기록이 있고, 이에 대한 고유(高誘)의 주
에서는 "虞人, 掌山林之官."이라고 풀이하였다.

올바른 시기에 따르는 것이다. 관인은 시기에 따라 금·옥·주석·돌 등을 채취하고, 『예기』「월령(月令)」편에서 계춘 때 다섯 종류의 창고에 보관된 물건들의 품질 및 수량을 살펴본다고 했을 때, 금과 철을 가장 먼저 하는 것은 바로 금을 사용하되 반드시 올바른 시기에 따르는 것이다. 중동 때 양목(陽木)[2]을 베고, 중하 때 음목(陰木)[3]을 베는 것은 바로 목을 사용하되 반드시 올바른 시기에 따르는 것이다. 음식의 경우에는 예를 들어 밥의 온도는 봄철의 기후처럼 맞춰서 따뜻하게 하고, 국의 온도는 여름철의 기후처럼 맞춰서 뜨겁게 하는 부류가 바로 이러한 경우이다. 남자와 여자를 결혼시킬 때에는 반드시 적정한 연령에 맞추고, 작위를 하사할 때에는 반드시 해당하는 덕성에 견주어서 하며, 백성들을 부릴 때에는 반드시 농한기에 한다. 무릇 이러한 모든 것들은 바로 순리에 따라 시행하였기 때문에, 천지사이의 조화로운 기운을 감응시켜 불러올 수 있어서, 가뭄이나 수해 및 해충의 재해가 없게 된다. '흉기(凶飢)'는 그 해에 흉년이 들어 곡식이 익지 않았다는 뜻이다. '요(妖)'자는 복장과 백성들이 부르는 노랫말 또는 초목 등에 괴이한 기류나 변고가 발생한 것을 뜻한다. '얼(孽)'자는 짐승이나 곤충의 새끼에게 불상사가 발생한 것을 뜻한다. 역사가들이 기록한 각 역사서의 「오행지」에는 대대로 이러한 내용들을 기록하고 있다. '질(疾)'자는 우환[患]이라는 뜻이다.

淺見

近按: 此亦承大順之說, 而言聖人制作所以順民之意, 以幷釋首章第三節聖人用火範金制作之意也.

내가 살펴보니, 이 문장 또한 대순을 설명한 것을 이어서 성인이 예를 제작하여 백성들을 따르게 했던 뜻을 설명하고, 이를 통해 첫장 제 3절에서 성인이 불을 이용하고 쇠를 주조하여 제작했던 뜻을 함께 풀이한 것이다.

---

2) 양목(陽木)은 산의 남쪽 부근에서 생장하는 나무를 뜻한다.
3) 음목(陰木)은 산의 북쪽 부근에서 생장하는 나무를 뜻한다.

故天不愛其道, 地不愛其寶, 人不愛其情. 故天降膏露, 地出
醴泉, 山出器車, 河出馬圖, 鳳皇麒麟皆在郊棷藪, 龜龍在宮
沼, 其餘鳥獸之卵胎, 皆可俯而闚也, 則是無故, 先王能脩禮
以達義, 體信以達順. 故此順之實也.〈060〉

그러므로 하늘은 그 도리를 내려줌에 인색하지 않으며, 땅은 그 보화를
내어줌에 인색하지 않고, 사람은 그 정감을 베풂에 인색하지 않다. 그
러므로 하늘은 감미로운 이슬을 내려주고, 땅은 달콤한 샘물을 내어주
며, 산은 상서로운 기구와 수레를 내어주고, 황하에서는 용마가 하도와
같은 상서로운 징표를 내어주며, 봉황과 기린은 모두 교외의 연못에 머
물게 되고, 거북이와 용은 궁성의 못가에 머물게 되며, 나머지 조류와
짐승들의 알과 새끼들에 대해서도 모두 몸을 굽혀서 살펴 볼 수 있게
되는데, 이것은 곧 특별한 요인이 있어서가 아니니, 선왕이 예를 정비하
여 도의에 두루 달통하고, 신의를 체득하여 순리에 달통할 수 있었기
때문이다. 그러므로 이것이 바로 순리의 실질이다.

集說

舊說, 器爲銀甕丹甑, 車爲山車垂鉤, 謂不待揉治而自圓曲也. 晉時
恒山大樹自校, 根下有璧七十, 圭七十三, 皆光色精奇異常玉. 又張
掖・柳谷之石, 有八卦璜瑛之象, 亦此類也. 棷與藪同. 龍之變化叵
測, 未必宮沼有之, 亦極言至順感召之卓異耳. 不以辭害意可也. 脩
禮以達義者, 脩此禮以爲敎, 而達之天下無不宜也. 體信以達順者,
反身而誠, 而達之天下無不順也. 此極功矣, 故結之曰此順之實也.

옛 학설에서는 "'기(器)'자는 은옹(銀甕)[1]과 단증(丹甑)[2]을 뜻하며, '거

----

1) 은옹(銀甕)은 은색 바탕으로 된 술단지이다. 고대인들은 태평성세 때 출현하는

(車)'자는 산거(山車)3)와 수구(垂鉤)4)를 뜻한다."고 하였는데, '수구(垂鉤)'라는 것은 가공을 하여 인위적으로 구부리지 않아도 자연스럽게 원형으로 굽어진 나무를 뜻한다. 진나라 때 항산 지역에서는 큰 나무가 저절로 뽑혀진 사건이 발생하였는데, 그 나무의 뿌리 부근에는 벽 70개와 규 73개가 있었다. 그런데 그 옥들은 모두 광채와 색깔이 정교하고 남달라서, 일반적인 옥들과는 달랐다. 또 장액 땅의 유곡에 있던 돌에는 팔괘와 패옥 형상이 새겨져 있었는데, 또한 이러한 부류들이 바로 상서로운 징조에 해당한다. '추(榱)'자는 수(藪)자와 같은 뜻이다. 용은 변화무쌍하여 헤아리기가 어려워서, 반드시 궁전의 늪가에 있는 것이 아닌데도, 이처럼 표현한 이유는 또한 지극한 순리에 따라서 감응시켜 불러들이는 것들 중 가장 탁월한 것만을 제시하며, 극진하게 언급했을 따름이니, 글자상의 표면적인 뜻으로 본래의 뜻을 해쳐서는 안 된다. "예를 정비하여 의에 달통한다."는 말은 이러한 예법을 정비하여 교화로 삼고, 천하 사람들에게 두루 퍼지게 하여, 올바르지 못한 것이 없도록 한다는 뜻이다. "신을 체득하여 순리에 달통한다."는 말은 자신을 돌이켜서 항상 진실되게 하고, 천하 사람들에게 두루 퍼지게 하여 순리에 따르지 않는 자가 없도록 한다는 뜻이다. 이것은 곧 순리에 따른 극명한 효과이다. 그렇기 때문에 결론을 내리면서, "이것이 순리의 실질이다."라고 말한 것이다.

程子曰: 君子脩己以敬, 篤恭而天下平, 惟上下一於恭敬, 則天地自位, 萬物自育, 而四靈畢至矣. 此體信達順之道.

상서로운 징조물로 여겼다.
2) 단증(丹甑)은 붉은색으로 된 솥이다. 고대인들은 풍년이 들 때 이러한 솥이 출현한다고 여겼다.
3) 산거(山車)는 제왕에게 덕이 있을 때 출현한다는 수레를 뜻한다. 고대인들은 상서로운 징조물로 여겼다.
4) 수구(垂鉤)는 나무를 가공하지 않아도, 자연적으로 수레바퀴처럼 원형으로 굽어진 것을 뜻한다. 고대인들은 태평성세 때 나타나는 상서로운 징조로 여겼다.

정자가 말하길, 군자는 자신을 다스리길 경으로써 하며, 독실하고 공손히 하여 천하가 평안해진다고 하였으니, 오직 상하의 모든 계층이 한결같이 공손함과 공경함에 따른다면, 천지는 스스로 제자리를 찾게 되며, 만물은 스스로 생육되고, 네 가지 영물 또한 모두 이르게 된다. 이것이 바로 신의를 체득하여 순리에 달통하는 도리이다.

朱子曰: 信是實理, 順是和氣, 體信是致中, 達順是致和. 實體此道於身, 則自然發而中節, 推之天下而無所不通也.

주자가 말하길, 신은 진실된 도리이고, 순은 중화의 기운인데, 신의를 체득하는 것은 중도를 이루는 것이고, 순리에 달통하는 것은 중화를 이루는 것이다. 진실로 이러한 도리를 자기 자신에게 체득시키게 된다면, 자연히 발현하는 것들이 모두 절도에 맞게 되므로, 이것을 미루어 나아가 천하에 적용하더라도 통용되지 않는 것이 없게 된다.

淺見

近按: 此言大順之效, 以結前二節之意. 上節總釋其義, 以大者言也. 次節詳說其事, 以小者言也. 此節全以效言之, 又以終首章之末承天之祐與大祥之意也. 蓋禮之大本殽於天地, 具於人情, 而達於養生・喪死・事鬼神之事, 能由人情而理之, 使養生・喪死無憾, 而事鬼神之道, 皆得, 是爲大順之極, 宜其承天之祐而致此大祥也. 原其所以致之者, 則體信達順而已. 夫天人一理, 人能篤恭, 而體信以達其和順之德, 則天地之和亦應, 而化育之盛, 至於四靈之畢至, 禮之極功, 無以加矣, 故以此而終焉.

내가 살펴보니, 이 문장은 대순의 효험을 언급하여 앞에 나온 두 문단의 뜻을 결론 맺은 것이다. 앞 단락에서는 그 의미를 총괄적으로 풀이하여 큰 것을 기준으로 언급하였다. 그 다음 단락에서는 해당 사안을 세부적으로 설명하여 작은 것을 기준으로 언급하였다. 이곳 문단은 전적으로 효험을 기준으로 언급하고, 또한 첫장의 말미에서 하늘의 복과 큰 상서로움을 받는다고 한 뜻을 결론 맺었다. 예의 대체는 하늘에 근본을 두고 땅을 본받으며 인정에 갖춰져 있고, 산 자를 봉양하고 죽은 자를 전송하며 귀신을 섬기는 사안에 두루 통하며, 인정에 따라 다스려서 산 자를 봉양하고 죽은 자를 전송함에 유감이 없도록 하고 귀신을 섬기는 도 또한 모두 얻을 수 있다. 이것은 대순의 지극함에 해당하며, 하늘의 복을 받아서 이와 같이 큰 상서로움을 이뤄야만 한다. 그것을 지극히 하는 것에 근원한다면, 신의를 체득하고 순리에 달통하는 것일 뿐이다. 하늘과 사람은 그 이치가 동일하니, 사람이 독실하게 공손을 실천하고 신의를 체득하여 화순의 덕에 통달할 수 있다면, 천지의 조화로움 또한 호응하게 되고, 화육의 작용이 융성하게 되어, 사령이 모두 도래하는 경지에 도달하게 되고, 예의 지극한 공효에는 더할 것이 없게 된다. 그러므로 이러한 내용으로 결론을 맺은 것이다.

右禮運一篇, 極言禮之至大, 精意尤在首章第三節, 一篇之內, 皆推廣此一節之意, 其文當分爲經傳. 其首皆冠以"孔子曰", 然非盡孔子之言也. 傳之一節雜在經文之中, 是記者因孔子之嘆而附會之, 非以爲其傳文, 今以其非孔子之言, 故亦當以爲傳文也. 其餘亦多浮誕之辭, 然其大旨粗有節次, 至其格言奧義, 則精深廣大, 有與易繫辭·樂記之文相爲表裏者, 豈可以易而言之哉? 愚敢陳其大略而不能致詳, 幸觀者, 更加察焉.

여기까지는 「예운」편으로, 예가 지극히 크다는 사실을 극명히 설명하고 있는데, 그 정밀한 뜻은 첫장의 제3절에 있으니, 「예운」편의 내용들은 모두 이 문단의 뜻을 미루어 밝힌 것이며, 그 문장들은 마땅히 경문과 전문으로 구분되어야 한다. 첫 부분에서는 모두 '공자왈(孔子曰)'이라는 말로 시작하고 있지만, 이것들이 모두 공자의 말은 아니다. 전문 중 첫 번째 문단은 경문 가운데 뒤섞여 있는데, 이것은 『예기』를 기록한 자가 공자가 탄식한 것에 따라서 덧붙인 것으로, 해당 경문에 대한 전문으로 여기지 않았지만, 현재 이것은 공자의 말이 아니기 때문에, 마땅히 이 또한 전문으로 삼아야 한다. 나머지 기록들에는 또한 허황된 말들이 많은데, 그 큰 뜻에 있어서는 거칠게나마 절차가 있고, 격언과 깊은 뜻에 있어서는 정밀하고 광대하여 『역』「계사전(繫辭傳)」 및 『예기』「악기(樂記)」편 등의 기록과 상호 표리관계가 되는 면도 있으니, 어찌 쉽사리 말할 수 있겠는가? 나는 감히 그 대략적인 뜻만을 진술하였지만 자세한 분석을 할 수 없으므로, 이 글을 읽는 자들이 다시 정밀히 살펴봐주길 바란다.

禮記淺見錄卷第九

『예기천견록』 9권

「예기(禮器)」

近按: 禮爲人之所用, 猶其用器不可一日而無者也, 故前篇云禮義以
爲器是也. 陳氏曰: "器有二義, 一是學禮者成德器之美, 一是行禮者
明用器之制."

내가 살펴보니, 예는 사람이 사용하는 것으로, 기물을 사용함에 그것이
하루라도 없어서는 안 되는 것과 같은 점이 있다. 그렇기 때문에『예기』
「예운(禮運)」편에서는 "예의를 기물로 삼는다."라고 한 것이다. 진호는
"'기(器)'자에는 두 가지 뜻이 있다. 첫 번째 뜻은 예를 배우는 자들이
덕의 도량이 가진 아름다움을 완성한다고 할 때의 도량을 뜻하며, 두 번
째 뜻은 예를 시행하는 자들이 기물을 활용하는 제도를 드러낸다고 할
때의 기물을 뜻한다."라고 했다.

「예기」편 문장 순서 비교

『예기집설』	『예기천견록』	
	구분	문장
001		001
002		002
003		003
004		004
005		005
006		006
007		007
008		008
009		009
010		010
011		011
012		012
013		013
014		014
015		015
016		016
017	무분류	017
018		018
019		019
020		020
021		021
022		022
023		023
024		024
025		025
026		026
027		027
028		028
029		029
030		030
031		031
032		032

『예기집설』	『예기천견록』	
	구분	문장
033		033
034		034
035		035
036		036
037		037
038		041
039		042
040		038
041		039
042		040
043		043
044		044
045		045
046		046
047		048
048		047
049	무분류	049
050		050
051		051
052		052
053		053
054		054
055		055
056		056
057		057
058		058
059		059
060		060
061		061
062		062
063		063
064		064
065		065

『예기집설』	『예기천견록』	
	구분	문장
066		066
067		067
068		068
069	무분류	069
070		070
071		071
072		072

무분류

經文

禮器, 是故大備. 大備, 盛德也. 禮釋回, 增美質, 措則正, 施則
行. 其在人也, 如竹箭之有筠[句]也, 如松栢之有心也. 二者居
天下之大端矣, 故貫四時而不改柯易葉. 故君子有禮, 則外諧
而內無怨. 故物無不懷仁, 鬼神饗德.〈001〉

예는 자신을 다스리는 도구이다. 이러한 까닭으로 자신을 완성하는 행
실을 완비할 수 있다. 이처럼 완비를 하게 되면 융성한 덕성을 이루게
된다. 예는 사벽한 마음을 없애고, 아름다운 본질을 증진시키니, 사람에
게 적용하면 올바르게 되고, 사물에게 적용하면 두루 통용이 된다. 사
람에게 있어서 예라는 것은 마치 큰 대나무와 가는 대나무에 푸른 껍질
이[‘筠’자의 음은 ‘句(구)’이다.] 있는 것과 같고, 소나무나 잣나무에 굳건한
목심이 있는 것과 같다. 대나무나 소나무 등은 천하에 통용되는 큰 법
도를 갖추고 있기 때문에, 사계절의 변화를 두루 겪게 되더라도 줄기나
잎이 변하지 않는다. 그렇기 때문에 군자는 이러한 예를 갖추고 있으니,
관계가 소원한 사람들은 모두 화합되고, 친근한 자들 또한 원망하는 마
음을 품지 않게 된다. 그러므로 만물은 그의 인자함을 흠모하지 않는
것이 없게 되고, 귀신들도 그의 덕성을 흠향하게 된다.

集說

以禮爲治身之器, 故能大備其成人之行. 至於大備, 則其德盛矣. 禮
之爲用, 能消釋人回邪之心, 而增益其材質之美. 措諸身則無往不
正, 施諸事則無往不達. 以人之一身言之, 如竹箭之有筠, 足以致飾
於外; 如松栢之有心, 足以貞固於內. 箭, 竹之小者也. 筠, 竹之青皮
也. 大端, 猶言大節. 二物比他草木有此大節, 故能貫串四時, 而柯

葉無所易也. 君子之人, 惟其有此禮也, 故外人之疎遠者無不諧協,
內人之親近者無所怨憾. 人歸其仁, 神歆其德也.

예는 자신을 다스리는 도구이기 때문에, 사람을 이루는 행실을 완비할
수 있는 것이다. 이처럼 완비하는 경지에 이르게 되면, 그의 덕성 또한
융성해진다. 예의 작용은 사람이 가지고 있는 사벽한 마음을 소멸시키
고, 그가 본래부터 가지고 있었던 본바탕의 아름다움을 증가시킬 수 있
다. 이것을 자신에게 적용시키게 되면, 어디를 가든 바르지 않는 경우가
없게 되고, 사물에게 적용시키게 되면, 무엇을 하든 통달되지 않는 경우
가 없게 된다. 한 개인을 기준으로 예를 언급하자면, 마치 큰 대나무와
가는 대나무가 푸른 껍질을 가지고 있어서, 이것을 통해 충분히 겉면을
꾸밀 수 있는 것과 같으며, 소나무와 잣나무가 단단한 목심을 가지고 있
어서, 이것을 통해 내면을 견고하게 할 수 있는 것과 같다. '전(箭)'은
대나무 중에서도 크기가 작은 것이다. '균(筠)'은 대나무의 푸른 껍질을
뜻한다. '대단(大端)'은 본령이 되는 법도라는 말과 같다. 대나무와 소나
무를 다른 초목들과 비교해보면, 이러한 법도를 갖추고 있기 때문에, 사
계절의 변화를 두루 겪더라도, 줄기와 잎에 변함이 없는 것이다. 군자됨
을 갖춘 사람들만이 오직 이러한 예를 갖추고 있기 때문에, 관계가 소원
한 외인들이라 하더라도 화합되지 않는 자가 없게 되며, 관계가 친근한
내인들이라 하더라도 원망하는 감정을 품는 자가 없게 된다. 따라서 사
람들은 그의 인자함에 귀의하고, 신들도 그의 덕성을 흠향하게 된다.

淺見

近按: 禮是爲人所用之器, 故其爲人所行之道無不大備, 而其德爲甚
盛矣. 是擧禮之全體而言也. 論語曰: "君子不器", 言其才之不備也.
此言"禮器大備"者, 論語是指一器而言, 此總衆器而言也. 釋回增美,
措則正, 施則行者, 以學禮之功與行禮之用而言也. 如竹箭之有筠,
卽詩 · 衛風以菉竹猗猗, 與君子之有文也. 如松栢之有心, 卽論語以
松栢後凋, 喩君子之有守也. 貫四時而不改柯易葉者, 卽中庸國有
道不變塞, 國無道至死不變者也. 此以德之成於己者言也. 外之疎

者, 無不諧, 內之親者, 無所怨, 明則物歸其仁, 幽則神享其德, 此以
德之及於物者言也. 蓋禮之爲器, 其體無所不備, 故其用無所不周,
學之於身, 則能去其邪而益其美, 措諸事而正, 施諸人而行, 外著英
華之發, 內存貞固之守, 雖臨大節而有不可奪之志, 此其德之盛者
也. 君子有此盛德之禮, 故能協於內外而達於幽明, 禮之功用極其
至矣. 是舉大用而言之也.

내가 살펴보니, 예는 사람이 사용하는 기물이 된다. 그렇기 때문에 사람
이 행하는 도에 있어서 완비하지 않은 것이 없고, 그 덕은 매우 깊고
융성하다. 이것은 예의 전체적인 측면을 기준으로 말한 것이다. 『논어』
에서는 "군자는 기(器)하지 않는다."[1]라고 했는데, 그 재질이 완비되지
못함을 말한 것이다. 이곳에서는 "예기(禮器)는 완비되어 있다."라고 했
는데, 『논어』에서는 하나의 기물만을 가리켜서 말한 것이고, 이곳의 기
록은 여러 기물들을 총괄해서 말한 것이다. "사벽함을 없애고 아름다운
본질을 증진시키니, 적용하면 바르게 되고 베풀면 시행된다."고 했는데,
이것은 예를 배웠을 때 나타나는 공효와 예를 시행하는 작용을 기준으
로 말한 것이다. "큰 대나무와 가는 대나무에 푸른 껍질이 있는 것과 같
다."는 것은 『시』「위풍(衛風)」에서 "푸른 대나무가 부들부들하구나."[2]
라고 한 말로, 군주가 문채를 갖춘 것을 기린 것에 해당한다. "소나무나
잣나무에 굳건한 목심이 있는 것과 같다."라고 한 말은 『논어』에서 "소
나무와 잣나무가 뒤늦게 시든다."[3]고 한 말로, 군자에게 지킴이 있는 것
을 비유한 것에 해당한다. "사계절의 변화를 두루 겪게 되더라도, 줄기
나 잎이 변하지 않는다."는 것은 『중용』에서 "나라에 도가 있을 때에는
곤궁했을 때의 뜻을 바꾸지 않고, 나라에 도가 없을 때에는 죽음에 이르
더라도 지조를 바꾸지 않는다."[4]고 한 말에 해당한다. 이것은 덕 중에서

---

1) 『논어』「위정(爲政)」: 子曰, "君子不器."
2) 『시』「위풍(衛風)·기욱(淇奧)」: 瞻彼淇奧, 綠竹猗猗. 有匪君子, 如切如磋, 如
   琢如磨. 瑟兮僩兮, 赫兮咺兮. 有匪君子, 終不可諼兮.
3) 『논어』「자한(子罕)」: 子曰, "歲寒然後知松柏之後彫也."

도 자신에게서 이뤄진 것을 기준으로 말한 것이다. 외적으로 소원한 자들은 화합되지 않은 자가 없고 내적으로 친근한 자들은 원망하는 것이 없으며, 인간 세상의 경우에는 만물이 그의 인함에 귀의하고, 그윽한 저 세상의 경우에는 신이 그의 덕을 흠향하니, 이것은 덕이 사물에 미친 것을 기준으로 말한 것이다. 예의 기물됨에 있어서 그 본체에는 갖춰지지 않은 것이 없다. 그렇기 때문에 그 작용에 있어서도 두루 적용되지 않는 것이 없으니, 이것을 자신이 익히게 된다면 사벽함을 제거하고 아름다움을 증가시킬 수 있고, 일에 적용하여 올바르게 되며, 다른 사람에게 베풀어 시행토록 하니, 외적으로는 영화로운 펼침이 드러나고 내적으로는 곧고 단단한 지킴이 보존되어, 비록 큰 절개를 지켜야 하는 일에 임해서도 빼앗을 수 없는 지조를 지니게 되니, 이것은 그 덕의 융성함에 해당한다. 군자는 이처럼 융성한 덕에 대한 예를 갖추고 있기 때문에, 내외를 합치시키고 그윽한 저 세상과 인간세상에 두루 통할 수 있으니, 예의 공용에 있어서 지극함을 극진히 한 것이다. 이것은 큰 작용을 기준으로 언급한 말이다.

---

4) 『중용』「10장」: 故君子和而不流, 强哉矯! 中立而不倚, 强哉矯! <u>國有道不變塞焉</u>, 强哉矯! <u>國無道至死不變</u>, 强哉矯!

先王之立禮也, 有本有文. 忠信, 禮之本也, 義理, 禮之文也.
無本不立, 無文不行.〈002〉

선왕이 예를 확립함에 근본이 생겨났고 형식이 생겨났다. 충심과 신의
는 예의 근본에 해당하며, 의리와 이치는 예의 형식에 해당한다. 근본
이 없다면 예는 확립될 수 없고, 형식이 없다면 예는 시행될 수 없다.

集說

先王制禮, 廣大精微, 惟忠信者能學之. 然而纖悉委曲之間, 皆有義
焉, 皆有理焉. 無忠信, 則禮不可立. 昧於義理, 則禮不可行. 必內外
兼備而本末具擧, 則文因於本而飾之也, 不爲過, 本因於文而用之
也, 中其節矣.

선왕이 예를 제정함에 그 예의 규모는 매우 광대하면서도 세부 절목은
정밀하였으니, 오직 충심을 갖추고 신의를 갖춘 자만이 그것을 배울 수
가 있었다. 그런데 그 세밀하고 정밀한 절목의 사이마다 모두 의리를
갖추고 있고, 또한 이치를 갖추고 있었다. 따라서 충심과 신의가 없다면
예는 확립될 수 없고, 의리와 이치에 몽매하다면 예를 시행할 수 없다.
따라서 반드시 내외를 겸비하고 본말을 모두 거행할 때에만 형식은 근
본에 따라 꾸며지게 되어 지나치지 않게 되며, 근본은 형식에 따라 사용
하게 되어 절도에 맞게 되는 것이다.

淺見

近按: 上文備言禮之體用, 而此又言先王制禮, 亦因體以立本, 因用
而有文也. 不曰制而言立, 以明本然之體也.

내가 살펴보니, 앞의 문장에서는 예의 본체와 작용을 모두 언급하였는
데, 이곳에서는 또한 선왕이 예를 제정할 때에도 본체에 따라 근본을 확

립하고 작용에 따라 형식을 만들었다고 말한 것이다. '제(制)'라고 말하지 않고 '입(立)'이라고 말한 것은 본연의 본체를 밝히기 위해서이다.

禮也者, 合於天時, 設於地財, 順於鬼神, 合於人心, 理萬物者
也. 是故天時有生也, 地理有宜也, 人官有能也, 物曲有利也.
故天不生, 地不養, 君子不以爲禮, 鬼神不饗也. 居山以魚鼈
爲禮, 居澤以鹿豕爲禮, 君子謂之不知禮.〈003〉

예라는 것은 천시의 운행에 부합되게 하며, 땅의 도리가 생산하는 재화
에 맞춰서 시행하고, 귀신의 뜻에 따르며, 사람의 마음에 합치되어, 만
물을 이치에 따르도록 하는 것이다. 이러한 까닭으로 천시의 운행은 생
장함이 있게 되며, 땅의 도리는 합당함이 있게 되고, 인간세상의 관직은
시행능력이 있게 되며, 만물은 세부적으로 제각각 이로움이 있게 된다.
그러므로 천시의 운행이 생장시키지 않고, 땅의 도리가 양육시키지 않는
것을 군자는 이것을 예로 여기지 않는 것이고, 귀신 또한 그것을 흠향하
지 않는 것이다. 산악지역에 거주하는데도 물고기나 자라를 제물로 바
치는 것을 예로 여기며, 연못 지역에 거주하는데도 사슴이나 돼지를 제
물로 바치는 것을 예로 여기는 것을 군자는 예를 알지 못한다고 평한다.

集說

合於天時, 天時有生也, 謂四時各有所生之物, 取之當合其時. 設於
地財, 地理有宜也, 謂設施行禮之物, 皆地之所産財利也. 然土地各
有所宜之産, 不可强其地之所無. 如此, 自然順鬼神, 合人心, 而萬
物各得其理也. 人官有能, 謂助祭執事之官, 各因其能而任之. 蓋人
各有能, 有不能也. 物曲有利者, 謂物之委曲各有所利, 如麴糵利於
爲酒醴, 桐竹利於爲琴笙之類也. 天不生, 謂非時之物. 地不養, 如
山之魚鼈, 澤之鹿豕之類.

"천시의 운행에 부합한다."는 말과 "천시의 운행에는 생장함이 있다."는
말은 사계절마다 각각 생산되는 사물이 있어서, 그 사물들을 취할 때에
는 마땅히 해당하는 시기에 합치시켜야 한다는 뜻이다. "땅의 재화에 기

준을 두고 시행을 한다."는 말과 "땅의 도리에는 합당함이 있다."는 말은 어떤 일을 시행하고 예를 행할 때 사용되는 물건들은 모두 땅에서 생산된 재화들이다. 그런데 토지마다 각각 그 토지에 합당한 생산품들이 있으니, 억지로 그 땅에서 생산되지 않는 것으로 강요할 수 없다는 뜻이다. 이와 같이 한다면, 자연적으로 귀신의 뜻에 순종하게 되고, 사람의 마음에 합치되며, 만물이 각각 해당하는 이치를 얻게 된다. "인간세상의 관직에는 유능함이 있다."는 말은 제사를 돕고 일을 집행하는 관리들은 각각 그들이 가진 능력에 따라서 임명을 한다는 뜻이다. 무릇 사람들은 제각각 유능한 점도 있고 유능하지 못한 점도 있기 때문이다. "만물은 세부적으로 제각각의 이로움이 있다."는 말은 개개의 사물들은 각각 이롭게 사용되는 점이 있다는 뜻이다. 예를 들어 누룩은 술을 담그는데 이롭고, 오동나무나 대나무는 거문고나 생황 등을 만드는데 이로운 경우와 같은 것들이다. "천시의 운행이 생장시키지 않는다."는 말은 해당 시기의 사물이 아니라는 뜻이다. "땅의 도리가 양육시키지 않는다."는 말은 예를 들어 산악지역에서 나오지 않는 물고기나 자라 또 하천지역에서 나오지 않는 사슴이나 돼지 등의 경우와 같은 것이다.

淺見

近按: 此因上言先王立禮之意, 而言其制作之初, 皆因事物之宜, 而各有定制也.

내가 살펴보니, 이것은 앞에서 선왕이 예를 세웠던 뜻을 언급한 것에 따라서, 제작했을 초기에는 사물의 합당함에 따라서 각각 정해진 제도가 있었다고 말한 것이다.

故必擧其定國之數, 以爲禮之大經. 禮之大倫, 以地廣狹, 禮
之薄厚, 與年之上下. 是故年雖大殺[色介反], 衆不匡懼, 則上之
制禮也節矣.〈004〉

그러므로 반드시 나라를 건국했을 때의 조세수입 양을 가지고 예의 큰
틀을 삼는다. 예의 큰 기준은 소유하고 있는 땅의 넓이에 맞추고, 예의
시행수위는 그 해의 작황에 맞춘다. 이러한 까닭으로 그 해에 비록 큰
기근이['殺'자는 '色(색)'자와 '介(개)'자의 반절음이다.] 든다 하더라도, 대중들
이 두려워하지 않게 된다면, 위정자가 예를 제정한 것이 절도에 맞는
것이다.

定, 猶成也. 數, 稅賦所入之數也. 王制言: "祭用數之仂", 禮非財不
行. 故必以此數爲行禮經常之法也. 禮之大倫, 以去也之廣狹. 天
子·諸侯·卿·大夫地有廣狹, 故禮之倫類不同. 地廣者禮備, 地狹
者禮降也. 禮之厚薄, 則與年之上下爲等. 王制言: "豊年不奢, 凶年
不儉." 是專言祭禮, 此兼言諸禮耳. 大殺, 謂年凶而稅斂之入大有減
殺也. 匡, 與惟通, 恐也. 衆不匡懼, 謂無溝壑之憂也. 此其制禮有
節, 財不過用, 故能如此.

'정(定)'자는 "건국한다."는 뜻이다. '수(數)'자는 거둬들이는 조세수입의
수치이다. 『예기』「왕제(王制)」편에서 말하길, "제사에는 국가의 1년 치
조세수입 중 10분의 1을 사용한다."라고 하였으니, 예는 재화가 없으면
시행할 수 없다. 그렇기 때문에 반드시 이러한 조세수입의 수치로 예를
시행할 때의 기준이 되는 법도로 정하는 것이다. 예의 큰 틀은 땅의 넓
이에 따른다고 하였는데, 천자·제후·경·대부들이 소유하고 있는 땅
에는 넓이의 차이가 있다. 그렇기 때문에 예의 종류도 동일하지 않은

것이다. 소유하고 있는 땅이 넓은 자들은 예를 성대하게 갖추고, 소유하고 있는 땅이 좁은 자들은 예를 간소하게 시행한다. 예의 시행에 있어서 풍성한 정도는 곧 그 해의 경작 수위에 맞춘다. 「왕제」편에서는 "풍년에는 사치하지 않고, 흉년에도 너무 검소하게 하지 않는다."라고 하였다. 이처럼 두 기록이 다소 차이를 보이는 이유는 「왕제」편의 기록은 전적으로 제례를 기준으로 언급한 말인데, 이곳의 문장은 여러 예들을 두루 포함하여 말했기 때문이다. '대쇄(大殺)'는 그 해에 흉년이 들어서 조세수입에 큰 감소가 있다는 뜻이다. '광(匡)'자는 광(恇)자와 통용되는데, 두려워한다는 뜻이다. 대중들이 두려워하거나 걱정하지 않는다는 말은 기근이 들어 도랑이나 골짜기에 시체가 나뒹굴게 되는 우환이 없다는 뜻이다. 이 문장에서 말하고 있는 뜻은 예를 제정함에 절도가 갖춰져 있어서, 재화가 소비한도를 초과하지 않기 때문에, 이처럼 할 수 있게 된다는 뜻이다.

浅見

近按: 此承上文言先王之禮雖有定制, 而又隨時豊倫以制厚薄之節也. 蓋因物宜而立禮, 則有定制而不可亂, 是禮之經也. 因時宜而用禮, 則有制節而不必拘, 是禮之權也. 無非所以適於宜而不敢失其節者也.

내가 살펴보니, 이 문장은 앞에서 선왕이 제정한 예에는 비록 정해진 제도가 있지만, 또한 시기에 따르고 인륜을 융성하게 해서 두텁게 하거나 박하게 하는 절도를 제정한다는 뜻이다. 사물의 마땅함에 따라서 예를 제정했다면 정해진 제도가 있어서 문란하게 할 수 없는데, 이것은 예의 경도에 해당한다. 시기의 합당함에 따라서 예를 사용한다면 제정된 절도가 있어서 굳이 굽힐 필요가 없으니, 이것은 예의 권도에 해당한다. 합당함에 드러맞지 않는 것이 없고 감히 그 절도를 잃지 않는 것이다.

禮, 時爲大, 順次之, 體次之, 宜次之, 稱[去聲]次之. 堯授舜, 舜授禹, 湯放桀, 武王伐紂, 時也. 詩云: "匪革[棘]其猶, 聿追來孝."〈005〉

예에서는 시(時)가 가장 중대하며, 순(順)이 그 다음이고, 체(體)가 또 그 다음이며, 의(宜)가 또 그 다음이고, 칭(稱)이['稱'자는 거성으로 읽는다.] 가장 마지막이다. 요임금이 순임금에게 천자의 지위를 물려주고, 순임금이 우임금에게 천자의 지위를 물려주며, 탕임금이 걸을 내쫓고, 무왕이 주를 정벌한 것 등이 바로 시(時)에 해당한다. 『시』에서는 "자신이 계획했던 사업을 재촉하기['革'자의 음은 '棘(극)'이다.] 위해서가 아니니, 오직 조상들이 이루었던 사업을 추진하고, 효도를 다하고자 하였을 뿐이다."라고 했다.

集說

時者, 天之所爲, 故爲大. 堯·舜·湯·武之事, 不同者, 各隨其時耳. 聖王受命得天下, 必定一代之禮制, 或因或革, 各隨時宜, 故云時爲大也. 順·體·宜·稱四者, 下文桥之. 詩, 大雅·文王有聲之篇. 革, 急也. 猶, 與猷通, 謀也. 聿, 惟也. 言文王之作豊邑, 初非急於成己之謀, 惟欲追先人之事, 而致其方來之孝, 以不墜先業耳. 今詩文作"匪棘其欲, 遹追來孝."

'시(時)'라는 것은 하늘이 운행하는 것이다. 그렇기 때문에 위대한 것이 된다. 요·순·탕·무가 시행했던 일들이 서로 다른 이유는 각기 그들에게 알맞은 시의를 따랐기 때문이다. 성왕은 하늘로부터 명령을 받아서 천하를 소유하게 된 자이니, 반드시 한 시대를 아우를 수 있는 예와 제도를 확정하게 되는데, 어떤 자들은 이전 왕조의 것을 따르고, 또 어떤 자들은 그것을 고쳤으니, 각각 시의에 따랐던 것이다. 그렇기 때문에 "시의가 위대함이 된다."고 말한 것이다. 순(順)·체(體)·의(宜)·칭

(稱)이라는 네 가지 것들에 대해서는 다음 문장에서 나누어 설명하였다. 여기에서 말하는 시(詩)는 『시』「대아(大雅)·문왕유성(文王有聲)」편에 기록된 시이다. '혁(革)'자는 "급급하다."는 뜻이다. '유(猶)'자는 유(猷) 자와 통용되니, "모의하다."는 뜻이다. '율(聿)'자는 오직이라는 뜻이다. 즉 이 구문은 문왕이 풍읍을 건립함에 애초부터 자신의 뜻을 완성하려 는 계획을 이루는데 급급하지 않았고, 오직 선대 조상들의 사업을 좇고 자 하여, 자신이 시행해야 될 효를 다함으로써, 선대 조상들의 사업을 실추시키지 않고자 하였을 뿐이라는 뜻이다. 오늘날 『시』의 문장에서는 "비극기욕, 휼추래효(匪棘其欲, 遹追來孝)."라고 기록되어 있다.[1]

淺見

近按: 此承上言隨時豐儉之意, 而言時之爲大, 因次其順·體·宜· 稱之序也. 堯授舜以下, 卽釋時爲大之意也. 引詩之意, 只在匪革其 猶一句, 言堯·舜·湯·武授受放伐之不同者, 非欲急於成己之謀, 各隨時宜而已.

내가 살펴보니, 이 문장은 앞에서 시의에 따라 풍부하게 하거나 검소하 게 한다고 말한 뜻을 이어받아서, 시의가 위대하다고 말하고, 또 그에 따라 순·체·의·칭의 순서를 차례대로 기술하였다. 요임금이 순임금 에게 선양을 했다는 것으로부터 그 이하의 기록은 시의가 위대하다는 뜻을 풀이한 것이다. 『시』를 인용한 뜻은 단지 '비혁기유(匪革其猶)'라 는 한 구문에 있으니, 요·순·탕·무왕이 제위를 주고받고 또 내치거 나 정벌한 일이 다른 것은 자신을 이루기 위한 계획에 급급하고자 해서 가 아니며, 각각 시의에 따랐기 때문이라는 의미이다.

---

1) 『시』「대아(大雅)·문왕유성(文王有聲)」: 築城伊淢, 作豐伊匹. 匪棘其欲, 遹 追來孝. 王后烝哉.

天地之祭, 宗廟之事, 父子之道, 君臣之義, 倫也.〈006〉社稷·
山川之事, 鬼神之祭, 體也.〈007〉喪祭之用, 賓客之交, 義
也.〈008〉羔豚而祭, 百官皆足, 大牢而祭, 不必有餘, 此之謂稱
也. 諸侯以龜爲寶, 以圭爲瑞. 家不寶龜, 不藏圭, 不臺門, 言
有稱也.〈009〉

천지에 대한 제사, 종묘에 대한 제사, 부자 관계에서 지켜야 하는 도리,
군신 관계에서 지켜야 하는 의리는 인륜에 해당한다. 사직·산천에 대
한 제사와 귀신에 대한 제사 등 대상에 따라 경중을 구별하는 것은 체
에 해당한다. 상제 때 사용하는 것들과 빈객들과 교우할 때 사용하는
것들은 의에 해당한다. 새끼 양과 새끼 돼지를 사용하여 제사를 지냄에,
그 밑에 속해 있는 모든 관리들은 충분히 나눠 받을 수가 있고, 태뢰를
사용하여 제사를 지낼 때에도 고기를 남기지 않고 모든 사람들에게 골
고루 돌아가게 하니, 이것을 칭이라고 부른다. 제후는 점칠 때 사용하
는 거북껍질을 보배로 삼고, 규를 서신(瑞信)[1]으로 삼는다. 대부는 거
북껍질을 보배로 삼지 않고, 규를 자신의 집에 보관할 수 없으며, 대문
에 대를 만들 수가 없으니, 이처럼 지키는 것을 칭을 갖추고 있다고 말
한다.

王者父事天, 母事地, 故天地·宗廟·父子·君臣四者, 乃自然之序,
故曰倫也. 倫不可紊, 故順次之. 社稷·山川·鬼神之禮, 各隨其體
之輕重, 而爲禮之隆殺, 故曰體次之. 旣於義不得不然, 必須隨事合
宜, 故曰宜次之. 諸侯有國, 宜知占詳吉凶, 故以龜爲寶也. 家, 謂大

---

1) 서신(瑞信)은 천자가 제후에게 나눠주는 서옥(瑞玉)을 뜻한다. 그를 제후로 임명
   하는 징표가 되기 때문에 '서신'이라고 부르는 것이다.

夫也. 大夫卑, 不當寶藏. 五等諸侯, 各有圭璧以爲瑞信. 又以天子
所賜, 如祥瑞之降於天, 故以爲瑞. 大夫非爲君使不得執, 故不當藏
之. 臺門者, 門之兩旁, 築土爲臺, 於其上起屋. 大夫不然, 各稱其分
守也, 故曰稱次之.

천자는 부친을 섬기듯 하늘을 섬기고, 모친을 섬기듯 땅을 섬긴다. 그렇
기 때문에 천지·종묘·부자·군신 등의 관계에서 지켜야 하는 네 가지
도리는 곧 자연의 질서이다. 그래서 '인륜[倫]'이라고 말한 것이다. 인륜
은 문란하게 만들 수 없다. 그렇기 때문에 인륜에 순종[順]하는 것이 그
다음에 놓이는 것이다. 사직·산천·귀신 등에게 지내는 제례에서는 각
각의 대상에 따른 경중에 의해 예법을 융성하게 하느냐 아니면 낮춰서
하느냐를 결정하게 된다. 그렇기 때문에 "체(體)가 그 다음이다."라고
말한 것이다. 이미 의리[義]상 부득불 사용해야만 한다면, 반드시 해당
사안에 따라서 합당함[宜]에 맞춰야 한다. 그렇기 때문에 "의(宜)가 그
다음이다."라고 말한 것이다. 제후는 자신의 국가를 소유하고 있으므로,
마땅히 점을 쳐서 길흉에 대해 상세하게 살펴야 한다. 그렇기 때문에
거북껍질을 보배로 여기는 것이다. '가(家)'는 대부를 뜻한다. 대부들은
신분이 상대적으로 낮으므로, 거북껍질을 보배로 여기거나 규를 보관할
수 없다. 다섯 등급의 제후들은 각각 자신의 신분에 맞는 규벽을 소유하
여, 이것을 서신으로 삼게 된다. 또한 천자가 하사를 해주는 것은 마치
하늘로부터 상서로운 징조물을 받는 것과 같다. 그렇기 때문에 이것을
'상서로움[瑞]'으로 삼는 것이다. 대부들은 군주를 대신하여 사신으로 가
는 경우가 아니라면, 이러한 규벽을 손에 들 수 없다. 그렇기 때문에 마
땅히 보관할 수 없는 것이다. '대문(臺門)'이라는 것은 문의 양쪽 기둥에
흙을 쌓아서 관망대[臺]를 만들고, 그 위에 지붕을 올린 것을 뜻한다. 대
부들이 제후들처럼 하지 않는 것은 각자 자신의 분수에 걸맞도록 처신
하기 때문이다. 그래서 "칭(稱)이 그 다음이다."라고 말한 것이다.

近按: 此釋上文順 · 體 · 宜 · 稱四者之意, 順作倫, 宜作義, 變文以
見義也. 以上皆言德器, 而末言龜圭又及用也.

내가 살펴보니, 이 문장은 앞에서 순 · 체 · 의 · 칭이라고 한 네 가지의
뜻을 풀이한 것인데, '순(順)'자를 윤(倫)자로 기록하고 '의(宜)'자를 의
(義)자로 기록한 것은 문자를 바꿔서 그 의미를 드러냈기 때문이다. 여
기까지의 말들은 모두 덕기(德器)에 대해 언급한 것이고, 끝에서는 거북
껍질과 규를 말했고 또 그 쓰임에 대해서도 언급했다.

禮有以多爲貴者, 天子七廟, 諸侯五, 大夫三, 士一.〈010〉

예에서는 수가 많은 것을 귀한 것으로 삼는 경우가 있으니, 예를 들어 천자는 7개의 묘를 두고, 제후는 5개의 묘를 두며, 대부는 3개의 묘를 두고, 사는 1개의 묘를 두는 경우이다.

集說

一廟, 下士也. 適士則二廟.

1개의 묘(廟)를 두는 경우는 하사(下士)[1]에 해당한다. 적사(適士)[2]의 경우라면 2개의 묘를 둔다.

經文

天子之豆, 二十有六.〈011〉

천자가 음식을 먹을 때 사용하는 두의 개수는 26개이다.

集說

此言天子朔食之豆數.

---

1) 하사(下士)에 대해서 설명하자면, 고대의 사(士) 계급은 상(上)·중(中)·하(下)의 세 부류로 구분되기도 하였는데, 하사(下士)는 사 계급 중에서도 가장 낮은 등급의 부류이다.

2) 적사(適士)는 상사(上士)를 말한다. 사(士)라는 계급은 3단계로 세분되는데, 상사, 중사(中士), 하사(下士)가 그것이다. 『예기』「제법(祭法)」편의 경문에는 "適士二廟, 一壇, 曰考廟, 曰王考廟, 享嘗乃止."라는 기록이 있다. 이에 대한 정현의 주에서는 "適士, 上士也."라고 풀이했다.

이 문장은 삭식(朔食)3) 때 차려내는 두의 수를 뜻한다.

諸公十有六.〈012〉

상공의 경우, 서로에게 음식을 대접할 때 사용하는 두의 개수는 16개이다.

上公也. 更相朝時堂上之豆數.

이 문장의 내용은 상공의 경우를 뜻한다. 서로 번갈아가며 회동을 할 때, 당상에 차려내는 두의 개수를 뜻한다.

諸侯十有二.〈013〉

제후들의 경우, 제후들끼리 서로에게 음식을 대접할 때 사용하는 두의 개수는 12개이다.

---

3) 삭식(朔食)은 고대의 예법 중 하나이다. 제왕 및 신분이 높은 자들은 매월 초하루에 평상시보다 음식을 풍성하게 차려내서, 먹게 된다. 천자의 경우에는 '삭식' 때 태뢰(太牢)를 사용하고, 제후는 소뢰(少牢)를 사용하며, 대부(大夫)는 한 마리의 돼지를 바치고, 사(士)는 한 마리의 새끼 돼지를 바치기도 한다. 『예기』「내칙(內則)」편에는 "男女夙興, 沐浴衣服, 具視朔食."이라는 기록이 있고, 이에 대한 정현의 주에서는 "朔食, 天子大牢, 諸侯少牢, 大夫特豕, 士特豚也."라고 풀이했다.

集說

通侯·伯·子·男也. 亦相朝時堂上之豆數.

여기에서 말하는 '제후(諸侯)'는 제후에 대한 다섯 등급 중 후작·백작·자작·남작을 통괄하는 말이다. 이 문장의 내용 또한 제후들끼리 서로 회동을 할 때, 당상에 차려내는 두의 개수를 뜻한다.

經文

上大夫八, 下大夫六.〈014〉

상대부의 경우, 음식을 먹을 때 사용하는 두의 개수는 8개이고, 하대부의 경우에는 6개이다.

集說

皆謂主國食使臣堂上之豆數.

이 두 경우는 모두 빙문을 받는 나라에서 사신들에게 음식을 대접할 때, 당상에 차려내는 두의 개수를 가리킨다.

經文

諸侯七介七牢, 大夫五介五牢.〈015〉

제후가 천자를 찾아뵐 때에는 7명의 부관을 데려가고, 천자는 찾아온 제후에게 7개의 태뢰를 사용하여 대접하며, 대부는 5명의 부관을 데려가고, 천자는 찾아온 대부에게 5개의 태뢰를 사용하여 대접한다.

介, 副也. 上介一人, 餘爲衆介. 牢, 大牢也, 謂諸侯朝天子時, 天子
以太牢之禮賜之. 周禮公九介九牢, 侯·伯七, 子·男五. 今言七, 舉
中以言之也. 大夫五介五牢者, 諸侯之大夫爲君使而來, 各降其君
二等. 此五介五牢, 謂侯·伯之卿, 亦舉中言之也.

'개(介)'는 부관이다. 상개(上介)[4]는 1명이고, 나머지 개들은 중개가 된
다. '뇌(牢)'는 태뢰를 뜻하니, 이 문장의 내용은 제후가 천자를 조회했
을 때, 천자가 태뢰의 예물을 그에게 하사하는 상황을 뜻한다. 『주례』에
서는 공작은 9명의 개를 두고 9개의 뇌를 사용하며, 후작과 백작은 7명
의 개를 두고 7개의 뇌를 사용하며, 자작과 남작은 5명의 개를 두고 5개
의 뇌를 사용한다고 했다.[5] 그런데 이곳 문장에서 7이라고만 언급한 것
은 9·7·5 중에서도 중간에 해당하는 7을 거론하여 말한 것이다. 대부
가 5명의 개를 두고 5개의 뇌를 한다고 말한 이유는 제후의 대부가 군
주의 사신이 되어 찾아온 경우, 각각 그들의 주군보다 2등급씩 낮추기
때문이다. 따라서 이곳에서 5명의 개를 두고 5개의 뇌를 한다는 말은
곧 후작과 백작의 신하인 경을 가리키니, 이 또한 여러 등급 중 중간에
해당하는 후작·백작의 경우에 기준을 두고 언급한 것이다.

---

4) 상개(上介)는 개(介) 중에서도 가장 직위가 높았던 자를 뜻한다. 빈객(賓客)이
방문했을 때, 주인(主人)과 빈객 사이에서 일을 도왔던 부관들을 '개'라고 부른다.

5) 『주례』「추관(秋官)·대행인(大行人)」: 上公之禮, 執桓圭九寸, 繅藉九寸, 冕
服九章, 建常九斿, 樊纓九就, 貳車九乘, 介九人, 禮九牢, 其朝位, 賓主之間九
十步, 立當車軹, 擯者五人, 廟中將幣三享, 王禮再祼而酢, 饗禮九獻, 食禮九
舉, 出入五積, 三問三勞. 諸侯之禮, 執信圭七寸, 繅藉七寸, 冕服七章, 建常七
斿, 樊纓七就, 貳車七乘, 介七人, 禮七牢, 朝位賓主之間七十步, 立當前疾, 擯
者四人, 廟中將幣三享, 王禮壹祼而酢, 饗禮七獻, 食禮七舉, 出入四積, 再問
再勞. 諸伯執躬圭, 其他皆如諸侯之禮. 諸子執穀璧五寸, 繅藉五寸, 冕服五章,
建常五斿, 樊纓五就, 貳車五乘, 介五人, 禮五牢, 朝位賓主之間五十步, 立當
車衡, 擯者三人, 廟中將幣三享, 王禮壹祼不酢, 饗禮五獻, 食禮五舉, 出入三
積, 壹問壹勞. 諸男執蒲璧, 其他皆如諸子之禮.

天子之席五重[平聲], 諸侯之席三重, 大夫再重.〈016〉

천자의 자리는 5겹으로['重'자는 평성으로 읽는다.] 깔고, 제후의 자리는 3겹
으로 깔며, 대부의 자리는 2겹으로 깐다.

集說

天子祫祭, 其席五重. 諸侯席三重者, 謂相朝時, 賓主皆然也. 三重
則四席, 再重則三席.

천자가 협(祫)제사[6]를 지낼 때에는 설치하는 자리를 5겹으로 한다. "제
후의 자리를 3겹으로 깐다."는 말은 제후들끼리 서로 조회를 했을 경우
빈객과 주인이 되는 제후들이 모두 이처럼 한다는 뜻이다. 3겹으로 한
다는 말은 곧 자리를 4개로 만든다는 뜻이며, 2겹으로 한다는 말은 곧
자리를 3개로 만든다는 뜻이다.

經文

**天子崩, 七月而葬, 五重八翣[所甲反], 諸侯五月而葬, 三重六
翣, 大夫三月而葬, 再重四翣. 此以多爲貴也.**〈017〉

천자가 죽게 되면, 7개월이 지나고서야 장례를 치르는데, 항목과 인은
5겹으로 하며, 휘장막인 삽은['翣'자는 '所(소)'자와 '甲(갑)'자의 반절음이다.] 8

---

6) 협제(祫祭)는 협(祫)이라고도 부른다. 신주(神主)들을 태조(太祖)의 묘(廟)에 모
두 모셔놓고 지내는 제사이다. 『춘추공양전』 「문공(文公) 2년」에 "八月, 丁卯,
大事于大廟, 躋僖公, 大事者何. 大祫也. 大祫者何. 合祭也, 其合祭奈何. 毀廟
之主, 陳于大祖."라는 기록이 있다.

개로 하고, 제후의 경우에는 5개월이 지나고서야 장례를 치르는데, 항목과 인은 3겹으로 하며, 삽은 6개로 하고, 대부의 경우에는 3개월이 지나고서야 장례를 치르는데, 항목과 인은 2겹으로 하며, 삽은 4개로 한다. 이러한 것들이 바로 많은 것을 귀하게 여기는 경우이다.

集說

五重者, 謂抗木與茵也. 茵以藉棺, 用淺色緇布夾爲之, 以茅秀及香草著其中, 如今褥子中用絮然. 縮者二, 橫者三, 爲一重抗木, 所以抗載於土. 下棺之後, 置抗木於槨之上, 亦橫者三, 縮者二, 上如抗席三, 此爲一重. 如是者五, 則爲五重也. 翣, 見檀弓.

"5겹으로 한다."는 말은 항목과 인에 해당하는 내용이다. '인(茵)'은 관 밑에 깔아두는 것으로, 옅은 색의 치포를 겹쳐서 자루모양으로 만들고, 띠풀 중 꽃을 피운 것과 향기 나는 풀 등으로 그 중간을 채우니, 마치 오늘날 어린아이의 침구를 깔 때 중간에 솜을 사용하는 것과 같다. 세로로 2개를 대고 가로로 3개를 대는 것이 바로 1겹의 항목이니, 흙이 덮치는 것을 보호하는 것이다. 관을 무덤에 내린 후에는 외관 위에 항목을 설치하게 되는데, 또한 가로로 3개를 대고 세로로 2개를 대며, 그 위에 또 항석 3개를 대니, 이것이 바로 1겹이 된다. 이와 같이 5번을 반복한다면, 이것은 곧 5겹이 된다. '삽(翣)'에 대한 설명은 『예기』「단궁(檀弓)」편에 자세히 나온다.

淺見

近按: 自篇首至前章釋時‧順‧體‧宜‧稱者, 皆言禮德器之美也. 此下至"以素爲貴"也, 就多少‧大小‧高下‧文素之異, 以明用器之制也.

내가 살펴보니, 「예기」편의 첫 문장부터 앞 장에 이르기까지는 시‧

순·체·의·칭에 대해 풀이했는데, 이 말들은 모두 예는 덕기의 아름다움이라는 것을 뜻한다. 이곳 문장부터 뒤로 "소박한 것을 귀한 것으로 삼는다."[7]라는 문장까지는 다소·대소·고하·문소의 차이점을 통해서 용기의 제도를 밝힌 것이다.

---

7) 『예기』 「예기」 030장 : 有以素爲貴者, 至敬無文, 父黨無容. 大圭不琢, 大羹不和, 大路素而越席, 犧尊疏布鼏, 樿杓. 此以素爲貴也.

有以少爲貴者, 天子無介, 祭天特牲.〈018〉

예에서는 수가 적은 것을 귀한 것으로 삼는 경우도 있으니, 천자의 의례에서는 개가 없으며, 하늘에 대한 제사를 지낼 때에는 한 마리의 희생물을 사용하는 것 등이 그 예시이다.

集說

介所以佐賓, 天子之以天下爲家, 無爲賓義, 故無介也. 特, 獨也.

'개(介)'는 빈객을 돕는 자인데, 천자는 천하를 자신의 통치영역으로 삼기 때문에, 천자에게는 빈객이 되는 도리가 없다. 그렇기 때문에 빈객을 돕는 개 또한 없는 것이다. '특(特)'자는 한 마리를 뜻한다.

經文

天子適諸侯, 諸侯膳以犢. 諸侯相朝, 灌用鬱鬯, 無籩豆之薦. 大夫聘禮以脯醢.〈019〉

천자가 제후에게 찾아가는 경우, 제후는 한 마리의 송아지를 잡아서 음식을 바친다. 제후들끼리 서로 찾아가 만나볼 때에는 울창주를 이용해서 술을 따르지만, 변이나 두와 같은 그릇들에 음식물을 담아서 올리는 일은 없다. 대부가 빙례를 시행할 때에는 빙문을 받는 상대방 나라에서는 사신으로 온 대부에게 술도 따라주고 포나 젓갈 등의 음식도 함께 차려준다.

集說

天子祭天, 惟用一牛. 若巡守而過諸侯之境, 則諸侯奉膳, 亦止一牛.

其尊君之禮, 亦如君之尊天也. 諸侯相朝, 享禮畢, 主君酌鬱鬯之酒以獻賓, 不用籩豆之薦者, 以其主於相接以芬芳之德, 不在殽味也. 大夫出使行聘禮, 主國禮之, 酌以酒, 而又有脯醢之薦. 此見少者貴, 多者賤也.

천자가 하늘에 대한 제사를 지낼 때에도 오직 한 마리의 소만을 사용한다. 만약 순수를 하게 되어 제후국의 국경을 지나치게 된다면, 제후는 음식을 바치게 되는데, 이때에도 한 마리의 소만을 사용한다. 군주를 존귀하게 받드는 예를 또한 군주가 하늘을 존귀하게 받드는 것과 동일하게 하는 것이다. 제후들끼리 서로 찾아가 만나볼 경우, 향례(享禮)[1]가 끝나면, 방문을 받은 나라의 제후는 울창주를 따라서 빈객인 제후에게 따라주는데, 이때에는 변과 두에 음식을 담아서 바치지 않는다. 그 이유는 서로 만나보는 의식은 아름다운 덕성으로 서로 사귀는데 주안점을 두고, 맛있는 음식을 맛보는데 있지 않기 때문이다. 대부가 타국에 사신으로 찾아가 빙례를 시행하는 경우, 사신을 맞이하는 제후국에서는 그를 예우하게 되어, 술을 따라주게 되며, 또한 육포나 젓갈 등의 음식들도 차려서 내주게 된다. 이러한 용례들은 수가 적은 것이 귀하며, 많은 것이 상대적으로 천한 것임을 나타낸다.

---

1) 향례(享禮)는 본래 조빙(朝聘)을 하기 위해 사신을 간 신하가 그 나라의 군주에게 예물(禮物)을 바치는 의식을 뜻한다. 또한 향례(享禮)는 연례(宴禮)보다 높은 의식으로, 초대한 손님을 접대하는 잔치를 뜻하기도 한다. 만약 천자가 제후를 초대하게 되면 '향례'를 베풀었고, 제후의 신하인 경(卿)을 초대하면 '연례'를 베풀었다. 그리고 '향례'에서는 희생물을 통째로 올렸지만, '연례'에서는 잘게 썰어서 올렸다.

天子一食, 諸侯再, 大夫 · 士三, 食力無數.〈020〉

천자는 한 번 수저를 뜨고 나서 배가 부르다고 알리고, 제후는 두 번 수저를 뜨고 나서 배가 부르다고 알리며, 대부와 사는 세 번 수저를 뜨고 나서 배가 부르다고 알리고, 노동자들은 밥을 먹을 때, 수저를 뜨는 수치가 정해져 있지 않다.

集說

食, 餐也. 位尊者德盛, 其飽以德, 不在於食味, 故每一餐輒告飽, 須御食者勸侑乃又餐, 故云一食也. 諸侯則再餐而告飽, 大夫 · 士則三餐而告飽, 皆待勸侑則再食. 食力, 自食其力之人, 農 · 工 · 商 · 賈 · 庶人之屬也, 無德不仕, 無祿代耕. 禮不下庶人, 故無食數, 飽則自止也.

'식(食)'자는 "먹는다."는 뜻이다. 지위가 존귀한 자는 덕 또한 높은데, 이러한 자들은 덕을 통해 포만감을 느끼게 되므로, 음식을 맛보는데 뜻을 두지 않는다. 그렇기 때문에 매번 한 수저를 뜨게 되면, 번번이 배가 부르다고 알리게 되는데, 식사 때 시중을 드는 자들이 더 드시기를 권유해야만, 재차 수저를 뜨게 된다. 그렇기 때문에 "한 번 먹는다."라고 말한 것이다. 제후의 경우에는 두 번 수저를 뜨고 나서 배가 부르다고 알리고, 대부와 사 계급은 세 번 수저를 뜨고 나서 배가 부르다고 알리는데, 이들 모두 식사 때 시중을 드는 자가 재차 드시기를 권유해야만 다시 수저를 뜨게 된다. '식력(食力)'이라는 말은 제 스스로 자신의 힘을 써서 벌어먹는 사람들이니, 농부 · 공인 · 행상인 · 상인 · 서인 등의 부류들에 해당하며, 이러한 자들은 남다른 덕이 없어서, 관직에 등용되지도 못한 자들이며, 경작을 대신할 만한 녹봉이 없는 자들이다. 예는 서인에게까지는 적용되지 않기 때문에, 식사를 할 때에도 수저를 뜨는 수치가 정해져 있지 않은 것이니, 배불리 먹은 뒤에야 곧 제 스스로 멈추게 된다.

大路繁盤纓一就, 次路繁纓七就.〈021〉

대로에는 말에 채우는 복대와 가슴걸이를 1취로 하고, 차로에는 복대와
가슴걸이를 7취로 한다.

殷世尙質, 其祭天所乘之車, 木質而已, 無別雕飾, 謂之大路. 繁, 馬
腹帶也. 纓, 鞅也. 在馬膺前. 染絲而織以爲罽, 五色一匝曰就. 就,
猶成也. 繁與纓, 皆以此罽爲之. 車朴素, 故馬亦少飾也. 大路之下
有先路·次路. 次路, 殷之第三路也, 供卑雜之用, 故就數多. 郊特
牲云: "次路五就." 此蓋誤爲七就.

은나라 때에는 질박함을 숭상하여서, 당시 하늘에 대한 제사를 지낼 때
탔던 수레는 나무를 기본 틀로 제작하여 단순하게 만들었을 따름이다.
그러므로 별다른 장식이나 꾸밈도 없었고, 이 수레를 '대로(大路)'라고
불렀다. '번(繁)'은 말에 채우는 복대이다. '영(纓)'은 가슴걸이인데, 이것
은 말의 가슴 쪽 전면에 위치하게 된다. 실을 염색하고 또 그 실을 직조
하여 촘촘한 천으로 만들게 되는데, 다섯 가지 색깔로 구성하여 한 번
두른 것을 '취(就)'라고 부른다. '취(就)'자는 "완성하다."라는 의미이다.
번과 영은 모두 이러한 촘촘한 천으로 만들게 된다. 수레 자체가 소박하
기 때문에 말에 대해서도 장식을 적게 하는 것이다. 대로 밑으로는 선로
(先路)와 차로(次路)가 있었다. 차로(次路)는 은나라 때 사용하던 수레
중에서도 세 번째 등급의 수레인데, 상대적으로 미천하고 잡스러운 용
도로 사용하였다. 그렇기 때문에 취의 수도 많아지는 것이다. 『예기』
「교특생(郊特牲)」편에서는 "차로(次路)에는 5취를 한다."라고 하였으니,
이곳 문장은 아마도 잘못하여 '칠취(七就)'로 기록한 것 같다.

圭璋, 特.〈022〉

제후가 천자를 찾아뵐 때에는 규와 장을 한 개씩만 가져간다.

集說

圭璋, 形制見考工記. 諸侯朝王以圭, 朝后則執璋. 玉之貴者, 不以
他物儷之, 故謂之特, 言獨用之也. 周禮小行人掌合六幣. 圭以馬,
璋以皮, 然皮與馬皆不升堂, 惟圭璋特升於堂, 亦特之義也.

'규(圭)'와 '장(璋)'은 그 형태와 제작 방법이 『고공기(考工記)』에 기록되
어 있다. 제후가 천자에게 조회를 할 때에는 규를 들고서 하며, 왕후에
게 조회를 할 때에는 장을 들게 된다. 옥 중에서도 귀중한 것은 다른
물건과 동일한 수준으로 놓을 수 없다. 그렇기 때문에 한 개라고 말한
것이니, 이 말은 곧 하나만 사용한다는 뜻이다. 『주례』에 기록된 소행인
(小行人)이라는 관리는 여섯 가지 예물에 대한 규정을 일정하게 맞추는
일을 담당했다. 그 기록에 따르면 규를 가져갈 때에는 말도 함께 가져갔
고, 장을 가져갈 때에는 호랑이나 표범의 가죽을 함께 가져갔는데,[2] 가
죽이나 말들은 모두 당 위로 가져가지 않고, 오직 규나 장만을 가지고
당 위에 오르게 되니, 이 또한 한 개라는 말이 가진 의미에 해당한다.

經文

琥璜, 爵.〈023〉

호(琥)[3]나 황(璜)[4]을 건넬 때에는 술잔과 함께 건넨다.

---

2) 『주례』「추관(秋官)·소행인(小行人)」: <u>合六幣: 圭以馬, 璋以皮</u>, 璧以帛, 琮以
錦, 琥以繡, 璜以黼. 此六物者, 以和諸侯之好故.

琥, 爲虎之形. 璜, 則半環之形也. 此二玉下於圭璋, 不可專達, 必待
用爵. 蓋天子享諸侯, 及諸侯自相享, 至酬酒時, 則以幣將送酬爵,
又有琥璜之玉以將幣, 故云琥璜爵也.

'호(琥)'는 호랑이의 형상이 새겨져 있는 옥이다. '황(璜)'은 반원의 형태
를 하고 있는 옥이다. 이 두 가지 옥은 규와 장보다는 등급이 낮으므로,
이것만으로는 상대방에게 전달할 수 없다. 그래서 반드시 술잔을 곁들
이게 된다. 무릇 천자가 제후들에게 향연을 베풀 때이거나 제후들끼리
서로에게 향연을 베풀 때, 술을 주고받는 때가 되면, 폐물을 곁들여서
술잔을 보내고, 또는 호나 황 등의 옥을 포함시켜서 폐물을 보내게 된
다. 그렇기 때문에 호나 황을 줄 때에는 술잔도 함께 건넨다고 말한 것
이다.

鬼神之祭單[丹]席.〈024〉

귀신에 대한 제사에서는 귀신이 앉는 자리는 홑겹으로['單'자의 음은 '丹
(단)'이다.] 된 자리로 설치한다.

---

3) 호(琥)는 호랑이를 새겨 넣은 옥(玉)을 뜻한다. 백색의 옥으로 만들었기 때문에
백호(白琥)라고 부르며, 오행(五行)의 관념에 따라서, 서쪽 지역에 대한 제사 때
사용하기도 하였다.
4) 황(璜)은 반원형의 벽(璧)을 뜻한다. 검은색의 옥으로 만들었기 때문에 현황(玄
璜)이라고도 부르며, 오행(五行)의 관념에 따라서, 북쪽 지역에 대한 제사 때 사
용하기도 하였다.

鬼神異於人, 不假多重以爲溫暖也.

귀신은 사람과는 다르므로, 여러 겹으로 자리를 설치하여 따뜻하게 할
필요가 없다.

經文

諸侯視朝, 大夫特, 士旅之. 此以少爲貴也.〈025〉

제후가 조회를 받을 때, 찾아뵙는 자가 대부인 경우에는 대부가 인사를
하게 되면, 개개인마다 인사를 하고, 사인 경우에는 묶어서 한 번만 인
사를 한다. 이상의 것들이 바로 적은 것을 귀하게 여기는 경우에 해당
한다.

集說

君視朝之時, 於大夫則特揖之, 謂每人一揖也. 旅, 衆也. 士卑, 無問
人數多少, 君一揖而已.

군주가 조회를 받을 때, 대부에게 받는 경우라면, 대부에게 단독으로 인
사를 하니, 이 말은 곧 대부 개개인마다 한 번씩 인사를 한다는 뜻이다.
'여(旅)'자는 무리라는 뜻이다. 사 계층은 상대적으로 신분이 낮으므로,
사람의 수가 많거나 또는 적거나에 상관없이, 군주는 한 번만 인사를 할
따름이다.

經文

有以大爲貴者, 宮室之量[去聲], 器皿之度, 棺槨之厚, 丘封之
大, 此以大爲貴也. 有以小爲貴者, 宗廟之祭, 貴者獻以爵, 賤
者獻以散[去聲], 尊者擧觶[志], 卑者擧角. 五獻之尊, 門外缶, 門
內壺. 君尊瓦甒[武]. 此以小爲貴也.〈026〉

예에서는 큰 것을 귀한 것으로 삼는 경우도 있으니, 궁실의 규모['量'자는
거성으로 읽는다.] 기물이나 그릇들의 치수, 관곽의 두께, 무덤의 크기 등
이 이러한 경우에 해당하니, 이것들이 바로 큰 것을 귀하게 여기는 경
우이다. 반대로 예에서는 작은 것을 귀한 것으로 삼는 경우도 있으니,
종묘에서 지내는 제사에서는 신분이 존귀한 자는 작을 사용하여 술을
바치고, 신분이 낮은 자는 산을['散'자는 거성으로 읽는다.] 사용하여 술을
바치며, 신분이 존귀한 자는 술을 마실 때 치를['觶'자의 음은 '志(지)'이다.]
들고, 신분이 낮은 자는 술을 마실 때 각을 든다. 또 다섯 차례 술잔을
바칠 때 사용하는 술동이에 있어서, 문 밖에는 부를 두고, 문 안에는 호
를 둔다. 그리고 군주가 사용하는 술동이는 와무이다.['甒'자의 음은 '武
(무)'이다.] 이러한 것들이 바로 작은 것을 귀하게 여기는 경우이다.

集說

爵一升, 觚二升, 觶三升, 角四升, 散五升.

작(爵)의 용적은 1승(升)[5]이고, 고(觚)는 2승이며, 치(觶)는 3승이고, 각
(角)은 4승이며, 산(散)은 5승이다.

---

5) 승(升)은 용량을 재는 단위이다. 지역 및 각 시대마다 다소 차이를 보이는데,
고대에는 10합(合)을 1승(升)으로 여겼고, 10승(升)을 1두(斗)로 여겼다. 『한서
(漢書)』「율력지상(律曆志上)」편에는 "合龠爲合, 十合爲升."이라는 기록이
있다.

疏曰: 特牲云: 主人獻尸用角, 佐食洗散以獻尸. 是尊者小, 卑者大. 按天子·諸侯及大夫昏獻尸以爵, 無賤者獻以散之文. 禮文散亡, 不具也. 特牲主人獻尸用角者, 下大夫也. 特牲·少牢禮尸入, 舉奠觶, 是尊者舉觶. 特牲主人受尸酢, 受角飮者, 是卑者舉角, 此是士禮耳. 天子·諸侯祭禮亡. 五獻, 子男之享禮也. 凡王享臣, 及其自相享, 行禮獻數各隨其命. 子·男五命, 故知五獻是子·男列尊之法. 門外缶者, 缶, 尊名, 盛酒在門外. 壺亦尊也, 盛酒在門內. 君尊, 子·男之尊也. 子·男用瓦甒爲尊, 不云內外, 則陳之在堂, 人君面尊而專惠也, 其壺缶但飮諸神. 小尊近君, 大尊在門, 是以小爲貴. 壺大一石, 瓦無五斗, 缶又大於壺.

소에서 말하길, 『의례』「특생궤식례(特牲饋食禮)」편에서는 주인이 시동에게 술을 바칠 때 각을 사용하고, 좌식은 산을 씻어서 시동에게 술을 바친다고 했다.[6] 이 기록이 바로 신분이 존귀한 자가 작은 것을 사용하고, 신분이 낮은 자가 보다 큰 것을 사용한다는 예시가 된다. 살펴보니, 천자와 제후 및 대부들은 모두 시동에게 술을 바칠 때 작을 사용하는데, 신분이 낮은 자가 술을 바칠 때 산을 사용한다는 기록은 없다. 이것은 예와 관련된 기록들이 망실되어서 관련 기록들이 모두 남아 있지 않기 때문이다. 「특생궤식례」편에서 주인이 시동에게 각을 사용하여 술을 바친다는 말은 하대부에게 해당하는 내용이다. 「특생궤식례」편과 「소뢰궤식례(少牢饋食禮)」편에서는 시동이 들어서면, 진설해둔 치를 든다고 했는데,[7] 이 기록은 존귀한 자가 치를 든다는 사실을 나타낸다. 「특생궤식례」편에서 시동이 따라준 술잔을 주인이 받을 때, 각으로 받아서 마신다는 내용[8]은 바로 신분이 낮은 자가 각을 든다는 내용에 해당하는

---

6) 『의례』「특생궤식례(特牲饋食禮)」: 主人洗角, 升, 酌酳尸. …… 利洗散, 獻于尸.

7) 『의례』「특생궤식례(特牲饋食禮)」: 尸升, 入. …… 尸左執觶, 右取菹搙于醢, 祭于豆間. / 『의례』「소뢰궤식례(少牢饋食禮)」: 主人實觶. 尸拜受爵. 主人反位, 答拜. 尸北面坐, 奠爵于薦左.

데, 이러한 기록들은 사 계층에 해당하는 예일 따름이다. 천자와 제후에게 해당하는 제례는 망실되어서 현재 남아 있지 않다. "다섯 차례 술잔을 바친다."는 말은 제후들 중 자작과 남작이 시행하는 향례에 해당한다. 천자가 신하들에게 향례를 베풀거나 군왕들이 서로에게 향례를 시행할 경우, 예법의 시행에 있어서 술잔을 바치는 수치는 각각 그들이 가지고 있는 작위의 명 등급에 따르게 되어 있다. 자작과 남작은 작위의 등급이 5명이기 때문에, 다섯 차례 술잔을 바치는 일이 자작과 남작이 술동이를 나열하는 예에 해당한다는 사실을 알 수 있다. "문 밖에 부를 둔다."고 하였는데, 이때의 '부(缶)'는 술동이의 명칭이며, 이 술동이는 술을 채워서 문 밖에 두게 된다. '호(壺)' 또한 술동이에 해당하며, 이 술동이는 술을 채워서 문 안에 두게 된다. 이 문장에서 군주의 술동이라는 말은 자작과 남작이 사용하는 술동이를 뜻한다. 자작과 남작이 와무를 술동이로 삼는다고 하였는데, 이곳 기록에서는 문의 안팎을 언급하지 않았으니, 이 술동이들은 당에 진설하는 것이며, 군주는 술동이를 정면으로 바라보고, 술을 따라주는 은혜를 군주가 독식하게 된다. 그리고 호와 부는 단지 여러 신들에게 따르는 용도로 사용하게 된다. 그런데 이처럼 배치를 시키게 되면, 와무와 같은 작은 술동이는 군주와 가까운 곳에 위치하게 되고, 부나 호와 같은 큰 술동이들은 문 쪽에 위치하게 되니, 이것이 바로 작은 것을 귀하게 여기는 경우이다. 호는 그 용적이 1석(石)[9]이며, 와무는 5두(斗)[10]에 해당하고, 부는 또한 호보다 크다.

---

8) 『의례』「특생궤식례(特牲饋食禮)」 : 祝酳授尸, 尸以醋主人. 主人拜受角.

9) 석(石)은 용량을 재는 단위이다. 지역 및 각 시대마다 다소 차이를 보이는데, 고대에는 10두(斗)를 1석(石)으로 여겼다.

10) 두(斗)는 곡식 등의 양을 재는 기구이자 그 수량을 표시하는 단위이다. 지역 및 각 시대마다 다소 차이를 보이는데, 고대에는 10승(升)이 1두였다.

有以高爲貴者, 天子之堂九尺, 諸侯七尺, 大夫五尺, 士三尺.
天子·諸侯臺門. 此以高爲貴也.〈027〉

예에서는 높은 것을 귀한 것으로 삼는 경우도 있으니, 예를 들어 천자
에게 있는 당은 그 높이가 9척이고, 제후에게 있는 당은 그 높이가 7척
이며, 대부에게 있는 당은 그 높이가 5척이고, 사에게 있는 당은 그 높
이가 3척이다. 또 예를 들자면 천자와 제후의 경우에는 대문을 건설한
다. 이러한 것들이 바로 높은 것을 귀하게 여기는 경우이다.

集説

九尺以下之數, 皆謂堂上高於堂下也. 考工記堂崇三尺是殷制, 此
周制耳. 臺門, 見前章.

9척이라는 수치부터 그 이하의 수치들은 모두 당하로부터 당상까지의
높이를 뜻한다. 『고공기』의 기록에서는 당의 높이는 3척이라고 했는
데,[11] 이것은 은나라 때의 제도에 해당하니, 이곳 경문에서 말한 내용들
은 주나라 때의 제도에 해당할 따름이다. '대문(臺門)'에 대한 설명은 앞
장에 나온다.

經文

有以下爲貴者, 至敬不壇[徒丹反], 埽[去聲]地而祭. 天子諸侯之
尊廢禁, 大夫士棜[於據反]禁. 此以下爲貴也.〈028〉

---

11) 『주례』「동관고공기(冬官考工記)·장인(匠人)」: 殷人重屋, 堂脩七尋, 堂崇
三尺, 四阿重屋.

예에서는 낮은 것을 귀한 것으로 삼는 경우도 있으니, 지극히 공경을 다해야 하는 제사에 있어서는 별도의 제단을['壇'자는 '徒(도)'자와 '丹(단)'자의 반절음이다.] 만들지 않고, 단지 땅만 쓸어내고['埽'자는 거성으로 읽는다.] 그곳에서 제사를 지낸다. 또 예를 들자면 천자와 제후가 사용하는 술동이는 밑받침인 금을 두지 않고, 반대로 대부와 사들은 밑받침인 어와['梌'자는 '於(어)'자와 '據(거)'자의 반절음이다.] 금을 둔다. 이러한 것들이 바로 낮은 것을 귀하게 여기는 경우이다.

集說

封土爲壇, 郊祀則不壇, 至敬無文也. 禁與梌, 皆承酒樽之器, 木爲之. 禁長四尺, 廣二尺四寸, 通局足高三寸, 漆赤中, 畫靑雲氣菱苕華爲飾, 刻其足爲褰帷之形. 梌長四尺, 廣二尺四寸, 深五寸, 無足, 亦畫靑雲氣菱苕華爲飾也. 梌是轝名. 禁者, 因爲酒戒也. 天子·諸侯之尊廢禁者, 廢去其禁而不用也. 大夫士梌禁者, 謂大夫用梌, 士用禁也. 梌, 一名斯禁, 見鄕飮酒禮.

흙을 쌓아서 제단을 만들게 되는데, 교사를 지내는 경우에는 제단을 쌓지 않으니, 지극히 공경을 다해야 하는 제사에서는 화려한 꾸밈을 하지 않기 때문이다. '금(禁)'과 '어(梌)'는 모두 술동이를 받치는 받침인데, 나무로 이것들을 만든다. 금은 그 길이가 4척이며, 너비는 2척 4촌으로, 상판과 다리를 통틀어 그 높이는 3촌이며, 옻칠을 하여 붉게 하고, 그 속에는 청색 구름의 기운과 능초라는 식물의 꽃을 그려서 장식을 하고, 다리 부위에는 조각을 새겨서 휘장을 두른 형태로 만든다. 어는 그 길이가 4척이며, 너비는 2척 4촌이고, 깊이는 5촌인데, 다리가 없지만, 또한 청색 구름의 기운과 능초의 꽃을 그려서 장식을 한다. 어는 본래 수레의 명칭이다. 금이라고 이름을 붙인 이유는 이 글자를 통해서 술에 대한 경계를 하기 위해서이다. "천자와 제후의 술동이를 차릴 때, 금을 폐지한다."는 말은 금을 치워버리고 사용하지 않는다는 뜻이다. "대부와 사가 어와 금을 사용한다."고 했는데, 이 말은 대부는 어를 사용하고, 사는 금을 사용한다는 뜻이다. 어는 '사금(斯禁)'이라고도 부르는데, 『의례』 「향음주례(鄕飮酒禮)」편에 그 단어가 나온다.[12]

禮有以文爲貴者, 天子龍袞, 諸侯黼, 大夫黻, 士玄衣纁裳. 天子之冕朱綠藻, 十有二旒, 諸侯九, 上大夫七, 下大夫五, 士三. 此以文爲貴也.〈029〉

예에서는 화려하게 꾸민 것을 귀한 것으로 삼는 경우도 있으니, 천자는 곤룡포를 착용하고, 제후는 보가 수놓인 옷을 착용하며, 대부는 불이 수놓인 옷을 착용하고, 사의 경우에는 상의는 검은색 옷을 입고, 하의는 적색 옷을 입는다. 또 예를 들자면, 천자가 쓰는 면류관의 경우, 구슬을 꿰는 줄은 적색과 녹색의 끈을 엮어서 만드는데, 천자의 경우에는 12줄이 들어가고, 제후는 9줄이 들어가며, 상대부는 7줄이 들어가고, 하대부는 5줄이 들어가며, 사는 3줄이 들어간다. 이러한 것들이 바로 화려하게 꾸민 것을 귀하게 여기는 경우이다.

集說

龍袞, 畫龍於袞衣也. 白與黑謂之黼, 黼如斧形, 刺之於裳. 黑與靑謂之黻, 其狀兩己相背, 亦刺於裳也. 纁, 赤色. 冕, 祭服之冠也. 上玄下纁, 前後有旒, 前低一寸二分, 以其略俛而謂之冕. 冕同而服異, 一袞冕, 二鷩冕, 三毳冕, 四絺冕, 五玄冕, 各以服之異而名之耳. 冕之制雖同, 而旒有多少. 朱綠藻者, 以朱綠二色之絲爲繩也. 以此繩貫玉而垂於冕以爲旒. 周用五采, 此言朱綠, 或是前代之制. 十有二

---

12) 『의례』 「향음주례(鄕飮酒禮)」 : 尊兩壺於房戶間, <u>斯禁</u>, 有玄酒在西.

旒者, 天子之冕, 前後各十二旒, 每旒十二玉, 玉之色以朱白蒼黃玄
爲次, 自上而下, 徧則又從朱起. 袞冕十二旒, 鷩冕九旒, 毳冕七旒,
絺冕五旒, 玄冕三旒. 此數雖不同, 然皆每旒十二玉, 繅玉五采也.
此皆周時天子之制. 諸侯九, 上大夫七, 下大夫五, 士三, 此亦非周
制. 周家旒數隨命數.

'용곤(龍袞)'은 곤룡포에 용을 그려 넣은 옷이다. 백색과 흑색의 실로 수
놓은 무늬를 '보(黼)'라고 부르는데, 보라는 무늬는 도끼 모양과 비슷하
며, 치마에 수놓는다. 흑색과 청색의 실로 수놓은 무늬를 '불(黻)'이라고
부르는데, 불이라는 무늬는 두 개의 기(己)자가 서로 등을 지고 있는 모
습으로, 이 또한 치마에 수놓는다. '훈(纁)'은 적색의 비단을 뜻한다. '면
(冕)'은 제복에 쓰는 관이다. 면류관의 윗면은 검은색으로 만들고, 아랫
면은 적색으로 만든다. 면류관의 앞뒤에는 구슬을 꿴 줄이 있게 되며,
앞면은 1촌 2분만큼 앞으로 기울어져 있는데, 그 모습이 약간 굽어[俛]
있기 때문에, '면(冕)'이라고 부른다. 그런데 면류관은 같지만 착용하는
복장이 다르게 되어, 첫 번째를 곤면(袞冕)이라 부르고, 두 번째를 별면
(鷩冕)이라고 부르며, 세 번째를 취면(毳冕)[13]이라 부르고, 네 번째를
치면(絺冕)[14]이라 부르며, 다섯 번째를 현면(玄冕)이라 부르는 것이

---

13) 취면(毳冕)은 취의(毳衣)와 면류관을 뜻한다. 천자가 사망(四望) 등 산천(山川)
   에 대한 제사 때 착용했던 복장이다. '취의'에는 호랑이와 원숭이를 수놓게 되는
   데, 이 무늬를 종이(宗彝)라고도 부른다. 상의에는 3종류의 무늬를 수놓고,
   하의에는 2종류의 무늬를 수놓게 되어, 총 5가지 무늬가 들어가게 된다. 『주례
   (周禮)』「춘관(春官)・사복(司服)」편에는 "祀四望山川則毳冕."이라는 기록이
   있고, 이에 대한 정현의 주에서는 "毳畫虎蜼, 謂宗彝也. 其衣三章, 裳二章,
   凡五也."라고 풀이했다.

14) 치면(絺冕)은 희면(希冕)・치면(黹冕)이라고도 부른다. 치의(絺衣)와 면류관을 뜻
   한다. 천자 및 제후가 사직(社稷) 및 오사(五祀)에 대한 제사를 지낼 때 착용하
   던 복장이다. '치의'에는 쌀 모양의 무늬를 수놓았고, 다른 그림을 그려 넣지
   않았다. 상의에는 1개의 무늬를 수놓고, 하의에는 2개의 무늬를 수놓게 되어,
   총 3개의 무늬가 들어가게 된다. 『주례(周禮)』「춘관(春官)・사복(司服)」편에는
   "祭社稷・五祀則希冕."이라는 기록이 있고, 이에 대한 정현의 주에서는 "希刺

니,15) 각각 착용하는 복장이 다르기 때문에, 이처럼 이름을 붙인 것일 따름이다. 면류관의 제작 방법이 비록 동일하다고 하지만, 늘어트리는 술의 양에는 차이가 있다. '주록조(朱綠藻)'라는 것은 붉은색과 녹색의 두 가지 실로 끈을 엮은 것이다. 이러한 끈으로 옥을 꿰어서 면류관에 늘어트려 '유(旒)'를 만들게 된다. 주나라 때에는 유를 만들 때, 다섯 가지 채색의 실을 사용하였다. 그런데 이곳 경문에서 붉은색과 녹색 두 가지만 언급하였으니, 아마도 이 제도는 주나라 이전 왕조에서 사용하던 제도에 해당하는 것 같다. 12개의 유라는 것은 천자의 면류관에 해당하는데, 앞뒤에 각각 12개의 유를 다는 것이며, 매 유마다 12개의 옥을 꿰게 되고, 옥의 색깔은 붉은색 · 백색 · 청색 · 황색 · 검은색 순으로 순서를 정해서, 위에서부터 아래로 꿰어나가고, 다섯 가지 색깔의 옥이 모두 들어가게 되면, 재차 붉은색 옥부터 순서대로 끼게 된다. 곤면에는 앞뒤로 각각 12개의 유가 들어가고, 별면에는 9개의 유가 들어가며, 취면에는 7개의 유가 들어가고, 치면에는 5개의 유가 들어가며, 현면에는 3개의 유가 들어간다. 이처럼 들어가는 유의 수치가 비록 서로 다르지만, 모든 면류관에 있어서 매 유마다 끼우는 옥은 12개이며, 유에 꿰는 옥의 색깔 또한 다섯 가지 색상을 사용한다. 그런데 이러한 것들은 모두 주나라 때 천자에게 해당했던 제도이다. 제후가 9개의 유가 들어가는 것을 사용하고, 상대부는 7개, 하대부는 5개, 사는 3개가 들어간 것을 사용한다는 말은 또한 주나라 때의 제도가 아니다. 주나라의 제도에서 유의 숫자는 각각 그들이 가진 작위의 명 등급에 따랐다.

陳氏曰: 藻潔而文, 衆采如之, 故曰藻.

진상도가 말하길, 조(藻)라는 것은 선명하면서도 아름다운 결이 있는 것

粉米, 無畫也. 其衣一章, 裳二章, 凡三也."라고 풀이했다.

15) 『주례』「춘관(春官) · 사복(司服)」: 掌王之吉凶衣服, 辨其名物, 辨其用事. 王之吉服, 祀昊天上帝, 則服大裘而冕, 祀五帝亦如之. 享先王則袞冕. 享先公, 饗射則鷩冕. 祀四望山川則毳冕. 祭社稷五祀則希冕. 祭群小祀則玄冕.

이니, 여러 채색을 사용하여 이처럼 만들기 때문에, 그 끈을 '조(藻)'라고 부르는 것이다.

經文

有以素爲貴者, 至敬無文, 父黨無容. 大圭不琢[篆], 大[泰]羹不和[去聲], 大路素而越[活]席, 犠[莎]尊疏布鼏[莫力反], 樿[展]杓[市約反]. 此以素爲貴也. 〈030〉

예에서는 소박한 것을 귀한 것으로 삼는 경우도 있으니, 예를 들자면, 지극히 공경한 태도를 취해야 하는 곳에서는 화려한 꾸밈을 하지 않고, 부친의 친족들을 뵐 때에는 너무 딱딱하게 격식을 갖추지 않는다. 또 대규(大圭)[16]에는 조각을['琢'자의 음은 '篆(전)'이다.] 하지 않고, 태갱에는 ['大'자의 음은 '泰(태)'이다.] 조미료를['和'자는 거성으로 읽는다.] 가미하지 않으며, 대로는 소박하게 만들어서 별다른 장식을 하지 않고 부들포로['越'자의 음은 '活(활)'이다.] 짠 자리를 얹으며, 사준에는['犠'자의 음은 '莎(사)'이다.] 거친 베로 만든 덮개를['鼏'자는 '莫(막)'자와 '力(력)'자의 반절음이다.] 하고, 흰 나무로['樿'자의 음은 '展(전)'이다.] 술을 뜨는 국자를['杓'자는 '市(시)'자와 '約(약)'자의 반절음이다.] 만든다. 이러한 것들이 바로 소박한 것을 귀한 것으로 삼는 경우이다.

---

16) 대규(大圭)는 허리에 차는 옥(玉)으로 정(丁)자 형태로 만들었다. 천자는 '대규'를 허리춤에 꼽고서 조일(朝日)을 하였다. '대규'의 길이는 3척(尺)이고, '정(珽)' 이라고도 불렀다. 『주례』「춘관(春官)·전서(典瑞)」편에는 "王晉大圭, 執鎭圭, 繅藉五采五就, 以朝日."이라는 기록이 있고, 『주례』「동관고공기(冬官考工記)·옥인(玉人)」편에는 "大圭長三尺, 杼上終葵首, 天子服之."라는 기록이 있으며, 이에 대한 정현의 주에서는 "王所搢大圭也, 或謂之珽."이라고 풀이했다.

敬之至者, 不以文爲美, 如祭天而服黑羔裘, 亦是尙質素之意. 折旋
揖讓之禮容, 所以施於外賓, 見父之族黨, 自當以質素爲禮, 不爲容
也. 大圭, 天子所搢者, 長三尺, 不琢, 不爲鐫刻文理也. 大羹, 太古
之羹也, 肉汁無醓梅之和. 後王存古禮, 故設之, 亦尙玄酒之意. 大
路, 殷祭天之車, 朴素無飾, 以蒲越爲席. 犧尊, 刻爲犧牛之形. 讀爲
娑音者, 謂畫爲鳳羽娑娑然也. 此尊以麤疏之布爲覆羃. 樿, 白木之
有文理者. 杓, 沃盥之具也.

공경함을 지극히 나타내는 곳에서는 화려한 꾸밈을 아름답다고 여기지
않는다. 이것은 마치 하늘에 대한 제사를 지내면서 흑색의 새끼 양가죽
으로 만든 복장을 착용하는 것과 같으니, 또한 이것은 질박하고 소박함
을 숭상한다는 뜻에 해당한다. 굽히고 돌며 읍하고 상대방에게 양보하
는 등의 예법에 따른 행동거지들은 외부에서 찾아온 손님들에게 시행하
는 것들이며, 부친의 친족 어른들을 뵐 때에는 제 스스로 마땅히 질박하
고 소박한 것을 예법으로 삼게 되어, 이러한 행동거지를 따르지 않게 된
다. '대규(大圭)'는 천자가 차고 다니는 옥으로, 그 길이는 3척이다. "조
각을 하지 않는다."는 말은 무늬를 새겨 넣지 않는다는 뜻이다. '태갱(大
羹)'은 태고 때 사용하던 국으로, 고기로 육수를 만들기만 하고, 그곳에
소금이나 매화 등으로 양념을 하지 않은 것이다. 후세의 제왕들은 고대
의 예법을 보존하고 있었기 때문에, 이러한 국을 진설했던 것이니, 이
또한 현주를 숭상하는 뜻과 같은 것이다. '대로(大路)'는 은나라 때 하늘
에 제사지내며 사용하던 수레인데, 소박하여 별다른 장식이 없었고, 부
들로 자리를 만들었다. '사준(犧尊)'은 술동이에 희생물로 사용하던 소의
모습을 새긴 것이다. '희(犧)'자를 읽을 때 사(娑)자의 음으로 읽는 것은
봉황의 날개를 '너울거리며 춤을 추는 듯[娑娑]'한 모양으로 그려 넣었다
는 뜻에서 붙은 명칭이다. 이러한 술동이에는 거친 베로 술동이의 덮개
를 만든다. '전(樿)'은 흰 나무에 무늬와 결이 있는 것이다. '작(杓)'은 술
을 뜰 때 사용하는 도구이다.

近按: 此以上是言用器制度之不同.

내가 살펴보니, 여기까지는 용기의 제도가 다르다는 사실을 말한 것이다.

孔子曰: "禮不可不省[息井反]也. 禮不同, 不豊·不殺", 此之謂
也. 蓋言稱也.〈031〉

공자가 말하길, "예에 대해서는 자세히 살피지['省'자는 '息(식)'자와 '井(정)'
자의 반절음이다.] 않아서는 안 된다. 예는 등급별로 다르니, 너무 풍요롭
게 해서는 안 되고, 너무 줄여서도 안 된다."라고 했다. 이 말이 바로
앞에서 말한 뜻을 나타낸다. 즉 이 말은 각각의 계층과 상황에 알맞도
록 해야 한다는 뜻이다.

集說

省, 察也. 禮之等雖不同, 而各有當然之則, 豊則踰, 殺則不及, 惟稱
之爲善.

'성(省)'자는 "살핀다."는 뜻이다. 예의 등급 차이는 비록 다르지만, 각각
합당한 법칙이 있는데, 풍요롭게만 하면 넘치게 되고, 줄이기만 하면 미
치지 못하게 되니, 오직 알맞게 하는 것만이 최선이 된다.

淺見

近按: 此引孔子之言而釋之, 以結上文用器不同之意. 蓋言稱者, 是
記者釋孔子之言.

내가 살펴보니, 이 문장은 공자의 말을 인용해 그 뜻을 풀이해서 앞 문
장에서 용기가 다르다고 한 의미를 결론 맺은 것이다. '개언칭(蓋言稱)'
이라는 말은 『예기』를 기록한 자가 공자의 말을 풀이한 것이다.

經文

禮之以多爲貴者, 以其外心者也. 德發揚, 詡[許]萬物, 大理物博, 如此則得不以多爲貴乎? 故君子樂[吾敎反]其發也.〈032〉

예에서 많은 것을 귀한 것으로 삼는 이유는 그것들에 대해서는 마음을 외부에 두어야 하기 때문이다. 천지의 덕이 발양하여, 만물에게 두루 미쳐서['詡'자의 음은 '許(허)'이다.] 이치가 크게 갖춰지고, 만물이 확장되니, 그 사실이 이와 같다면, 많은 것을 귀한 것으로 삼지 않을 수가 있겠는가? 그렇기 때문에 군자는 만물이 발양되는 것을 좋아하는['樂'자는 '吾(오)'자와 '敎(교)'자의 반절음이다.] 것이다.

集說

用心以致備物之享, 則心在於物, 故曰外心. 然所以貴於備物者, 聖人蓋見夫天地之德, 發揚昭著, 盛大溥徧於萬物, 是其理之所該者大, 故物之所成者博, 如此豈得不以多爲貴乎? 此制禮之君子, 所以樂其用心於外以致備物也.

마음을 써서 물건을 다양하게 갖춰서 바치는 것에 치중하게 된다면, 마음은 사물에 있게 된다. 그렇기 때문에 "마음을 외부에 둔다."라고 말한 것이다. 그런데 사물을 다채롭게 갖추는 것을 귀하게 여기는 이유는 성인은 대체로 천지의 덕을 보았기 때문이니, 무릇 천지의 덕이라는 것은 발양하여 현저히 드러나며, 만물에 두루 미쳐서 성대하게 만드니, 이에 갖춰진 이치가 커지고, 또한 그 연장선에서 완성되는 사물도 많아지기 때문이다. 이와 같다면 어찌 많은 것을 귀하게 여기지 않을 수가 있겠는가? 이것은 곧 예를 제정한 군자가 외부에 마음을 써서, 만물을 최대한 다채롭게 갖추도록 한 것을 좋아했던 이유이다.

禮之以少爲貴者, 以其內心者也. 德産之致[直二反]也精微, 觀
天下之物無可以稱[去聲]其德者, 如此則得不以少爲貴乎? 是
故君子愼其獨也.〈033〉

예에서 적은 것을 귀한 것으로 삼는 이유는 그것들에 대해서는 마음을
내부에 두어야 하기 때문이다. 천지의 덕으로 생산되는 결과물들은['致'
자는 '直(직)'자와 '二(이)'자의 반절음이다.] 지극히 정미하니, 천하의 모든 사
물들을 두루 살펴서, 온갖 것들을 바쳐 제사를 지내더라도, 천지의 덕성
에 걸맞도록['稱'자는 거성으로 읽는다.] 할 수 있는 것이 없으니, 그 사실이
이와 같다면, 적은 것을 귀한 것으로 삼지 않을 수가 있겠는가? 이러한
까닭으로 군자는 홀로 있을 때에도 항상 신중히 행동하는 것이다.

集說

散齊・致齋, 祭神如在, 皆是內心之義. 惟其主於存誠以期感格, 故
不以備物爲敬. 所以然者, 蓋有見夫天地之德, 所以發生萬彙者, 其
流行賦予之理, 密緻而精微, 卽大傳所言天地絪縕, 萬物化醇也. 縱
使徧取天下所有之物以祭天地, 終不能稱其德而報其功. 不若事之
以誠敬之爲極致. 是以行禮之君子, 主於存誠於內以交神朋也. 愼
獨者, 存誠之事也.

산제와 치제를 하고, 신에게 제사를 지내면서 실재로 신이 있는 것처럼
하는 일 등은 모두 마음을 안으로 두는 뜻에 해당한다. 오직 정성스러움
을 간직하여, 이로써 신이 감응하여 도래함을 기약하는데 주안점을 두
는 것이다. 그렇기 때문에 물건을 다채롭게 갖추는 것을 공경스러운 태
도로 삼지 않는다. 그 까닭은 성인은 천지의 덕성을 봄이 있었기 때문이
니, 무릇 천지의 덕이라는 것은 모든 부류의 생명체를 발생시키는 것이
며, 그것이 흘러 움직이며 부여한 이치는 매우 세밀하면서도 정미하기
때문이니, 이 말은 곧 『주역』에서 말한 천지의 두 기운이 서로 교감하

여 만물이 변화하여 순일하게 되는 것[1]에 해당한다. 설령 천하에 존재하는 모든 사물들을 두루 갖춰서, 천지에게 제사를 지낸다 하더라도, 끝내 천지의 덕성에 걸맞게 하여 천지의 공덕에 보답을 할 수 없으니, 진실하고 공경스러운 태도를 극진히 하여 섬기는 것만 같지 못하다. 이러한 까닭으로 예를 시행하는 군자는 자신의 내면에 진실을 보존하여 신들과 교감하는 것에 주안점을 둔다. '신독(愼獨)'이라는 것은 곧 진실함을 간직하는 사안에 해당한다.

淺見

近按: 上言用器不同之制, 此釋其意, 擧多少二者, 以包其餘也. 德産之致也精微者, 舊說以爲密緻而精微, 文意似不叶. 愚恐致卽極致之致, 天地之德所以發生萬物之極致, 最爲精深而微妙也.

내가 살펴보니, 앞에서는 용기의 서로 다른 제도를 설명하였는데, 이곳에서는 그 의미를 풀이한 것으로, 다(多)와 소(少)에 해당하는 두 사안을 제시하여 나머지 경우도 포함시킨 것이다. '덕산지치야정미(德産之致也精微)'에 대해서 옛 학설에서는 매우 세밀하면서도 정미하다는 뜻으로 여겼는데, 문장과 뜻에 있어서 합치되지 않는 것 같다. 내가 생각하기에 '치(致)'자는 극치라고 할 때의 치(致)자에 해당하니, 천지의 덕은 만물을 발생시키는 극치가 되어 가장 정교하고 깊으며 은미하면서도 오묘하다는 뜻인 것 같다.

---

1) 『역』「계사하(繫辭下)」: <u>天地絪縕, 萬物化醇</u>, 男女構精, 萬物化生.

古之聖人, 內之爲尊, 外之爲樂[洛], 少之爲貴, 多之爲美, 是故
先王之制禮也, 不可多也, 不可寡也, 唯其稱也.〈034〉

고대의 성인들은 내면에 있는 것을 존숭할 것으로 여겼고, 외면에 있는
것을 즐거움으로['樂'자의 음은 '洛(락)'이다.] 삼아서, 내면에 치중할 때에는
사물이 적은 것을 귀한 것으로 삼았고, 외면에 치중할 때에는 사물이
많은 것을 아름다움으로 삼았으니, 이러한 까닭으로 선왕이 예를 제정
할 때에는 적게 해야 할 곳에 많이 할 수 없도록 하였고, 많게 해야 할
곳에 적게 할 수 없도록 하였으니, 오직 그 알맞음에 맞게끔 한 것이다.

集說

尊, 如中庸尊德性之尊, 恭敬奉持之意也. 尊其在內之誠敬, 故少物
亦足以爲貴, 樂其在外之儀物, 必多物乃可以爲美. 宜少者不可多,
宜多者不可寡, 或稱其內, 或稱其外也.

'존(尊)'자는 마치 『중용』에서 덕성을 존숭한다고 할 때의 '존(尊)'자와
같은 뜻이니,[1] 공경스럽게 받들어 지닌다는 뜻이다. 즉 내면에 있는 진
실함과 공경함을 존숭하는 것이다. 그렇기 때문에 사물을 적게 쓰는 것
또한 충분히 귀하게 여길 수 있는 것이며, 또한 외부에 있는 형식과 사
물들을 즐거워하므로, 반드시 사물을 많이 준비해야만, 곧 아름답다고
할 수 있는 것이다. 마땅히 적게 해야 하는 것에 대해서는 많게 할 수
없고, 마땅히 많게 해야 하는 것에 대해서는 적게 할 수 없으니, 어떤
경우에는 내면에 수위를 맞추고, 또 어떤 경우에는 외면에 수위를 맞추
게 된다.

1) 『중용』 「27장」 : 故君子尊德性而道問學, 致廣大而盡精微, 極高明而道中庸,
溫故而知新, 敦厚以崇禮.

淺見

近按: 此言先王制禮之事, 以結上文多少之意. 或多或少, 雖有不同, 各稱其宜而已. 外之爲樂, 卽上文樂其發也之樂. 舊說二樂字音不同, 恐未安, 宜皆音洛.

내가 살펴보니, 이것은 선왕이 예를 제정한 사안을 언급하여, 앞 문장에서 다(多)와 소(少)를 언급한 뜻을 결론 맺은 것이다. 어떤 경우에는 많게 하고 또 어떤 경우에는 적게 하여 비록 동일하지 않은 점이 있지만, 각각 그 합당함에 맞추는 것일 따름이다. '외지위락(外之爲樂)'이라는 말은 앞에서 "만물이 발양하는 것을 즐거워한다."[2]고 했을 때의 '낙(樂)'자에 해당한다. 옛 학설에서는 두 '樂'자에 대해 그 음을 다르게 풀이했는데, 아마도 온당하지 못한 것 같으니, 마땅히 둘 모두 그 음을 '洛(락)'이라고 해야 한다.

---

2) 『예기』 「예기」 032장 : 禮之以多爲貴者, 以其外心者也. 德發揚, 詡萬物, 大理物博, 如此則得不以多爲貴乎? 故君子樂其發也.

是故, 君子大牢而祭, 謂之禮, 匹士大牢而祭, 謂之攘. 〈035〉

이러한 까닭으로 군자의 경우 태뢰를 갖춰서 제사를 지내는 것을 예에 맞다고 부르고, 사의 경우 태뢰를 갖춰서 제사를 지내는 것을 예에 맞지 않다고 부른다.

集說

謂之禮, 稱也. 謂之攘, 不稱也.

"예라고 부른다."는 말은 곧 수위에 알맞다는 뜻이다. "양이라고 부른다."는 말은 곧 수위에 맞지 않다는 뜻이다.

疏曰: 匹, 偶也. 士賤不得特使, 爲介乃行, 故謂之匹士. 庶人稱匹夫者, 惟與妻偶耳.

소에서 말하길, '필(匹)'자는 짝을 이룬다는 뜻이다. 사 계급은 신분이 미천하여, 단독으로 사신이 될 수 없고, 개의 신분이 되어야만 곧 사신 행차에 오를 수 있다. 그렇기 때문에 이러한 뜻에서 '짝을 이루어야만 하는 사'라고 부른 것이다. 서인들의 경우 이들을 필부라고 부르는데, 그 이유는 단지 서인의 남자들은 곧 그의 아내와만 짝을 이룬다는 뜻에서 붙여진 말일 따름이다.

淺見

近按: 君子以位而言之, 此言禮之稱與不稱, 下文又引古人失禮之事以明之也.

내가 살펴보니, '군자(君子)'라는 말은 지위를 기준으로 말한 것이며, 이곳에서는 예에 알맞은 것과 알맞지 않은 것을 언급하였고, 아래문장에서는 또한 옛 사람들이 실례를 범한 사례를 인용하여 그 뜻을 밝힌 것이다.

管仲鏤簋朱紘[宏], 山節藻梲[拙], 君子以爲濫矣.(036)

관중은 마치 자신이 군주인 것처럼 궤에 조각 장식을 하고, 면류관의 끈인 굉도['紘'자의 음은 '宏(굉)'이다.] 붉은 색으로 하였으며, 기둥머리의 두공 부분에 산 모양을 새기고, 들보 위의 단주 부분에['梲'자의 음은 '拙(졸)'이다.] 수초풀을 그렸는데, 군자는 이것을 두고 예법을 참람되게 범한 경우라고 여겼다.

管仲, 齊大夫. 鏤簋, 簋有雕鏤之飾也. 紘, 冕之繫, 以組爲之, 自頷下屈而上, 屬於兩旁之笄, 垂餘爲纓. 天子朱, 諸侯靑, 大夫·士緇. 山節, 刻山於柱頭之斗拱也. 藻, 水草也. 藻梲, 畫藻於梁上之短柱也. 此皆管仲僭禮之事. 濫, 放溢也.

'관중(管仲)'은 제나라의 대부였던 자이다. '누궤(鏤簋)'는 궤에 조각 장식이 있는 것이다. '굉(紘)'은 면류관에 매다는 목 끈으로, 엮은 끈으로 그것을 만들며, 목 아래에서부터 구부려 위로 올려서, 양쪽 옆면에 있는 비녀에 연결하고, 나머지 부분을 늘어트린 것을 영(纓)이라고 한다. 천자의 경우 굉은 적색으로 만들고, 제후는 청색으로 만들며, 대부와 사들은 검은색으로 만든다. '산절(山節)'은 기둥머리의 두공 부분에 산 모양을 새긴 것이다. '조(藻)'는 물가에 사는 식물이다. '조절(藻梲)'은 들보 위의 단주 부분에 수초풀을 그린 것이다. 이것들은 모두 관중이 예법을 참람되게 범한 사안에 해당한다. '남(濫)'은 분수에 넘쳤다는 뜻이다.

晏平仲祀其先人, 豚肩不揜豆, 澣衣濯冠以朝, 君子以爲隘
矣.〈037〉

안평중은 조상에게 제사를 지냄에 희생물로 올린 돼지고기의 어깨 부위
가 두만큼도 다 채우지 못했고, 세탁한 의복과 관을 쓰고서 조회에 참
여하였으니, 군자는 이것을 두고 예를 너무 줄여서 남루하게 한 경우라
고 여겼다.

集說

晏平仲, 亦齊大夫. 大夫祭用少牢, 不合用豚. 周人貴肩, 肩在俎不
在豆, 此但喩其極小, 謂併豚兩肩, 亦不足以揜豆, 故假豆言之耳.
上言不豊不殺, 此擧管・晏之事以明之. 管仲豊而不稱, 晏子殺而不
稱者也. 隘, 陋也.

'안평중(晏平仲)' 또한 관중과 마찬가지로 제나라의 대부였던 사람이다.
대부가 제사를 지낼 때에는 소뢰를 사용하니, 돼지고기를 사용하는 방
법과는 합치되지 않는다. 주나라 사람들은 희생물의 주요 부위 중에서
도 어깨 부위를 귀중하게 여겼는데, 어깨 부위를 올릴 때에는 조에 올렸
지, 두에 올리지는 않았다. 따라서 이 말은 단지 매우 소박하게 차렸다
는 사실을 비유한 말이며, 이 말의 표면적인 뜻은 돼지의 양쪽 어깨 부
위를 모두 합치더라도 또한 두를 가리기에도 부족하다는 의미이다. 따
라서 이러한 측면에서 '두(豆)'라는 명칭으로 바꿔서 기록을 했던 것일
뿐이다. 앞 문장에서는 너무 풍요롭게 해서도 안 되고, 너무 줄여서도
안 된다고 하였으니, 이곳 문장에서 두 가지 사안에 맞게 관중과 안평중
의 일화를 들어서 그 사실을 증명하고 있는 것이다. 관중은 너무 풍요롭
게 하여 신분에 걸맞지 않았던 것이고, 안평중은 너무 줄여서 신분에 걸
맞지 않았던 것이다. '애(隘)'자는 남루하다는 뜻이다.

近按: 管仲過於豐而不稱, 晏子過於儉而不稱, 故禮不豐不殺, 唯其稱而已.

내가 살펴보니, 관중은 풍족하게 하는데 지나쳐서 알맞지 않았던 것이고, 안자는 검소하게 하는데 지나쳐서 알맞지 않았던 것이다. 그렇기 때문에 예는 너무 풍요롭게만 해서도 안 되고 너무 줄여서도 안 되며 오직 알맞게 할 따름이다.

孔子曰: "臧文仲安知禮? 夏父弗綦[음]逆祀而弗止也."⟨041⟩

공자가 말하길, "장문중이 어찌 예에 대해서 잘 안다고 할 수 있겠는가?
하보불기가['綦'자의 음은 '忌(기)'이다.] 신위를 잘못 옮겨서, 제사의 질서를
거슬렀음에도, 멈추지 못했다."라고 했다.

臧文仲, 魯大夫臧孫辰. 夏父弗綦, 人姓名也. 魯莊公薨, 立適子閔
公. 閔公薨, 立僖公. 僖公者, 莊公之庶子, 閔公之庶兄也. 僖公薨,
子文公立. 二年八月祫祭太廟, 夏父弗綦爲宗伯典禮, 移閔公置僖
公之下, 是臣居君之上, 逆亂尊卑, 不可之大者. 時人以文仲爲知禮,
孔子以其爲大夫而不能止逆祀之失, 豈得爲知禮乎?

'장문중(臧文仲)'은 노나라 대부였던 장손진이다. '하보불기(夏父弗綦)'
는 사람의 성명이다. 노나라 장공이 죽자 그의 적자인 민공을 옹립하였
다. 이후 민공이 죽자 희공을 옹립하였다. 그런데 희공은 장공의 서자가
되어, 민공의 서형에 해당한다. 희공이 죽자 그의 아들 문공이 옹립되었
다. 이후 문공 2년 8월에 태묘에서 협제를 지냈는데,[1] 당시 하보불기는
종백의 신분이 되어 의례를 담당하였고, 민공의 신위를 옮겨서, 희공의
신위 밑에 두었는데, 이것은 곧 신하가 군주보다 위에 있는 형상이 되
니, 존비의 질서가 거꾸로 되어 문란하게 되었다. 이것은 해서는 안 될
것 중에서도 매우 큰 것이다. 당시 사람들은 장문중이 예에 대해 잘 안
다고 여겼는데, 공자는 그가 대부의 신분이 되었음에도, 제사에서 질서
를 거스르는 실수를 멈추지 못했으므로, 어찌 예를 잘 안다고 할 수 있
느냐고 여긴 것이다.

---

1) 『춘추』「문공(文公) 2년」: 八月, 丁卯, 大事于大廟, 躋僖公.

경문

燔[煩]柴於奧[爨]. 夫奧者, 老婦之祭也. 盛[平聲]於盆[蒲門反], 尊
於瓶.〈042〉 [舊在"薦不美多品"之下.]

부뚜막 신에게['奧'자의 음은 '爨(찬)'이다.] 땔감을 불 피워['燔'자의 음은 '煩
(번)'이다.] 제사를 지냈는데도, 장문중은 이러한 잘못을 바로잡지 못했
다. 무릇 부뚜막에 대한 제사는 노부에게 지내는 제사이다. 이 제사 때
에는 단지 분에['盆'자는 '蒲(포)'자와 '門(문)'자의 반절음이다.] 밥을 담고['盛'자
는 평성으로 읽는다.] 병에 술을 담아서 지낼 뿐이다. [옛 판본에는 "제사 때
바치는 음식들에도 정해진 수량이 있으니, 무조건 많이 하는 것을 좋게 여기지 않는
다."2)라고 한 문장 뒤에 수록되어 있었다.]

집설

此亦言臧文仲不能正失禮之事. 周禮以實柴祀日月星辰, 有大火之
次, 故祭火神, 則燔柴也. 今弗綦爲禮官, 謂爨神是火神, 遂燔柴祭
之, 是失禮矣. 禮, 祭至尸食竟而祭爨神, 宗婦祭饎爨, 烹者祭饔爨.
其神則先炊也, 故謂之老婦. 惟盛食於盆, 盛酒於瓶, 卑賤之祭耳.
雖卑賤而必祭之者, 以其有功於人之飮食, 故報之也.

이 내용 또한 장문중이 예를 그르친 것을 바로잡지 못한 일에 대해서
언급하고 있다. 『주례』에서는 실시(實柴)3)를 하여 일월과 성신에게 제
사를 지낸다고 하였는데,4) 대화(大火)5)의 자리에 놓이기 때문에, 화를

---

2) 『예기』「예기」 040장 : 君子曰: 祭祀不祈, 不麾蚤, 不樂葆大, 不善嘉事, 牲不及
肥大, 薦不美多品.

3) 실시(實柴)는 고대에 시행되었던 제사 절차이다. 희생물을 땔감 위에 올려두고
불을 피워서, 하늘로 올라가는 연기로 신들에게 흠향을 시키는 방법이다. 『주례』
「춘관(春官)·대종백(大宗伯)」편에는 "以實柴祀日月星辰."이라는 기록이 있
고, 이에 대한 정현의 주에서는 "實柴, 實牛柴上也."라고 풀이했다.

주관하는 신에게 제사를 지내게 되어, 땔감을 불 피우는 것이다. 당시 하보불기는 의례를 진행하는 관리가 되었는데, 부뚜막 신이 화신에 해당한다고 여기고, 결국 땔감을 불 피워서 제사를 지냈으니, 이것은 곧 실례에 해당한다. 예에 따르면, 제사에 있어서는 시동이 식사를 끝내는 순서까지 진행되어야 부뚜막 신에게 제사를 지내는데, 종부는 익힌 밥으로 제사를 지내며, 고기를 익히는 자는 조리한 음식으로 제사를 지내게 된다. 그러므로 부뚜막 신은 선취(先炊)[6]에 해당한다. 그렇기 때문에 그 신을 '노부(老婦)'라고 부르는 것이다. 따라서 선취에게 지내는 제사에서는 단지 분에 밥을 담고, 병에 술을 담아서 지낼 따름이니, 신들 중에서도 신분이 낮고 천한 신에게 지내는 제사일 따름이다. 그런데 비록 부뚜막 신이 신분이 낮고 천하더라도, 반드시 그에게도 제사를 지내는 이유는 그가 사람이 음식을 해먹을 수 있게끔 공덕을 세웠기 때문이다. 그래서 그에게도 보답하는 제사를 지내는 것이다.

浅見

近按: 此因管 · 晏失禮之事, 又引孔子所言臧文仲之事, 管 · 晏失禮於其家, 臧文仲失禮於其國也.

---

4) 『주례』「춘관(春官) · 대종백(大宗伯)」: 以禋祀祀昊天上帝, 以實柴祀日 · 月 · 星 · 辰, 以燔燎祀司中 · 司命 · 飌師 · 雨師.

5) 대화(大火)는 본래 동방에 속하는 7개의 별자리 중 저수(氐宿), 방수(房宿), 심수(心宿)를 가리킨다. 또한 '대화'는 동방에 속하는 7개의 별자리 중 '심수'를 가리키는 용어로도 사용되며, 7개의 별자리를 모두 가리키는 '청룡(靑龍)'이라는 뜻으로도 사용된다.

6) 선취(先炊)는 처음으로 불을 때서 밥 짓는 방법을 만들어낸 사람이다. 신격화되어 여성 신(神)으로 모셔졌으며, 노부(老婦)라고도 부른다. 『예기』「예기(禮器)」편에는 "奧者, 老婦之祭也."라는 기록이 있고, 이에 대한 정현의 주에서는 "老婦, 先炊者也."라고 풀이했다. 또 『사기(史記)』「봉선서(封禪書)」편에는 '선취'가 기록되어 있는데, 장수절(張守節)의 『정의(正義)』에서는 "先炊, 古炊母神也."라고 풀이했다.

내가 살펴보니, 이것은 관중과 안자가 실례를 범한 사안으로 인해 재차 공자가 장문중에 대해 말한 사안을 인용한 것인데, 관중과 안자가 자신의 집안에서 실례를 범했다면, 장문중은 국가에 대해 실례를 범한 것이다.

是故, 君子之行禮也, 不可不愼也, 衆之紀也. 紀散而衆亂.〈038〉

이러한 까닭으로 군자가 예를 시행할 때에는 신중하지 않을 수가 없으
니, 이러한 예는 백성들의 기강이 되기 때문이다. 기강이 흐트러지게
되면, 백성들은 문란해진다.

集說

禮所以防範人心, 綱維世變, 前篇言壞國·喪·家·亡人, 必先去其禮.

예는 사람의 마음이 벗어나지 못하도록 방비하고 규범화하는 수단이며,
세상의 변화를 통제하고 유지하는 수단이니, 앞의 『예기』「예운(禮運)」
편에서도 "그러므로 나라를 패망시키고, 영지를 잃으며, 자신을 망친 자
들은 반드시 먼저 그 예를 버렸기 때문이다."라고 했다.

經文

孔子曰: "我戰則克, 祭則受福". 蓋得其道矣.〈039〉

공자가 말하길, "나는 전쟁을 하게 되면 반드시 이길 것이고, 제사를 지
내게 되면 복을 받게 될 것이다."라고 했으니, 무릇 공자는 예를 시행하
는 도리들을 얻었기 때문이다.

集說

記者引孔子之言而釋之曰, 夫子所以能此二者, 蓋以得其行之之道也.

『예기』를 기록한 자가 공자의 말을 인용하고, 그 말을 다시 풀이하며, 공자
가 전쟁과 제사라는 두 가지 분야에 대해 잘 할 수 있었던 이유는 무릇 그것

들을 시행하는 도리들을 터득하였기 때문이라고 한 것이다.

淺見

近按: 此因管·晏·文仲之事, 又引孔子之言而釋之, 以明得禮之事. 不曰得其禮, 而言道, 禮本乎道也.

내가 살펴보니, 이것은 관중·안평중·장문중의 사안으로 인해 재차 공자의 말을 인용하여 그 뜻을 풀이하고, 이를 통해 예법에 맞게 하는 사안을 드러낸 것이다. '득기례(得其禮)'라고 말하지 않고 도(道)라고 말한 것은 예는 도에 근본을 두기 때문이다.

君子曰: "祭祀不祈, 不麾[揮]蚤[早], 不樂[洛]葆[保]大, 不善嘉事, 牲不及肥大, 薦不美多品."〈040〉 [自"是故君子之行禮也"至此, 舊在 "君子以爲隘矣"之下.]

군자가 말하길, "제사에서는 개인적인 복을 기원하지 않고, 정해진 시기보다 빨리['蚤'자의 음은 '무(조)'이다.] 치르는 것을 기쁜 일로['麾'자의 음은 '揮(휘)'이다.] 여기지 않으며, 제기나 폐물에 있어서도 높거나['葆'자의 음은 '保(보)'이다.] 크게만 만드는 것을 기쁜 일로['樂'자의 음은 '洛(락)'이다.] 여기지 않고, 관례나 혼례와 같은 경사스러운 일을 좋게 꾸미고자 하여, 별도의 제사를 시행하지 않으며, 희생물에 있어서는 각각의 제사마다 정해진 크기와 기준이 있으니, 무조건 비대한 것으로 사용하지 않고, 제사 때 바치는 음식들에도 정해진 수량이 있으니, 무조건 많이 하는 것을 좋게 여기지 않는다."라고 했다. ["이러한 까닭으로 군자가 예를 시행할 때"라고 한 말로부터 이곳 문장에 이르기까지 옛 판본에는 "군자는 이것을 두고 예를 너무 줄여서 남루하게 한 경우라고 여겼다."[1]라고 한 문장 뒤에 수록되어 있었다.]

君子曰, 記者自謂也. 祭有常禮, 不爲祈私福也. 周禮大祝掌六祈, 小祝有祈福祥之文, 皆是有故則行之, 不在常祀之列. 麾, 快也. 祭有常時, 不以先時爲快. 葆, 猶襃也. 器幣之小大長短, 自有定制, 不以襃大爲可樂也. 嘉事, 冠昏之禮, 奠告有常儀, 不爲善之而更設他祭. 牲不及肥大, 及, 猶至也. 如郊牛之角繭栗, 宗廟角握, 社稷角尺, 各有所宜用, 不必須竝及肥大也. 薦祭之品味有定數, 不以多品爲美也.

---

1) 『예기』「예기」 037장 : 晏平仲祀其先人, 豚肩不揜豆, 澣衣濯冠以朝, 君子以爲隘矣.

'군자왈(君子曰)'이라는 말은 『예기』를 기록한 자가 스스로 이처럼 말했다는 뜻이다. 제사를 지낼 때에는 변함없는 예의 규정이 있으니, 제사를 지내며 개인적으로 복을 내려달라고 빌지 않는다. 『주례』「대축(大祝)」편에서는 육기(六祈)[2]를 담당한다고 했고,[3] 「소축(小祝)」편에는 기도를 하며 복과 상서로움을 바라는 문장이 기록되어 있는데,[4] 이들은 모두 연고가 있기 때문에 시행하는 것이니, 정규적인 제사의 용례에는 해당하지 않는다. '휘(麾)'자는 "기뻐한다."는 뜻이다. 제사를 지낼 때에는 정해진 시기가 있으니, 정해진 시기보다 앞서서 지내는 것을 기쁜 일로 여기지 않는다. '보(葆)'자는 "높다."는 뜻이다. 제사 때 사용하는 제기나 폐물에 있어서 그 크기와 길이는 그것 자체에 정해진 제도가 있으니, 높

---

2) 육기(六祈)는 재앙이나 변고가 발생했을 때, 신에게 기도문을 올리며 그것들이 물러나기를 간청하는 여섯 가지 제사들이다. 여섯 가지 제사는 류(類), 조(造), 회(禬), 영(禜), 공(攻), 설(說)을 뜻한다. 정사농(鄭司農)은 '류'는 상제(喪祭)에게 지내는 제사이며, '조'는 선왕(先王)들에게 지내는 제사이고, '영'은 일월(日月)·성신(星辰)·산천(山川)에게 지내는 제사라고 설명한다. 정현은 '류'와 '조'를 지낼 때에는 정성과 엄숙함을 더욱 가중하여, 뜻한 바를 얻고자 하는 것이고, '회'와 '영'은 당시에 발생한 재앙과 변고에 대해서 아뢰는 것이며, '공'과 '설'은 기도문을 읽어서 그것을 일으킨 요망한 기운을 책망하는 것이라고 설명한다. 또한 정현은 '조'·'류'·'회'·'영'을 지낼 때에는 희생물을 사용하였고, '공'과 '설'을 지낼 때에는 폐물만 바쳤다고 설명한다. 정현은 '회'에 대해서는 자세한 내용을 들어보지 못했다고 설명한다. 『주례』「춘관(春官)·대축(大祝)」편에는 "掌六祈, 以同鬼神示, 一曰類, 二曰造, 三曰禬, 四曰禜, 五曰攻, 六曰說."라는 기록이 있고, 이에 대한 정현의 주에서는 "鄭司農云, '類·造·禬·禜·攻·說, 皆祭名也. 類祭于上帝. …… 司馬法曰, 將用師, 乃告于皇天上帝·日月星辰, 以禱于后土·四海神祇·山川冢社, 乃造于先王. …… 禜, 日月星辰山川之祭也.' 玄謂類造, 加誠肅, 求如志. 禬禜, 告之以時有災變也. 攻說, 則以辭責之. …… 禬, 未聞焉. 造類禬禜皆有牲, 攻說用幣而已."라고 풀이했다.
3) 『주례』「춘관(春官)·대축(大祝)」: 掌六祈, 以同鬼神示, 一曰類, 二曰造, 三曰禬, 四曰禜, 五曰攻, 六曰說.
4) 『주례』「춘관(春官)·소축(小祝)」: 小祝, 掌小祭祀, 將事侯禳禱祠之祝號, 以祈福祥, 順豐年, 逆時雨, 寧風旱, 彌災兵, 遠罪疾.

고 크게만 하는 것을 기뻐할 수 있는 일로 여기지 않는다. '가사(嘉事)'는 관례나 혼례와 같은 경사스러운 예식으로, 제수를 진설하고 아뢰는 절차에는 항상 따르게 되는 의식절차가 있으니, 그것들을 좋게 꾸미고자 하여, 다시금 별도의 다른 제사를 시행하지 않는다. 희생물에 있어서는 비대한 데에 급하지 않는다고 하였는데, 이때의 '급(及)'자는 "~이르다."는 뜻이다. 예를 들어 교제사 때 희생물로 사용되는 소의 뿔은 누에고치나 밤톨만한 크기의 것을 사용하고, 종묘의 제사에서는 그 뿔이 한 줌 정도의 것을 사용하며, 사직에 대한 제사에서는 그 뿔이 한 척 정도의 것을 사용하니, 각각 합당하게 사용될 것들이 정해져 있으므로, 모든 제사에 비대한 것으로만 사용할 필요는 없다. 제사 때 진설하는 음식들에는 정해진 수량이 있으니, 음식을 많이 하는 것을 아름다운 것이라 여기지 않는다.

淺見

近按: 此下每節之首, 必稱"君子曰", 以更端. 此因上節之終孔子祭則受福之言, 以爲祭祀之設自有常禮, 非爲祈福也. 然其行禮, 苟得其道, 則神必享之而降福, 此孔子之祭, 非爲求福而自然得福者也. 因又推言祭祀之事, 不可諂瀆之意. 麾蚤·葆大·牲之肥大·薦之多品, 皆欲求福而諂瀆者也, 故君子不以是爲禮也.

내가 살펴보니, 이곳 이하의 문장들에서는 매 문단의 첫 부분에 반드시 '군자왈(君子曰)'이라고 지칭하여 단서를 새롭게 고쳤다. 이 문장은 앞 문단의 끝부분에서 공자가 제사를 지내면 반드시 복을 받았다고 말한 것에 따라서 제사를 진설함에는 그 자체로 정해진 예법이 있으니, 복을 기원하기 위한 것이 아니라고 여긴 것이다. 그런데 예를 시행하며 만약 그것이 도리에 맞다면 신은 반드시 그것을 흠향하고 복을 내려주게 되니, 이것이 공자가 제사를 지낸 것은 복을 구하기 위해서가 아니지만 자연적으로 복을 얻었던 것에 해당한다. 또 이에 따라서 제사를 지내는 사안은 아첨하거나 업신여길 수 없다는 뜻을 미루어 언급하였다. 빨리 하는 것을 기뻐하고, 높고 크게 하며, 희생물을 비대한 것으로 사용하고, 제수를 많이 바치는 것들은 모두 복을 구하고자 해서 아첨하거나 업신여기는 것에 해당한다. 그렇기 때문에 군자는 이러한 것들을 예라고 여기지 않았다.

禮也者, 猶體也. 體不備, 君子謂之不成人. 設之不當[去聲], 猶
不備也. 禮有大有小, 有顯有微. 大者不可損, 小者不可益, 顯
者不可揜, 微者不可大也. 故經禮三百, 曲禮三千, 其致一也.
未有入室而不由戶者.〈043〉[舊在"尊於瓶"之下. 此下竝從舊文之次.]

예라는 것은 사람의 신체와 같은 것이다. 신체가 온전하지 못한 자에
대해서, 군자는 그를 가리켜 "온전한 사람이 되지 못했다."고 부른다.
따라서 예를 시행할 때 그것이 부당하다면['當'자는 거성으로 읽는다.] 이것
은 마치 사람의 신체가 온전히 갖춰지지 못한 것과 같다. 또한 예에는
본래부터 커야 하는 것이 있고, 반대로 작아야 하는 것이 있으며, 또는
본래부터 드러내야 하는 것이 있고, 반대로 은미하게 숨겨야 하는 것이
있다. 따라서 본래부터 커야 하는 것은 덜어내서는 안 되고, 본래부터
작아야 하는 것은 보태서는 안 되며, 본래부터 드러내야 하는 것은 가
려서는 안 되고, 본래부터 은미하게 숨겨야 하는 것은 드러내서는 안
된다. 그러므로 경례는 300가지이고, 곡례는 3,000가지라고 하지만, 그
것들이 지향하는 점은 공경일 따름이다. 따라서 방에 들어갈 때에 방문
을 경유하지 않은 자가 없는 것처럼, 예를 시행할 때에도 공경함을 따
르지 않는 경우가 없는 것이다. [옛 판본에는 "병에 술을 담아서 지낼 뿐이다."[1]
라고 한 문장 뒤에 수록되어 있었다. 이곳 문장으로부터 그 이하의 기록에서는 모두
옛 판본의 순서에 따른다.]

體, 人身也. 先王經制大備, 如人體之全具矣, 若行禮者設施或有不
當, 亦與不備同也. 大者損之, 小者益之, 揜其顯, 著其微, 是不當
也. 禮以敬爲本, 一者敬而已. 未有入室而不由戶者, 豈有行禮而不

---

1) 『예기』「예기」 042장 : 燔柴於奧. 夫奧者, 老婦之祭也. 盛於盆, 尊於瓶.

由敬乎?

'체(體)'자는 사람의 인체를 뜻한다. 선왕들이 국가를 다스리는 제도를 완비했던 것은 마치 인체가 온전히 갖춰진 것과 같으니, 만약 예를 시행하는 자가 그것을 시행하는 과정에 혹여 부당한 점이 있다면, 이것은 또한 신체가 온전하지 못한 것과 동일한 것이다. 본래 커야할 것에 대해서 덜어내고, 본래 작아야할 것에 대해서 보태고, 혹은 본래 드러내야 하는 것을 가리고, 본래 은미하게 숨겨야 하는 것을 드러내는 것이 바로 부당한 경우이다. 예에서는 공경함을 근본으로 삼으니, '일(一)'이라는 것은 공경함을 가리킬 따름이다. 방에 들어감에 방문을 경유하지 않고 들어갈 수 있는 자가 없으니, 어찌 예를 시행하면서, 공경함을 따르지 않는 경우가 있겠는가?

趙氏曰: 經禮如冠·昏·喪·祭·朝·覲·會·同之類, 曲禮如進退·升降·俯仰·揖遜之類.

조씨가 말하길, '경례(經禮)'는 예를 들어 관례·혼례·상례·제례·조례·근례·회례·동례와 같은 부류이며, '곡례(曲禮)'는 예를 들어 나아가고 물러나며, 당에 오르고 내리며, 몸을 숙이고 들며, 읍을 하고 사양하는 부류이다.

淺見

近按: 上文祭祀之祈麾蚤葆大等事, 皆所謂設之不當者也, 故雖用肥大之牲·多品之薦, 猶爲不備也. 於是以人體爲喩, 以明其不備之意, 又言三百·三千之多, 以明禮之大備, 末言入室, 以明禮之不可不行也.

내가 살펴보니, 앞 문장에서는 제사에서 기원을 하거나 정해진 시기보다 빨리 치르는 것을 기뻐한다거나 높거나 크게 만든다는 등의 사안을 언급했는데, 이 모두는 이른바 시행한 것이 부당한 경우에 해당한다. 그렇기 때문에 비록 살찌고 큰 희생물을 사용하거나 여러 종류의 제수를 바치더라도 오히려 제대로 갖추지 않은 것으로 여긴 것이다. 이것에 대해서 사람의 신체를 가지고 비유를 들어 불비의 뜻을 드러냈고, 또 삼백이나 삼천 등의 많은 수를 언급하여 예를 크게 갖춘다는 사안을 드러냈으며, 끝에서는 방으로 들어가는 사안을 언급해서 예를 시행하지 않을 수 없음을 드러냈다.

君子之於禮也, 有所竭情盡慎, 致其敬而誠若, 有美而文而誠
若.〈044〉

군자가 예를 시행할 때, 어떤 경우에는 자신의 정감을 모두 발휘하고,
신중함을 다하며, 공경함을 지극하게 해서 내적으로 진실하게 하고, 또
어떤 경우에는 아름답고 화려하게 하여, 외적으로 진실하게 한다.

集說

誠, 實也. 若, 語辭. 謂以少者 · 小者 · 下者 · 素者爲貴, 是內心之
敬, 無不實者. 以多者 · 大者 · 高者 · 文者爲貴, 美而有文, 是外心
之實者.

'성(誠)'자는 진실됨이다. '약(若)'자는 어조사이다. 즉 이 말은 예에서는
적은 것, 작은 것, 낮은 것, 소박한 것 등을 귀중한 것으로 여기는 경우
가 있는데, 이것은 곧 마음을 안으로 향하게 하는 공경함에 대해서, 진
실하지 않은 것이 없게 하는 것이다. 그리고 예에서는 많은 것, 큰 것,
높은 것, 화려한 것을 귀중한 것으로 여기는 경우도 있는데, 이것은 아
름답게 하여, 화려함을 나타내는 것으로, 곧 마음을 외부로 향하게 했을
때의 진실함에 해당한다.

淺見

近按: 此言君子行禮之心, 有此二者之異, 然其爲誠則同也.

내가 살펴보니, 이것은 군주가 예를 시행하는 마음에 있어서 이와 같은
두 가지 경우의 차이가 있지만, 진실함을 시행한다는 측면에서는 동일
함을 뜻한다.

君子之於禮也, 有直而行也, 有曲而殺[色介反]也, 有經而等也, 有順而討也, 有撕[芟]而播也, 有推而進也, 有放[上聲]而文也, 有放而不致也, 有順而摭也.〈045〉

군자가 예를 시행할 때, 곧바로 진솔한 감정을 그대로 드러내어 그에 따라 행동하는 경우가 있고, 완화시켜서 줄이는['殺'자는 '色(색)'자와 '介(개)'자의 반절음이다.] 경우가 있으며, 일정한 기준이 되는 예법에 따라서 모두 똑같이 시행하는 경우가 있고, 예법의 순차에 따라서 차등적으로 줄이는 경우가 있으며, 상위 계층의 것들을 가져다가['撕'자의 음은 '芟(삼)'이다.] 하위 계층에게 베푸는 경우가 있고, 신분이 낮은 자의 예법을 끌어올려서 그들로 하여금 그들보다 신분이 높은 자가 따르는 예법을 시행할 수 있게 하는 경우가 있으며, 현상을 본떠서['放'자는 상성으로 읽는다.] 무늬를 넣는 경우가 있고, 형상을 본뜨되 무늬를 모두 갖추지 않는 경우가 있으며, 상위 계층이 시행하는 예법을 그대로 따라서 취하는 경우가 있다.

親始死而哭踊無節, 是直情而徑行也, 故曰直而行. 父在則爲母服期, 尊者在則卑者不杖, 是委曲而減殺之也, 故曰曲而殺. 父母之喪, 無貴賤皆三年, 大夫士魚俎皆十五, 是經常之禮, 一等行之也, 故曰經而等. 順而討者, 順其序而討去之, 若自天子而下, 每等降殺以兩, 是也. 撕而播者, 芟取在上之物而播施於下, 如祭俎之肉及群臣, 而胞翟之賤者, 亦受其惠, 是也. 推而進者, 推卑者使得行尊者之禮, 如二王之子孫得用王者之禮, 及旅酬之禮, 皆得擧觶於其長, 是也. 冕服旗常之章采, 尊罍之刻畫, 是放而文也. 公侯以下之服, 其文采殺於天子而不敢極致, 是放而不致也. 摭, 猶拾取. 雖拾取尊者之禮而行之, 不謂之僭逆, 如君沐粱, 士亦沐粱, 又有君·大夫·士一節者, 是順而摭也. 言君子行禮有此九者, 不可不知也.

부모가 이제 막 돌아가셨을 때에는 곡을 하고 용을 함에 절제함이 없는데, 이것은 곧 감정을 그대로 드러내어 그에 따라 행동하는 것이다. 그렇기 때문에 곧바로 드러내어 행동한다고 말한 것이다. 부모 중 부친이 아직 생존해 있는 경우라면, 돌아가신 모친을 위해서는 1년상을 지내며, 존귀한 자가 생존해 있는 경우라면, 상대적으로 신분이 낮은 자가 돌아가셨을 때 그를 위해 지팡이를 잡지 않는데, 이것은 곧 완화시켜서 줄이고 낮추는 것이다. 그렇기 때문에 굽혀서 줄인다고 말한 것이다. 부모의 상을 치를 때에는 신분의 귀천에 상관없이 모두 3년상으로 치르고, 대부와 사는 제사 때 물고기를 담는 도마를 비롯해서, 모두 15개의 도마를 사용하는데, 이것은 곧 일정한 기준이 되는 예법으로, 모두 똑같이 시행하는 것들이다. 그렇기 때문에 변함이 없게 동등하게 한다고 말한 것이다. 따르되 줄인다는 말은 예법의 질서에 따르되 제거하는 것이니, 마치 천자로부터 그 이하의 계층에서 매 등급마다 2만큼씩 개수나 횟수를 줄이는 것이 바로 이러한 경우에 해당한다. 가져다가 베푼다는 말은 상위 계층의 물건을 가져다가 하위 계층에게 베푼다는 뜻으로, 마치 제사 때 도마에 올린 희생물의 고기를 뭇 신하들에게 베풀고, 포(胞)[1]나 적(翟)[2]과 같은 하급 관리들에게까지 주어서, 그들에게도 은택이 베풀어지도록 하였으니, 바로 이러한 경우들을 가리킨다. 미루어 나아간다는 말은 신분이 낮은 자의 예법을 끌어올려서, 그들로 하여금 그들보다 신분이 높은 자가 따르는 예법을 시행할 수 있게 한다는 뜻으로, 마치 하나라와 은나라의 후손들이 천자의 예법을 시행할 수 있도록 하는 것과 여수의 예법에 있어서, 모두가 치를 들어서 그들의 연장자에게 술잔을 바칠 수

---

1) 포(胞)는 제사 때 사용되는 고기를 담당하는 말단 관리이다. 『예기』「제통(祭統)」편에는 "胞者, 肉吏之賤者也."라는 기록이 있다.

2) 적(翟)은 우무(羽舞)의 교육을 담당했던 말단 관리이다. 『예기』「제통(祭統)」편에는 "翟者, 樂吏之賤者也."라는 기록이 있고, 이에 대한 정현의 주에서는 "翟謂敎羽舞者也."라고 풀이했다.

있는 것 등이 바로 이러한 경우에 해당한다. 면류관과 예복 및 의식에 사용하는 깃발 등에 들어가는 무늬와 채색, 준과 뇌에 새기는 조각과 그림들이 바로 형상을 모방하여 무늬를 새기는 것이다. 공작과 후작 이하의 복장에서는 들어가는 무늬와 채색을 천자보다 낮추게 되어, 감히 무늬를 모두 새길 수 없으니, 이것이 바로 형상을 본뜨되 무늬를 모두 새기지 않는다는 것이다. '척(撫)'자는 가져다 취한다는 뜻이다. 비록 존귀한 자에게 해당하는 예법을 그대로 가져다가 시행한다 하더라도, 그것을 두고 참람되게 규정을 거스른다고 부르지 않으니, 예를 들어 시신의 머리를 감길 때 군주의 경우에는 쌀뜨물을 사용하는데, 사 또한 쌀뜨물을 사용하며, 또한 군주·대부·사에게 동일하게 적용되는 예법도 있으니, 이것들이 바로 그대로 가져다가 시행하는 것이다. 따라서 이 문장의 내용은 군자가 예법을 시행할 때에는 위에서 언급한 것과 같이 아홉 가지 등의 경우가 있으니, 자세히 파악하지 않을 수 없다는 뜻을 말하고 있다.

浅見

近按: 此言君子行禮之節有此九者之異, 然其合宜則同也.

내가 살펴보니, 이것은 군자가 예를 시행하는 절차에 있어서 이러한 아홉 가지 차이점이 있지만, 합당함에 맞춘다는 측면에서는 동일하다는 뜻이다.

三代之禮一也, 民共由之, 或素或靑, 夏造殷因.〈046〉

하·은·주 삼대 때 각각 시행되었던 예는 동일하니, 백성들이 모두 그
것에 연유하여 따랐던 것이다. 그런데 어떤 때에는 백색을 숭상하고,
또 어떤 때에는 흑색을 숭상하였는데, 이것은 지엽적인 부분에 불과할
따름이다. 근원적인 측면에서 봤을 때 하나라에서 그것들을 창조하였
고, 은나라에서도 하나라의 것을 따랐던 것이다.

集說

殷尚白, 夏尚黑. 素卽白也, 靑近於黑, 不言白黑而言素靑, 變文耳.
此類皆制作之末, 舉此以例其餘, 則前之創造, 後之因仍, 皆可知矣.

은나라는 백색을 숭상하였고, 하나라는 흑색을 숭상하였다. 흰색[素]은
곧 백색[白]에 해당하고, 청색[靑]은 흑색[黑]에 가까운데, 백색[白]과 흑
색[黑]이라고 언급하지 않고, 흰색[素]과 청색[靑]이라고 언급한 것은 단
지 글자를 바꿔서 쓴 것일 뿐이다. 이러한 부류들은 모두 예법을 제정하
고 제작한 것들 중 지엽적인 것에 해당하는데, 이러한 예시에 기준을 두
고 그 나머지 것에 대해서도 적용을 해본다면, 앞서 그것들을 창조했고
그 이후에는 그것들을 그대로 따랐던 것임을 모두 알 수 있다.

淺見

近按: 此承上言君子行禮或異而有同者, 以言王者之禮, 亦有質文損
益之異, 然其禮之大體, 則與道皆一也.

내가 살펴보니, 이것은 앞에서 군자가 예를 시행하는 것에 간혹 차이를
보이지만 동일한 점이 있다고 말한 것을 이어서, 천자의 예에도 질박하
거나 화려함 또 덜거나 더한 차이점이 있지만, 예의 큰 본체에 있어서는
도와 함께 모두 동일했음을 말한 것이다.

夏立尸而卒祭, 殷坐尸.〈048〉 [舊在下文"其道一也"之下.]

하나라에서 시동에게 적용했던 예는 시동을 제 자리에 세워두게 되며, 세워둔 상태에서 제사를 끝냈다. 그러나 은나라에서는 시동이 시행해야 할 일들이나 그 외의 다른 절차와 상관없이 시동을 계속 자리에 앉혀두었다. [옛 판본에서는 아래문장인 "그것에 담겨진 도리 또한 동일하였다."[1]라고 한 문장 뒤에 수록되어 있었다.]

夏之禮, 尸當飮食則暫坐, 若不飮食, 則惟立以俟祭祀之終也. 殷則尸雖無事亦坐.

하나라의 예에서는 시동이 음식을 먹게 되어야만 잠시 자리에 앉았던 것이니, 만약 음식을 먹는 경우가 아니라면, 단지 제 자리에 서서 제사의 절차들이 끝나기를 기다렸다. 그러나 은나라의 경우에는 시동이 비록 직접 시행해야 할 일이 없던 때라도 계속 자리에 앉아 있었다.

周坐尸, 詔侑武[無]方, 其禮亦然, 其道一也.〈047〉

주나라에서 시동에게 적용했던 예는 시동을 인도하여 자리에 나아가 앉게 하며, 시동에게 아뢰고 시동에게 음식을 권유하는 일에 있어서는 이전 왕조의 예와 달리 그것을 고정적으로 담당하는 사람이 없었으니['武'자의 음은 '無(무)'이다.] 그 예들은 또한 은나라 때의 예와 동일한 것이며, 그것에 담겨진 도리 또한 동일하였다.

---

1) 『예기』「예기」 047장 : 周坐尸, 詔侑武方, 其禮亦然, <u>其道一也</u>.

承上夏造殷因, 而言三代尸禮之異. 周之禮, 尸卽位而坐, 詔者, 告
尸以威儀之節, 侑者, 勸尸爲飮食之進. 詔與侑, 皆祝官之職, 祝不
止一人. 無方, 謂無常人也. 宗廟中可告之事, 皆得告之也. 亦然, 亦
如殷之禮也. 禮同本於道之同, 故云其道一也.

앞 문장에서 "하나라에서 예를 만들었고, 은나라는 그것에 따랐다."는
내용을 이어서, 삼대에서 시행했던 시동과 관련된 예의 차이점을 언급
하고 있다. 주나라의 예에서는 시동이 자신의 자리로 나아가 앉게 되는
데, '조(詔)'를 하는 자는 시동에게 위엄 있는 거동의 예절을 알려주는
사람이고, '유(侑)'를 하는 자는 시동에게 권유를 하여 음식을 더 먹도록
하는 사람이다. 조와 유는 모두 축관이 하는 직무인데, 축관은 단지 한
사람에 그치지 않았다. '무방(無方)'은 고정된 사람이 없었다는 뜻이다.
축관들은 종묘 안에서 알려줄 수 있는 사안들을 모두 알려줄 수 있었다.
'역연(亦然)'은 또한 은나라 때의 예와 같았다는 뜻이다. 예가 같은 도리
에 동일하게 근본을 두고 있기 때문에, "그 도리가 동일하다."고 말한
것이다.

近按: 此就祭祀之尸, 以明禮之有異, 其禮亦然者, 言非唯尸也, 其
他行禮, 亦有如此而或不同者, 然其道則皆一也.

내가 살펴보니, 이것은 제사의 시동에 대한 경우를 들어 예에 차이점이
있다는 사실을 나타낸 것인데, '기례역연(其禮亦然)'이라는 말은 시동에
대해서만 그러한 것이 아니라 다른 예를 시행하는 경우에도 이와 같이
동일하지 않은 경우가 있지만, 도리의 측면에서는 모두 동일하다는 뜻
이다.

周旅酬六尸. 曾子曰: "周禮其猶醵[其庶反]與." 〈049〉

주나라에서 시동에게 적용했던 예는 후직의 시동을 뺀 나머지 6명의 시동들에게 골고루 술잔을 주고받게 했다. 증자는 "주나라에서 시행하였던 이러한 예는 오늘날 돈을 갹출하여 균평하게 술을 마시는 일과[醵자는 '其(기)'자와 '庶(서)'자의 반절음이다.] 같다."라 평가했다.

集說

周家祫祭之時, 群廟之祖, 皆聚於后稷廟中, 后稷尸尊, 不與子孫爲酬酢, 毀廟之祖又無尸, 故惟六尸而已. 此六尸自爲昭穆次序行旅酬之禮, 故曾子言周家此禮, 其猶世俗之醵與. 醵, 斂錢共飮酒也. 錢之所斂者均, 則酒之所飮必均. 此六尸之旅酬, 如醵飮之均平也.

주나라에서 협제를 지낼 때에는 뭇 묘들에 있는 조상신의 신주들을 모두 취합하여 후직을 모신 묘 안에 모아두었는데, 후직의 역할을 담당하는 시동은 가장 존귀하므로, 후직의 자손 항렬에 해당하는 시동들과 함께 술잔을 주고받지 않았고, 훼철된 묘의 조상신에 대해서도 또한 시동을 두지 않았다. 그렇기 때문에 본래는 7명의 시동을 두었지만, 술잔을 주고받을 때에는 후직의 역할을 담당하는 시동을 빼게 되어, 오직 6명의 시동이 될 따름이다. 이러한 6명의 시동들은 제 스스로 소목의 항렬 순서에 따라서 술을 따라 주고받는 의례 절차를 시행한다. 그렇기 때문에 증자는 주나라에서 시행한 이러한 예는 세속에서 시행하는 갹(醵)과 같은 것이라고 말한 것이다. '갹(醵)'이라는 것은 돈을 추렴하여 함께 술을 마신다는 뜻이다. 거둬들이는 돈이 균평하므로 술을 마시는 양 또한 반드시 균평하게 된다. 이러한 6명의 시동이 서로 술을 주고받는 것은 곧 돈을 추렴하여 고르게 술을 마시는 것과 같다는 뜻이다.

近按: 此特言周尸之禮, 因引曾子之言, 以釋其意而結之也.

내가 살펴보니, 이것은 특별히 주나라 때 시동이 따르던 예법을 언급하고, 그로 인해 증자의 말을 인용해서 그 의미를 풀이하여 결론을 맺은 것이다.

君子曰: "禮之近人情者, 非其至者也. 郊血, 大饗腥, 三獻爓
[潛], 一獻孰."〈050〉

군자가 말하길, "예 중에서도 사람의 정감과 친근한 것들은 예법을 지극
하게 갖춘 것이 아니다. 교제사를 지낼 때에는 희생물의 피를 가장 먼
저 진설하고, 대향을 할 때에는 희생물의 피와 생고기를 동시에 진설하
며, 삼헌에 해당하는 제사를 지낼 때에는 희생물의 피와 생고기뿐만 아
니라 데친 고기['爓'자의 음은 '潛(잠)'이다.] 또한 함께 진설하고, 일헌에 해
당하는 제사를 지낼 때에는 단지 삶은 고기만을 진설하게 된다."라고
했다.

集說

近者爲褻, 遠者爲敬. 凡行禮之事, 與人情所欲者相近, 則非禮之極
至者. 其事本多端, 此獨擧血 · 腥 · 爓 · 孰四者之祭以明之者, 禮莫
重於祭故也. 郊, 祭天也. 郊祀與大饗 · 三獻, 皆有血 · 腥 · 爓 · 孰.
此各言者, 據先設者爲主. 郊則先設血, 後設腥 · 爓 · 孰. 大饗, 祫
祭宗廟也. 腥, 生肉也, 去人情稍近. 郊先薦血, 大饗, 則迎尸時, 血
與腥同時薦. 獻, 酌酒以薦獻也. 祭社稷及五祀, 其禮皆三獻, 故因
名其祭爲三獻也. 爓, 沉內於湯也. 其色略變, 去人情漸近矣. 此祭,
血 · 腥與爓一時同薦, 但當先者設之在前, 當後者設之居後. 據宗伯
社稷 · 五祀, 初祭降神時已埋血, 據此則正祭薦爓時又薦血也. 一
獻, 祭群小祀也. 祀卑, 酒惟一獻, 用孰肉, 無血 · 腥 · 爓三者. 蓋孰
肉, 是人情所食, 最爲褻近, 以其神卑則禮宜輕也.

대체로 사람의 감정과 가까운 것은 친근함으로 여기고, 거리가 먼 것은
공경함으로 여긴다. 무릇 예를 시행하는 사안이 사람의 정감상 바라는
것과 서로 가깝게 된다면, 지극한 예가 아니다. 그 사안에는 본래부터
많은 단서가 포함되어 있는데, 이곳 문장에서 유독 피 · 생고기 · 데친

고기·삶은 고기 등 네 가지를 바치는 제사를 거론하여 그 내용들을 나타내고 있다. 그 이유는 예 중에서 제사보다 중대한 것은 없기 때문이다. '교(郊)'자는 하늘에 대한 제사를 뜻한다. 교제사와 대향, 그리고 삼헌을 하는 제사에서는 모두 피·생고기·데친 고기·삶은 고기를 갖추게 된다. 그런데 이곳 문장에서는 이것들을 각각 나눠서 언급하고 있다. 그 이유는 먼저 진설되는 것을 위주로 기록했기 때문이다. 교제사를 지내게 되면, 먼저 희생물의 피를 진설하고, 그 이후에 생고기·데친 고기·삶은 고기를 진설하게 된다. '대향(大饗)'은 종묘에서 협제사를 지낸다는 뜻이다. '성(腥)'자는 생고기를 뜻하는데, 사람의 정감과의 거리가 희생물의 피보다는 좀 더 가까운 것이 된다. 교제사 때 먼저 희생물의 피를 바치게 되는데, 대향에서는 시동을 맞이할 때, 희생물의 피와 생고기를 동시에 바친다. '헌(獻)'이라는 것은 술잔에 술을 따라서 시동에게 바친다는 뜻이다. 사직 및 오사에 대한 제사를 지내게 되면, 해당 예에서는 모두 세 차례의 헌을 하게 된다. 그렇기 때문에 이러한 이유에 따라서 그 제사들을 '삼헌(三獻)'이라고도 부르는 것이다. '섬(燂)'은 끓는 물에 고기를 데친 것이다. 그 색깔이 대략적으로 변하게 되니, 사람의 정감과의 거리가 생고기보다는 점차 더 가깝게 된다. 이러한 제사에서는 희생물의 피와 생고기, 그리고 데친 고기를 동시에 바치게 되는데, 다만 먼저 바치는 것에 해당하는 것은 앞쪽에 진설하고, 뒤에 바치는 것에 해당하는 것은 뒤쪽에 진설한다. 『주례』「종백(宗伯)」편에 기록된 사직과 오사에 대한 제사 기록에 근거해보면, 제사 초반부에서 신들을 강림시킬 때 이미 희생물의 피를 땅에 매장하게 되는데,[1] 이곳 기록에 근거해보면, 제사의 본식에서 데친 고기를 바칠 때 또한 희생물의 피도 바치게 된다. '일헌(一獻)'이라는 것은 뭇 소사에 해당하는 신들에게 제사를 지낸다는 뜻이다. 제사 대상들의 서열이 비교적 낮으므로, 술에 있어서도 오직 한 번만 바치는 것이며, 삶은 고기만 사용하고, 희생물의

---

1) 『주례』「춘관(春官)·대종백(大宗伯)」: 以血祭祭社稷·五祀·五嶽, 以貍沈祭山林·川澤, 以疈辜祭四方百物.

피·생고기·데친 고기 등의 세 가지는 없게 된다. 무릇 삶은 고기라는 것은 사람의 정감상 먹을 수 있는 상태가 되어, 가장 친근한 것이 되니, 제사를 받는 신들의 서열이 낮다면, 해당하는 예 또한 마땅히 가벼워야 하기 때문이다.

浅見

近按: 此下至"禮其本也", 皆言行禮之事與用器之意, 以明其義理也. 前篇云禮治於人情, 而此言近人情者, 非禮之至者, 禮雖本於人情, 然其近於常情之所欲者, 又非禮之至者也. 故君子敬謹之心, 不敢 以近而藝者, 陳於大祭, 是亦因人情而治之也.

내가 살펴보니, 이곳 문장으로부터 그 이하로 "예는 그것들의 근본이 된다."[2]라고 한 문장까지는 모두 예를 시행하는 사안과 사용하는 기물의 뜻을 언급하여 그 의리를 나타내고 있다. 앞편에서 예는 인정에서 다스린다고 했는데, 이곳에서는 인정에 가깝다고 했으니, 이것은 예 중에서 지극한 것이 아니니, 예가 비록 인정에 근본을 두고 있지만, 항상된 정감에서 바라는 것과 가까운 것은 또한 예 중에서 지극한 것이 아니다. 그렇기 때문에 군자는 공경하고 조심하는 마음으로, 감히 가까우면서도 친근한 것을 큰 제사에 진설하지 않는 것이니, 이 또한 인정에 따라서 다스리는 것이다.

---

2) 『예기』「예기」 068장 : 祀帝於郊, 敬之至也; 宗廟之祭, 仁之至也; 喪禮, 忠之至也; 備服器, 仁之至也; 賓客之用幣, 義之至也. 故君子欲觀仁義之道, 禮其本也.

是故, 君子之於禮也, 非作而致其情也, 此有由始也. 是故, 七
介以相見也, 不然則已慤[殼], 三辭三讓而至, 不然則已蹙[蹴].
〈051〉

이러한 까닭으로 군자는 예에 대해서 인위적으로 만들어내어 사람의 정
감을 지극히 하는 것이 아니니, 여기에는 고대로부터 유래되어 옴이 있
었기 때문이다. 이러한 까닭으로 선왕은 7명의 개를 두게 해서 서로 만
나보게 했던 것이니, 이처럼 하지 않는다면 너무 소박한['慤'자의 음은 '殼
(각)'이다.] 것처럼 되며, 세 차례 사양을 하고 또 세 차례 양보를 하게 하
여 종묘로 들어서게 했던 것이니, 이처럼 하지 않는다면 너무 재촉하
는['蹙'자의 음은 '蹴(축)'이다.] 것처럼 된다.

集說

作, 如作聰明之作, 過意爲之也. 言先王制禮之初, 一以誠敬爲本,
乃天理人情之極致, 後世守而行之, 非過意而故爲極致之情也. 比
由始於古也. 上公之介九人, 侯·伯七人, 子·男五人, 此擧其中而
言之. 兩君相見, 必有介副之人以伸賓主之情. 不如此, 則大愿慤而
無禮之文矣. 已, 太也. 三辭三讓者, 賓初至大門外, 交擯之時, 有三
辭之禮, 及入大門, 主君每門一讓, 則賓一辭, 凡三辭三讓而後至廟
中也. 不如此, 則太迫蹙而無禮之容矣.

'작(作)'자는 "총명함을 인위적으로 발휘한다."[1]라고 할 때의 작(作)자의
뜻이니, 자신의 뜻을 지나치게 나타내어 그러한 일들을 시행하는 것이
다. 즉 선왕이 예를 제정했을 초기에는 일관되게 정성과 공경을 근본으
로 삼았으니, 이것은 곧 천리와 인정이 지극한 것이어서, 후세 사람들은

---

1) 『서』「주서(周書·채중지명(蔡仲之命)」 : 率自中, 無作聰明, 亂舊章, 詳乃視
   聽, 罔以側言改厥度.

그것을 묵묵히 지키며 그대로 따랐던 것으로, 그 뜻을 지나치게 해서 일부러 정감을 지극히 나타낸 것이 아니라는 의미이다. 이것은 곧 고대에서 유래하여 시작된 것이다. 상공은 개를 9명 두고, 후작과 백작은 7명 두며, 자작과 남작은 5명 두는데,[2] 이곳 문장에서는 그 중간에 해당하는 7이라는 숫자를 제시하여 말한 것이다. 두 명의 군주가 서로 만나볼 때에는 반드시 개와 같은 부관들을 두어서, 빈객과 주인의 정감을 펼칠 수 있게 해야 한다. 이처럼 하지 않는다면 너무 소박하게 되어 예의 형식이 없게 된다. '이(己)'자는 너무라는 뜻이다. 세 차례 사양하고 세 차례 양보하는 것은 빈객이 최초 상대방 집 대문 밖에 당도하게 되면, 빈과 개가 양측 사이에 늘어서서 말을 전달하게 되는데, 이때 세 차례 사양을 하는 예법이 있게 된다. 또 대문 안으로 들어섰을 때 주인이 매 문마다 멈춰 서서 빈객에게 먼저 들어가라고 한 차례 양보를 하게 되면, 빈객은 한 차례 사양을 하니, 모두 세 차례 사양을 하고 세 차례 양보를 한 이후에야 종묘 안으로 들어가게 된다. 이처럼 하지 않는다면 너무 재촉하는 것처럼 되어 예에 따른 행동거지를 갖출 수 없게 된다.

---

2) 『주례』「추관(秋官)·대행인(大行人)」: <u>上公</u>之禮, 執桓圭九寸, 繅藉九寸, 冕服九章, 建常九斿, 樊纓九就, 貳車九乘, <u>介九人</u>, 禮九牢, 其朝位, 賓主之間九十步, 立當車軹, 擯者五人, 廟中將幣三享, 王禮再祼而酢, 饗禮九獻, 食禮九舉, 出入五積, 三問三勞. <u>諸侯之禮</u>, 執信圭七寸, 繅藉七寸, 冕服七章, 建常七斿, 樊纓七就, 貳車七乘, <u>介七人</u>, 禮七牢, 朝位賓主之間七十步, 立當前疾, 擯者四人, 廟中將幣三享, 王禮壹祼而酢, 饗禮七獻, 食禮七舉, 出入四積, 再問再勞. <u>諸伯</u>執躬圭, <u>其他皆如諸侯之禮</u>. 諸子執穀璧五寸, 繅藉五寸, 冕服五章, 建常五斿, 樊纓五就, 貳車五乘, <u>介五人</u>, 禮五牢, 朝位賓主之間五十步, 立當車衡, 擯者三人, 廟中將幣三享, 王禮壹祼不酢, 饗禮五獻, 食禮五舉, 出入三積, 壹問壹勞. <u>諸男</u>執蒲璧, <u>其他皆如諸子之禮</u>.

故魯人將有事於上帝, 必先有事於頖[判]宮; 晉人將有事於河, 必先有事於惡[呼]池[徒河反]; 齊人將有事於泰山, 必先有事於配林. 三月繫, 七日戒, 三日宿, 愼之至也.〈052〉

그러므로 노나라 사람들은 상제에게 제사를 지내고자 할 때, 반드시 그보다 앞서서 반궁에서['頖'자의 음은 '判(판)'이다.] 제사를 지냈고, 진나라 사람들은 황하에 제사를 지내고자 할 때, 반드시 그보다 앞서서 호타에['惡'자의 음은 '呼(호)'이다. '池'자는 '徒(도)'자와 '河(하)'자의 반절음이다.] 제사를 지냈으며, 제나라 사람들은 태산에 제사를 지내고자 할 때, 반드시 그보다 앞서서 배림에 제사를 지냈다. 상제에게 사용할 소를 3개월 동안 우리에 묶어두고, 7일 동안 산제를 하며, 3일 동안 치제를 하는 것은 신중함의 지극함이다.

此因上章言兩君相見之禮漸次而進, 故言祭祀之禮亦有漸次, 由卑以達尊者. 魯人將祭上帝, 必先有事頖宮. 頖宮, 諸侯之學也. 魯郊祀以后稷配, 先於頖宮告后稷, 然後郊也. 虖池, 幷州川之小者, 河之從祀也. 配林, 林名, 泰山之從祀也. 帝牛必在滌三月. 繫, 繫牲于牢也. 七日戒, 散齊也. 三日宿, 致齊也. 敬愼之至如此, 故以積漸爲之, 何敢迫蹙而行之乎?

앞 문장에서는 양국의 군주가 서로 만나볼 때의 예에서 점차적으로 개진되는 점이 있음을 언급하고 있으므로, 이곳 문장에서도 그에 따라 제사의 예에서도 점차적으로 개진되는 점이 있음을 언급하였으니, 곧 낮은 곳으로부터 높은 곳에 도달한다는 점이다. 노나라 사람들은 상제에게 제사를 지내고자 할 때 반드시 그보다 앞서서 반궁에서 제사를 지냈다. '반궁(頖宮)'은 제후국에 있는 태학을 뜻한다. 노나라에서는 교사를 지낼 때, 후직을 함께 배향하였는데, 그보다 앞서 반궁에서 후직에게 아뢰었고, 그런 뒤에야 교제사를 지냈다. '호타(虖池)'는 병주에 있는 작은 하천인데, 그 제사는 황하에 대한 제사를 지내게 되어 미리 지내게 되는 제사이다. '배림(配林)'은 숲 이름인데, 그 제사는 태산에 대한 제사를 지내게 되어 미리 지내게 되는 제사이다. 제우(帝牛)[3]는 반드시 3개월 동안 척에 가둬두어야 한다. '계(繫)'자는 우리에 희생물을 매어둔다는 뜻이다. 7일 동안 재계를 하는 것은 '산제(散齊)'를 뜻한다. 3일 동안 머무른다는 것은 '치제(致齊)'를 뜻한다. 공경과 신중의 지극함이 이와 같기 때문에, 점진적으로 그러한 일들을 시행하는 것이니, 어찌 감히 그것들을 급박하게 시행할 수 있겠는가?

經文

故禮有擯詔, 樂有相[去聲]步, 溫[於糞反]之至也.〈053〉

그러므로 예에서는 부관을 두어서 그를 통해 아뢰는 일을 하도록 했고, 악공에 대해서는 부축해주는[''相'자는 거성으로 읽는다.] 자를 두었으니, 온화함의[''溫'자는 '於(어)'자와 '糞(분)'자의 반절음이다.] 지극함이다.

集說

禮容不可急遽, 故賓主相見, 有擯相者以詔告之; 樂工無目, 必有扶相其行步者. 此二者, 皆溫藉之至也. 溫藉之義, 如玉之有承藉然, 言此擯詔者, 是承藉賓主, 相步者, 是承藉樂工也.

예에 따른 용모와 행동거지에 있어서는 급작스럽게 할 수 없다. 그렇기 때문에 빈객과 주인이 서로 만나볼 때에는 보좌하여 도와주는 자를 두

---

3) 제우(帝牛)는 교(郊)제사 때 희생물로 사용되는 소를 뜻한다. 교제사는 상제(上帝)에 대한 제사였으므로, 그 희생물에 대해서도 '제(帝)'자를 붙여서 부르는 것이다.

어서, 그를 통해 이런저런 사안들을 알려주도록 한 것이다. 한편 악공들은 맹인이므로, 반드시 부축해주는 자를 두어야 한다. 이러한 두 가지 배려사항들은 모두 온화함의 지극함이다. 온화함의 도리는 마치 옥을 바칠 때 받치는 깔개를 두는 것과 같으니, 이 말은 부관이 아뢰는 것은 빈객과 주인이 격식에 맞춰 행동할 수 있도록 바탕을 마련해주는 것과 같으며, 이동할 때 부축하며 도와주는 것은 악공이 연주를 잘 할 수 있도록 바탕을 마련해주는 것과 같다는 뜻이다.

禮也者, 反本脩古, 不忘其初者也. 故凶事不詔, 朝[潮]事以樂
[岳].〈054〉

예라는 것은 근본을 돌이켜보고 옛것을 정비하여, 그 시초를 잊지 않는 것이다. 그러므로 흉사를 치를 때에는 누가 알려주지 않아도, 저절로 가슴을 치고 발을 구르며, 또 곡을 하며 눈물을 흘리는 것이다. 한편 조정에서['朝'자의 음은 '潮(조)'이다.] 시행하는 의례에서는 음악을['樂'자의 음은 '岳(악)'이다.] 연주하여, 사람들의 마음을 흡족하게 만드는 것이다.

集說

本心之初, 天所賦也, 貴於反思而不忘; 禮制之初, 聖所作也, 貴於脩擧而不墜. 二者皆有初, 故曰不忘其初. 擗踊哭位, 不待詔告, 以其發於本心之自然也. 朝廷養者尊賢之事, 必作樂以樂之, 亦以愜其本心之願望也. 此二者, 是反本之事.

최초의 본심은 하늘이 부여해준 것이니, 되돌아 생각하여 잊지 않는 것이 귀중한 것이며, 최초의 예제는 성인이 제정한 것이니, 정비하여 시행하며 실추시키지 않는 것이 귀중한 것이다. 이 두 가지 것들에는 모두 시작됨이 있다. 그렇기 때문에 "그 시초를 잊지 않는다."고 말한 것이다. 가슴을 치고 발을 구르며 곡을 하고 눈물을 흘리는 것은 누가 알려주길 기다려서 하는 것이 아니니, 자연스러운 본심에서 드러나기 때문이다. 조정에서 노인을 봉양하고 현명한 자를 우대하는 일들에는 반드시 음악을 연주하게 해서 그들을 즐겁게 하는데, 이 또한 본래의 마음이 소망하는 것을 흡족하게 만들기 위해서이다. 이 두 가지 것들은 근본을 돌이키는 일에 해당한다.

經文

醴酒之用, 玄酒之尙; 割刀之用, 鸞刀之貴; 莞[音官]簟[徒點反]之安, 而稾[古老反]鞂[江八反]之設.〈055〉

단술을 사용하기는 하지만 그것보다 현주를 더 존귀하게 여겨서 보다 상위의 자리에 설치하고, 현재 사용하고 있는 할도가 고기를 자를 때 편리하긴 하지만 고대에 사용했던 난도를 더 귀중하게 여겨서 제사를 지낼 때에는 난도를 사용하며, 왕골과['莞'자의 음은 '官(관)'이다.] 대자리를 ['簟'자는 '徒(도)'자와 '點(점)'자의 반절음이다.] 겹친 자리가 편안하긴 하지만, 교사 등을 지낼 때에는 고대에 사용했던 볏짚으로['稾'자는 '古(고)'자와 '老(로)'자의 반절음이다. '鞂'자는 '江(강)'자와 '八(팔)'자의 반절음이다.] 짠 자리를 설치한다.

集說

醴酒之美用矣, 而列尊在玄酒之下; 今世割刀之利便於用矣, 而宗廟中乃不用割刀而用古之鸞刀; 下莞上簟, 可謂安矣, 而設稾鞂之麤者爲郊祀之席. 此三者是脩古之事. 鸞, 鈴也. 刀鐶有鈴, 故名鸞刀, 割肉欲中其音節, 郊特牲云: "聲和而後斷也." 莞, 蒲之細者可爲席.

簟, 竹席也. 槀鞂, 除去穀之稈也. 鞂與禹貢秸字同.

단술의 감미로운 맛을 사용하기는 하지만, 술동이를 진설할 때에는 현
주의 아래에 놓아두고, 현재 사용하고 있는 날카로운 할도는 사용하기
에는 편리하지만, 종묘 안에서는 곧 할도를 사용하지 않고 고대에 사용
했던 난도를 사용하는 것이며, 아랫면은 왕골로 되어 있고 윗면은 대나
무로 되어 있는 것은 앉기에 편안한 자리라 할 수 있지만, 고갈로 짠
거친 자리를 깔아서 교사 때 깔아두는 자리로 삼게 된다. 이러한 세 가
지 것들은 모두 옛것을 정비하는 일에 해당한다. '난(鸞)'은 방울을 뜻한
다. 칼 손잡이 끝부분 고리에 방울이 달려 있기 때문에, 그 칼을 '난도
(鸞刀)'라 부르는 것이며, 방울을 단 이유는 고기를 자를 때 그 음률에
맞추고자 해서이다. 『예기』「교특생(郊特牲)」편에서는 "소리가 조화를
이룬 이후에야 자른다."라고 했다. '완(莞)'은 부들 중에서도 가는 것으
로, 자리를 짤 수 있는 것을 뜻한다. '점(簟)'은 대자리를 뜻한다. 고갈은
알곡을 털고 남은 볏짚이다. '갈(鞂)'자는 『서』「우공(禹貢)」편에 나오는
'갈(秸)'자4)와 같은 글자이다.

經文

是故, 先王之制禮也, 必有主也, 故可述而多學也.〈056〉

이러한 까닭으로 선왕이 예를 제정할 때에는 반드시 근본을 돌이키고
옛것을 정비하는데 주안점을 둠이 있었다. 그렇기 때문에 이러한 것에
기준을 두고 다방면에서 탐구를 해본다면, 예를 자세히 서술하며 여러
모로 배울 수 있을 것이다.

---

4) 『서』「하서(夏書)·우공(禹貢)」: 五百里甸服. 百里賦納總. 二百里納銍. 三百
里納秸服. 四百里粟, 五百里米. 五百里侯服.

有主, 主於反本脩古也. 但以此二者求之, 則可以稱述而學之不
厭矣.

"주됨이 있다."는 말은 근본을 돌이키고 옛것을 정비하는데 주안점을 두
었다는 뜻이다. 다만 이 두 가지 것들을 통해서 예를 탐구해본다면, 예
에 알맞게 기술할 수 있고, 또한 배우는 일에 대해서도 싫증을 느끼지
못할 것이다.

近按: 右自更端以下, 承章首言近人情者, 非禮之至, 以言君子於禮,
非有所創作而推致其情之所欲也, 皆有由於上古之所始也. 故其進
當以積漸而致之, 其行當以巽讓而承之, 不可憨質而無文, 迫蹙而無
容也. 七介以相見者, 兩君相見不直偶語, 必有介副之人, 以申賓主
之情, 是以漸而致之者也. 三辭三讓而後入, 是巽讓以承之者也. 三
國之祭, 是又言漸致之事也. 擯詔相步, 是兼言巽承之意也. 夫禮以
謙卑巽順, 承藉於人爲事, 擯相之事, 承藉之至者也. 然禮雖以承而
不迫, 亦有所當迫者, 凶喪之事, 人子迫切之至情, 則不待詔告然後
擗踊哭泣也. 禮雖卑巽而辭讓, 亦有不當辭者, 朝廷之事, 君臣相悅
之至懽, 則必作聲樂以樂之, 是皆反於本心之所發, 脩其上古之由始
者也. 醴酒可以用, 而玄酒是尙, 割刀可以用, 而鸞刀是貴, 莞簟可
以安, 而槁鞂是設, 此三者皆脩古之事, 非其近人情者也. 初言君子
之於禮非作, 而終言先王之制禮可述, 是相首尾之辭也.

내가 살펴보니, 여기까지에 있어서 단서를 바꾼 것으로부터 그 이후로
기술한 문장들은 장의 첫 부분에서 사람의 정감과 친근한 것들은 예법
을 지극하게 갖춘 것이 아니라고 한 말을 이어 받아서, 군자는 예에 대
해 새롭게 만들어 정감이 바라는 것을 미루어 지극히 하는 것이 없으니,
모두 상고시대로부터 시작되어 유래된 바가 있다고 말한 것이다. 그렇
기 때문에 나아감에 있어서는 마땅히 점진적으로 개진하여 지극히 해야

하고, 행동함에 있어서도 마땅히 겸손하게 사양하여 그 뜻을 이어받아야 하며, 너무 소박하고 질박하게 해서 격식이 없거나 너무 재촉하여 행동거지를 갖춤이 없어서는 안 된다. 7명의 개를 두어 서로 만나본다는 것은 두 나라의 군주가 서로 만나볼 때에는 직접적으로 말을 주고받아서는 안 되며, 반드시 개와 같은 부관을 두어서 빈객과 주인의 정감을 펼쳐야 하니, 이것이 점진적으로 시행하여 지극히 하는 것이다. 세 차례 사양하고 세 차례 양보한 이후에야 들어가는 것은 겸손하게 사양하여 그 뜻을 이어받는 것이다. 세 나라에서 시행한 제사는 또한 점진적으로 지극히 하는 사안을 말한 것이다. 부관이 일을 아뢰게 하고 부축하여 돕는다는 것은 겸손하게 사양한다는 뜻까지도 함께 말한 것이다. 예에서는 겸손하게 낮추고 공손하고 유순하게 따르는 것으로 받들고 받치게 되는데, 사람에게 있어 어떤 일을 시행함에 돕고 부축하는 것은 받들고 받치는 것 중에서도 지극한 것에 해당한다. 그런데 예가 비록 이를 통해 받들고 급박하게 하지 않는다 하더라도 마땅히 다급하게 해야 할 것들이 있으니, 흉사나 상사에 대한 경우 자식된 입장에서는 급박하고 절박한 지극한 정감에 해당하니, 알려줄 때까지 기다리지 않고 가슴을 두드리고 용을 하며 곡을 하고 눈물을 흘리는 것이다. 또 예가 비록 낮추고 공손하게 하여 사양을 하더라도 사양을 하지 말아야 할 것들이 있으니, 조정에서의 일들은 군주와 신하가 서로 기뻐하는 지극한 기쁨에 해당하니, 반드시 음악을 연주하여 즐겁게 만들어야 하는데, 이 모두는 본래의 마음에서 발현하는 것을 돌이켜보고, 상고시대로부터 유래되어 시작된 것을 다듬어 시행하는 것이다. 단술을 사용할 수 있지만 현주를 숭상하고, 할도를 사용할 수 있지만 난도를 귀하게 여기며, 왕골과 대자리를 겹친 것이 편안하게 할 수 있지만 볏짚으로 짠 자리를 설치하는데, 이러한 세 가지 것들은 모두 옛 것을 다듬는 사안에 해당하니, 사람의 정감에 가깝게 하는 것들이 아니다. 첫 부분에서는 군자는 예에 대해 새롭게 만들지 않았다고 했고, 끝에서는 선왕이 제정한 예법에 대해서 조술할 수 있다고 했는데, 이것들은 앞과 끝을 서로 맞추는 말들에 해당한다.

君子曰: "無節於內者, 觀物弗之察矣. 欲察物而不由禮, 弗之
得矣. 故作事不以禮, 弗之敬矣; 出言不以禮, 弗之信矣, 故曰:
'禮也者, 物之致也.'"〈057〉

군자가 말하길, "자신의 내면에 예법을 가지고 있지 않은 자는 어떤 사물
에 대해 살펴본다 하더라도 그것의 잘된 점과 잘못된 점을 살펴볼 수 없
다. 또한 사물을 살펴보고자 한다 하더라도 예에 따라서 하지 않는다면,
시비의 실상을 터득할 수 없다. 그렇기 때문에 일을 추진하더라도 예에
따라서 하지 않는다면, 공경의 마음을 보존할 수 없으며, 말을 하더라도
예에 따라서 말하지 않는다면, 자신의 말을 믿게 만들 수 없다. 그러므로
'예라는 것은 모든 사물에 대한 최상의 기준이다.'"라고 하였다.

無節於內, 言胷中不能通達禮之節文也. 觀物弗之察, 言雖見行禮
之事, 不能審其得失也. 察物而不由禮以察之, 何以能得其是非之
實? 作事而不由禮, 何以能存其主敬之心? 出言而不由禮, 何以能使
人之信其言? 故曰, 禮者, 事物之極致也.

"내면에 절이 없다."는 말은 마음으로 예의 법칙과 형식을 통달하지 못
했다는 뜻이다. "사물을 살펴보더라도 찰할 수 없다."는 말은 비록 예를
시행하는 사안에 대해 살펴보더라도, 그것의 잘된 점과 잘못된 점을 살
펴볼 수 없다는 뜻이다. 사물에 대해 살펴보더라도 예에 따라서 그것을
살피지 않는다면, 어떻게 시비의 실상을 터득할 수 있겠는가? 또한 어떤
일을 추진하더라도 예에 따라서 하지 않는다면, 어떻게 공경을 위주로
하는 마음을 보존할 수 있겠는가? 또한 말을 하게 되더라도 예에 따라
서 하지 않는다면, 어떻게 사람을 부리면서 자신의 말을 신용하도록 만
들 수 있겠는가? 그렇기 때문에 "예라는 것은 모든 사물에 대한 최상의
기준이다."라고 말한 것이다.

近按: 此又更端, 以明禮之不可不由也. 然欲由禮必由於學, 故上節
之終言述學之事, 而此乃承之以言由禮也.

내가 살펴보니, 이 또한 단서를 바꿔서 예는 말미암지 않을 수가 없음을
나타낸 것이다. 그런데 예에 말미암고자 한다면 반드시 학문을 통해 말
미암아야 한다. 그렇기 때문에 앞 문단의 끝부분에서는 조술하고 배우
는 사안을 언급한 것이니, 이곳에서는 곧 그 문장의 뜻을 받아서 예에
말미암는다는 것을 말한 것이다.

是故, 昔先王之制禮也, 因其財物而致其義焉爾. 故作大事必順天時, 爲朝[潮]夕必放[上聲]於日月, 爲高必因丘陵, 爲下必因川澤. 是故, 天時雨澤, 君子達, 亹[尾]亹焉. 〈058〉

이러한 까닭으로 옛날에 선왕이 예를 제정함에는 그것에 사용되는 재화와 물건을 통해서 해당하는 사안의 도의를 지극히 하였을 따름이다. 그러므로 제사를 지낼 때에는 반드시 천시에 따라서 했고, 조일을['朝'자의 음은 '潮(조)'이다.] 하고 석월을 할 때에는 반드시 해와 달의 성향에 따라서['放'자는 상성으로 읽는다.] 했으며, 높은 곳에 위치한 신들에 대해 제사를 지낼 때에는 반드시 구릉 지역에서 지냈고, 낮은 곳에 위치한 신들에 대해 제사를 지낼 때에는 천택 지역에서 지냈다. 이러한 까닭으로 천시는 항상 때에 맞게 비를 내려주어 온 세상을 윤택하게 만들었고, 군자는 이러한 뜻을 알고 있어서, 더욱 근면성실하게['亹'자의 음은 '尾(미)'이다.] 임했던 것이다.

集說

集說

財物, 幣玉・牲牢・黍稷之類. 無財無物, 不可以行禮, 故先王制禮, 必因財物而致其用之之義焉. 然財物皆天時之所生, 故祭祀之大事, 亦必順天時而行之. 如啓蟄而郊, 龍見而雩, 始殺而嘗, 閉蟄而烝, 皆是也. 大明生於東, 故春朝朝日必於東方; 月生於西, 故秋莫夕月必於西方. 爲高上之祭, 必因其有丘陵而祭之; 爲在下之祭, 必因其有川澤而祭之. 一說, 爲高, 爲圓丘也; 爲下, 爲方丘也. 祭有輕重, 皆須財物, 故當天時之降雨澤也. 君子知夫天地生成財物之功, 如此乎勉勉而不已也. 則安得不用財物爲禮, 以致其報本之誠乎?

'재물(財物)'은 패옥・희생물・곡식 등의 부류를 뜻한다. 이러한 재화나 사물이 없다면 예를 시행할 수 없다. 그렇기 때문에 선왕이 예를 제정할 때에는 반드시 재화나 사물에 따라서 그 쓰임을 다하는 도의를 지극히 하였던 것이다. 그런데 재화나 사물은 모두 하늘의 운행에 따라 생성되는 것이다. 그렇기 때문에 제사처럼 중대한 사안에 대해서는 또한 반드시 천시에 따라서 시행해야만 하는 것이다. 예를 들어 계칩(啓蟄)[1]이 있고 난 뒤에 교제사를 지냈고, 용현(龍見)[2]을 한 뒤에 기우제를 지냈으며, 음기가 처음으로 숙살하는 기운을 뿜어내면 상제사를 지냈고, 폐칩(閉蟄)[3]이 있고 난 뒤에는 증제사를 지냈다고 했으니,[4] 이러한 것들이 바로 위에서 언급하는 뜻에 해당한다. 대명(大明)[5]은 동쪽에서 생겨난

---

1) 계칩(啓蟄)은 경칩(驚蟄)이라고도 부른다. 24절기 중 하나이다. 동물 및 곤충들은 겨울 동안 숨죽여 지내거나 겨울잠을 자게 되는데, 봄이 도래하게 되면, 다시 활동을 시작한다. 그렇기 때문에 깨운다는 의미에서 '계(啓)'자나 '경(驚)'자를 붙여서 '계칩' 또는 '경칩'이라고 부르는 것이다. 한편 한(漢)나라 때에는 태초력(太初曆)이 시행되면서, '경칩'을 우수(雨水)라는 절기 뒤에 두어서, 하(夏)나라 때의 역법으로는 2월에 놓이는 절기가 되었지만, 고대의 '경칩'은 우수 전에 위치하여, 하나라 때의 역법으로는 1월에 놓이는 절기였다.

2) 용현(龍見)은 하늘에 창룡칠수(蒼龍七宿)가 출현한다는 뜻으로, 건사(建巳: 음력 4월)를 가리킨다. 『춘추좌씨전』「환공(桓公) 5년」편에는 "龍見而雩."라는 기록이 있는데, 이에 대한 두예(杜預)의 주에서는 "龍見, 建巳之月. 蒼龍宿之體, 昏見東方, 萬物始盛. 待雨而大, 故祭天. 遠爲百穀祈膏雨也."라고 풀이하였다. 즉 창룡칠수가 출현하는 것은 음력 4월로써, 만물(萬物)이 왕성하게 자라날 때이므로, 비를 구원하며 하늘에 제사를 지내고, 백곡(百穀)이 잘 여물도록 기원하는 것이다.

3) 폐칩(閉蟄)은 동물 및 곤충들이 동면(冬眠)에 들어가는 시점을 뜻한다. 하(夏)나라 때의 역법에 따르면, '폐칩'은 10월인 맹동(孟冬)의 계절에 해당한다.

4) 『춘추좌씨전』「환공(桓公) 5년」: 秋, 大雩. 書, 不時也. 凡祀, 啓蟄而郊, 龍見而雩, 始殺而嘗, 閉蟄而烝. 過則書.

5) 대명(大明)은 태양[日]을 가리킨다. 태양은 밝음[明] 중에서도 가장 큰 밝음에 해당함으로, '대명'이라고 부르게 되었다. 『역』「건괘(乾卦)」편에는 "雲行雨施, 品物流行, 大明終始, 六位時成."이라는 기록이 있는데, 이에 대한 이정조(李鼎祚)의 『집해(集解)』에서는 후과(侯果)의 설을 인용하여, "大明, 日也."라고 풀이했다. 한편 '대명'은 달[月]을 가리키기도 하고, 해와 달을 모두 가리키기도 한다. 또한 태양을 군주에 비유했으므로, '대명'은 군주를 지칭하는 용어로도 사용되었다. 이곳 문장에서는 첫 번째 뜻으로 사용되었다.

다. 그렇기 때문에 봄철의 아침에는 조일(朝日)⁶⁾을 하면서 반드시 동쪽에서 제사를 지냈던 것이다. 달은 서쪽에서 생겨난다. 그렇기 때문에 가을철의 저녁에는 석월(夕月)⁷⁾을 하면서 반드시 서쪽에서 제사를 지냈던 것이다. 높은 곳에 위치한 신들에 대해서 제사를 지낼 때에는 반드시 구릉 지역이 있는 장소에서 제사를 지냈고, 아래에 있는 신들에 대해서 제사를 지낼 때에는 반드시 천택 지역이 있는 장소에서 제사를 지냈다. 일설에는 '위고(爲高)'라는 말은 원구(圓丘)⁸⁾를 만든다는 뜻이고, '위하

---

6) 조일(朝日)은 고대에 제왕이 해에 대해서 지낸 제사를 뜻한다. 해가 떠오를 무렵에 해에게 절을 하였기 때문에 '조(朝)'자를 붙여서 부른 것이다. 『한서(漢書)』「교사지상(郊祀志上)」편에는 "十一月辛巳朔旦冬至. 昒爽, 天子始郊拜泰一, 朝朝旦, 夕夕月, 則揖."이라는 기록에 있고, 이에 대한 안사고(顏師古)의 주에서는 "以朝旦拜日爲朝."라고 풀이하였다. 또한 '조일'은 각 계절의 기운이 도래할 때, 교외(郊外)에서 지낸 제사를 뜻하기도 한다. 『주례』「천관(天官)·장차(掌次)」편에는 "朝日, 祀五帝, 則張大次小次, 設重帟重案."이라는 기록이 있는데, 이에 대한 정현의 주에서는, "朝日, 春分拜日於東門之外."라고 풀이하였다. 한편 제왕이 조정에서 정사를 듣는 행위 또는 그러한 날을 뜻하기도 한다. 『전국책(戰國策)』「제책육(齊策六)」편에는 "王至朝日, 宜召田單而揖之於庭, 口勞之."라는 기록이 있다.

7) 석월(夕月)은 고대에 제왕이 달에 대해서 지낸 제사를 뜻한다. 춘분(春分) 때에는 조일(朝日)을 하고, 추분(秋分) 때에는 '석월'을 했고, 서쪽 성문 밖에서 지낸 제사라고 설명하기도 한다. 『국어(國語)』「주어상(周語上)」편에는 古者, 先王旣有天下, 又崇立於上帝·明神而敬事之, 於是乎有朝日·夕月以敎民事君."이라는 기록이 있고, 이에 대한 위소(韋昭)의 주에서는 "禮, 天子搢大圭·執鎭圭, 繅藉五采五就, 以春分朝日, 秋分夕月, 拜日於東門之外, 然則夕月在西門之外也."라고 풀이했다.

8) 원구(圓丘)는 환구(圜丘)라고도 부른다. 고대에 제왕이 동지(冬至)에 제천(祭天) 의식을 집행하던 곳이다. 자연적으로 형성된 언덕의 형상을 본떠서, 흙을 높이 쌓아올려 만들었기 때문에, '구(丘)'자를 붙여서 부른 것이며, 하늘의 둥근 형상을 본떴다는 뜻에서 '환(圜)' 또는 '원(圓)'자를 붙여서 부른 것이다. 『주례』「춘관(春官)·대사악(大司樂)」편에는 "冬日至, 於地上之圜丘奏之."라는 기록이 있고, 이에 대한 가공언(賈公彦)의 소(疏)에서는 "土之高者曰丘, 取自然之丘. 圜者, 象天圜也."라고 풀이했다.

(爲下)'는 방구(方丘)⁹⁾를 만든다는 뜻으로 풀이한다. 제사에는 그 대상에 따라 경중의 차이가 있지만, 모든 경우에 있어서 재화와 사물을 필요로 하게 된다. 그렇기 때문에 이러한 재화와 사물을 얻기 위해서라도, 천시가 비를 내려서 만물을 윤택하게 해주는 작용에 맞춰야 한다. 군자는 천지가 재화와 사물을 생성하고 성숙하게 만드는 공덕이 이처럼 근면성실하며 끊임이 없었다는 사실을 알고 있었다. 따라서 어찌 재화와 사물을 이용하여 예를 시행하고 이것을 통해 근본에 보답하는 정성을 다하지 않을 수 있었겠는가?

淺見

近按: 此承上文禮者物之致, 以言先王制禮因財物, 而致義之意以發明之也. 天時雨澤, 君子達亹亹者, 卽察天行以自强之意, 蓋聖人之制禮, 君子之修德, 皆察物理順天時而致義者也.

내가 살펴보니, 이것은 앞 문장에서 예라는 것은 사물의 지극함이라고 한 말을 이어서, 선왕이 예법을 제정하며 재화와 사물에 따랐고, 도의를 지극히 했던 뜻은 이를 통해 드러냈음을 말한 것이다. "천시가 때에 맞게 비를 내려주고, 군자가 그 뜻을 알고 있어서 근면성실하였다."라는 것은 하늘의 운행을 살펴서 스스로를 굳세게 했다는 뜻이니, 성인이 예를 제정하고 군자가 덕을 수양하는 것들은 모두 사물의 이치를 살피고 천시에 따라서 도의를 지극히 하는 것이다.

---

9) 방구(方丘)는 방택(方澤)과 같은 말이다. 고대에 제왕이 땅에 제사를 지냈던 제단이다. 그 모양이 사각형이었기 때문에 '방(方)'자를 붙이고, 언덕처럼 흙을 쌓아서 만들었기 때문에 '구(丘)'자를 붙여서 부르는 것이다.

是故, 昔先王尙有德, 尊有道, 任有能, 擧賢而置之, 聚衆而誓
之. 是故, 因天事天, 因地事地, 因名山升中于天, 因吉土以饗
帝于郊. 升中于天, 而鳳皇降, 龜龍假[格]; 饗帝于郊, 而風雨
節, 寒暑時. 是故, 聖人南面而立, 而天下大治.〈059〉

이러한 까닭으로 옛날에 선왕은 유덕한 자를 숭상하였고, 도를 갖춘 자
를 존숭하였으며, 유능한 자를 임명하였고, 현명한 자를 등용해서 해당
하는 지위에 앉혔으며, 여러 관리들을 모아서 맹세를 하였던 것이다.
이러한 까닭으로 하늘이 높은 곳에 위치한다는 사실에 따라서 하늘을
섬기는 예법을 제정하여 섬겼고, 땅이 낮은 곳에 위치한다는 사실에 따
라서 땅을 섬기는 예법을 제정하여 섬겼으며, 순수를 하여 명산을 지나
치게 되면 그 기회를 빌미로 그 산에 올라가서 그 지역을 다스리는 제
후의 공적을 하늘에 아뢰었고, 수도를 건립한 땅에서는 남쪽 교외에서
상제에게 제사를 지냈던 것이다. 하늘에 그 공적을 아뢰게 되니, 봉황
이 내려오고, 신령스러운 거북과 용이 찾아오며['假'자의 음은 '格(격)'이다.]
교외에서 상제에게 제사를 지내게 되니, 바람과 비가 적절하게 되고, 추
위와 더위가 때에 맞게 되었다. 이러한 까닭으로 성인은 남면을 하고
서 있음에 천하가 크게 다스려졌다.

置, 如置諸左右之置, 謂使之居其位也. 禮莫重於祭, 當大事之時,
必擇有道德才能者執其事, 又從而誓戒之, 周禮冢宰掌百官之誓戒,
是也. 因天之尊而制爲事天之禮, 因地之卑而制爲事地之禮, 郊社
是也. 中, 平也, 成也. 巡守而至方岳之下, 必因此有名之大山, 升進
此方諸侯治功平成之事以告於天, 舜典柴岱宗, 卽其禮也. 吉土, 王
者所卜而建都之地也, 兆於南郊. 歲有常禮, 其瑞物之臻, 休徵之應,
理或然耳. 而后世封禪之說, 遂根著於此, 牢不可破, 皆鄭氏祖緯說

啓之也.

'치(置)'자는 좌우에 둔다고 할 때의 둔다라는 뜻이니, 그로 하여금 해당하는 지위에 머물도록 한다는 의미이다. 예 중에는 제사보다 중요한 것이 없으니, 제사를 지내야 할 때에는 반드시 도덕과 재능을 갖춘 자를 가려내서, 그 일들을 맡아보도록 해야 하고, 또한 그 일에 따라 맹세를 하였다. 『주례』에서 총재가 백관들의 맹세에 대한 일을 담당한다고 한 말[1]이 바로 그 뜻에 해당한다. 하늘이 높은 곳에 위치함에 따라서 하늘을 섬기는 예법을 제정한 것이며, 땅이 낮은 곳에 위치함에 따라서 땅을 섬기는 예법을 제정한 것이니, 교사(郊社)가 바로 그 예법에 해당한다. '중(中)'자는 다스린다는 뜻이며, 이룬다는 뜻이다. 즉 천자가 순수를 하여, 방악(方岳)[2]의 아래에 당도하게 되면, 반드시 그곳의 저명한 큰 산에 당도한 것에 따라서 그곳에 올라가 그 지역의 제후가 그 나라를 다스린 공적과 국가를 통치하는 사안들을 알려서, 하늘에게 아뢰게 되니, 『서』「순전(舜典)」편에서 대종(岱宗)[3]에게 시(柴)[4]를 하였다는 일[5]이 곧 그

---

1) 『주례』「천관(天官)·대재(大宰)」: 祀五帝, 則<u>掌百官之誓戒</u>, 與其具脩.

2) 방악(方岳)은 '방악(方嶽)' 또는 '사악(四嶽)'이라고도 부르며, 사방의 주요 산들을 뜻한다. 고대인들이 주요 산들로 오악(五嶽)을 두었는데, 그 중 중앙에 있는 숭산(嵩山)은 천자의 수도 부근에 있었으므로, '숭산'을 제외한 나머지 4개의 산을 '방악'이라고 부른 것이다. 동쪽 지역의 주요 산인 동악(東嶽)은 태산(泰山)이고, 남악(南嶽)은 형산(衡山: =霍山), 서악(西嶽)은 화산(華山), 북악(北嶽)은 항산(恒山)이 된다. 『춘추좌씨전』「소공(昭公) 4년」에 기록된 '사악(四嶽)'에 대해, 두예(杜預)의 주에서는 "東嶽岱, 西嶽華, 南嶽衡, 北嶽恒."이라고 풀이했다.

3) 대종(岱宗)은 오악(五嶽) 중 동악(東嶽)에 해당하는 태산(泰山)을 가리킨다. 대(岱)자는 태산을 뜻하고, 종(宗)자는 존귀하다는 의미에서 붙여진 것으로 풀이하기도 한다.

4) 시제(柴祭)는 일종의 하늘에 대한 제사이다. 초목을 태워서 그 연기를 하늘로 올려 보내며 아뢰는 의식이다. 『서』「우서(虞書)·순전(舜典)」편에는 "歲二月, 東巡守, 至于岱宗, 柴."라는 기록이 있고, 이에 대한 공안국(孔安國)의 전(傳)에서는 "燔柴祭天告至."라고 풀이했다.

5) 『서』「우서(虞書)·순전(舜典)」: 歲二月, <u>東巡守至于岱宗, 柴</u>, 望秩于山川, 肆

예법에 해당한다. '길토(吉土)'는 천자가 점을 쳐서 수도로 정한 땅을 뜻하니, 남쪽 교외에 조(兆)[6]를 설치한다. 해마다 정규적으로 지내는 제례가 있는데, 그때 상서로운 사물들이 모여들고, 상서로운 조짐들이 나타난다는 말은 이치상 혹여 그러하기도 할 따름이다. 후세의 봉선(封禪)[7]에 대한 주장들은 결국 이곳 문장에 근거를 두게 되어, 그 구속력을 깨트릴 수가 없게 되었는데, 이러한 병폐들은 모두 정현이 위서의 주장들에 근본을 두고 설명을 한 것에서 비롯되었다.

觀東后, 協時月正日, 同律度量衡, 修五禮, 五玉, 三帛, 二生, 一死, 贄, 如五器, 卒乃復.

6) 조(兆)는 고대에 사교(四郊)에 설치했던 일종의 제단(祭壇)이다. 또한 사교(四郊)에서 제사를 지내는 장소를 뜻한다. 『예기』「표기(表記)」편에는 "詩曰, 后稷兆祀, 庶無罪悔, 以迄于今."이라는 기록이 있고, 이에 대한 정현의 주에서는 "兆, 四郊之祭處也."라고 풀이했다. 한편 『예기』「예기(禮器)」편에는 "有以下爲貴者, 至敬不壇, 埽地而祭."라는 기록이 있다. 즉 지극히 공경을 표해야 하는 제사에서는 제단을 쌓지 않고, 단지 땅만 쓸고서 제사를 지낸다는 뜻이다. 이 문장에 대해 진호(陳澔)의 『집설(集說)』에서는 "封土爲壇, 郊祀則不壇, 至敬無文也."라고 풀이한다. 즉 흙을 높게 쌓아서 제단을 만들게 되는데, 교사(郊祀)와 같은 경우는 지극히 공경을 표해야 하는 제사에 해당하므로, 제단을 만들지 않는다. 그 이유는 이러한 제사에서는 화려한 꾸밈을 하지 않기 때문이다. 한편 『예기』「예기(禮器)」편의 문장에 대해 공영달(孔穎達)의 소(疏)에서는 "此謂祭五方之天, 初則燔柴於大壇, 燔柴訖, 於壇下掃地而設正祭, 此周法也."라고 설명한다. 즉 지극히 공경을 표해야 하는 제사는 오방(五方)의 천신(天神)들에게 지내는 제사를 뜻하는데, 제사 초반부에는 태단(太壇)에서 섶을 태워서 신들에게 알리고, 섶 태우는 일이 끝나면, 제단 아래에서 땅을 쓸고, 본격적인 제사를 지내게 되는데, 이것은 주(周)나라 때의 예법에 해당한다.

7) 봉선(封禪)은 고대의 제왕들이 천지(天地)에 대한 제사를 지낼 때 따르게 되었던 규범을 뜻한다. 태산(泰山)에 흙으로 제단을 쌓고, 제사를 지내며 하늘의 공덕(功德)에 보답을 하였는데, 이것을 '봉(封)'이라고 부르는 것이며, 태산 밑에 있는 양보산(梁父山)에서 땅을 정돈하여, 땅에 대한 제사를 지내며, 땅의 공덕에 보답을 하였는데, 이것을 '선(禪)'이라고 부른다.

近按: 尙德尊道任能擧賢之事, 在言祭禮之先, 故舊說以爲當祭擇其
執事之人, 愚恐未然. 聖人之制祭祀, 必先脩人事, 故有至治馨香,
然后神享其德, 擇任賢才, 所以致治而爲事天享帝之本, 豈可只言祭
時之執事也? 升中于天, 恐是言中心之誠也.

내가 살펴보니, 덕이 있는 자를 숭상하고 도를 갖춘 자를 존숭하며 능력
이 있는 자를 임명하고 현명한 자를 등용한다는 사안들은 제례를 언급
한 사안 앞에 기록되어 있다. 그렇기 때문에 옛 학설에서는 제사를 지내
야 할 때 일을 맡아보는 자들을 뽑는다는 뜻으로 여겼다. 그러나 내가
생각하기에 그렇지 않은 것 같다. 성인이 제사의 예법을 제정했을 때에
는 반드시 그보다 앞서서 인사에 대한 일들을 정돈하였다. 그렇기 때문
에 지극한 정치의 향기로움이 있은 뒤에야 신이 그의 덕을 흠향하는 것
이다. 그래서 현명하고 재주가 뛰어난 자를 선발하여 임용하는 것은 정
치를 지극히 하고 하늘을 섬기며 상제를 흠향시키는 근본이 되는데, 어
찌 제사를 지낼 때 일을 맡아보는 자에 대한 것만 말한 것이겠는가? '승
중우천(升中于天)'이라는 말은 아마도 마음에 있는 정성에 대한 것을 말
하는 것 같다.

天道至敎, 聖人至德. 廟堂之上, 罍尊在阼, 犠[莎]尊在西; 廟堂
之下, 縣[去聲]鼓在西, 應鼓在東. 君在阼, 夫人在房, 大明生於
東, 月生於西, 此陰陽之分[去聲], 夫婦之位也. 君西酌犠象, 夫
人東酌罍尊. 禮交動乎上, 樂交應乎下, 和之至也. 〈060〉

하늘의 도는 지극한 교화에 해당하고, 성인은 지극한 덕에 해당한다.
종묘의 당상에 있어서, 뇌준이라는 술동이는 동쪽에 진설하고, 사준이
라는['犠'자의 음은 '莎(사)'이다.] 술동이는 서쪽에 설치한다. 한편 당하에
있어서, 현고는['縣'자는 거성으로 읽는다.] 서쪽에 설치하고, 응고는 동쪽에
설치한다. 군주가 종묘에 위치할 때에는 동쪽에 머물게 되고, 부인은
서쪽에 있는 방에 위치하며, 태양은 동쪽에서 생겨나고, 달은 서쪽에서
생겨나니, 이것은 음양에 따른 구분이자['分'자는 거성으로 읽는다.] 부부의
위치에 해당한다. 군주는 동쪽에 있다가 서쪽으로 이동하여 사준에서
술을 따르며, 부인은 서쪽에 있다가 동쪽으로 이동하여 뇌준에서 술을
따른다. 따라서 예는 당상에서 교대로 진행되고, 악은 당하에서 교대로
호응하니, 조화로움의 지극함이다.

天道陰陽之運, 極至之敎也; 聖人禮樂之作, 極至之德也. 無以復加,
故以至言. 罍尊, 夏后氏之尊也. 犠尊, 周尊也. 縣鼓大, 應鼓小. 設
禮樂之器, 以西爲上, 故犠尊縣鼓皆在西, 而罍尊與應鼓皆在東也.
天子・諸侯皆有左右房, 此夫人在西房也. 君在東而西酌犠象, 夫人
在西而東酌罍尊, 此禮交動乎堂上也; 縣鼓・應鼓相應於堂下, 是樂
交應乎下也. 罍尊畫爲山雲之形. 犠尊畫鳳羽而象骨飾之, 故亦曰
犠象. 此章言諸侯時祭之禮.

하늘의 도는 음양의 기운을 운행하니 지극한 교화에 해당하고, 성인은
예악을 제정하였으니 지극한 덕에 해당한다. 더 이상 더할 것이 없기

때문에, 지극하다고 말한 것이다. '뇌준(罍尊)'은 하후씨 때 사용하던 술 동이이다. '사준(犧尊)'은 주나라 때 사용하던 술동이이다. 북 중에서 '현 고(縣鼓)'는 큰 북이고, '응고(應鼓)'는 작은 북이다. 예악과 관련된 기물 들을 설치할 때, 한결같이 서쪽에 위치하는 것을 더 높은 것으로 삼는 다. 그렇기 때문에 사준과 현고를 모두 서쪽에 두는 것이며, 뇌준과 응 고는 모두 동쪽에 두는 것이다. 천자와 제후의 종묘에서는 좌우측에 방 을 설치하게 되니, 이러한 까닭으로 부인이 서쪽 방에 위치할 수 있는 것이다. 군주는 동쪽에 있다가 서쪽으로 가서 사상에서 술잔을 따르고, 부인은 서쪽에 있다가 동쪽으로 가서 뇌준에서 술잔을 따르는 것이니, 이것은 바로 "예가 당상에서 교대로 진행된다."는 뜻이다. 그리고 현고 와 응고는 당하에서 교대로 호응하니, 이것은 바로 "악이 당하에서 교대 로 호응한다."는 뜻이다. 뇌준에는 산과 구름의 무늬를 그려 넣는다. 사 준에는 봉황의 날개를 그리고 상아로 치장을 한다. 그렇기 때문에 이 술동이를 '사상(犧象)'이라고도 부르는 것이다. 이곳 문장은 제후가 사계 절마다 지내는 정규 제사의 예에 대해서 언급하고 있다.

禮也者, 反其所自生; 樂也者, 樂[洛]其所自成. 是故先王之制
禮也以節事, 脩樂以道志. 故觀其禮樂, 而治亂可知也. 蘧伯
玉曰: "君子之人達." 故觀其器而知其工之巧, 觀其發而知其
人之知[去聲]. 故曰: "君子愼其所以與人者." 〈061〉

예라는 것은 유래되어 생겨나게 된 것을 반추하는 것이고, 악이라는 것 은 완성을 이룬 원인을 흥겹게['樂'자의 음은 '洛(락)'이다.] 한 것이다. 이러 한 까닭으로 선왕이 예를 제정할 때에는 인사의 의로운 준칙으로써 했 고, 악을 정비함에는 마음속에 있는 답답한 뜻을 밖으로 표출하도록 했 던 것이다. 그러므로 그 나라의 예악을 관찰해보면, 그 나라가 다스려지는지 또는 혼란스러운지를 알 수 있다. 거백옥은 "군자라는 사람은 그 마음이 밝아서 사리에 통달한 자이다."라고 했다. 그러므로 기물을 살펴보면, 그것을 만든 공인의 솜씨가 좋은지 또는 조잡한지를 알 수 있는 것이고, 그 사람의 행동을 살펴보면, 그 사람이 지혜로운지['知'자는 거성으로 읽는다.] 또는 어리석은지를 알 수 있는 것이다. 그러므로 "군자는 다른 사람과 더불어 교류하는 것들에 대해서 신중을 기한다."라고 했다.

集說

萬物本乎天, 人本乎祖, 禮主於報本反始, 不忘其所由生也. 王者功成治定, 然後作樂, 以文德定天下者, 樂文德之成; 以武功定天下者, 樂武功之成, 非泛然爲之也. 節事, 爲人事之儀則也. 道志, 宣其湮鬱也. 世治則禮序而樂和, 世亂則禮慝而樂淫, 故觀禮樂而治亂可知也. 蘧伯玉, 衛大夫名瑗. 言君子之心, 明睿洞達, 觀器用, 則知工之巧拙; 觀人之發動擧措, 則知其人之智愚. 豈有觀禮樂而不知治亂乎? 禮樂者, 與人交接之具, 君子致謹於此, 以其所關者大也. 故曰, 蓋古有是言, 而記者稱之耳.

만물은 하늘에 근본을 두고 있고, 사람은 조상에 근본을 두고 있는데, 예가 근본에 보답하고 시초로 되돌리는 것을 위주로 하는 것도 그 유래되어 생겨나게 된 바를 잊을 수 없기 때문이다. 천자가 된 자들은 공덕을 완성하고 정치를 안정시킨 연후에야 음악을 제작하게 된다. 그런데 문덕으로 천하를 안정시킨 경우에는 문덕을 완성한 것을 즐거워한 것이며, 무공으로 천하를 안정시킨 경우에는 무공을 완성한 것을 즐거워한 것이니, 아무렇게나 음악을 만들었던 것이 아니다. '절사(節事)'라는 것은 사람과 관련된 일의 의로운 준칙으로 삼는 것을 뜻한다. '도지(道志)'라는 것은 마음에 있는 답답함을 밖으로 펼친다는 뜻이다. 세상이 다스려지면 예에는 질서가 잡히고 악은 조화롭게 된다. 그 반면 세상이 혼란스러우면 예는 사특해지고 악은 음란해진다. 그렇기 때문에 예악을 관찰해보면, 그 나라가 제대로 다스려지는지 또는 혼란스러운지를 알 수 있다. '거백옥(遽伯玉)'은 위나라의 대부로 이름은 원이다. 그의 말은 군자의 마음은 밝고 사리에 통달되어 있다는 뜻이니, 기구 및 도구들을 살펴보면, 그것을 만든 공인의 솜씨가 정교한지 또는 조잡한지를 알 수 있고, 사람의 행동거지를 살펴보면, 그 사람이 지혜로운지 또는 어리석은지를 알 수 있다. 그러므로 어찌 예악을 관찰하고도 그 나라가 다스려지는지 또는 혼란스러운지를 모르는 일이 있겠는가? 예악이라는 것은 타인과 교류할 때의 수단이 되므로, 군자는 여기에 정성과 신중을 다하였으니, 예악은 매우 중요한 관건이 되기 때문이다. '고왈(故曰)'이라는 두 글자를 덧붙인 이유는 아마도 고대에 이러한 말들이 있어서, 『예기』를 기록한 자가 그 말을 일컫게 되었기 때문일 것이다.

大廟之內敬矣, 君親牽牲, 大夫贊幣而從[去聲]; 君親制祭, 夫人薦盎; 君親割牲, 夫人薦酒.〈062〉

태묘 안에서는 공경함을 다한다. 군주는 직접 희생물을 이끌고 묘문 안으로 들어오고, 대부는 군주를 보좌하여 폐물을 들고서 뒤따른다.['從'자는 거성으로 읽는다.] 그리고 군주는 직접 희생물의 간을 도려내서 그것으로 제사를 지내고, 부인은 앙제를 술잔에 따라서 바친다. 그리고 군주는 직접 희생물을 부위별로 해체하고, 부인은 또한 술을 따라서 바친다.

君出廟門迎牲, 親牽以入, 然必先告神而後殺, 故大夫贊佐執幣而從君, 君乃用幣以告神也. 殺牲畢而進血與腥, 則君親割制牲肝以祭神於室. 此時君不親獻酒, 惟夫人以盎齊薦獻. 盎齊見前篇. 及薦執之時, 君又親割牲體, 然亦不獻, 故惟夫人薦酒也.

군주는 묘문(廟門)[1] 밖으로 나와서 희생물을 맞이하고, 직접 희생물을 끌고서 묘문 안으로 들어가지만, 반드시 신에게 아뢴 뒤에야 희생물을 도축한다. 그렇기 때문에 대부가 군주를 도와서 폐물을 들고 군주를 뒤따르니, 군주는 곧 대부가 가져온 폐물을 사용하여 신에게 아뢰는 것이다. 희생물에 대한 도축이 모두 끝나면, 희생물의 피와 생고기를 진상하게 되는데, 그렇게 되면 군주는 직접 희생물의 간을 도려내 묘실에서 신에게 제사를 지낸다. 이때 군주는 직접 술을 따라서 바치지 않고, 오직 군주의 부인만이 앙제를 따라서 술을 바치게 된다. '앙제(盎齊)'에 대한 설명은 앞 편에 나온다. 그리고 익힌 고기를 바칠 때에 이르게 되면, 군주는 또한 직접 희생물의 몸체를 해부하게 된다. 그러나 이때에도 술을 바치지 않는다. 그렇기 때문에 오직 부인만이 술을 바치는 것이다.

經文

卿大夫從[去聲]君, 命婦從夫人, 洞洞乎其敬也, 屬屬[燭]乎其忠也, 勿勿乎其欲其饗之也.〈063〉

경과 대부들은 군주를 뒤따르고['從'자는 거성으로 읽는다.] 명부들은 군주의 부인을 뒤따르니, 공경함을 나타냄에 겉과 속에 차이가 없고, 진실되어 거짓됨이 없는['屬'자의 음은 '燭(촉)'이다.] 그 충심이여, 열심히 노력하여 신들이 흠향하기를 바라는구나.

----

1) 묘문(廟門)은 종묘(宗廟)의 정문을 뜻한다. 『서』「주서(周書)·고명(顧命)」편에는 "諸侯出廟門俟."라는 용례가 나온다. 한편 '묘문'은 빈궁(殯宮)의 문을 뜻하는 용어로도 사용된다. 『예기』「상복소기(喪服小記)」편에는 "無事不辟廟門, 哭皆於其次."라는 기록이 있는데, 이에 대한 공영달(孔穎達)의 소(疏)에서는 "廟門, 殯宮門也."라고 풀이했다.

洞洞, 敬之表裏無間也. 屬屬, 誠實無僞也. 勿勿, 勉勉不已也, 一云
切切也. 命婦, 卿・大夫之妻也.

'동동(洞洞)'은 공경함을 나타냄에 겉과 속의 차이가 없는 모습을 뜻한
다. '촉촉(屬屬)'은 진실되고 정성스러우며 거짓됨이 없는 모습을 뜻한
다. '물물(勿勿)'은 열심히 일함에 그침이 없는 모습을 뜻하며, '절절(切
切)'이라고도 부른다. '명부(命婦)'는 경과 대부의 처를 뜻한다.

經文

納牲詔於庭, 血毛詔於室, 羹定[丁磬反]詔於堂. 三詔皆不同位,
蓋道求而未之得也.〈064〉

종묘의 마당으로 희생물을 들여서 신에게 아뢰고, 희생물의 피와 털을
가져다가 묘실에서 아뢰며, 희생물을 삶은 고깃국과 익힌 고기를['定'자는
'丁(정)'자와 '磬(경)'자의 반절음이다.] 차려내서 당에서 아뢰게 된다. 이처럼
세 차례 아뢰는 의식에서는 모두 해당하는 장소가 다른데, 그것은 신을
찾으나 확실히 어디에 있는지 알 수 없기 때문이라는 뜻을 나타낸다.

集說

詔, 告也. 牲入在庭以幣告神, 故云納牲詔於庭. 殺牲取血及毛, 入
以告神於室, 故云血毛詔於室. 羹, 肉汁也. 定, 熟肉也. 煮之就熟,
將迎尸入室, 乃先以俎盛羹及定, 而告神於堂, 此是薦熟未食之前
也. 道, 言也. 此三詔者各有其位, 蓋言求神而未得也.

'조(詔)'자는 아뢴다는 뜻이다. 희생물을 들여서 마당에 놓아두고서 폐물
을 사용하여 신에게 아뢴다. 그렇기 때문에 "마당으로 희생물을 들여서

아뢴다."고 말한 것이다. 희생물을 도축한 뒤 희생물의 피와 털을 가져다가 묘실에 들어가서 신에게 아뢴다. 그렇기 때문에 "묘실에서 피와 털로 아뢴다."고 말한 것이다. '갱(羹)'은 고깃국이다. '정(定)'은 익힌 고기이다. 고기를 삶아서 충분히 익게 되면, 장차 시동을 맞이하여 묘실로 들어가려고 하여, 우선적으로 도마에 고깃국과 익힌 고기를 담아서 올리고, 당에서 신에게 아뢰니, 이것은 곧 익힌 고기를 올렸으나 아직 맛보기 이전인 때에 해당한다. '도(道)'자는 말한다는 뜻이다. 이처럼 세 차례 아뢰는 의식에서는 각각 해당하는 장소가 있으니, 신을 찾으나 확실히 어디에 있는지 알 수 없다는 뜻을 나타낸다.

經文

設祭於堂, 爲祊[百彭反]乎外, 故曰於彼乎, 於此乎.⟨065⟩

신이 어디에 있는지 알 수 없으므로 당에서 제사를 지내고, 묘문 밖에서 팽을['祊'자는 '百(백)'자와 '彭(팽)'자의 반절음이다.] 지낸다. 그렇기 때문에 "저기에서 흠향을 하실 것인가? 아니면 이곳에서 흠향을 하실 것인가?" 라고 말하는 것이다.

集說

設祭於堂者, 謂薦腥燗之時, 設饌在堂也. 祊, 祭之明日繹祭也. 廟門謂之祊, 設祭在廟門外之西旁, 故因名爲祊也. 記者又引古語云於彼乎於此乎, 言不知神於彼饗之乎於此饗之乎.

"당에서 제사를 시행한다."는 말은 생고기를 바치고 데친 고기를 바칠 때, 당에다 성찬을 진설하는 것을 뜻한다. '팽(祊)'이라는 것은 정규 제사를 지낸 다음날에 지내는 역제를 뜻한다. 묘문을 '팽(祊)'이라고 부르는데, 제사를 시행할 때 묘문 밖의 서쪽 측면에서 지내기 때문에, 이러한 것에 착안하여 그 제사를 '팽(祊)'이라고 부르는 것이다. 『예기』를 기록한 자는 또한 고대의 말을 인용하여, "저기인가? 여기인가?"라고 하였는데, 이 말은 신이 저곳에서 흠향을 하게 될 것인지 또는 이곳에서 흠향을 하게 될 것인지 알 수 없다는 뜻이다.

經文

一獻質, 三獻文, 五獻察, 七獻神.〈066〉

작은 제사에서는 한 차례만 헌을 하니, 그 예법이 질박하고 소략한 것이고, 사직 및 오사에 대한 제사에서는 세 차례 헌을 하니, 그 예법이 화려한 것이며, 사망과 산천에 대한 제사에서는 다섯 차례 헌을 하니, 그 예법이 성대한 것이고, 종묘에 대한 제사에서는 일곱 차례 헌을 하니, 신령이 찾아와 계신 듯한 것이다.

集說

獻, 酌酒以薦也. 祭群小祀則一獻, 其禮質略. 祭社稷·五祀三獻, 其神稍尊, 故有文飾. 五獻, 祭四望·山川之禮也. 察者, 顯盛詳著之貌. 祭先公之廟則七獻, 禮重心肅, 洋洋乎其如在之神也.

'헌(獻)'은 술을 따라서 바친다는 뜻이다. 뭇 소사들에 대한 제사를 지낸다면 한 차례만 헌을 하니, 그 예법이 질박하고 간략한 것이다. 사직·오사에 대한 제사를 지내게 되면 세 차례 헌을 하니, 해당하는 신들이 소사의 신보다 존귀하기 때문에, 문식을 꾸미는 것이다. 다섯 차례 헌을 하는 경우는 사망(四望)2) 및 산천에게 제사를 지내는 예법이다. '찰(察)'

---

2) 사망(四望)은 천자가 사방(四方)의 산천(山川)에게 망(望)제사를 지내는 것이다. 제사의 대상은 산천 중의 큰 것들로, 오악(五嶽)이나 사독(四瀆)과 같은 것이다.

이라는 말은 그 성대함이 구체적으로 드러나는 모양을 뜻한다. 선대 군주들의 묘에서 제사를 지내게 되면 일곱 차례 헌을 하게 되는데, 그 예법이 중대하고 마음 또한 엄숙하게 되니, 성대하게도 마치 신령이 찾아와 계신 듯한 것이다.

經文

大饗其王事與[平聲]. 三牲・魚・腊, 四海九州之美味也. 籩豆之薦, 四時之和氣也. 內[納]金, 示和也. 束帛加璧, 尊德也. 龜爲前列, 先知也. 金次之, 見[形甸反]情也. 丹・漆・絲・纊・竹・箭, 與衆共財也. 其餘無常貨, 各以其國之所有, 則致遠物也. 其出也, 肆[陔]夏而送之, 蓋重禮也.〈067〉

대향은 천자에게 해당하는 일이구나.['與'자는 평성으로 읽는다.] 소・양・돼지라는 세 가지 희생물과 물고기와 말린 고기는 사해 및 구주에서 거둬온 맛좋은 음식들이다. 변과 두에 담아 올리는 여러 음식들은 사계절의 조화로운 기운이 생성시킨 산물이다. 제후가 공납한['內'자의 음은 '納(납)'이다.] 금은 제후들의 친근함을 드러낸다. 속백에 벽을 올리는 것은 덕성을 존숭하는 것이다. 거북껍질을 가장 앞줄에 진열하는 것은 길흉

산천에 대한 제사는 일일이 그곳마다 찾아가서 제사를 지낼 수 없기 때문에, 그곳이 바라보이는 곳에 제단을 쌓고 제사를 지낸다. 그렇기 때문에 그 제사를 '망'제사라고 부르는 것이다. 그리고 천자는 사방(四方)의 산천들에 대해서 모두 제사를 지내게 되므로 '사(四)'자를 붙여서 '사망'이라고 부르는 것이다. 『주례』「춘관(春官)・대종백(大宗伯)」편에는 "國有大故, 則旅上帝及四望."이라는 기록이 있고, 이에 대한 가공언(賈公彦)의 소(疏)에서는 "言四望者, 不可一往就祭, 當四向望而爲壇遙祭之, 故云四望也."라고 풀이했다. 그리고 손이양(孫詒讓)의 『정의(正義)』에서는 "陳壽祺云, 山川之祭, 周禮四望, 魯禮三望. 其餘諸侯祀竟內山川, 蓋無定數, 山川之大者, 莫如五嶽四瀆."이라고 풀이했다.

을 판별할 수 있는 지혜를 갖추고 있으므로 가장 앞에 두는 것이다. 금을 그 다음 줄에 진열하는 것은 사람의 정감을 드러내는['見'자는 '形(형)' 자와 '甸(전)'자의 반절음이다.] 것이다. 단칠 재료 · 옻칠 재료 · 명주 · 솜 · 대나무 · 작은 대나무 등을 모두 진열하는 것은 대중들과 함께 재화를 공유하는 것이다. 기타 오랑캐들이 가져오는 공물에는 정해진 규정이 없는데, 각자 그들의 나라에서 생산되는 것들을 가져온 것이므로, 멀리 떨어져 있는 지역의 사물들도 찾아오게끔 한 것이다. 제사를 도왔던 빈객들이 밖으로 나감에는 해하를['肆'자의 음은 '肄(해)'이다.] 연주하여 그들을 전송하니, 무릇 이러한 의식은 중대한 예에 해당하기 때문이다.

集說

大饗, 祫祭也. 言王事者, 明此章所陳, 非諸侯所有之事也. 三牲, 牛 · 羊 · 豕也. 腊, 獸也. 少牢禮云: "腊用麋." 籩豆所薦品味, 皆四時和氣之生成. 內金, 納侯邦所貢之金也. 示和, 諸侯之親附也. 一說, 金牲或從或革隨人, 故言和也. 君子於玉比德, 諸侯來朝, 璧加於束帛之上, 尊德也. 陳列之序, 龜獨在前, 以其知吉凶, 故先之也. 金在其次, 以人情所同欲, 故云見情也. 自三牲以下至丹漆等物, 皆侯邦所供貢, 竝以之陳列, 或備器用. 與衆共財, 言天下公共所有之物也. 其餘無常貨, 謂九州之外, 蠻夷之國, 或各以其國所有之物來貢, 亦必陳之, 示其能致遠方之物也. 但不以爲常耳. 諸侯爲助祭之賓, 禮畢而出, 在無筭爵之後, 樂工歌陔夏之樂章以送之. 設施如此, 蓋重大之禮也. 註讀肆爲陔者, 周禮鍾師掌九夏, 尸出入奏肆夏, 客醉而出, 則奏陔夏, 故知此當爲陔也.

'대향(大饗)'은 협제사이다. '왕사(王事)'라고 언급한 것은 이곳 문장에서 진열되는 물건들은 제후들이 갖출 수 있는 사안이 아니라는 뜻을 나타낸다. '삼생(三牲)'은 소 · 양 · 돼지이다. '석(腊)'은 짐승의 말린 고기이다. 『의례』「소뢰궤식례(少牢饋食禮)」편에서는 "석(腊)은 큰사슴의 고기를 이용한다."[3]라고 했다. 변과 두에 차려내는 맛좋은 음식들은 모두 사계절의 조화로운 기운이 생성시킨 산물이다. '내금(內金)'은 제후들의 나라에서 공납으로 들여온 금을 마당으로 들인다는 뜻이다. '시화(示和)'는 제후들이 친근하게 따른다는 뜻을 나타낸다는 의미이다. 일설에는 금의 성향은 사람에 따라서 따르기도 하고 바뀌기도 한다. 그렇기 때문에 '조화[和]'를 언급했다고 말한다. 군자는 옥을 통해 자신의 덕을 비견하니, 제후들이 찾아와서 조회를 함에 속백 위에 벽을 올려두는 것은 그 덕을 존숭하기 때문이다. 물건들을 진열하는 순서에 있어서, 거북껍질을 유독 가장 앞에 놓아두는 것은 그것이 길흉을 알 수 있기 때문에, 가장 앞에 진열하는 것이다. 금을 그 다음에 놓아두는 것은 사람의 정감상 모두가 동일하게 갖고 싶어 하는 것이기 때문이다. 그래서 "사람의 정감을 드러낸다."라고 말한 것이다. 삼생으로부터 그 이하로 단칠 재료·옻칠 재료 등의 사물들에 이르기까지, 이 모두는 제후들의 나라에서 공납한 것들이니, 이 모두를 진열하게 되는데, 그 중 어떤 것들은 기물을 만드는 재료로 사용된다. "대중들과 그 재물을 함께한다."는 것은 천하의 모든 사람들이 공동으로 소유한 사물이라는 뜻이다. "그 나머지는 정해진 것이 없는 재화이다."라고 한 말은 구주 이외의 오랑캐 나라에서는 간혹 각각 그들의 나라에서 생산되는 사물들을 가지고 찾아와서 공납을 하게 되니, 이 또한 반드시 진열하게 되며, 이를 통해서 멀리 떨어져 있는 나라의 사물들도 가져올 수 있다는 뜻을 나타내는 것이다. 다만 그것들은 고정된 품목으로 정형화시킬 수 없을 따름이다. 제후들은 제사를 돕는 빈객이 되는데, 의례 행사가 모두 끝나서 밖으로 나오게 되는 시기는 무산작을 한 이후에 놓이게 되며, 악공들은 해하라는 악장을 연주하여 그들을 전송하게 된다. 시행과 베풂을 이처럼 하는 이유는 이것이 중대한 예법에 해당하기 때문이다. 정현의 주에서는 '사(肆)'자를 해(陔)자로 해석하였는데, 『주례』「종사(鍾師)」편에서는 종사가 구하(九夏)[4]

---

3) 『의례』「소뢰궤식례(少牢饋食禮)」: 司士又升魚·腊. 魚十有五而鼎. 腊一純而鼎, 腊用麋.
4) 구하(九夏)는 고대의 아홉 가지 악곡을 총칭하는 말이다. '하(夏)'자는 성대하다

를 담당한다고 하였고,[5] 시동이 출입을 할 때 사하를 연주하며, 빈객들이 술을 충분히 마시고 밖으로 나오게 되면 해하(陔夏)를 연주한다고 하였다.[6] 그렇기 때문에 '사(肆)'자가 마땅히 해(陔)자가 되어야 함을 알 수 있다.

劉氏曰: 後篇言鍾次之, 以和居參之, 則此言內金示和, 亦取其聲之和耳. 見情也者, 見人情之和也.

유씨가 말하길, 다음 편에서는 "종을 그 다음에 진열하니, 조화로움 때문에 그 중간에 위치시키는 것이다."라고 하였으니, 이곳 문장에서 "쇠

는 뜻에서 붙여진 명칭이다. 아홉 가지 악곡은 왕하(王夏), 사하(肆夏), 소하(昭夏), 납하(納夏), 장하(章夏), 제하(齊夏), 족하(族夏), 개하(祴夏: =陔夏), 오하(驚夏)이다. '구하'의 쓰임은 다양한데, 『주례』에 따르면 '왕하'는 천자가 출입할 때 연주하는 악곡이고, '사하'는 시동이 출입할 때 연주하는 악곡이며, '소하'는 희생물이 출입할 때 연주하는 악곡이고, '납하'는 사방의 빈객들이 찾아왔을 때 연주하는 악곡이며, '장하'는 신하가 공적을 세웠을 때 연주하는 악곡이고, '제하'는 부인이 제사를 지낼 때 연주하는 악곡이며, '족하'는 족인들이 모시고 있을 때 연주하는 악곡이고, '개하'는 빈객이 술을 마시고 밖으로 나갈 때 연주하는 악곡이며, '오하'는 공(公)이 출입할 때 연주하는 악곡이다. 『주례』「춘관(春官)·종사(鍾師)」편에는 "凡樂事, 以鍾鼓奏九夏: 王夏·肆夏·昭夏·納夏·章夏·齊夏·族夏·祴夏·驚夏."라는 기록이 있고, 이에 대한 정현의 주에서는 두자춘(杜子春)의 주를 인용하여, "杜子春云, '內當爲納, 祴讀爲陔鼓之陔. 王出入奏王夏, 尸出入奏肆夏, 牲出入奏昭夏, 四方賓來奏納夏, 臣有功奏章夏, 夫人祭奏齊夏, 族人侍奏族夏, 客醉而出奏陔夏, 公出入奏驚夏,'"라고 풀이했다.

5) 『주례』「춘관(春官)·종사(鍾師)」: 凡樂事, 以鍾鼓奏九夏: 王夏·肆夏·昭夏·納夏·章夏·齊夏·族夏·祴夏·驚夏. / 개하(祴夏)를 해하(陔夏)라고도 부른다.

6) 『주례』「춘관(春官)·종사(鍾師)」편의 "凡樂事, 以鍾鼓奏九夏: 王夏·肆夏·昭夏·納夏·章夏·齊夏·族夏·祴夏·驚夏."에 대한 정현의 주: 杜子春云, "內當爲納, 祴讀爲陔鼓之陔. 王出入奏王夏, 尸出入奏肆夏, 牲出入奏昭夏, 四方賓來奏納夏, 臣有功奏章夏, 夫人祭奏齊夏, 族人侍奏族夏, 客醉而出奏陔夏, 公出入奏驚夏."

종[金]을 안쪽에 두어 조화로움을 보인다."라고 한 말 또한 쇠종이 내는 조화로운 소리의 뜻을 취한 것일 따름이다. "사람의 정감을 드러낸다."는 말은 사람의 조화로운 감정을 드러낸다는 뜻이다.

祀帝於郊, 敬之至也; 宗廟之祭, 仁之至也; 喪禮, 忠之至也; 備服器, 仁之至也; 賓客之用幣, 義之至也. 故君子欲觀仁義之道, 禮其本也.〈068〉

교외에서 상제에게 제사를 지내는 것은 경의 지극함에 해당한다. 종묘에서 조상에게 제사를 지내는 것은 인의 지극함에 해당한다. 상례를 치름에 성심을 다하는 것은 충의 지극함에 해당한다. 장례를 치르며 의복 및 기구들을 빠짐없이 갖추는 것은 인의 지극함에 해당한다. 빈객들이 폐물을 가지고 찾아오는 것은 의의 지극함에 해당한다. 그렇기 때문에 군자는 이러한 예의 시행 속에서 인과 의의 도를 관찰하고자 하는 것이니, 예는 그것들의 근본이 된다.

祭天之禮簡素, 至敬無文, 所以爲敬之至; 仁之實, 事親是也, 事亡如事存, 所以爲仁之至; 附於身, 附於棺, 皆必誠必信, 所以爲忠之至; 斂之衣服, 葬之器具, 皆全備無缺, 莫非愛親之誠心, 故亦曰仁之至; 朝聘燕享, 幣有常用, 故幣帛筐篚將其厚意, 義之至也. 此仁與義之爲道, 皆可於行禮之際觀之, 故曰禮其本也.

하늘에 대해 제사지내는 예는 간소한데, 지극한 공경을 나타내야 하는 대상에 대해서는 꾸밈이 없으니, 경의 지극함이 되는 이유이다. 인의 실질이라는 것은 부모를 섬긴다는 것으로, 죽은 자를 섬김에 산 자를 섬기는 것처럼 하는 것이니, 인의 지극함이 되는 이유이다. 상례를 치를 때 죽은 자의 시신에 부장하고 관에 부장하는 것들에 대해서는 모두 성심과 신의를 다해야 하니, 충의 지극함이 되는 이유이다. 염을 할 때 사용하는 의복류와 장례를 치를 때 사용하는 기구들은 모두 완비해야 하며 누락되는 것이 없어야 하니, 부모를 사랑하는 진실된 마음이 아닌 것들이 없다. 그렇기 때문에 "인의 지극함이다."라고 말한 것이다. 조빙이나 연회를 할 때 사용되는 폐물에는 일정하게 사용되는 것들이 있다. 그렇기 때문에 폐백을 광주리에 담아서 두터운 뜻을 받들어야 한다고 했던 것이니,7) 바로 의의 지극함에 해당한다. 이러한 인과 의가 도로 나타남은 모두 예를 시행하는 과정 속에서 살펴볼 수 있다. 그렇기 때문에 "예는 그것들의 근본이 된다."고 말한 것이다.

淺見

近按: 右自更端以下, 詳論郊社·宗廟祭祀之禮, 而末節兼及喪賓之事, 以結之也.

내가 살펴보니, 여기까지에 있어 단서를 바꾼 것으로부터 그 이하의 기록에서는 교사와 종묘의 제사를 지내는 예법에 대해 상세히 논의하였고, 끝에서는 상례와 빈례에 대한 사안도 함께 언급하여 결론을 맺은 것이다.

---

7) 『시』 「소아(小雅)·녹명(鹿鳴)」편의 모서(毛序) : 鹿鳴, 燕群臣嘉賓也. 旣飮食之, 又實幣帛筐篚, 以將其厚意, 然後, 忠臣嘉賓, 得盡其心矣.

君子曰: "甘受和[去聲], 白受采. 忠信之人, 可以學禮. 苟無忠信
之人, 則禮不虛道. 是以得其人之爲貴也."〈069〉

군자가 말하길, "단맛은 모든 맛의 조화를['和'자는 거성으로 읽는다.] 받아
들이고, 백색은 모든 채색을 받아들인다. 이를 통해 비유하자면, 단맛과
백색은 충과 신에 해당하니, 충과 신을 갖춘 사람만이 예를 배울 수 있
다. 충과 신이 없는 사람이라면, 예는 헛되이 시행되지 않는다. 이러한
까닭으로 충과 신을 갖춘 사람을 얻는 것이 매우 중요한 일이다."라고
했다.

甘於五味屬土, 土無專氣, 而四時皆王, 故惟甘味能受諸味之和; 諸
采皆以白爲質, 所謂繪事後素也. 以此二者況忠信乃可學禮. 道, 猶
行也. 道路人所共行者, 人無忠信, 則每事虛僞, 禮不可以虛僞行也.
大傳曰: "苟非其人, 道不虛行."

단맛은 오미 중에서 토에 속하고, 토는 다른 기운들에 두루 관여하여,
하나의 기운에만 전적으로 함이 없으니, 사계절 속에서 모두 주관을 한
다. 그렇기 때문에 오직 단맛만이 여러 맛들의 조화로움을 받아들일 수
있는 것이다. 여러 색깔들은 모두 백색을 바탕으로 삼으니, 이른바 "그
림을 그리는 일은 흰색 바탕을 마련한 뒤의 일이다."[1]라고 한 말에 해당
한다. 이러한 두 가지 것을 충과 신에 비유를 한 것이니, 이것들을 갖추
게 되면 예를 배울 수 있다. '도(道)'자는 "시행한다."는 뜻이다. 도로는
사람들이 함께 걸어 다니는 길이니, 사람에게 충과 신이 없다면, 매사에
허황되고 거짓스럽게 되는데, 예는 허황되고 거짓되게 시행할 수 없다.

---

1) 『논어』「팔일(八佾)」: 子夏問曰, "巧笑倩兮, 美目盼兮, 素以爲絢兮.'何謂也?"
子曰, "繪事後素." 曰, "禮後乎?" 子曰, "起予者商也! 始可與言詩已矣."

『대전』에서는 "진실로 걸맞은 사람이 아니라면, 도는 헛되이 시행되지 않는다."[2]라고 했다.

孔子曰: "誦詩三百, 不足以一獻, 一獻之禮, 不足以大饗; 大饗之禮, 不足以大旅; 大旅具矣, 不足以饗帝. 毋輕議禮."〈070〉

공자가 말하길, "시 삼백여 편을 암송한다고 하더라도 예에 대해서 배우지 못한다면, 일헌을 하는 것처럼 아주 사소한 예도 시행할 수 없다. 그 자로 하여금 일헌의 예를 할 수 있게끔 한다 하더라도, 대향의 예는 시행할 수 없다. 그 자로 하여금 대향의 예를 할 수 있게끔 한다 하더라도, 대려의 예는 시행할 수 없다. 대려의 예에 대해서 충분히 알게끔 한다 하더라도, 상제에게 향례를 지낼 수 없다. 따라서 예에 대한 의론은 가볍게 다뤄서는 안 된다."라고 했다.

集說

不學詩, 無以言. 然縱使誦三百篇之多, 而盡言語之長, 其於議禮, 猶懵乎未有所聞也, 一獻小禮, 亦不足以行之. 使能一獻, 不能行大饗之禮, 謂袷祭也. 能大饗矣, 不能行大旅之禮, 謂祀五帝也. 能具知大旅之禮矣, 不能行饗帝之禮也. 謂祀天也. 禮其可輕議乎?

시를 배우지 않으면 말을 제대로 할 수 없다.[3] 그러나 가령 삼백여 편

---

2) 『역』「계사하(繫辭下)」: 初率其辭, 而揆其方, 既有曲常. <u>苟非其人, 道不虛行</u>.
3) 『논어』「계씨(季氏)」: 陳亢問於伯魚曰, "子亦有異聞乎?" 對曰, "未也. 嘗獨立, 鯉趨而過庭. 曰, '學詩乎?' 對曰, '未也.' <u>不學詩, 無以言.</u>' 鯉退而學詩. 他日, 又獨立, 鯉趨而過庭. 曰, '學禮乎?' 對曰, '未也.' '不學禮, 無以立.' 鯉退而學禮.

의 많은 시를 암송하여, 언어의 장점을 모두 발휘하다 하더라도, 예를 의론하는 것에 있어서 오히려 들어서 배운바가 있지 않다면, 일헌을 하는 매우 사소한 예에 있어서도 제대로 시행할 수 없게 된다. 그 자로 하여금 일헌의 예를 시행할 수 있게끔 하더라도, 대향의 예를 시행할 수 없으니, 여기에서 말하는 '대향(大饗)'은 곧 협제사를 뜻한다. 그리고 대향을 시행할 수 있게끔 하더라도, 대려의 예를 시행할 수 없으니, 여기에서 말하는 '대려(大旅)'4)는 오제(五帝)5)에 대한 제사를 뜻한다. 그리고 대려의 예를 모두 충분히 알게끔 하더라도, 상제에게 향례를 시행할 수 없으니, 여기에서 말하는 '향제(饗帝)'는 하늘에 대한 제사를 뜻한다. 그러므로 예에 대해서 가벼이 의론할 수 있겠는가?

聞斯二者."

4) 대려(大旅)는 제천(祭天) 의식 중 하나이다. 원구(圓丘)에서 하늘에 대한 제사를 지내는 것을 뜻한다. 국가의 변고가 발생했을 때 제사를 지냈기 때문에 '려(旅)'자를 붙여서 부르는 것이다. '려'자는 제사를 지내게 된 원인을 진술한다는 뜻이다. 『주례』「천관(天官)·장차(掌次)」편에는 "至大旅上帝, 則張氈案·設皇邸."라는 기록이 있고, 이에 대한 정현의 주에서는 "大旅上帝, 祭天於圓丘. 國有故而祭亦曰旅."라고 풀이했다.

5) 오제(五帝)는 천상(天上)의 다섯 신(神)을 가리킨다. 오행설(五行說)과 참위설(讖緯說)에 영향을 받은 것으로, 중앙의 황제(黃帝)인 함추뉴(含樞紐), 동쪽의 창제(蒼帝)인 영위앙(靈威仰), 남쪽의 적제(赤帝)인 적표노(赤熛怒), 서쪽의 백제(白帝)인 백소구(白昭矩: =白招拒), 북쪽의 흑제(黑帝)인 협광기(叶光紀)를 가리킨다.

子路爲季氏宰. 季氏祭, 逮闇而祭, 日不足, 繼之以燭. 雖有强
力之容, 肅敬之心, 皆倦怠矣. 有司跛[彼義反]倚以臨祭, 其爲不
敬大矣.〈071〉

자로가 계씨의 가신이 되었다. 계씨가 제사를 지내게 되어 동틀 무렵이
되기 전에 제사를 지내기 시작했는데, 낮 동안 끝내기에는 시간이 부족
하여 등불을 밝히고 밤까지 계속 지냈다. 비록 반듯한 몸가짐과 엄숙하
고 공경하는 마음가짐을 갖추고 있다 하더라도, 모두들 피로하여 나태
해졌다. 그래서 유사들은 삐딱하게 서거나['跛'자는 '彼(피)'자와 '義(의)'자의
반절음이다.] 어딘가에 의지해서 제사에 임했으니, 그 불경함이 매우 큰
것이다.

集說

逮, 反也. 闇, 昧爽以前也. 偏任爲跛, 依物爲倚.

'체(逮)'자는 "~에 이르다."는 뜻이다. '암(闇)'자는 동이 트기 이전을 뜻
한다. 한쪽으로 치우쳐 삐딱하게 서 있는 것을 '파(跛)'라고 하며, 사물
에 의지해서 서 있는 것을 '의(倚)'라고 한다.

經文

他日祭, 子路與[去聲], 室事交乎戶, 堂事交乎階, 質明而始行
事, 晏朝而退. 孔子聞之曰: "誰謂由也, 而不知禮乎!"〈072〉

다른 시일에 동일한 제사를 지내게 되었는데, 자로 또한 그 제사에 참여
하였다.['與'자는 거성으로 읽는다.] 자로는 번잡한 절차들을 간소화하였으
니, 시동을 섬기며 묘실에 음식을 들일 때에는 방문에서 주고받도록 하

였고, 당에서 시동을 대접할 때에는 계단에서 음식을 주고받도록 하였으며, 정확히 동틀 무렵이 되어서 비로소 제사를 시행했는데, 저녁 무렵이 되자 제사가 모두 끝나서 사람들이 물러가게 되었다. 공자는 이러한 이야기를 듣고, "누가 자로더러 예를 모른다고 했단 말인가!"라고 했다.

集說

室事, 謂正祭之時, 事尸于室也. 外人將饌至戶, 內人於戶受之, 設於尸前, 內外相交承接, 故云交乎戶也. 正祭之後, 儐尸於堂, 故謂之堂事. 此時在下之人送饌至階, 堂上人卽階而受取, 是交乎階也. 質, 正也. 子路權禮之宜, 略煩文而全恭敬, 故孔子善之也.

'실사(室事)'는 정식 제사 절차를 진행하는 때, 묘실에서 시동을 섬기는 것을 의미한다. 묘실 밖에 있는 사람이 음식을 들고서 방문에 다다르면, 묘실 안에 있던 사람은 호에서 그것을 받고, 시동 앞에 음식들을 진설하게 되니, 묘실 내외에 있는 사람들은 이곳에서 서로 만나게 된다. 그렇기 때문에 "호에서 서로 만난다."라고 말한 것이다. 정식 제사 절차를 끝낸 후에는 당에서 시동을 대접한다. 그렇기 때문에 이러한 절차를 '당사(堂事)'라고 부르는 것이다. 이 시기에는 당하에 있던 사람이 음식을 보내어 계단에 이르게 되면, 당상에 있던 사람은 곧 계단에 나아가서 그것을 받게 되니, 이것이 바로 "계단에서 서로 만난다."는 뜻이다. '질(質)'자는 정확히라는 뜻이다. 자로는 예의 합당함에 따라 권도를 발휘하여, 번잡스러운 형식들을 간소화하고 공경하는 마음을 온전히 했던 것이다. 그렇기 때문에 공자가 그를 칭찬했던 것이다.

淺見

近按: 篇首言忠信禮之本也, 義理禮之文也. 上文諸節皆是發明義理之文也, 故此又言忠信可以學禮之意, 蓋有其本然後可以學其文也. 下文又引孔子之言及子路之事, 以明禮之必待人而後行, 禮者爲人所用之器, 而人者能用是器者也, 故必以人而終之.

내가 살펴보니, 편의 첫 부분에서는 충과 신이 예의 근본이 되며, 의와 리가 예의 형식이 된다고 했다. 앞 문장에 나오는 여러 문단들은 모두 의와 리라는 형식을 나타낸 것이다. 그렇기 때문에 이곳에서는 또한 충과 신으로 예를 배울 수 있다는 뜻을 말한 것인데, 근본을 갖춘 뒤에야 형식을 배울 수 있기 때문이다. 아래문장에서는 또 공자의 말과 자로에 대한 일화를 인용하여 예라는 것은 반드시 그것을 시행할 수 있는 사람이 있은 뒤에야 시행됨을 나타낸 것인데, 예라는 것은 사람이 사용하는 도구가 되고, 사람은 이러한 도구를 사용할 수 있는 자이다. 그렇기 때문에 기어코 그것을 사용하는 사람에 대한 일로 결론을 맺은 것이다.

禮記淺見錄卷第十

『예기천견록』 10권

「교특생(郊特牲)」

陸氏曰: 郊者, 祭天之名, 用一牛, 故曰牲牡.

육덕명[1]이 말하길, '교(郊)'자는 하늘에 대한 제사의 명칭이며, 한 마리의 소를 사용하기 때문에, '특생(特牲)'이라고 부른 것이다.

石梁王氏曰: 此篇皆記祭事而雜昏冠兩段.

석량왕씨가 말하길, 이곳 「교특생」편의 내용은 모두 제사와 관련된 일을 기록하고 있지만, 혼례와 관례에 대한 두 단락이 섞여있다.

近按: 此篇大旨多與前篇相類, 蓋推言其未盡之意而簡編多, 故釐之, 因取篇首三字, 以爲名也.

내가 살펴보니, 「교특생」편의 요지는 대체로 앞 편의 내용과 유사하다. 아마도 미진했던 뜻을 미루어 말하다보니 분량이 많아져서 분량을 가른 것이고, 편의 첫 부분에 오는 세 글자를 따서 편명으로 삼은 것이다.

---

1) 육덕명(陸德明, A.D.550~A.D.630): =육원랑(陸元朗). 당대(唐代)의 경학자이다. 이름은 원랑(元朗)이고, 자(字)는 덕명(德明)이다. 훈고학에 뛰어났으며, 『경전석문(經典釋文)』 등을 남겼다.

「교특생」편 문장 순서 비교

『예기집설』	『예기천견록』	
	구분	문장
001	1장	001
002		002
003		003
004		004
005	2장	005
006		006
007		007
008		008
009	3장	009
010		010
011		011
012		012
013		013
014		014
015		015
016		016
017		017
018		018
019		019
020		020
021		021
022		022
023		023
024		024
025		025
026		026
027	4장	027
028		028
029		029
030		030
031		031
032		032

『예기집설』	『예기천견록』	
	구분	문장
033		033
034		034
035		035
036		036
037		037
038		038
039		039
040		040
041		041
042		042
043		043
044		044
045		045
046		046
047		047
048		048
049	4장	049
050		050
051		051
052		056
053		052
054		053
055		054
056		055
057		057
058		058
059		059
060		060
061		061
062		069
063		075
064		076
065		077

『예기집설』	『예기천견록』	
	구분	문장
066		078
067		079
068		080
069		081
070		082
071	4장	083
072		084
073		085
074		086
075		087
076		088
077		062
078		063
079		064
080		065
081		066
082	무분류	067
083		068
084		070
085		071
086		072
087		073
088		074

제1장

郊特牲, 而社稷大牢. 天子適諸侯, 諸侯膳用犢. 諸侯適天子, 天子賜之禮大牢. 貴誠之義也. 故天子牲孕[餘證反]弗食也, 祭帝弗用也.〈001〉

하늘에 대한 교제사에서는 한 마리의 희생물을 사용하고, 사직에 대한 제사에서는 태뢰를 사용한다. 천자가 제후에게 찾아갔을 때, 제후는 음식을 올리며 송아지를 사용한다. 제후가 천자를 찾아뵐 때, 천자는 하사를 해주는 의례를 시행하며 태뢰를 사용한다. 이처럼 하는 것은 진실됨을 귀하게 여기는 뜻에 해당한다. 그러므로 천자는 희생물 중 잉태를 ['孕'자는 '餘(여)'자와 '證(증)'자의 반절음이다.] 한 것은 음식재료로 사용하지 않고, 상제에 대한 제사에서도 사용하지 않는다.

禮有以少爲貴者, 故此二者, 皆貴特牲而賤大牢也. 犢未有牝牡之情, 故云貴其誠慤.

예에서는 적은 것을 귀하게 여기는 경우도 있다. 그렇기 때문에 이러한 두 가지 경우에 있어서는 모두 한 마리의 희생물을 귀하게 여기고, 태뢰를 천하게 여기는 것이다. 송아지는 암수의 정을 가지고 있지 않기 때문에, "진실되고 정성스러움을 귀하게 여긴다."고 말한 것이다.

近按: 此言祭祀用牲之不同, 而幷引宴饗之禮以明之. 郊祭天而用特牲, 社祭地而用大牢, 諸侯饗天子則用犢, 而天子宴諸侯則用大牢, 皆前篇以少爲貴之意也. 王制云祭天地之牛角繭栗, 則郊社所用, 雖有特與三牲之異, 然其牛則與天子之膳, 皆用犢也, 明矣. 此章郊言特, 社言大牢, 天子言犢, 以互見也. 貴誠之意者, 舊註云: "犢, 未有牝牡之情, 故貴其誠慤." 愚恐是言用者之誠, 蓋用者誠敬之心, 不敢以已有牝牡之情者, 薦於尊嚴, 故必用犢也.

내가 살펴보니, 이곳에서는 제사에 사용하는 희생물이 다르다는 사실을 언급하고, 아울러 연회의 예법에 대한 내용을 인용하여 그 사실을 밝힌 것이다. 교외에서는 하늘에 대한 제사를 지내며 한 마리의 희생물을 사용하고, 사직에서는 땅에 대한 제사를 지내며 태뢰를 사용하며, 제후가 천자에게 음식을 바칠 때에는 송아지를 사용하는데, 천자가 제후에게 연회를 베풀 때에는 태뢰를 사용하니, 이 모두는 앞 편에서 말한 적은 것을 귀하게 여기는 뜻에 해당한다. 『예기』 「왕제(王制)」편에서는 천지에 제사를 지내며 사용하는 소는 그 뿔이 누에고치나 밤톨만한 크기의 것을 사용한다고 했으니, 교제사와 사직의 제사에서 사용하는 희생물이 비록 한 마리를 사용하느냐 또는 세 종류의 희생물을 사용하느냐의 차이가 있지만, 사용하는 소의 경우에는 천자에게 음식으로 올리는 것과 함께 모두 송아지를 사용함이 분명하다. 이곳에서는 교제사에 대해 한 마리를 사용한다고 했고 사직의 제사에 대해 태뢰를 사용한다고 했는데, 천자에 대해서 송아지를 사용한다고 말하여 상호 그 뜻을 드러내도록 한 것이다. '귀성지의(貴誠之意)'에 대해서 옛 주석에서는 "송아지는 암수의 정을 가지고 있지 않기 때문에, 진실되고 정성스러움을 귀하게 여긴다고 말한 것이다."라고 했다. 내가 생각하기에 이것은 아마도 희생물을 사용하는 자의 진실함을 뜻하는 것이니, 희생물을 사용하는 자가 진실함과 공경된 마음을 갖추고 있지만, 이미 암수의 정을 가지고 있는 것으로 존엄한 자에게 바칠 수 없다. 그렇기 때문에 반드시 송아지를 사용하는 것이다.

經文

大路繁[盤]纓一就, 先路三就, 次路五就. 郊血, 大饗腥, 三獻爓
[潛], 一獻孰, 至敬不饗味而貴氣臭也.⟨002⟩

대로에는 반과['繁'자의 음은 '盤(반)'이다.] 영이 1취이고, 선로에는 3취이
며, 차로에는 5취이다. 교제사 때에는 희생물의 피를 바치고, 대향에는
생고기를 바치며, 삼헌을 하는 제사에서는 데친 고기를['爓'자의 음은 '潛
(잠)'이다.] 바치고, 일헌에는 익힌 고기를 바치니, 지극히 공경해야 하는
대상에 대해서는 음식의 맛을 흠향시키는 것이 아니고, 기운과 냄새를
귀하게 여긴다.

集說

臭, 亦氣也. 餘竝見前篇.

냄새 또한 기에 해당한다. 나머지 설명들은 모두 앞 편에 나온다.

淺見

近按: 前篇言一就七就, 而不言三就 · 五就者, 擧少與多以包其餘,
而此詳之, 其不及七就者, 舊說以七爲五之誤, 抑或上擧大路而歷言
前之所未言者, 則次路五就之下, 又其次路七就者, 可以互見而知
之, 故此省之歟. 下文血腥爓熟一節, 亦引前篇之言, 而釋其意, 以
此非之, 則此節五就之下, 亦必有釋之之言, 而今亡焉, 則又安知其
言七就者, 亦幷失之也歟. 況王之五路, 有大路綴路先路次路, 則以
五路而分四列也. 其就之數, 亦必以是爲差, 自一至七, 每殺兩而爲
四等, 與路之列次相合, 則七之, 非誤, 可知矣.

내가 살펴보니, 앞 편에서는 1취와 7취를 언급하고 3취와 5취에 대해서
는 언급하지 않았는데, 가장 적은 것과 가장 많은 것을 제시해서 그 나
머지를 포괄한 것이며, 이곳에서는 상세히 기술을 했음에도 7취까지 언

급하지 않았는데, 그 이유에 대해 옛 학설에서는 7자가 5자의 오자라고 여겼고, 그것이 아니라면 앞에서는 대로를 제시하고, 앞에서 언급하지 않았던 것을 차례대로 서술했는데, 5취를 하는 차로 밑에는 또한 7취를 하는 차로가 있는 것인데, 상호 그 뜻을 비춰보면 이러한 사실을 알 수 있기 때문에 이곳에서는 생략을 했을 것이다. 그 뒤에 나오는 피·생고기·데친 고기·익힌 고기에 대한 문단 또한 앞 편의 말을 인용해서 그 의미를 풀이한 것인데, 이를 통해 잘못 되었다고 한다면, 이곳 문단에서 5취라고 한 말 뒤에는 또한 반드시 그 의미를 풀이해주는 말이 있어야 하지만 지금은 망실되어 없어졌다고 한다면, 또한 어떻게 7취라고 말한 것도 함께 망실된 것임을 알 수 있겠는가? 하물며 천자의 다섯 수레에 대로·철로·선로·차로가 있다면, 오로를 네 가지로 구분한 것이 된다. 취의 수치에 있어서도 반드시 이를 차등으로 삼아야 하는데, 1부터 7까지는 매 등급마다 2만큼씩 낮아져서 4개의 등급이 생기니, 수레의 배열과 그 순서가 서로 부합되므로, 7이라고 말한 것이 잘못된 말이 아님을 알 수 있다.

> 諸侯爲賓, 灌用鬱鬯, 灌用臭也. 大饗尚腶[丁喚反]脩而已矣.
>
> 〈003〉

제후가 빈객이 되었을 때에는 술을 따라 땅에 부으며 울창주를 사용하니, 술을 땅에 부어서 신을 강림시킬 때에는 그 술의 냄새를 이용하기 때문이다. 천자가 제후들에게 큰 향연을 베풀어줄 때에는 음식들 중에서도 단수를['腶'자는 '丁(정)'자와 '喚(환)'자의 반절음이다.] 숭상할 따름이다.

集說

諸侯來朝, 以客禮待之, 是爲賓也. 在廟中行三享畢, 然後天子以鬱鬯之酒灌之, 諸侯相朝亦然, 明貴氣臭之義也. 周禮作祼字, 上公再祼而酢, 侯·伯一祼而酢, 子·男一祼未酢. 祼則使宗伯酌圭瓚而祼之, 酢則賓酢主也. 此大饗, 謂王饗諸侯也. 脯加薑桂曰腶脩. 行饗之時, 雖設大牢之饌, 而必先設腶脩於筵前, 然後設餘饌, 故云尙腶脩也. 此明不享味之義.

제후가 천자에게 찾아와 조회를 할 때, 천자는 빈객에 대한 예법으로 제후를 대접하니, 이것이 바로 "빈객이 되었다."는 경우이다. 종묘 안에서는 세 차례 술을 따르는 일이 모두 끝나게 되면, 천자는 울창주를 이용해서 술을 따르게 되며, 제후들끼리 서로 조회를 할 때에도 이처럼 하니, 기운과 냄새를 귀하게 여긴다는 것을 나타낸 것이다. 『주례』에서는 '관(祼)'자로 기록하고 있는데, 상공에 대해서는 두 차례 술을 따르고 잔을 돌리며, 후작과 백작에 대해서는 한 차례 술을 따르고 잔을 돌리며, 자작과 남작에 대해서는 한 차례 술을 따르지만 잔은 돌리지 않는다고 했다.[1] '관(祼)'이라는 것은 종백(宗伯)[2]을 시켜서 규찬으로 술을 따르

---

1) 『주례』「추관(秋官)·대행인(大行人)」：上公之禮, 執桓圭九寸, …… 廟中將幣三享, 王禮再祼而酢. …… 諸侯之禮, 執信圭七寸, …… 廟中將幣三享, 王禮

고 술을 땅에 뿌리는 행위이며, '초(酢)'라는 것은 빈객이 주인에게 술을 따라서 권하는 행위이다. 여기에서 말하는 '대향(大饗)'은 천자가 제후들에게 연회를 베풀어준다는 뜻이다. 포에 생강과 계피를 첨가한 것을 '단수(腶脩)'라고 부른다. 향연을 시행할 때, 비록 태뢰를 이용한 성찬을 차려내게 되지만, 반드시 무엇보다 앞서 자리 앞에 단수를 진설해야 하며, 그런 뒤에야 나머지 음식들을 진설하게 된다. 그렇기 때문에 "단수를 숭상한다."라고 말한 것이다. 그리고 이것은 곧 그 음식의 맛을 흠향하지 않는다는 뜻을 나타내고 있는 것이다.

淺見

近按: 此亦引前篇之言而釋之, 以明上文貴臭而不享味之意也.

내가 살펴보니, 이 또한 앞 편의 말을 인용해서 그 의미를 해석하고, 이를 통해 앞 문장에서 냄새를 귀하게 여기고 맛을 흠향하지 않는다는 뜻을 드러낸 것이다.

壹祼而酢. …… 諸伯執躬圭, 其他皆如諸侯之禮. 諸子執穀璧五寸, 繅藉五寸, …… 廟中將幣三享, 王禮壹祼不酢. …… 諸男執蒲璧, 其他皆如諸子之禮.

2) 종백(宗伯)은 대종백(大宗伯)이라고도 부른다. 주(周)나라 때에는 육경(六卿) 중하나에 해당하는 고위 관직이었다. 『주례』의 체제 속에서는 춘관(春官)의 수장이된다. 종묘(宗廟)에 대한 제사 등 주로 예제(禮制)와 관련된 일을 담당하였다. 후대의 관직체계에서는 예부(禮部)에 해당하기 때문에, 예부상서(禮部尙書)를 또한 '대종백' 혹은 '종백'이라고도 부른다. 『서』「주서(周書)·주관(周官)」편에는 "宗伯掌邦禮, 治神人, 和上下."라는 기록이 있다. 또 『주례』「춘관(春官)·종백(宗伯)」편에는 "乃立春官宗伯, 使帥其屬而掌邦禮, 以佐王和邦國."이라는 기록이 있는데, 이에 대한 정현의 주에서는 "宗伯, 主禮之官."이라고 풀이했다. 한(漢)나라 때에는 태재(太宰)라는 이름으로 관직명을 고치기도 했다. 한편 진(秦)나라 때에는 종실(宗室)의 일들을 담당하는 종정(宗正)이라는 관리가 있었는데, 한나라 때에는 이 관직명을 '종백'으로 고치기도 했다.

> 大饗, 君三重席而酢焉; 三獻之介, 君專席而酢焉. 此降尊以
> 就卑也.〈004〉

제후들끼리 서로 조회를 하여 대향을 시행할 때, 군주는 자리를 세 겹
으로 깔고서 술잔을 돌리게 되고, 상대방 군주가 신하를 시켜서 빙문을
온 경우에는 사신단 중 상개에 해당하는 대부에 대해서, 군주는 홑겹으
로 된 자리를 깔고서 술잔을 돌리게 된다. 이것은 곧 존귀함을 낮춰서
낮은 곳으로 다가간 경우에 해당한다.

集說

此大饗是諸侯相朝, 主君饗客之禮. 諸侯之席三重, 今兩君禮敵, 故
席三重之席而受客之酢爵也. 若諸侯遣卿來聘, 卿禮當三獻, 其上
介則是大夫, 故謂之三獻之介. 大夫席雖再重, 今爲介降一等, 止合
專席. 君席雖三重, 今徹去兩重, 就單席受此介之酢爵, 是降國君之
尊, 以就大夫之卑也.

이곳 문장에서 말하는 '대향(大饗)'은 제후들끼리 서로 만나보는 경우,
주인에 해당하는 제후가 빈객에 해당하는 제후에게 향연을 베푸는 예를
가리킨다. 제후의 자리는 세 겹으로 깔게 되는데, 이곳 문장에서 말하는
상황은 양측 군주에게 적용되는 예가 대등하기 때문에, 자리를 세 겹으
로 깔고서 빈객이 권한 술잔을 받는 것이다. 만약 제후가 경을 파견하여
빙문을 할 경우, 경에게 해당하는 예는 삼헌에 해당하고, 그가 데려온
상개는 대부의 신분이 된다. 그렇기 때문에 이 대부를 가리켜서 '삼헌지
개(三獻之介)'라고 부른 것이다. 대부의 자리는 본래 두 겹으로 깔게 되
어 있지만, 현재 이곳에서 말하는 상황은 대부가 개의 임무를 맡아서 한
등급을 낮춘 경우이므로, 단지 한 겹의 자리를 깔게 될 따름이다. 그리
고 군주의 자리가 비록 세 겹으로 깔게 되어 있지만, 현재 이곳에서 말
하는 상황에서는 두 겹의 자리를 거둬내게 되고, 홑겹으로 된 자리에 앉

아서 여기에서 말하는 개가 건넨 술잔을 받게 되니, 이것은 곧 군주의 존귀함을 낮춰서 대부처럼 신분이 낮은 상대에게 다가간 것이다.

近按: 此承上文大饗之言而類記之. 舊註謂上文大饗爲王饗諸侯之事, 此爲諸侯相朝主君饗客之禮, 然上文大饗繼諸節爲賓, 而言諸侯爲賓灌用鬱鬯者, 卽釋先篇諸侯相朝灌用鬱之意也, 則未見此段之中有王饗諸侯之意, 且諸侯於王, 非前代之後, 則不爲賓. 然則此兩節, 皆爲諸侯相朝而爲賓者言之歟.

내가 살펴보니, 이 문장은 앞에서 '대향(大饗)'이라고 했던 말을 이어받아서 그와 관련된 부류를 기록한 것이다. 옛 주에서는 앞 문장에 나오는 '대향(大饗)'은 천자가 제후에게 향연을 베푸는 사안이라고 했고, 이곳의 경우는 제후들이 서로 조회를 할 때 주인에 해당하는 제후가 빈객에게 향연을 베푸는 예법이라고 했다. 그런데 앞 문장에서 말한 '대향(大饗)'은 위빈(爲賓)이라는 항목에 연결되어 있고, 제후가 빈객이 되었을 때 관을 하며 울창주를 사용한다고 했으니, 이것은 앞 편에서 제후들이 서로 조회를 하며 관에 울창주를 사용한다는 뜻을 풀이한 것이다. 따라서 이 문단에서는 천자가 제후들에게 향연을 베푼다는 뜻이 나타나지 않는다. 또 제후는 천자에 대해서 이전 왕조의 후손국이 아니라면 빈객이 되지 못한다. 따라서 이 두 문단은 모두 제후가 서로 조회를 할 때 빈객이 되는 경우를 말한 것이다.

自篇首至此, 皆言禮不以繁文多飾爲貴, 而以簡質爲貴也.

편의 첫 부분부터 이곳까지는 모두 예에서 문식을 복잡하게 하고 꾸밈을 많이 하는 것을 귀하게 여기지 않고, 간소하고 질박한 것을 귀하게 여긴다는 뜻을 말한 것이다.

제 2 장

經文

饗禘[禴]有樂, 而食[嗣]嘗無樂, 陰陽之義也. 凡飲, 養陽氣也. 凡食, 養陰氣也. 故春禘[禴]而秋嘗, 春饗孤子, 秋食者老, 其義一也. 而食嘗無樂, 飲養陽氣也, 故有樂; 食養陰氣也, 故無聲. 凡聲, 陽也. 〈005〉

봄에 고아들에게 향연을 베풀거나 봄의 정규 제사를['禘'자의 음은 '禴(약)'이다.] 지낼 때에는 음악이 포함되고, 가을에 노인들에게 밥을 대접하거나['食'자의 음은 '嗣(사)'이다.] 가을의 정규 제사를 지낼 때에는 음악이 포함되지 않으니, 이것은 음양의 뜻에 따라 구분을 지은 것이다. 무릇 마시는 것들은 양기를 기르는 수단이다. 무릇 먹는 것들은 음기를 기르는 수단이다. 그렇기 때문에 봄에 정규 제사를['禘'자의 음은 '禴(약)'이다.] 지내고, 가을에 정규 제사를 지내며, 봄에는 고아들에게 향연을 베풀고, 가을에는 노인들에게 밥을 대접하는 것은 그 의미가 동일하다. 그런데 밥을 대접하고 가을의 정규 제사를 지낼 때에는 음악이 포함되지 않는데, 마시는 것들은 양기를 기르는 수단이기 때문에 음악이 포함되는 것이다. 그리고 밥은 음기를 기르는 것이기 때문에 음악이 포함되지 않는 것이다. 무릇 소리는 양에 해당하기 때문이다.

集說

饗, 春饗孤子也. 禴, 春祭宗廟也. 孤子, 死事者之子孫. 食, 秋食者老也. 嘗, 秋祭宗廟也. 周之禮, 春祠·夏禴·秋嘗·冬烝. 春禴, 夏殷之禮也. 饗禮主於酒, 食禮主於飯. 周制則四時之祭皆有樂.

'향(饗)'자는 봄에 고아들에게 향연을 베푼다는 뜻이다. '약(禴)'[1])자는 봄에 종묘에서 지내는 제사를 뜻한다. '고자(孤子)'는 국가를 수호하는 일에 목숨을 바쳤던 자들의 자손을 뜻한다. '사(食)'자는 가을에 노인들에게 밥을 대접한다는 뜻이다. '상(嘗)'자는 가을에 종묘에서 제사를 지낸다는 뜻이다. 주나라 때의 예에서는 봄에는 사(祠)2)제사를 지냈고, 여름에는 약(禴)제사를 지냈으며, 가을에는 상(嘗)제사를 지냈고, 겨울에는 증(烝)제사를 지냈다. 봄에 약(禴)제사를 지낸다는 것은 하나라와 은나라 때의 예법이다. 향례에서는 술이 위주가 되며, 사례에서는 밥이 위주가 된다. 주나라 때의 제도에서는 사계절마다 지내는 정규 제사에서는

---

1) 약(礿)은 약(禴)이라고도 부른다. 하(夏)나라와 은(殷)나라 때에는 봄에 종묘(宗廟)에서 지내는 제사를 뜻하는 용어로 사용하였지만, 주(周)나라 때에는 명칭을 고쳐서, 여름에 지내는 제사의 명칭으로 삼았다. '약(礿)'이 봄 제사를 뜻하는 용어로 사용될 때에는 적다[薄]라는 뜻으로, 봄에는 만물이 아직 성숙하지 않았으므로, 제사 때 차려내는 제수(祭需)들이 적게 된다. 그렇기 때문에 그 제사를 '약(礿)'이라고 부르는 것이다. 『예기』「왕제(王制)」편에는 "天子諸侯宗廟之祭, 春曰礿, 夏曰禘, 秋曰嘗, 冬曰烝."이라는 기록이 있고, 이에 대한 정현의 주에서는 "此蓋夏殷之祭名. 周則春曰祠, 夏曰礿, 以禘爲殷祭."라고 풀이했고, 진호(陳澔)의 『집설(集說)』에서는 "礿, 薄也. 春物未成, 祭品鮮薄也."라고 풀이했다. 한편 '약(礿)'자가 여름 제사를 뜻하는 용어로 사용될 때에는 삶다[汋=礿]의 뜻으로, 여름 4월에는 보리가 익어서, 삶아서 밥을 지을 수가 있다. 여름 제사 때에는 이처럼 보리밥을 헌상하기 때문에, 그 제사를 '약(礿)'이라고 부르는 것이다. 『춘추공양전』「환공(桓公) 8년」편에는 "夏曰礿."이라는 기록이 있는데, 이에 대한 하휴(何休)의 주에서는 "薦尙麥苗, 麥始熟可礿, 故曰礿."이라고 풀이했다. 그리고 『주례』「춘관(春官)·사존이(司尊彝)」편에서는 "春祠夏禴, 祼用雞彝·鳥彝, 皆有舟."라고 하여, 약(礿)을 '약(禴)'자로 기록하고 있다.

2) 사(祠)는 봄에 종묘(宗廟)에서 지내는 제사를 뜻한다. '사'자는 음식[食]을 뜻하는 글자로, 선왕(先王)들에게 음식을 대접한다는 의미에서, 봄의 제사를 '사'라고 부르는 것이다. 『이아』「석천(釋天)」편에는 "春祭曰祠."라는 기록이 있는데, 이에 대한 곽박(郭璞)의 주에서는 "祠之言食."이라고 풀이했다. 한편 『예기』「왕제(王制)」편에는 "天子諸侯宗廟之祭, 春曰礿, 夏曰禘, 秋曰嘗, 冬曰烝."이라는 기록이 있고, 이에 대한 정현의 주에서는 "此蓋夏殷之祭名. 周則春曰祠, 夏曰礿, 以禘爲殷祭."라고 풀이했다. 즉 하(夏)나라와 은(殷)나라에서는 봄에 종묘에서 지내는 제사를 약(礿)이라고 불렀는데, 주(周)나라에 이르러, '약'이라는 명칭을 '사'로 고치게 되었다는 뜻이다.

모두 음악을 포함시켰다.

鼎俎奇[居衣反]而籩豆偶, 陰陽之義也. 籩豆之實, 水土之品也.
不敢用褻味而貴多品, 所以交於旦[神]明之義也.〈006〉

정과 조는 홀수로['奇'자는 '居(거)'자와 '衣(의)'자의 반절음이다.] 설치하고, 변
과 두는 짝수로 진설하니, 음양의 뜻에 따르기 때문이다. 변과 두에 담
아내는 음식들은 물과 땅에서 나온 물건들이다. 감히 평상시에 먹는 음
식을 사용하지 않고, 음식들을 많이 차려내는 것을 귀하게 여기는 것은
신명과['旦'자의 음은 '神(신)'이다.] 교감하기 위해서이다.

自一鼎至九鼎皆奇數, 其十鼎者, 陪鼎三, 則正鼎亦七也. 十二鼎者,
陪鼎三, 則正鼎亦九也. 正鼎鼎別一俎, 故云鼎俎奇也. 籩豆偶者,
據周禮掌客及前篇所擧, 皆是偶數. 又詳見儀禮圖.

1개의 정을 두는 것으로부터 9개의 정을 두는 것까지는 모두 홀수에 따
르고 있으며, 10개의 정을 설치하는 경우에 있어서도, 배정(陪鼎)3)이 3

---

3) 배정(陪鼎)은 추가적으로 설치하는 정(鼎)을 뜻한다. 의식 행사 때 본래 차려내야
  하는 음식들을 담은 정(鼎)은 정정(正鼎)에 해당하고, 그 이외에 추가적으로 차려
  내는 음식들을 담은 정(鼎)은 '배정'이 된다. 『춘추좌씨전』「소공(昭公) 5년」에는
  "宴有好貨, 飱有陪鼎."이라는 기록이 있는데, 이에 대한 두예(杜預)의 주에서는
  "陪, 加也. 加鼎所以厚殷勤."이라고 풀이했으며, 양백준(楊伯峻)의 주에서는
  "據儀禮·聘禮, 賓始入客館, 宰夫卽設飱, 有九鼎, 牛鼎一·羊鼎一·豕鼎
  一·魚鼎一·腊鼎一·腸胃鼎一·膚鼎一·鮮魚鼎一·鮮腊鼎一. 陪鼎一曰羞
  鼎, 有三, 牛羹鼎·羊羹鼎·豕羹鼎各一."이라고 풀이했다. 즉 『의례』「빙례(聘

개라면 정정 또한 홀수인 7개가 된다. 그리고 12개의 정을 설치하는 경우에 있어서도, 배정이 3개라면 정정 또한 홀수인 9개가 된다. 정정에 있어서는 정마다 별도로 1개의 조를 둔다. 그렇기 때문에 정과 조가 모두 홀수라고 말한 것이다. 변과 두가 짝수라는 말은 『주례』「장객(掌客)」 편 및 이전 편의 기록에서 제시하는 말에 근거해보면, 모두 짝수에 해당한다. 또한 『의례도』에 자세한 설명이 나타난다.

淺見

近按: 此兩節卽祭禮, 以明禮樂有陰陽之義也.

내가 살펴보니, 이 두 문단은 제례에 해당하는데, 이를 통해 예악에는 음양의 뜻이 포함되어 있음을 나타낸 것이다.

禮)」편의 기록에 따르면, 빈객(賓客)이 처음으로 숙소에 들어가게 되면, 음식을 담당하는 재부(宰夫)는 식사를 차려내게 되며, 9개의 정(鼎)을 설치한다. 소를 담은 정(鼎)이 1개이고, 양을 담은 정(鼎)이 1개이며, 돼지를 담은 정(鼎)이 1개이고, 물고기를 담은 정(鼎)이 1개이며, 말린 고기를 담은 정(鼎)이 1개이고, 창자와 위를 담은 정(鼎)이 1개이며, 고기를 잘게 저민 정(鼎)이 1개이고, 물고기 회를 담은 정(鼎)이 1개이다. 그리고 '배정'의 경우에는 '수정(羞鼎)'이라고도 부르는데, 3가지가 있으며, 소고기 국을 담은 정(鼎)이 1개이고, 양고기 국을 담은 정(鼎)이 1개이며, 돼지고기 국을 담은 정(鼎)이 1개이다.

賓入大門而奏肆夏, 示易[以豉反]以敬也, 卒爵而樂闋. 孔子屢
歎之. 奠酬而工升歌, 發德也. 歌者在上, 匏竹在下, 貴人聲也.
樂由陽來者也, 禮由陰作者也, 陰陽和而萬物得.〈007〉

빈객이 대문으로 들어서게 되어 사하를 연주하는 것은 온화하면서도[
'易'자는 '以(이)'자와 '豉(시)'자의 반절음이다.] 공경스럽다는 뜻을 보이기 위
해서이며, 술잔을 비우면 음악을 그치게 된다. 공자는 이러한 절차를
두고 매우 깊이 탄미하였다. 건네받은 술잔을 바닥에 내려놓으면 악공
들은 당상에 올라가서 노래를 부르니, 빈객과 주인의 덕을 드러내기 위
해서이다. 노래를 부르는 자는 당상에 위치하고 생황 등의 악기들은 당
하에 위치하니, 사람의 목소리를 귀하게 여기기 때문이다. 음악은 양으
로부터 비롯되어 나타나는 것이고, 예는 음으로부터 비롯되어 만들어진
것이니, 음양이 조화롭게 되고 만물이 마땅함을 얻게 된다.

燕禮則大門是寢門, 饗禮則大門是廟門也. 肆夏, 樂章名, 九夏見周
禮. 易以敬, 言和易中有嚴敬之節也. 卒爵而樂闋, 謂賓至庭而樂作,
賓受獻爵拜而樂止, 及主人獻君樂又作, 君卒爵而樂止也. 歎之, 歎
美之也. 奠酬而工升歌, 謂奠置酬爵之時, 樂工升堂而歌, 所以發揚
賓主之德, 故云發德也. 匏竹, 笙也. 樂所以發陽道之舒暢, 禮所以
肅陰道之收斂, 一闔一闢, 而萬事得宜也.

연례인 경우라면 '대문(大門)'은 곧 침문에 해당하고, 향례인 경우라면
'대문(大門)'은 곧 묘문에 해당한다. '사하(肆夏)'[1]는 악장의 이름이며,

---

1) 사하(肆夏)는 고대의 악곡 이름이다. 구하(九夏) 중 하나이다. '구하'에는 왕하(王
夏), 사하(肆夏), 소하(昭夏), 납하(納夏), 장하(章夏), 제하(齊夏), 족하(族夏),
극하(祴夏), 오하(驁夏)이다. 종묘(宗廟) 제사 때에는 시동이 출입할 때 이 악곡

'구하(九夏)'는 『주례』에 그 기록이 나온다.[2] '이이경(易以敬)'은 온화하고 평화로운 가운데에도 엄중하고 공경스러운 절도가 있음을 뜻한다. "술잔을 비우고 음악이 끝난다."는 말은 빈객이 마당에 도달하여 음악을 연주하고, 빈객이 바쳤던 술잔을 받고서 절을 하여 음악을 끝내는 것을 뜻하며, 또한 주인이 군주에게 술잔을 바치면 음악 또한 연주를 하고, 군주가 술잔을 비우면 음악도 그치게 됨을 뜻한다. '탄지(歎之)'는 탄미를 했다는 뜻이다. "술잔을 내려놓고 악공들이 올라가서 노래를 부른다."는 말은 건네받은 술잔을 바닥에 내려놓을 때, 악공들이 당상에 올라가서 노래를 부른다는 뜻으로, 주인과 빈객의 덕을 드러내기 위함이다. 그렇기 때문에 "덕을 나타낸다."고 말한 것이다. '포죽(匏竹)'은 생황이다. 음악은 양의 도가 퍼지는 것을 드러내는 방법이며, 예는 음의 도가 수렴하는 것을 엄숙하게 하는 방법이니, 한 번 닫히고 한 번 열리면서[3] 모든 일들이 마땅함을 얻게 된다.

을 연주하기도 하였다. 『시』의 송(頌)과 같은 것으로, 노래 중에서도 비중이 컸던 것이다. 『악(樂)』이 없어지면서, 이에 대한 음악도 함께 사라지게 되었다. 『주례』「춘관(春官)·대사악(大司樂)」편에는 "王出入則令奏王夏, 尸出入則令奏肆夏, 牲出入則令奏昭夏."라는 기록이 있고, 이에 대한 정현의 주에서는 "三夏, 皆樂章名."이라고 풀이했다. 또 『주례』「춘관(春官)·종사(鍾師)」편에는 "鍾師掌金奏. 凡樂事以鍾鼓奏九夏, 王夏·肆夏·昭夏·納夏·章夏·齊夏·族夏·祴夏·驚夏."라는 기록이 있고, 이에 대한 정현의 주에서는 "九夏皆詩篇名, 頌之族類也. 此歌之大者, 載在樂章, 樂崩亦從而亡."이라고 풀이했다.

2) 『주례』「춘관(春官)·종사(鍾師)」 : 凡樂事, 以鍾鼓奏九夏, 王夏·肆夏·昭夏·納夏·章夏·齊夏·族夏·祴夏·驚夏.

3) 『역』「계사상(繫辭上)」 : 是故闔戶謂之坤, 闢戶謂之乾, 一闔一闢謂之變.

經文

旅幣無方, 所以別土地之宜, 而節遠邇之期也. 龜爲前列, 先
知也. 以鍾次之, 以和居參之也. 虎豹之皮, 示服猛也. 束帛加
璧, 往德也.〈008〉

마당에 진열해두는 폐물들은 특정 장소에서만 바친 것들이 아니니, 이
처럼 여러 지역에서 공납한 물건들을 진열하는 것은 각 지역의 토질에
따른 마땅한 물건들을 변별하고, 거리적 차이에 따라 발생하는 시간의
차이를 조절하는 방법이다. 거북껍질을 가장 앞줄에 진열하는 것은 그
것이 지혜를 갖추고 있기 때문에 앞으로 진열하는 것이다. 종을 그 다
음 줄에 진열하는 것은 조화로움을 갖추고 있으므로, 물건들의 중간에
위치하는 것이다. 호랑이나 표범 등의 가죽을 진열하는 것은 난폭한 자
를 굴복시키는 위엄을 보이기 위해서이다. 속백에 벽을 올리는 것은 유
덕한 자에게 그 덕을 비유할 수 있는 옥을 보내기 위해서이다.

集說

旅, 陳也. 庭實所陳之幣, 非一方所貢, 故曰無方. 以土地之産各有
所宜, 而地里有遠近, 則入貢之期日有先後也. 前篇言金次之, 此言
鍾次之, 蓋金之爲器莫重於鍾, 故變文言之也. 金示和而參居庭實
之間, 故云以和居參之也. 君子於玉比德, 往德者, 言往進此比德之
玉於有德之人也.

'여(旅)'자는 "진열한다."는 뜻이다. 마당을 채우고 있는 진열된 폐물들
은 특정 지역에서만 공납한 물건들이 아니다. 그렇기 때문에 "특별히 정
해진 지역이 없다."고 말한 것이다. 땅에서 생산되는 산물들은 각각 그
지질에 따른 합당한 물품들이 있고, 또 지역에는 멀고 가까운 거리적 차
이가 있으니, 공납품을 들이는 시기에도 선후의 차이가 생기기 때문이
다. 앞 편에서는 금을 거북껍질 다음에 둔다고 하였는데, 이곳 문장에서
는 종을 거북껍질 다음에 둔다고 하였다. 아마도 쇠를 주조하여 기물을

만든 것 중에서 종보다 중대한 것이 없기 때문에, 글자를 바꿔서 기록을 한 것 같다. 금은 조화로움를 드러내고, 마당을 채우는 물건들 중에서도 그 중간에 위치하게 된다. 그렇기 때문에 "조화로움으로써 그 중간에 위치한다."라고 말한 것이다. 군자는 옥을 통해서 덕을 빗대는데, '왕덕(往德)'이라는 것은 그곳에 나아가서 덕을 빗대는 옥을 유덕한 자에게 전한다는 뜻이다.

淺見

近按: 此兩節卽賓禮, 以明禮樂有陰陽之義也.

내가 살펴보니, 이 두 문단은 빈례에 해당하는데, 이를 통해서 예악에는 음양의 뜻이 포함되어 있음을 나타낸 것이다.

右自"享禘"以下, 言宗廟之祭賓客之禮, 其文當合爲一章.

'향체(享禘)'라는 말로부터 그 이하로 여기까지는 종묘의 제사와 빈객에 대한 예법을 언급하고 있는데, 그 문장들은 마땅히 하나의 장으로 합쳐야 한다.

제 3장

庭燎之百, 由齊桓公始也.〈009〉

마당에 100개의 횃불을 켜두는 것은 본래 천자에게 해당하는 예법인데, 이러한 참례는 제나라 환공 때부터 시작되었다.

集說

此以下言朝聘失禮之事. 庭燎者, 庭中設炬火, 以照來朝之臣夜入者. 大戴禮言天子百燎, 上公五十, 侯·伯·子·男三十. 今侯國皆供百燎, 自桓公始之.

이곳 문장으로부터 그 아래의 문장들은 조빙에서 실례를 범한 사안들을 기록하고 있다. '정료(庭燎)'라는 것은 마당 안에 횃불을 설치하여, 조회로 찾아오는 신하들이 밤에도 들어올 수 있도록 밝혀주는 것이다. 『대대례기』에서는 천자는 100개의 횃불을 설치하고, 상공은 50개의 횃불을 설치하며, 후작·백작·자작·남작은 30개의 횃불을 설치한다고 했다. 현재 제후국에서는 모두 100개의 횃불을 설치하고 있으니, 이것은 제나라 환공 때부터 시작된 잘못이다.

經文

大夫之奏肆夏也, 由趙文子始也.〈010〉

대부의 의례에서 사하를 연주하는 것은 조문자로부터 시작되었다.

大射禮公升卽席奏肆夏. 燕禮賓及庭奏肆夏, 是諸侯之禮. 今大夫
之僭, 自晉大夫趙武始.

『의례』「대사례(大射禮)」편에서는 군주가 당에 올라가서 자리에 나아
가면, 사하라는 악곡을 연주한다고 했다.[1] 또『의례』「연례(燕禮)」편에
서는 빈객이 마당에 도달하게 되면 사하를 연주한다고 했으니,[2] 이것
은 본래 제후에게만 해당하는 예이다. 그런데 현재는 대부들이 참람되
게 사용하고 있으니, 이러한 잘못은 진나라 대부인 조무로부터 시작되
었다.

淺見

近按: 此下皆言失禮之事.

내가 살펴보니, 이 문장 아래에서는 모두 실례에 대한 사안을 언급하고
있다.

---

1)『의례』「대사(大射)」: 公降一等揖賓, 賓辟, 公升卽席. 奏肆夏.
2)『의례』「연례(燕禮)」: 若以樂納賓, 則賓及庭, 奏肆夏.

朝覲大夫之私覿, 非禮也. 大夫執圭而使[去聲], 所以申信也.
不敢私覿, 所以致敬也. 而庭實私覿, 何爲乎諸侯之庭? 爲人
臣者無外交, 不敢貳君也.〈011〉

조근의 예법에 있어서, 대부가 사적으로 다른 나라의 제후를 찾아가 만
나보는 것은 비례가 된다. 대부가 자신의 군주가 부여한 명규를 들고
전사의['使'자는 거성으로 읽는다.] 임무를 시행하는 것은 자신의 신의를 펼
치기 위한 것이다. 감히 사적으로 다른 나라의 제후를 만나보지 않은
것은 자신의 군주를 공경하기 위해서이다. 그러므로 마당에 선물을 채
워놓고 사적으로 찾아가 만나보는 것을 어떻게 제후의 마당에서 시행할
수 있는가? 신하의 입장에 있는 자는 타국의 군주와 교류함이 없으니,
다른 나라의 군주에 대해서 감히 두 마음을 품을 수 없기 때문이다.

朝覲之禮, 國君親往而大夫從, 則大夫不當又以己物而私覿主君, 故
曰非禮也. 若大夫執其君之命圭而專使, 則當行私覿之禮, 以申己
之信. 故從君朝覲而不敢私覿, 是敬己之君也. 今從君以來, 而施設
庭實以爲私覿, 大夫何可爲此於諸侯之庭乎? 譏其與君無別也. 人
臣無外交, 不敢貳心於他君, 所以從君而行, 則不敢私覿也.

조근의 예법에 있어서, 제후국의 군주가 직접 다른 나라로 찾아가게 되
어 대부가 군주를 뒤따르게 된다면, 대부는 자기 개인의 물건을 가지고
사적으로 다른 나라의 제후에게 찾아가 만나보는 것을 할 수 없다. 그렇
기 때문에 '비례(非禮)'라고 말한 것이다. 만약 대부가 자신의 군주가 지
급한 명규를 가지고 전사(專使)[1]를 맡게 된다면, 사적으로 찾아가서 만

---

1) 전사(專使)는 어떤 일을 주도적으로 처리할 수 있는 권한을 부여받은 사신(使臣)
을 뜻한다.

나보는 예법을 시행하여, 자신의 신의를 펼칠 수 있게 된다. 그렇기 때문에 자신의 군주를 따라가 조근의 행차에 참여한 상태에서, 감히 사적으로 상대방 제후를 만나보지 않는 것은 자신의 군주를 공경하는 행위이다. 현재는 군주를 따라가 다른 나라에 찾아간 상태임에도, 마당에 선물로 가져간 물건들을 채우고, 사적으로 찾아뵙는 예물로 삼고 있으니, 대부의 신분을 가진 자가 어떻게 이러한 일들을 제후의 마당에서 시행할 수 있겠는가? 이것은 대부가 자신의 군주와 구별이 없도록 행동한 것을 기롱한 것이다. 신하된 자가 타국의 군주와 교류함이 없는 것은 감히 다른 나라의 군주에 대해서 두 마음을 품을 수 없기 때문이니, 이것은 자신의 군주를 뒤따라가 사신의 행렬에 참여한 상태에서 감히 사적으로 다른 나라의 군주를 찾아뵐 수 없는 이유가 된다.

淺見

近按: 論語曰: "私覿, 愉愉如也", 則是有私覿之禮矣. 此言私覿非禮, 故舊註以爲大夫執其君之命圭而專使, 則當行私覿之禮, 若朝覲之禮國君親往而大夫從, 則不當, 又以己物而私覿主君, 故曰非禮也. 此說是矣. 然以章末"人臣無外交, 不敢貳君"之言觀之, 則似亦指不待君命而越彊私交者, 言之矣.

내가 살펴보니, 『논어』에서는 "사적으로 만나볼 때에는 화평하고 기쁜 듯이 하셨다."[2]라고 했으니, 이것은 사적으로 만나보는 예가 있었음을 나타낸다. 그런데 이곳에서는 사적으로 만나보는 것을 비례라고 했다. 그렇기 때문에 옛 주석에서는 대부가 자신의 군주가 지급한 명규를 들고 전사의 임무를 맡게 된다면, 마땅히 사적으로 만나보는 예법을 시행해야 하지만, 조근의 예법에서 군주가 직접 행차를 했고 대부가 뒤따라간 경우라면 해서는 안 된다고 했다. 또 자신의 물건을 가지고 찾아간

---

2) 『논어』「향당(鄕黨)」: 執圭, 鞠躬如也, 如不勝. 上如揖, 下如授. 勃如戰色, 足蹜蹜如有循. 享禮, 有容色. <u>私覿, 愉愉如也</u>.

나라의 군주를 사적으로 만나보는 것이기 때문에 비례라고 했다고 풀이
했는데, 이 주장은 옳다. 그런데 문장의 끝 부분에서 "신하는 외국의 군
주와 교류함이 없으니, 감히 군주에게 두 마음을 품을 수 없기 때문이
다."라고 한 말을 통해 살펴보면, 아마도 이 또한 군주의 명령을 기다리
지 않고 제멋대로 국경을 벗어나 사적으로 교류한 경우를 가리켜 말한
것 같다.

大夫而饗君, 非禮也. 大夫强而君殺之, 義也. 由三桓始也.〈012〉

대부의 신분인 자가 군주에게 향연을 베푸는 것은 비례이다. 대부가 강성하게 되면 군주가 그를 죽이니, 대의에 따르는 것이다. 이러한 일들은 삼환 때부터 시작되었다.

集說

大夫富强而具饗禮以饗君, 以臣召君, 故曰非禮. 大夫强橫僭逆, 必亂國家, 人君殺之, 是斷以大義也. 三桓, 魯之三家, 皆桓公之後也. 先是成季以莊公之命酖殺僖叔, 後慶父賊子般, 又弑閔公, 於是又殺慶父. 故云由三桓始.

대부가 부강하게 되어 향례의 의례를 갖춰 군주에게 향연을 베푸는 것은 신하의 입장이면서 군주를 부르는 격이 된다. 그렇기 때문에 '비례(非禮)'라고 말한 것이다. 대부가 강성하여 횡포를 부리며 참람되게 거스르면 반드시 국가를 혼란스럽게 만드니, 군주된 자는 그를 죽이는 것이다. 그리고 이것은 대의(大義)에 따라 결단한 것이다. '삼환(三桓)'은 노나라의 유력한 세 가문으로, 모두 노나라 환공의 후손이 된다. 앞서 성계는 장공의 명령에 따라서 희숙을 독살하였고, 이후에 경보는 자반을 죽이고, 또 민공을 시해하였으며, 이때 경보 또한 살해를 당했다. 그렇기 때문에 "삼환 때부터 시작되었다."라고 말한 것이다.

疏曰: 按三桓之前, 齊公孫無知, 衛州吁, 宋長萬, 皆以强盛被殺. 此云由三桓始者, 據魯而言.

소에서 말하길, 삼환 이전을 살펴보면, 제나라 공손무지, 위나라 주우, 송나라 장만은 모두 강성함 때문에 피살을 당하였다. 여기에서 "삼환으로부터 시작되었다."라고 한 말은 노나라를 기준으로 언급한 것이다.

近按: 大夫享君, 卽禮運君臣爲謔之意. 享有諂媚之失, 强有僭逼之患, 强而不除, 則大阿倒持, 將有不測之禍.

내가 살펴보니, 대부가 군주에게 향연을 베푼다는 것은 『예기』「예운(禮運)」편에서 "군주와 신하가 기롱한다."[1]라고 한 뜻에 해당한다. 향연을 베푼다는 것에는 아첨하는 잘못이 포함되어 있고, 강성해지는 것에는 참람되게 핍박하는 우환이 포함되어 있으니, 강성해졌는데도 제거하지 않는다면, 상대에게 칼자루를 넘기는 꼴이 되어 장차 예측할 수 없는 화근이 발생하게 될 것이다.

---

1) 『예기』「예운(禮運)」021장 : 諸侯非問疾弔喪, 而入諸臣之家, 是謂君臣爲謔.

天子無客禮, 莫敢爲主焉. 君適其臣, 升自阼階, 不敢有其室
也. 覲禮, 天子不下堂而見諸侯, 下堂而見諸侯, 天子之失禮
也, 由夷王以下.〈013〉

천자에게는 빈객이 되는 예법이 없으니, 감히 천자를 대상으로 신하가
주인으로 자처할 수 없기 때문이다. 군주가 신하에게 찾아갔을 때, 군
주는 주인이 오르는 동쪽 계단을 통해서 당에 오르니, 신하는 감히 그
건물을 사적으로 소유할 수 없기 때문이다. 근례에 있어서 천자는 당하
로 내려가서 제후들을 조견하지 않는데, 당하로 내려가서 제후들을 조
견하는 것은 천자가 실례를 범한 것이다. 이러한 일들은 이왕으로부터
그 이하의 천자들이 모두 따랐다.

集說

天子所以無客禮者, 以其尊無對, 莫敢爲主故也. 適臣而升自主階,
是爲主之義. 不敢有其室者, 言人臣不敢以此室爲私有而主之矣,
況敢爲主而待君爲客乎? 覲禮, 天子負斧依南面, 侯氏執玉入, 是不
下堂見諸侯也. 惟春朝·夏宗, 以客禮待諸侯, 則天子以車出迎. 夷
王, 康王之玄孫之子.

천자에게 빈객이 되는 예가 없는 이유는 그의 존귀함에는 상대할 자가
없으므로, 감히 신하를 빈객에 대비되는 주인으로 삼을 수 없기 때문이
다. 신하에게 찾아가서 당에 오를 때, 주인이 오르는 동쪽 계단을 통해
오르는 것은 주인이 되는 도의에 따르기 때문이다. "감히 그 실을 갖지
않는다."고 한 말은 신하는 감히 이러한 실이라는 공간을 사적으로 소유
하여, 주인행세를 할 수 없다는 뜻이니, 하물며 감히 주인의 입장이 되
어서 군주를 대접하며 빈객으로 삼을 수 있겠는가? 근례에 있어서, 천자
는 부의(斧依)[1]를 등지고 남면을 하며, 제후들은 옥을 들고서 들어오니,
이것이 바로 당 밑으로 내려가서 제후들을 조현하지 않는다는 뜻이다.

오직 봄에 시행하는 조례와 여름에 시행하는 종례에서만 빈객에 대한 예법에 따라서 제후들을 대우하니, 천자는 수레에 올라서 밖으로 나가 그들을 맞이하게 된다. 이왕은 강왕의 현손의 아들이다.

經文

> **諸侯之宮縣[玄], 而祭以白牡, 擊玉磬, 朱干設錫[陽], 冕而舞大武, 乘大路, 諸侯之僭禮也.**〈014〉

제후가 궁현으로['縣'자의 음은 '玄(현)'이다.] 악기들을 설치하고, 제사를 지낼 때 희생물로 백모를 사용하며, 옥경을 연주하고, 무용수들의 도구는 금으로 치장한['錫'자의 음은 '陽(양)'이다.] 적색의 방패를 사용하며, 무용수들에게 면복을 입혀서 대무를 추게 하고, 제사를 지낼 때 대로에 타는 것은 제후들이 천자의 예법에 대해서 참례를 한 것이다.

集說

天子之樂, 四面皆縣, 謂之宮縣. 諸侯軒縣, 則三面而已. 白牡, 殷祭之正牲, 後代諸侯, 當用時王之牲也. 又諸侯當擊石磬, 玉磬, 天子樂器, 書言鳴球, 是也. 諸侯雖得舞大武, 但不得朱干設錫, 冕服而舞也. 干, 盾也. 錫者, 盾背之飾, 金爲之. 大路, 殷祭天所乘之車也.

천자의 의례에서 사용하는 악기들은 네 방면에 모두 걸어두게 되니, 이것을 '궁현(宮縣)'[2]이라고 부른다. 제후는 '헌현(軒縣)'을 하니,[3] 세 방면

---

1) 보의(黼扆)는 부의(斧依) 또는 부의(斧扆)라고도 부른다. 고대에는 제왕의 자리 뒤에 병풍을 설치했는데, 병풍에는 도끼 무늬를 새겼기 때문에 '보의' 또는 '부의'라고 부른다.
2) 궁현(宮縣)은 악기를 설치할 때 4방면으로 설치하는 것을 뜻한다. 천자는 4방면

에 걸어두기만 할 뿐이다. '백모(白牡)'⁴⁾는 은나라에서 제사를 지낼 때 사용했던 규정에 따른 희생물이니, 후대의 제후들은 마땅히 당시의 천자가 사용하던 희생물의 규정에 따라야 한다. 또 제후는 마땅히 그 의례에서 석경을 연주해야 하니, 옥경은 천자가 사용하는 악기로, 『서』에서 '명구(鳴球)'⁵⁾라고 한 악기가 바로 옥경에 해당한다. 제후들의 의례에서 비록 대무(大武)⁶⁾라는 춤을 출 수 있다 하더라도, 반대편을 금으로 장식한 적색의 방패는 사용할 수 없고, 면복을 착용하고서 춤을 추도록 할 수 없다. '간(干)'자는 방패를 뜻한다. '양(錫)'이라는 것은 방패의 뒤쪽을 장식한 것으로, 금으로 장식을 하게 된다. '대로(大路)'는 은나라에서 천자가 하늘에 대한 제사를 지낼 때 탔던 수레이다.

에 모두 악기를 설치하는데, 이것을 '궁현'이라고 부른다. 참고적으로 제후가 악기를 설치하는 방식은 헌현(軒縣)이라고 하며, 3면에 악기들을 설치하는 것이고, 경(卿)이나 대부(大夫)가 악기를 설치하는 방식은 판현(判縣)이라고 하며, 2면에 악기들을 설치하는 것이고, 대부(大夫) 또는 사(士)가 악기를 설치하는 방식을 (特縣)이라고 부른다.

3) 『주례』「춘관(春官)·소서(小胥)」: 正樂縣之位, 王, 宮縣, 諸侯, 軒縣, 卿大夫, 判縣, 士, 特縣.

4) 백모(白牡)는 고대에 천자 및 제후가 제사 때 사용했던 흰색의 소를 뜻한다. 『시』「노송(魯頌)·비궁(閟宮)」편에는 "白牡騂剛, 犠尊將將."이라는 기록이 있는데, 이에 대한 모전(毛傳)에서는 "白牡, 周公牲也."라고 풀이했다. 즉 노(魯)나라에서는 주공(周公)에 대한 제사 때, '백모'를 사용했다는 뜻이다. 한편 『예기』「교특생(郊特牲)」편에는 "諸侯之宮縣, 而祭以白牡, 擊玉磬, 朱干設錫, 冕而舞大武, 乘大路, 諸侯之僭禮也."라는 기록이 있는데, 이에 대한 정현의 주에서는 "白牡·大路, 殷天子禮也."라고 풀이했다. 즉 '백모'를 사용하여 제사를 지내는 것은 은(殷)나라 때 천자(天子)만이 사용할 수 있었던 예법이라는 뜻이다.

5) 『서』「우서(虞書)·익직(益稷)」: 夔曰, 戛擊鳴球, 搏拊琴瑟以詠, 祖考來格, 虞賓在位, 群后德讓, 下管鼗鼓, 合止柷敔, 笙鏞以間, 鳥獸蹌蹌, 簫韶九成, 鳳皇來儀.

6) 대무(大武)는 주(周)나라 때의 악무(樂舞) 중 하나로, 무왕(武王)에 대한 악무이다. 『주례』「춘관(春官)·대사악(大司樂)」편에는 '대무'에 대한 용례가 나오고, 이에 대한 정현의 주에서는 "大武, 武王樂也."라고 풀이하였다.

臺門而旅樹, 反坫, 綉[如字]黼丹朱中衣, 大夫之僭禮也.〈015〉

대문을 설치하고, 출입구에 나무를 병풍처럼 심어서 가리며, 반점을 설치하고, 중의를 만들며 수보로['綉'자는 글자대로 읽는다.] 옷깃을 달고 적색으로 끝단을 대는 것은 대부들이 제후의 예법에 대해서 참례를 한 것이다.

集說

此皆諸侯之禮. 兩旁起土爲臺, 臺上架屋而門當其中, 故曰臺門. 旅, 道也. 樹, 屛也. 立屛當所行之路, 以蔽內外爲敬. 天子外屛, 諸侯內屛, 大夫以簾, 士以帷. 坫在兩楹之間, 兩君好會獻酬飮畢, 則反爵於其上, 故曰反坫. 舊讀繡爲綃, 今如字. 繡黼者, 繡刺爲黼文也. 丹朱, 染繒爲赤色也. 蕭黼爲中衣之領, 丹朱爲中六之緣. 中衣者, 朝服・祭服之裏衣也, 制如深衣, 但袖小長耳. 冕服是絲衣, 則中衣用綃素. 皮弁服・朝服・玄端是麻衣, 則中衣用布也.

이곳 문장에서 말하고 있는 내용들은 제후에게 해당하는 예법이다. 양쪽 가에 흙을 쌓아서 대를 만들고, 대 위에 지붕을 얹고 문이 그 중앙에 위치하도록 했기 때문에, 이러한 건축물을 '대문(臺門)'이라고 부르는 것이다. '여(旅)'자는 길을 뜻한다. 나무는 일종의 병풍이다. 병풍을 세울 때에는 지나다니는 통로에 위치하도록 하여, 내외를 가려서 공경스러움을 표시한다. 천자는 외병(外屛)[7]을 설치하고, 제후는 내병(內屛)[8]을

---

7) 외병(外屛)은 천자가 문 밖에 설치했던 담장이다. 문 안에 있는 작은 담장을 내병(內屛)이라고 부르는데, 이것과 상대되는 말이다. 문 밖에 설치했기 때문에 '외(外)'자를 붙인 것이고, 병풍과도 같은 역할을 했기 때문에 '병(屛)'자를 붙여서 '외병'이라고 부른 것이다. 후대에는 조벽(照壁)으로 부르기도 했다.

8) 내병(內屛)은 제후가 문 안에 설치했던 담장을 뜻한다. 문 안쪽에 위치하여 '내(內)'자를 붙인 것이며, 병풍처럼 가려주는 역할을 하므로, '병(屛)'자를 붙여서 '내병'이라고 부른 것이다.

설치하며, 대부는 그 대신 주렴으로 가리게 되며, 사는 휘장으로 가리게 된다. '점(坫)'은 양쪽 기둥 사이에 두게 되는데, 양국의 군주들이 회합을 가질 때, 서로에게 올린 술잔을 받아서 마시게 된다면, 술잔을 그 위에 올려두게 된다. 그렇기 때문에 이러한 기능을 하는 받침대를 '반점(反坫)'이라고 부르는 것이다. 옛 학설에서는 '수(繡)'자를 초(綃)자로 해석했지만, 현재는 글자대로 읽는다. '수보(繡黼)'라는 것은 수를 놓아서 보 무늬를 새긴다는 뜻이다. '단주(丹朱)'는 옷감을 염색해서 적색으로 만든다는 뜻이다. 수보를 한 옷감은 중의의 옷깃이 되며, 단주를 한 옷감은 중의의 가장자리가 된다. '중의(中衣)'라는 것은 조복이나 제복 속에 입는 옷이며, 제작 방법은 심의와 동일하지만, 소매가 좁고 길다는 차이가 있을 뿐이다. 면복에는 명주실을 사용해서 만드니, 이때의 중의는 흰색의 생견을 사용해서 만든다. 피변복·조복·현단복은 마로 제작한 옷이므로, 이때의 중의는 포를 이용해서 만든다.

經文

故天子微, 諸侯僭; 大夫强, 諸侯脅. 於此相貴以等, 相覿以貨, 相賂以利, 而天下之禮亂矣. 諸侯不敢祖天子, 大夫不敢祖諸侯. 而公廟之設於私家, 非禮也. 由三桓始也.〈016〉

그러므로 천자가 미약하게 되면 제후가 참람되게 행동하고, 대부가 강성하게 되면 제후는 협박을 당한다. 이렇게 되면 동급이 따르는 범례를 적용하여 제멋대로 서로를 존귀하게 높이는 것이며, 재화를 가져가서 제멋대로 서로 만나보는 것이고, 이권으로써 제멋대로 서로에게 뇌물을 주어, 천하의 예가 문란하게 되는 것이다. 제후는 감히 천자를 시조로 삼을 수 없고, 대부는 감히 제후를 시조로 삼을 수가 없다. 그러므로 군주의 묘를 자기 개인의 집에 설치하는 것은 비례이니, 이러한 비례는 삼환으로부터 시작되었다.

相貴以等, 謂檀相尊貴以等列也. 諸侯不敢祖天子, 而左傳云, 宋祖
帝乙, 鄭祖厲王. 魯襄十二年, 吳子壽夢卒, 臨於周廟, 禮也. 魯以周
公之故立文王廟耳. 大夫不敢祖諸侯, 而左傳云, 凡邑有宗廟先君
之主曰都. 記者以禮之正言之. 而又有他義者. 舊說謂天子之子以
上德爲諸侯者, 得祀其所出, 故魯以周公之故立文王廟. 公子得祖
先君, 公孫不得祖諸侯, 故公子爲大夫者, 亦得立宗廟於其采地, 故
曰邑有宗廟先君之主也. 其王子母弟, 雖無功德, 不得出封爲諸侯,
而食采畿內者, 亦得立祖王廟於采地, 故都宗人・家宗人掌祭祖王
之廟也. 由三桓始, 謂魯之三家立桓公廟也.

"서로 존귀하게 높이길 동급으로써 한다."라는 말은 제멋대로 서로를 존
귀하게 높이며, 동급의 범례들에 따른다는 뜻이다. 제후는 감히 천자를
시조로 삼을 수 없는데, 『좌전』에서는 송나라에서 제을을 조로 삼고, 정
나라에서 여왕을 조로 삼았다고 했다.[9] 그리고 노나라 양공 12년에는
오나라 공자 수몽이 죽었는데, 양공이 문왕을 모신 주묘에서 곡을 했고,
이것은 예법에 맞는 행동이라고 했다.[10] 노나라에서는 주공 때문에 주
공의 아버지인 문왕의 묘를 세울 수 있었던 것일 뿐이다. 대부는 감히
제후를 시조로 삼을 수 없는데, 『좌전』에서는 읍에 선군의 신주를 모신
종묘가 있다면 그 읍을 '도(都)'라고 부른다고 했다.[11] 이처럼 차이를 보
이는 이유는 『예기』를 기록한 자는 예법의 규범 중 정례에 기준을 두어
언급했기 때문이다. 그리고 또한 여기에는 다른 뜻도 포함되어 있다. 옛

---

9) 『춘추좌씨전』「문공(文公) 2년」: 故禹不先鯀, 湯不先契, 文・武不先不窋. 宋
祖帝乙, 鄭祖厲王. 猶上祖也.

10) 『춘추좌씨전』「양공(襄公) 12년」: 秋, 吳子壽夢卒, 臨於周廟, 禮也. 凡諸侯之
喪, 異姓臨於外, 同姓於宗廟, 同宗於祖廟, 同族於禰廟. 是故魯爲諸姬, 臨於
周廟; 爲邢・凡・蔣・茅・胙, 祭, 臨於周公之廟.

11) 『춘추좌씨전』「장공(莊公) 28년」: 築郿, 非都也. 凡邑, 有宗廟先君之主曰都,
無曰邑. 邑曰築, 都曰城.

학설에서는 천자의 자식들 중 덕이 높아서 제후가 된 자들은 그들이 출생하게 된 대상에게 제사를 지낼 수 있다고 하였다. 그렇기 때문에 노나라에서는 주공 때문에 문왕에 대한 묘를 세울 수 있었다고 한다. 따라서 군주의 자식은 그들의 선군을 시조로 삼을 수 있지만, 군주의 손자들은 제후를 시조로 삼을 수 없는 것이다. 그렇기 때문에 군주의 자식들 중 대부가 된 자들 또한 그가 받은 채지에 종묘를 세울 수 있는 것이다. 그래서 읍 중에 선군의 신주를 모시는 종묘가 있다고 말한 것이다. 천자의 자식이나 천자와 어머니가 같은 동생들은 비록 공덕이 없어서, 밖으로 나가서 제후로 분봉을 받지 못했다 하더라도, 천자의 수도 안에 채읍을 받게 되는데, 이러한 자들 또한 자신의 채지에 천자를 시조로 삼아서 그에 대한 묘를 세울 수 있다. 그렇기 때문에 『주례』에는 도종인과 가종인이라는 관리가 있는 것이며, 이들은 천자를 시조로 삼는 묘에서 제사지내는 일을 담당했다. "삼환으로부터 시작되었다."는 말은 노나라의 유력한 세 가문이 각자 환공에 대한 묘를 세웠다는 뜻이다.

淺見

近按: 自庭燎之百至此, 皆言上下失禮僭亂之事也. 相貴以等者, 卽戰國之末諸侯相王, 三晉大夫共爲諸侯之事, 是也.

내가 살펴보니, 마당에 100개의 횃불을 둔다는 것으로부터 이곳 문장까지는 모두 상하계층이 실례를 범하고 참람되게 행동한 사안들을 언급하고 있다. '상귀이등(相貴以等)'이라는 말은 전국 말기에 제후들이 서로 왕이라 칭하고, 3명의 진나라 대부들이 모두 제후를 자처했던 사안이 여기에 해당한다.

天子存二代之後, 猶尊賢也. 尊賢不過二代.〈017〉

천자가 이전 두 왕조의 후손들을 보존시켜주는 것은 여전히 현명한 자를 존중하기 때문이다. 그러나 현명한 자를 존중하는 것은 두 왕조를 넘기지 않는다.

集說

疏曰: 古春秋左氏說周家封夏・殷二王之後以爲上公, 封黃帝・堯・舜之後謂之三恪. 恪者, 敬也, 敬其先聖而封其後.

소에서 말하길, 고문학파인 『춘추좌씨』의 학자들 주장에서는 주나라에서는 하나라와 은나라 두 왕조의 후손들을 분봉하여, 상공으로 삼았고, 황제・요・순의 후손들을 분봉하였으니, 이들을 '삼각(三恪)'이라 부른다. '각(恪)'이라는 말은 "존경한다."는 뜻으로, 선대 성왕을 존경하여, 그들의 후손들을 분봉해주는 것이다.

經文

諸侯不臣寓公, 故古者寓公不繼世.〈018〉

제후는 우공을 자신의 신하로 대하지 않는다. 그렇기 때문에 옛날에 우공들은 대를 거듭하며 지위를 세습하지 못했던 것이다.

集說

諸侯失國而寄寓他國者, 謂之寓公. 所寓之國, 不敢以之爲臣. 此寓公死, 則臣其子矣, 故云寓公不繼世.

제후가 자신의 나라를 잃고 다른 나라에 기탁해서 지내는 자를 '우공(寓公)'이라 부른다. 우공이 기탁해 있는 나라에서는 감히 그를 신하로 삼지 않는다. 이러한 우공이 죽게 되면 그의 자식들은 신하로 삼게 된다. 그렇기 때문에 "우공은 대를 거듭하며 지위를 세습하지 못했다."라고 말한 것이다.

淺見

近按: 此言王者存先代之后, 諸侯待寓公之禮. 蓋上言上下失禮僭亂之事, 是必將有危亡失國之變, 故此又言存先代之祀, 待寓公之事, 在彼雖以亂亡而失之, 在此當有恩禮以恤之, 況后世弱國之君, 非必有致亂之失, 迫於强逼, 而失國者多矣. 此在鄰援所當禮而恤之也. 子孫雖以驕邪不道而致亡, 其先世聖賢, 皆有功德於民者也. 此在代德而興者所當存而祀之也.

내가 살펴보니, 이것은 천자가 선대 왕조의 후손을 보존해주고 제후가 우공을 대우하는 예법을 언급한 것이다. 앞에서는 상하 계층이 실례를 범하고 참람되게 굴었던 사안을 언급했는데, 이처럼 하게 되면 반드시 위태롭고 패망하며 나라를 잃게 되는 변고가 발생한다. 그렇기 때문에 이곳에서는 또한 선대 왕조의 제사를 보존해주고 우공을 대우하는 사안을 언급하였는데, 그들의 입장에서 비록 환란으로 패망하여 나라를 잃었더라도, 이곳에서는 마땅히 은혜와 예법을 베풀어 그들을 구휼해야 한다. 하물며 후세의 약소한 나라의 군주는 환란을 일으키는 잘못을 범하지 않더라도 강성한 신하들의 핍박을 당하여 나라를 잃은 자가 많았다. 이들은 이웃에 해당하여 도와주어야 할 자들이니, 해당하는 예법에 따라 그들을 구휼해야 한다. 자손들이 비록 교만하고 사벽하며 도리에 맞지 않아 패망을 불러일으켰더라도 그의 선대에는 성현들이 있고, 그들은 모두 백성들에게 공덕을 베푼 자이다. 이들은 대대로 덕을 쌓아 흥성했었던 자이니, 마땅히 보존하여 그들에 대해 제사를 지내주어야 한다.

君之南鄕[去聲], 答陽之義也. 臣之北面, 答君也.〈019〉

군주가 남쪽을 바라보는['鄕'자는 거성으로 읽는다.] 것은 양을 대하는 도리
이다. 신하가 북면을 하는 것은 군주를 대하는 방법이다.

集說

答, 猶對也.

'답(答)'자는 "대한다."는 뜻이다.

經文

大夫之臣不稽首, 非尊家臣, 以辟[避]君也.〈020〉

대부에게 소속된 가신들은 대부에게 머리를 조아리지 않는데, 이것은
가신들을 존귀하게 대우하는 규정이 아니라 군주에 대한 예법을 피하기
['辟'자의 음은 '避(피)'이다.] 위해서이다.

集說

諸侯於天子稽首, 大夫於諸侯亦稽首, 惟家臣於大夫不稽首者, 非尊
重家臣也, 以避國之正君也. 蓋諸侯與大夫同在一國, 大夫已稽首
於君矣, 家臣若又稽首於大夫, 則似一國而兩君矣, 故云以辟君.

제후는 천자에 대해서 머리를 조아리게 되며, 대부 또한 제후에 대해서
머리를 조아리게 되는데, 오직 대부에게 소속된 가신만은 대부에 대해서
머리를 조아리지 않는다. 그 이유는 가신들을 존중하기 때문이 아니라
한 나라의 군주에게 해당하는 예법을 피하기 위해서이다. 무릇 제후와
대부가 모두 한 나라에 속해 있고, 대부가 이미 자신의 군주에게 머리를

조아렸는데, 대부의 가신이 만약 대부에 대해서도 머리를 조아리게 된다면, 마치 한 나라에 두 명의 군주가 있는 것처럼 보이게 된다. 그렇기 때문에 "군주에 대한 예법을 피하기 위해서이다."라고 말한 것이다.

經文

大夫有獻弗親, 君有賜不面拜, 爲[去聲]君之答己也. 〈021〉

대부는 헌상할 것이 있더라도 직접 군주에게 건네지 않으며, 군주가 하사를 해준 것이 있더라도 대부는 직접 군주를 바라보며 절을 하지 않으니, 군주가 번거롭게 자신을 향해 답배를 해야 하기['爲'자는 거성으로 읽는다.] 때문이다.

集說

有獻不親者, 使人往獻, 不身自往也. 不面拜, 不親見君之面而拜也, 恐煩君答拜故也.

"헌상할 것이 있더라도 직접 주지 않는다."는 말은 사람을 시켜서 헌상품을 보내고, 자신이 직접 찾아가서 건네지 않는다는 뜻이다. "바라보며 절하지 않는다."라는 말은 직접 군주를 대면하는 자리에서 절을 하지 않는다는 뜻이니, 아마도 군주를 번거롭게 해서 자신에게 답배를 하도록 만들게 되기 때문이다.

淺見

近按: 此言君臣之分其禮不同如此, 不可僭亂而无上下之分也.

내가 살펴보니, 이것은 군주와 신하의 본분에 따라 그 예법이 이와 같이 다르므로, 참람되게 하여 상하의 본분을 없애서는 안 된다는 뜻을 말한 것이다.

經文

鄕人禓[傷], 孔子朝服立于阼, 存室神也.〈022〉

향인들이 잡귀를 물리치는 의식을[禓'자의 음은 '傷(상)'이다.] 시행함에, 공
자는 묘실의 신이 놀라게 될 것을 염려하여 조복을 착용하고 묘의 동쪽
계단에 서서, 신이 자신을 의지하여 편안하게 머물도록 하였다.

集說

論語鄕人儺, 朝服而立于阼階, 卽此事也. 舊說, 禓, 是强鬼之名, 鄕
人驅逐此鬼, 孔子恐驚廟室之神, 故衣朝服立于廟之東階, 以存安廟
室之神, 使神依己而安也. 禮, 大夫朝服以祭, 故用祭服以依神.

『논어』에서 향인이 굿을 하자 조복을 입고 동쪽 계단에 서 있었다고 한
말[1]이 바로 이 일을 가리킨다. 옛 학설에서는 '상(禓)'은 강귀(强鬼)[2]의
이름이라고 하였는데, 향인들이 이 귀를 내쫓은 것이며, 공자는 묘실에
있는 신이 놀라게 될 것을 염려했기 때문에, 조복을 입고서 묘의 동쪽
계단에 서서, 묘실에 있는 신이 안심하고 머물러 있도록 했던 것이니,
신으로 하여금 자신에게 의지하여 편안히 있도록 했던 것이다. 예법에
따르면, 대부는 조복을 입고 제사를 지내기 때문에, 제사의 복장을 착용
하여서 신이 의지하도록 했던 것이다.

---

1) 『논어』「향당(鄕黨)」 : 鄕人儺, 朝服而立於阼階.
2) 강귀(强鬼)는 강사귀(强死鬼)라고도 부른다. 정상적으로 죽음을 맞이하지 않은
   자의 혼령을 뜻한다.

經文

> 孔子曰: "射之以樂也, 何以聽? 何以射?"〈023〉

공자가 말하길, "활을 쏠 때에는 음악을 함께 연주하는데, 어떻게 그처럼 음악을 들으면서 활 쏘는 예절을 흐트러트리지 않는가? 또 어떻게 그처럼 활을 쏘면서 음악의 악절과 호응이 되도록 하는가?"라고 감탄하였다.

集說

何以聽, 謂射者何以能不失射之容節, 而又能聽樂之音節乎? 何以射, 謂何以能聽樂之音節, 而使射者之容興樂之節相應乎? 言其難而美之也.

"어떻게 듣는가?"라는 말은 활을 쏘는 자가 어떻게 활 쏘는 자세와 예절을 어기지 않으면서도, 음악의 음절을 들을 수가 있느냐는 뜻이다. "어떻게 쏘는가?"라는 말은 어떻게 음악의 음절을 들으면서도 활 쏘는 자태와 음악의 악절을 서로 호응이 될 수 있도록 하느냐는 뜻이다. 즉 이 말은 그 어려움에 대해서 찬미를 했다는 뜻이다.

經文

> 孔子曰: "士使之射, 不能, 則辭以疾, 縣[玄]弧之義也."〈024〉

공자가 말하길, "사의 신분인 자에게 활쏘기를 시켰는데, 만약 그가 활쏘기에 익숙하지 못하다면, 질병을 핑계로 사양을 해야 하니, 이것은 사내아이가 처음 태어났을 때 문 옆에 활을 걸어두는['縣'자의 음은 '玄(현)'이다.] 도의에 해당한다."라고 했다.

爲士者當習於射, 以六藝之一也. 不敢以不能辭, 惟可以疾辭. 蓋生
而設弧於門左, 已有射道, 但未能耳. 今辭以疾而未能, 則亦與初生
之未能相似, 故云縣弧之義也.

사의 신분이 된 자는 마땅히 활쏘기에 대해서 익혀야 하니, 활쏘기는 육
예(六藝)3) 중 하나이기 때문이다. 감히 활쏘기를 잘 못한다는 이유로
사양을 할 수 없고, 오직 질병을 이유로만 사양할 수 있다. 무릇 사내아
이가 태어나서 문의 좌측에 활을 걸어두는 것은 이미 활 쏘는 도의를
지니고 있지만, 아직은 익숙하지 못하다는 뜻이다. 현재 질병에 걸려서
아직 몸이 회복되지 않았다고 사양을 하는 것은 또한 처음 태어났을 때
아직 활을 쏠 수 없는 것과 유사하다. 그렇기 때문에 "활을 걸어두는 뜻
이다."라고 말한 것이다.

近按: 射者男子之事, 故初生之時設弧門左, 以示壯之所有事也. 今
不能, 則戾於縣弧之義, 故不敢以不能辭而以疾辭者, 以其縣弧之義
故也.

내가 살펴보니, 활쏘기는 남자가 하는 일이다. 그렇기 때문에 사내아이
가 처음 태어났을 때 문의 좌측에 활을 걸어두어, 그가 장성하여 일삼게
되는 것이 있음을 드러내는 것이다. 그런데 지금 그것을 잘하지 못한다
면 활을 걸어두는 도의에 어긋난다. 그렇기 때문에 감히 잘하지 못한다
는 말로 사양을 할 수 없고 질병을 이유로 사양을 하니, 활을 걸어두는
도의 때문이다.

---

3) 육예(六藝)는 기본적으로 갖춰야 하는 여섯 가지 과목을 뜻한다. 여섯 가지 과목
은 예(禮), 음악(樂), 활쏘기[射], 수레몰기[御], 글쓰기[書], 셈하기[數]이며, 구체적
으로 말하자면 오례(五禮), 육악(六樂), 오사(五射), 오어(五馭: =五御), 육서(六
書), 구수(九數)를 가리킨다.

孔子曰: "三日齊, 一日用之, 猶恐不敬. 二日伐鼓, 何居[如字]?"
〈025〉

공자가 말하길, "3일 동안 재계를 하고, 다음 하루 동안 제사를 지내며 음악을 사용하게 되는데, 이렇게 치러도 오히려 불경한 것은 아닐까 염려된다. 그런데 어찌하여 2일째 되는 날 북을 치는 자가 있는가? 도 대체 무슨 정신으로 이처럼 한단['居'자는 글자대로 읽는다.] 말인가?"라고 했다.

集說

齊者不聽樂, 恐散其志慮也. 今三日之間, 乃二日擊鼓, 其義何所處乎? 怪之之辭.

재계를 하는 자들이 음악을 듣지 않는 이유는 그 뜻이 산만하게 됨을 염려하기 때문이다. 현재 3일이라는 기간 중 곧 2일째에 북을 치고 있으니, 도대체 무슨 생각으로 이처럼 처신하는 것인가? 이것은 매우 괴이하게 여긴 말이다.

經文

孔子曰: "繹之於庫門內, 祊之於東方, 朝[如字]市之於西方, 失之矣."〈026〉

공자가 말하길, "오늘날 역을 지내며 고문 안에서 치르고 있고, 팽을 할 때에도 동쪽에서 하고 있으며, 아침에['朝'자는 글자대로 읽는다.] 시장을 개 설하는 것도 서쪽에서 개설하고 있으니, 이 모두는 예법을 잃어버린 일들이다."라고 했다.

繹, 祭明日又祭也. 繹是堂上接尸, 祊是於室內求神, 皆一時之事.
繹之禮當於廟門外之西堂, 今乃於庫門內; 祊當在廟門外西室, 今乃
於廟門外東方. 朝市, 卽周禮所謂朝時而市也. 當於市內近東, 今乃
於市內西方. 此三事皆違於禮, 故曰失之矣.

'역(繹)'이라는 것은 제사의 본식을 지낸 다음날 재차 지내는 제사를 뜻
한다. 역을 할 때에는 당상에서 시동을 영접해야 하고, '팽(祊)'이라는
것은 묘실 안에서 신을 찾는 의식이니, 모두 동시에 치르는 사안에 해당
한다. 역의 의례는 묘문 밖의 서쪽 당에서 치러야 하는데, 현재는 고문
안에서 시행하고 있으며, 팽(祊)은 마땅히 묘문 밖의 서쪽 협실에서 치
러야 하는데, 현재는 묘문 밖의 동쪽에서 치르고 있다. '조시(朝市)'라는
것은 곧 『주례』에서 "아침에 시장을 개설한다."[1]라고 한 것에 해당한
다. 그리고 이것은 마땅히 시장 안에서도 동쪽과 가까운 곳에서 개설해
야 하는데, 현재는 시장 안의 서쪽에서 개설하고 있다. 이 세 가지 일들
은 모두 예법에 위배된 것이다. 그렇기 때문에 "잃어버렸다."라고 말한
것이다.

近按: 此引孔子所行之禮所言之事, 以明禮之得失也.

내가 살펴보니, 이곳에서는 공자가 시행했던 예법과 언급했던 사안을
인용하여, 예의 득실에 대해 밝히고 있다.

右自"庭燎"以下至此, 皆言禮之得失, 文雖不屬, 當合爲一章也.

"마당에 횃불을 킨다."라고 한 것으로부터 그 이하로 여기에 이르기까지

---

1) 『주례』 「지관(地官)·사시(司市)」: 大市, 日昃而市, 百族爲主; 朝市, 朝時而
市, 商賈爲主; 夕市, 夕時而市, 販夫販婦爲主.

는 모두 예의 득실에 대해 언급하고 있는데, 문장이 비록 서로 연결되지 않지만 마땅히 하나의 장으로 합쳐야 한다.

제 4 장

經文

社祭土而主陰氣也, 君南鄕於北墻下, 答陰之義也. 日用甲,
用日之始也.〈027〉

사에서는 땅에게 제사를 지내고 음기를 위주로 한다. 그렇기 때문에 군
주는 북쪽 담장 아래에서 남쪽을 바라보게 되니, 이것은 음기에 마주하
는 도의를 나타낸다. 제사일을 정할 때에는 갑자가 들어간 날로써 하니,
날짜가 시작되는 것에 따르기 때문이다.

集說

地秉陰, 則社乃陰氣之主. 社之主設於壇上北面, 而君來北墻下, 南
向祭之, 蓋社不屋, 惟立之壇壝而環之以墻. 旣地道主陰, 故其主北
向而君南何對之. 答, 對也. 甲爲十干之首.

땅은 음을 부리게 되니, 사는 곧 음기의 주인이 된다. 사의 신주는 제단
위에서 북쪽을 바라보도록 설치하고, 군주는 그곳에 찾아가서 북쪽 담
아래에서 남쪽을 향해서 제사를 지내니, 아마도 사의 제단에는 지붕을
씌우지 않고 오직 제단만 쌓고 그 주변을 담으로 둘렀기 때문일 것이다.
땅의 도리 자체가 음을 위주로 하고 있기 때문에, 그 신주는 북쪽을 바
라보고 있고 군주는 남쪽을 바라보며 그를 마주하게 된다. '답(答)'자는
"마주한다."는 뜻이다. '갑(甲)'은 십간의 시작이 된다.

天子大社, 必受霜露風雨, 以達天地之氣也. 是故喪[去聲]國之
社屋之, 不受天陽也. 薄社北牖, 使陰明也.〈028〉

천자의 대사에는 지붕을 올리지 않으니, 제단을 노출시켜서 반드시 서
리·이슬·바람·비가 그대로 닿게 하여, 천지의 기운을 소통시킨다.
이러한 까닭으로 패망한['喪'자는 거성으로 읽는다.] 나라의 사에는 지붕을
올려서, 하늘의 양기를 받아들이지 못하도록 한다. 박땅에 있던 사에는
북쪽에 들창을 내어서, 음기가 엄습하도록 만들었다.

集說

薄, 書作亳. 薄社於周爲喪國之社, 必存之者, 白虎通云: "王者諸侯
必有薄社, 示有存亡也." 屋其上, 則天陽不入, 牖於北, 則陰氣可通,
陰明則物死也.

'박(薄)'을 『서』에서는 박(亳)으로 기록하고 있다. 박에 있는 사는 주나
라 입장에서는 패망한 나라의 사가 되는데, 굳이 이곳을 보존하는 이유
에 대해, 『백호통』[1]에서는 "천자 및 제후가 반드시 박사를 보존해두는
이유는 존망의 도리를 나타내기 위해서이다."라고 했다. 그 위에 지붕을
올리게 되면, 하늘의 양기가 들어가지 못하게 되고, 북쪽에 들창을 뚫게
되면, 음기가 소통될 수 있으니, 음기의 밝음이 들이치게 되면 만물이
죽게 된다.

---

1) 『백호통(白虎通)』은 후한(後漢) 때 편찬된 서적이다. 『백호통의(白虎通義)』라
고도 부른다. 후한의 장제(章帝)가 학자들을 불러 모아서, 백호관(白虎觀)에서
토론을 시키고, 각 경전 해석의 차이점을 기록한 서적이다.

社所以神地之道也. 地載萬物, 天垂象, 取財於地, 取法於天, 是以尊天而親地也, 故敎民美報焉. 家主中霤而國主社, 示本也. 〈029〉

사에서 제사를 지내는 것은 땅의 도리를 신령스럽게 섬기는 방법이다. 땅은 만물을 실어주고, 하늘은 별과 해 등을 통해 형상을 드리우며, 사람들은 땅에서 재화를 채취하고, 하늘에서 법도를 본뜨게 된다. 이러한 까닭은 성인은 하늘을 존귀하게 여기고, 땅을 친근하게 여겼던 것이며, 또 백성들에게 보답하는 것을 아름답게 여기도록 가르쳤던 것이다. 가에서는 중류에서 땅의 신에 대한 제사를 주관하게 되고, 나라에서는 사에서 땅의 신에 대한 제사를 주관하게 되니, 이것은 땅이 근본이 됨을 나타내는 것이다.

集說

聖人知地道之大, 故立社以祭, 所以神而明之也. 美報, 美善其報之之禮也. 上古穴居, 故有中霤之名. 中霤與社皆土神. 卿·大夫之家主祭土神於中霤, 天子·諸侯之國主祭土神於社. 此皆以示其爲載物生財之本也.

성인은 땅의 도리가 위대하다는 사실을 알고 있었기 때문에, 사를 세워서 제사를 지내도록 한 것이니, 이것은 땅을 신령스럽게 여겨서 그 도리를 드러내는 방법이 된다. '미보(美報)'는 땅에게 보답하는 것을 아름답고 좋게 여기는 예이다. 상고시대에는 혈거 생활을 하였다.[2] 그렇기 때문에 집 중앙에 뚫린 구멍이라는 명칭이 생기게 된 것이다. '중류(中霤)'

---

2) 『역』 「계사하(繫辭下)」 : 上古穴居而野處, 後世聖人易之以宮室, 上棟下宇, 以待風雨, 蓋取諸大壯.

와 '사(社)'는 모두 땅의 신이 머무는 곳이다. 경과 대부의 집에서는 중류에서 땅의 신에 대한 제사를 주관하게 되고, 천자와 제후의 나라에서는 사에서 땅의 신에 대한 제사를 주관하게 된다. 이러한 행위들은 모두 땅이 만물을 실어주고 재화를 생산해주는 근본이 됨을 나타낸다.

經文

唯爲[去聲]社事, 單[丹]出里.〈030〉

오직 사에 대한 제사를 지낼 때에만['爲'자는 거성으로 읽는다.] 한 마을에 있는 사람들이 모두['單'자의 음은 '丹(단)'이다.] 나와서 그 제사를 돕는다.

集說

社事, 祭社之事也. 二十五家爲里. 單, 盡也. 言當祭社之時, 一里之人盡出而供給其事, 蓋每家一人也.

'사사(社事)'는 사에서 제사지내는 일을 뜻한다. 25개의 가를 묶어서 1개의 리로 삼는다. '단(單)'자는 "다한다."는 뜻이다. 즉 이 말은 사제사를 지내야 할 때, 한 리에 있는 사람들이 모두 나와서, 그 제사를 돕게 되니, 아마도 각 가마다 1명씩 나오게 될 것이다.

經文

唯爲社田, 國人畢作.〈031〉

오직 사에 제사를 지내기 위해 사냥을 할 때에만 나라 안의 사람들이 모두 나와서 사냥을 돕게 된다.

爲祭社之事而田獵, 則國中之人皆行, 無留家者.

사에 대한 제사를 지내기 위해서 사냥을 하게 된다면, 나라 안의 사람들이 모두 사냥을 돕게 되니, 가에 머무는 자가 없게 된다.

경문

唯社, 丘乘[去聲]供粢盛[平聲], 所以報本反始也.〈032〉

오직 사에 대한 제사에서만, 구승의['乘'자는 거성으로 읽는다.] 행정구역에서 제사 때 진설하는 자성을['盛'자는 평성으로 읽는다.] 공급하게 하니, 이러한 것들은 근본에 보답하고 시초를 반추하는 방법이다.

集說

祭社必有粢盛, 稷曰明粢, 在器曰盛. 此粢盛則使丘乘供之. 井田之制, 九夫爲井, 四井爲邑, 四邑爲丘, 四丘爲乘也. 報, 者酬之以禮. 反者, 追之以心.

사에 제사를 지낼 때에는 반드시 자성을 진설하게 되니, 곡식을 '명자(明粢)'라 부르고, 그 곡식을 제기에 담는 것을 '성(盛)'이라 부른다. 이러한 '자성(粢盛)'은 구승으로 하여금 공급하도록 시킨다. 정전제에서 9개의 집안이 1정이 되고, 4개의 정이 모여서 1개의 읍이 되며, 4개의 읍이 모여서 1개의 구가 되고, 4개의 구가 모여서 1개의 승이 된다. '보(報)'라는 것은 예법에 따라 보답하는 것이다. '반(反)'이라는 것은 마음을 다해 추념하는 것이다.

季春出火, 爲焚也. 然後簡其車賦, 而歷其卒伍[爲去聲], 而君親
誓社以習軍旅, 左之右之, 坐之起之, 以觀其習變也. 而流示
之禽, 而鹽[去聲]諸利, 以觀其不犯命也. 求服其志, 不貪其得,
故以戰則克, 以祭則受福.〈033〉

계춘의 달에는 들판에 불을 내니, 잡초들을 제거하기 위해서이다. 그런
뒤에 수레와 병사들을 검열하며, 대오의['伍'자는 거성으로 읽는다.] 수를 셈
하고, 군주는 직접 사에서 대중들에게 서약을 하고, 이 기회를 통해서
군대를 연습시킨다. 군대의 대오를 좌로 움직이게 하고 또 우로 움직이
게 하며, 혹은 앉게 시키고 또 일어서게도 시키며, 변화된 상황에 따라
대처법을 익힌 것을 관찰한다. 그리고 짐승들을 이리저리 흩어지게 하
여 병사들에게 그 모습을 보이고, 이로움을 흠모하도록['鹽'자는 거성으로
읽는다.] 만든 뒤에, 이를 통해서 명령을 어기고 짐승들을 취하지 않는가
를 살펴보게 된다. 이처럼 하는 것은 이로움을 탐하는 마음을 굴복시키
기 위함이고, 군주 또한 취득한 것에 대해서 탐내지 않는다. 그렇기 때
문에 전쟁을 하면 반드시 이기게 되는 것이고, 제사를 지내게 되면 복
을 받게 되는 것이다.

集說

建辰之月, 大火心星昏見南方, 故出火以焚除草萊, 焚後卽蒐田. 簡,
閱視也. 賦, 兵也. 歷, 數之也. 百人爲卒, 五人爲伍. 誓社, 誓衆於
社也. 或左或右, 或坐或作, 皆是軍旅之法. 習變, 習熟其變動之節
也. 驅逐之際, 禽獸流動紛紜, 衆皆見之, 故云流示之禽. 鹽, 讀爲
艶. 艶諸利, 謂使之歆艶於利也. 禽獸雖甚可欲, 而殺獲取舍, 皆有
定制. 犯命者必罰, 不使之犯命者, 是求以遏服其貪利之志. 人君亦
取之有制, 如大獸公之, 小禽私之, 不踰法而貪下之所得也. 以戰則
克, 習氏於變也. 祭則受福, 獲牲以禮也.

북두칠성의 자루가 진에 걸치는 달에, 대화의 심성은 저녁 무렵 남쪽 하늘에 나타난다. 그렇기 때문에 불을 내서 잡초들을 제거하고 잡초들을 불사른 이후에는 곧 '수전(蒐田)'3)을 한다. '간(簡)'자는 검열을 한다는 뜻이다. '부(賦)'자는 병사를 뜻한다. '역(歷)'자는 셈을 한다는 뜻이다. 100명의 사람이 1졸이 되고, 5명이 1오가 된다. '서사(誓社)'라는 것은 사에서 대중들에게 서약을 한다는 뜻이다. 좌로 움직이게도 하고 또는 우로 움직이게도 하며, 앉히기도 하고 또는 일어서게도 하는데, 이 모두는 군대를 움직이는 법도에 해당한다. '습변(習變)'은 변동에 따른 절도를 익힌다는 뜻이다. 짐승들을 쫓을 때 짐승들은 이리저리 움직이며 흩어지게 되고, 대중들이 모두 그것들을 바라보게 된다. 그렇기 때문에 "이리저리 움직여 흩어지는 모습을 보이는 짐승들"이라고 말한 것이다. '염(鹽)'자는 염(艶)자로 해석하니, '염제리(艶諸利)'라는 말은 그들로 하여금 이로움에 대해서 흠모하도록 만든다는 뜻이다. 짐승들에 대해서 비록 모두 잡아들이고 싶어 하지만, 살생하고 포획하며 취사선택을 하는 데에는 모두 정해진 법제가 있다. 명령을 범한 자는 반드시 벌을 받게 하여, 그들로 하여금 명령을 어기지 못하도록 한 것은 그들의 이로움을 탐하는 뜻을 꺾고자 한 것이다. 군주 또한 취득을 하는데 있어서 정해진 법제가 있으니, 예를 들어 덩치가 큰 짐승은 모두와 함께 나누고, 작은 짐승만을 사적으로 취득하여, 법도를 어기면서까지 백성들이 얻은 것을 탐하지 않는 것이다. 이를 통해 전쟁을 하게 되면 이기게 되는 것은 변화된 상황에 대해서 백성들에게 대처법을 익히게 했기 때문이다. 그리고 이를 통해 제사를 지내게 되면 복을 받게 되는 것은 희생물을 포획하길 예에 맞춰서 했기 때문이다.

疏曰: 祭社旣在仲春, 此出火爲焚, 當在仲春之月, 記者誤也.

소에서 말하길, 사에 대한 제사는 이미 중춘 때 치르게 되어 있으므로,

---

3) 수전(蒐田)은 봄에 시행하는 사냥을 뜻하며, 또한 사냥 전체를 범칭하는 용어로도 사용된다.

이곳에서 불을 내어 잡초를 제거한다고 한 일도 마땅히 중춘의 달에 시행하는 것이다. 따라서 『예기』를 기록한 자가 이 문장을 잘못 기록한 것이다.

淺見

近按: 此上諸節言社祭之禮義也.

내가 살펴보니, 이 문장과 앞의 여러 문장들은 사제사의 예법과 의미를 언급한 것이다.

天子適四方, 先柴.〈034〉

천자가 사방으로 순수를 하게 되면, 그 지역에 도착하여 우선적으로 시제를 한다.

集說

書曰: 歲二月東巡守, 至于岱宗, 柴.

『서』에서 말하길, 그 해 2월에 동쪽으로 순수하여, 대종에 이르러서 시제를 했다.[1]

郊之祭也, 迎長日之至也.〈035〉

교에서 하늘에게 제사를 지내는 이유는 해가 길어지게 됨을 맞이하기 위해서이다.

集說

至, 猶到也. 冬至日短極而漸舒, 故云迎長日之至.

'지(至)'자는 "이르다."는 뜻이다. 동지 때 낮의 길이가 짧아진 것이 지극해졌다가 점진적으로 길어지게 된다. 그렇기 때문에 "해가 길어지는 일이 도래하는 것을 맞이한다."라고 말한 것이다.

----

1) 『서』「우서(虞書)·순전(舜典)」: 歲二月, 東巡守至于岱宗, 柴, 望秩于山川, 肆覲東后, 協時月正日, 同律度量衡, 修五禮, 五玉, 三帛, 二生, 一死, 贄, 如五器, 卒乃復.

朱子曰: 以始祖配天, 須在冬至, 一陽始生, 万物之始. 宗祀九月, 万物之成. 父者, 我所自生. 帝者, 生物之祖. 故推以爲配, 而祀於明堂. 此議方正.

주자가 말하길, 그 왕조의 시조를 하늘에 배향하는데, 동지 때 해야 하는 이유는 하나의 양이 비로소 생겨나서 만물이 시작되기 때문이다. 시조를 종주로 삼아서 9월에 제사를 지내는 것은 그 시기에 만물이 완성되기 때문이다. 부친은 내가 태어나게 된 이유이다. 상제는 만물을 태어나게 한 근본이다. 그렇기 때문에 시조를 추존하여 상제에게 배향하고, 명당에서 제사를 지내는 것이니,[2] 이러한 의론은 올바르다.

問: "郊祀后稷以配天, 宗祀文王以配上帝. 帝只是天, 天只是帝, 却分祭, 何也?" 朱子曰: "爲壇而祭, 故謂之天. 祭於屋下, 而以神祇祭之, 故謂之帝."

묻기를 "후직에게 교에서 제사를 지내 하늘에 배향하고, 문왕을 종주로 삼아 제사를 지내서 상제에게 배향했다. 상제는 하늘일 따름이며, 하늘 또한 상제일 따름인데, 이 둘을 나누어서 제사를 지내는 것은 무슨 이유인가?"라고 하자 주자가 답하길, "제단을 쌓아서 제사를 지내기 때문에, 그 대상을 하늘이라고 부른 것이다. 지붕 아래에서 제사를 지내고, 신지로 제사를 지내기 때문에, 그 대상을 상제라고 부른 것이다."라고 했다.

經文

大報天而主日也, 兆於南郊, 就陽位也. 掃[去聲]地而祭, 於其質也. 器用陶匏, 以象天地之性也.〈036〉

---

2) 『효경』「성치장(聖治章)」: 昔者周公郊祀后稷以配天. 宗祀文王於明堂以配上帝.

교제사는 하늘의 큰일에 대해 크게 보답하고, 하늘대신 해를 위주로 하니, 남쪽 교외에서 조를 만들어 제사를 지내는 것은 양의 방위에 따르기 때문이다. 그리고 땅만 청소하고['掃'자는 거성으로 읽는다.] 제사를 지내는 것은 하늘의 성질이 질박하기 때문이다. 제기에 있어서도 질그릇과 바가지를 사용하는데, 이것을 통해서 천지의 질박한 본성을 모방하는 것이다.

郊祭者, 報天之大事, 而主於迎長日之至. 祭義云: "配以月", 故方氏謂天之尊無爲. 可祀之以其道, 不可主之以其事, 故以日爲之主焉. 天秉陽, 日者衆陽之宗, 故就陽位而立郊兆. 陶匏, 亦器之質者, 質乃物性之本然也.

교제사는 하늘이 시행하는 큰일에 대해 보답하고, 해가 길어지게 됨이 도래함을 맞이하는 것을 위주로 한다. 『예기』「제의(祭義)」편에서는 "달로 배향한다."[3]라고 하였다. 그렇기 때문에 방각은 "하늘은 존귀하지만 구체적인 행위의 드러남이 없다. 따라서 그 도리로 제사를 지낼 수 있지만, 구체적인 일을 위주로 할 수는 없다. 그러므로 하늘대신 해를 위주로 삼게 되는 것이다."라고 말한 것이다. 그리고 하늘은 양을 부리고, 해는 모든 양 중에서도 종주가 된다. 그렇기 때문에 양의 방위에 나아가서, 교에 조를 세우는 것이다. 질그릇과 바가지 또한 기물들 중에서도 질박한 것이니, 질박한 것은 곧 사물의 성질 중에서도 본래의 것에 가까운 것이다.

---

3) 『예기』「제의(祭義)」 018장 : 郊之祭, 大報天而主日, 配以月. 夏后氏祭其闇, 殷人祭其陽, 周人祭日以朝及闇.

經文

於郊, 故謂之郊. 牲用騂, 尚赤也. 用犢, 貴誠也. 郊之用辛也.〈037〉

교제사는 교외에서 지내기 때문에, 그 명칭을 '교(郊)'라고 부르는 것이다. 희생물은 붉은색의 소를 사용하니, 적색을 숭상하기 때문이다. 소 중에서도 송아지를 사용하는 것은 진실됨을 숭상하기 때문이다. 교제사는 신자가 들어가는 날을 이용해서 치른다.

集說

問: 郊之用辛日, 何謂?

묻기를, 교제사를 신자가 들어가는 날에 지낸다는 것은 무슨 뜻인가?

經文

周之始郊日以至.〈038〉

주나라에서 처음으로 교제사를 지낼 때에는 그 날짜를 동지로 정했다.

集說

謂周家始郊祀, 適遇冬至是辛日, 自後用冬至后辛日也.

주나라에서 처음으로 교제사를 지냈을 때에는 동지에 지냈는데, 때마침 그 날이 신자가 들어가는 날이었고, 그 이후로부터는 동지 이후 신자가 들어가는 날을 이용해서, 교제사를 지내게 되었다는 뜻이다.

卜郊, 受命于祖廟, 作龜于禰宮, 尊祖親考之義也.〈039〉

교제사에 대해서 거북점을 칠 때에는 그 사안을 태조의 묘에서 아뢰어
태조로부터 명령을 하달 받고, 거북점은 부친의 묘에서 치게 되니, 이것
은 태조를 존귀하게 받들고 부친에게 친근하게 대하는 도의이다.

集說

告于祖廟而行事, 則如受命于祖, 此尊祖之義. 作, 猶用也. 用龜以
卜而于禰宮, 此親考之義. 曲禮言大饗不問卜, 旣用冬至, 則有定日,
此但云卜郊, 則非卜日矣. 下文言帝牛不吉, 亦或此爲卜牲歟. 不然
則異代之禮也.

태조의 묘에서 아뢰고 제사를 시행한다면, 태조에게서 명령을 받은 것
과 같은 일이니, 이것은 태조를 존귀하게 받드는 도의가 된다. '작(作)'
자는 "사용한다."는 뜻이다. 거북껍질을 사용하여 거북점을 치는데, 이
것을 부친의 묘에서 한다면, 이것은 부친을 친근하게 대하는 도의가 된
다. 『예기』 「곡례(曲禮)」 편에서는 큰 제사 때에는 점을 쳐서 날짜를 묻
지 않는다고 하였고,[4] 교제사에 대해서는 이미 동지 때 치른다고 하였
으므로, 정해진 날짜가 있는 것이다. 이곳 문장에서는 단지 교제사에
대해서 점을 친다고 했으니, 이것은 제삿날에 대해서 점을 친다는 뜻이
아니다. 아래문장에서는 상제에게 바칠 소에 대해서 불길하다는 점괘
가 나온다고 하였으므로, 이곳 문장의 뜻 또한 희생물에 대해서 점을
친다는 뜻일 것이다. 그렇지 않다면 주나라 이전 왕조의 예법에 해당할
것이다.

---

4) 『예기』 「곡례하(曲禮下)」 116장 : 大饗不問卜, 不饒富.

ト之日, 王立于澤, 親聽誓命, 受敎諫之義也.〈040〉

거북점을 치는 날에 천자는 택궁에 서서, 유사가 다른 관리들에게 제사와 관련된 일을 명령하는 것을 들으니, 이처럼 하는 것은 가르침과 간언을 받아들이는 도의에 해당한다.

集說

澤, 澤宮也. 於其中射以擇士, 因謂之澤宮. 又其宮近水澤, 故名也. 其日卜竟, 有司卽以祭事誓戒命令衆執事者, 而君亦聽受之, 是受敎諫之義也.

'택(澤)'은 택궁이다. 그 안에서 활쏘기를 하여 사를 선발하기 때문에, '택궁(澤宮)'이라고 부르게 되었다. 또 그 장소는 연못 근처에 있기 때문에, '택궁(澤宮)'이라는 명칭이 생기게 되었다. 점치는 날 점치는 일이 모두 끝나면, 유사는 곧 제사에서 지키고 경계해야 하는 것들을 일을 맡아보는 많은 자들에게 명령하게 되고, 군주는 또한 그것을 들으며, 그 내용을 받아들이게 되니, 가르침과 간언을 받아들이는 도의에 해당하는 것이다.

經文

獻命庫門之內, 戒百官也. 大廟之命, 戒百姓也.〈041〉

유사가 모든 관리들에게 훈계할 내용을 기록하여 천자에게 바치면, 천자는 그것을 가지고 고문 안에서 모든 관리들에게 주의를 준다. 그리고 태묘에서도 명령을 내려서, 동족의 신하들에게 주의를 준다.

有司獻王所以命百官之事, 王乃於庫門內集百官而戒之. 又於大廟
之內, 戒其族姓之臣也.

유사는 백관에게 명령할 일에 대해 기록하여 천자에게 바치고, 천자는
곧 고문 안에서 모든 관리들을 모아두고 그들에게 주의를 준다. 또 태묘
안에서도 동족인 신하들에게 주의를 준다.

經文

祭之日, 王皮弁以聽祭報, 示民嚴上也. 喪者不哭, 不敢凶服,
氾[泛]埽[去聲]反道, 鄉爲田燭, 弗命而民聽上.〈042〉

교제사를 지내는 날이 되면, 천자는 피변을 착용하고서 제사의 준비 사
항 등을 보고받으니, 백성들에게 윗사람을 존엄하게 대해야 한다는 사
실을 보여주기 위해서이다. 상을 치르는 자는 이날 곡을 하지 않고, 감
히 상복을 입지 않으며, 땅에 물을 뿌려서['氾'자의 음은 '泛(범)'이다.] 청소
하고['埽'자는 거성으로 읽는다.] 흙을 파서 뒤집어 놓으며, 육향에 살고 있
는 백성들은 밭두둑에 횃불을 밝혀 놓으니, 이러한 일들은 별도로 명령
을 내리지 않아도 백성들이 자발적으로 따르는 지침이다.

集說

祭報, 報白日時早晩, 及牲事之備具也. 氾埽, 洒水而后掃也. 反道,
剗道路之土反之, 令新者在上也. 鄉, 郊內六鄉也. 六鄉之民, 各於
田首設燭照路, 恐王行事之早也. 喪者不哭以下諸事, 皆不待上令
而民自聽從, 蓋歲以爲常也.

'제보(祭報)'는 시간의 빠르고 늦은 차이와 희생물 및 각각의 사안들을

갖춘 정도에 대해서 보고한다는 뜻이다. '범소(氾埽)'는 물을 뿌린 이후에 청소를 한다는 뜻이다. '반도(反道)'는 도로의 흙을 파서 뒤집어엎어 새로운 빛깔의 흙이 그 위로 오도록 하는 것이다. '향(鄕)'은 교 안에 있는 육향을 뜻한다. 육향에 속한 백성들은 각자 자신의 경작지 두둑에 횃불을 설치하여 길을 밝히니, 천자가 제사를 지내러 일찍 찾아오게 될까를 염려해서이다. 상을 치르는 자가 곡을 하지 않는다는 것으로부터 그 이하의 여러 사안들은 모두 위정자가 명령을 내릴 때까지 기다리지 않고 백성들이 자발적으로 따르게 되는 것이니, 아마도 한 해를 터울로 일정하게 시행해야 할 일로 여겼기 때문이다.

經文

祭之日, 王被袞以象天.〈043〉

제사를 지내는 당일에 천자는 용곤의 복장을 겉에 입음으로써 하늘의 형상을 본뜬다.

集說

象天, 謂有日月星辰之章也.

'상천(象天)'은 해·달·별들의 무늬가 포함되어 있다는 뜻이다.

陳氏曰: 合周官·禮記而考之, 王之祀天, 內服大裘, 外被龍袞. 龍袞所以襲大裘也.

진씨가 말하길, 『주례』와 『예기』의 기록을 함께 고찰해보면, 천자가 하늘에 대한 제사를 지낼 때에는 안에 대구를 착용하고, 겉에 용곤(龍袞)[5]을 착용한다. 용곤은 대구를 습하는 옷이다.

戴冕璪[藻]十有二旒, 則天數也. 乘素車, 貴其質也. 旂十有二
旒, 龍章而設日月, 以象天也. 天垂象, 聖人則之, 郊所以明天
道也.〈044〉

면류관을 씀에 면류관에는 옥을 꿴 줄이['璪'자의 음은 '藻(조)'이다.] 12개
들어가니, 이것은 하늘의 법칙을 본받기 위해서이다. 나무로 만든 수레
인 소거를 타는 것은 그 질박함을 숭상하기 때문이다. 깃발에 12개의
깃술을 달며, 용의 무늬를 새기고, 해와 달의 모양을 새겨서, 하늘의 형
상을 본뜨게 된다. 하늘은 형상을 드리우고, 성인은 그것을 본받으니,
교제사는 하늘의 도를 밝히는 방법이 된다.

璪, 與藻同. 素車, 殷之木路也. 旂之旒與冕之旒, 皆取下垂之義, 餘
見前.

'조(璪)'자는 옥장식을 뜻하는 조(藻)자와 동일하다. '소거(素車)'는 은나
라 때의 목로이다. 깃발에 다는 깃술과 면류관에 다는 옥을 꿴 줄은 모
두 하늘의 형상을 세상으로 드리우는 뜻에서 취하여 만든 것이다. 나머
지 부분에 대한 설명은 앞 편에 나온다.

---

5) 용곤(龍袞)은 천자의 예복(禮服) 중 하나이다. 상의에 용(龍)을 수놓은 옷이다.
『예기』「예기(禮器)」편에는 "禮有以文爲貴者. 天子龍袞, 諸侯黼, 大夫黻, 士玄
衣纁裳."이라는 기록이 있다.

經文

帝牛不吉, 以爲稷牛. 帝牛必在滌三月, 稷牛唯具, 所以別事天神與人鬼也. 萬物本乎天, 人本乎祖, 此所以配上帝也. 郊之祭也, 大報本反始也.〈045〉

상제에게 바치는 소에 대해 점을 쳤는데 불길하다는 점괘가 나오게 되면, 후직에게 바치는 소로 대체한다. 제우는 반드시 우리에서 3개월 동안 가둬서 키운 것으로 사용하고, 직우는 단지 흠 없이 온전한 것을 사용하니, 이처럼 하는 이유는 천신과 인귀를 섬기는 것을 구별하기 위해서이다. 만물은 하늘에 근본을 두고 있고, 사람은 조상에 근본을 두고 있으니, 이러한 이유로 자신의 조상을 상제에게 배향하는 것이다. 교에서 지내는 제사는 근본에 보답하고 시초를 반추하는 성대한 의식이다.

集說

郊祀后稷以配天, 故祭上帝者謂之帝牛, 祭后稷者謂之稷牛. 滌者, 牢中淸除之所也. 此二牛皆在滌中, 爲猶用也. 若至期卜牲不吉, 或有死傷, 卽用稷牛爲帝牛, 而別選稷牛也. 非在滌三月者不可爲帝牛, 故以稷牛代之. 稷乃人鬼, 其牛但得具用足矣, 故云稷牛唯具. 人本乎祖, 故以祖配帝. 是郊之祭, 乃報本反始之大者.

교에서 후직에게 제사를 지내면서 하늘에 배향한다. 그렇기 때문에 상제에게 제사지낼 때 사용하는 소를 '제우(帝牛)'라 부르는 것이고, 후직에게 제사지낼 때 사용하는 소를 '직우(稷牛)'라 부르는 것이다. '척(滌)'이라는 것은 우리 중의 청결한 장소를 뜻한다. 이러한 두 종류의 소는 모두 척에 가두게 된다. '위(爲)'자는 "사용한다."는 뜻이다. 만약 기약된 날짜가 되어 희생물에 대해 점을 쳤는데 불길하다는 점괘가 나오게 되거나 혹은 희생물이 죽거나 상처가 생기게 된다면, 직우를 이용해서 제우로 사용하게 되고, 별도로 직우를 선별하게 된다. 척에서 3개월 동안 가둬서 키우지 않은 것으로는 제우로 삼을 수 없다. 그렇기 때문에 직우로 대체하는 것이다. 후직은 사람이 죽어서 신이 된 자이니, 그에게 사용되는 소는 단지 흠이 없이 온전한 것을 갖추기만 하면 충분하다. 그렇기 때문에 "직우는 오직 온전한 것을 사용한다."라고 말한 것이다. 사람은 조상에게 근본을 두고 있다. 그렇기 때문에 자신의 조상을 상제에게 배향하는 것이다. 교에서 지내는 제사는 곧 근본에 보답하고 시초를 반추하는 것들 중에서도 매우 성대한 것이다.

淺見

近按: 此上諸節言郊祭之禮義也. 柴亦祭天之事, 故先言於郊之上也.

내가 살펴보니, 앞에 나온 여러 문장들은 교제사의 예법과 의미를 언급한 것이다. 시제 또한 하늘에 대해 제사를 지내는 일이다. 그렇기 때문에 교제사에 대한 기록 앞에 언급한 것이다.

經文

天子大蜡[乍]八, 伊耆[其]氏始爲蜡. 蜡也者, 索[色窄反]也. 歲十
二月合, 聚萬物而索饗之也.〈046〉

천자가 지내는 성대한 사제사는['蜡'자의 음은 '乍(사)'이다.] 8명의 신을 섬
기니, 이기씨가['耆'자의 음은 '其(기)'이다.] 처음으로 이러한 사제사를 시행
했다. '사(蜡)'라는 것은 찾는다는['索'자는 '色(색)'자와 '窄(착)'자의 반절음이
다.] 뜻이다. 한 해의 12월에 모든 것이 닫히게 되면, 만물을 취합하여
신을 찾아서 제사를 지내는 것이다.

集說

蜡祭八神, 先嗇一, 司嗇二, 農三, 郵表畷四, 猫虎五, 坊六, 水庸七,
昆蟲八. 伊耆氏, 堯也. 索, 求索其神也. 合, 猶閉也. 閉藏之月, 万
物各己歸根復命, 聖人欲報其神之有功者, 故求索而享祭之也.

사제사에서는 8명의 신에게 제사를 지내니, 선색이 첫 번째 신이고, 사
색이 두 번째 신이며, 농이 세 번째 신이고, 우표철이 네 번째 신이며,
묘호가 다섯 번째 신이고, 방이 여섯 번째 신이며, 수용이 일곱 번째 신
이고, 곤충이 여덟 번째 신이다. '이기씨(伊耆氏)'는 요임금이다. '색(索)'
자는 그 신을 찾는다는 뜻이다. '합(合)'자는 "닫는다."는 뜻이다. 모든
것이 닫히고 보관되는 달에 만물은 각자 자신의 근본으로 되돌아가고
본원으로 회귀하게 되니, 성인은 그 신들의 공덕에 대해서 보답을 하고
자 했기 때문에, 신을 찾아서 제사를 지내는 것이다.

蜡之祭也, 主先嗇而祭司嗇也, 祭百種[上聲]以報嗇也.〈047〉

사의 제사에서는 여덟 신들 중에서도 선색을 주인으로 삼고, 사색에게 제사를 지내며, 모든 곡식의 종자를['種'자는 상성으로 읽는다.] 담당하는 신에게 제사를 지내서 농사를 지을 수 있도록 했던 공덕에 보답하는 것이다.

嗇, 與穡同. 先嗇, 神農也. 主, 如前章主日之主, 言爲八神之主也. 司嗇, 上古后稷之官. 百種, 司百穀之種之神也. 報嗇, 謂報其敎民樹藝之功.

'색(嗇)'자는 곡식을 뜻하는 색(穡)자와 동일하다. '선색(先嗇)'은 농업을 주관하는 신이다. '주(主)'자는 앞장에서 "해를 주인으로 한다."라고 했을 때의 '주(主)'자와 같은 뜻이니, 이 말은 곧 여덟 신들의 주인으로 삼는다는 뜻이다. '사색(司嗇)'은 상고시대 때 후직이라는 관리이다. '백종(百種)'은 모든 곡식의 종자를 담당하는 신이다. '보색(報嗇)'은 그들이 백성들을 교육하여 농작물을 기를 수 있도록 했던 공덕에 대해 보답한다는 뜻이다.

饗農及郵表畷[株劣反]・禽獸, 仁之至, 義之盡也.〈048〉

농업과 관련된 신에게 제사를 지내서, 우표철과['畷'자는 '株(주)'자와 '劣(렬)'자의 반절음이다.] 금수까지도 흠향을 시키는 것은 인의 지극함이며 의를 다하는 것이다.

集說

農, 古之田畯, 有功於民者. 郵者, 郵亭之舍也. 標表田畔相連畷處,
造爲郵舍, 田畯居之以督耕者, 故謂之郵表畷. 禽獸, 猫虎之屬也.

'농(農)'은 고대의 전준으로, 백성들에게 공덕을 베풂이 있었던 자이다.
'우(郵)'라는 것은 문서를 전달하던 건물이다. 전답이 서로 연결된 밭두
둑에 경계를 표시하여, 그곳에 우라는 건물을 짓고, 전준이 그곳에 거주
하며 경작하는 자들을 감독하였다. 그렇기 때문에 '우표철(郵表畷)'이라
고 부르는 것이다. '금수(禽獸)'는 고양이나 호랑이 등의 짐승들이다.

經文

古之君子, 使之必報之. 迎猫, 爲[去聲]其食田鼠也; 迎虎, 爲其
食田豕也, 迎而祭之也. 祭坊[防]與水庸, 事也.〈049〉

고대의 군자는 부렸던 대상에 대해서 반드시 보답했다. 고양이 신을 맞
이하는 것은 그가 농작물에 해를 끼치는 들쥐를 잡아먹기 때문이며['爲'
자는 거성으로 읽는다.] 호랑이 신을 맞이하는 것은 그가 농작물에 해를 끼
치는 멧돼지를 잡아먹기 때문이니, 그들을 맞이하여 제사를 지내는 것이
다. 제방과['坊'자의 음은 '防(방)'이다.] 용수로의 신들에 대해서 제사를
지내는 것은 농사일에 도움을 주기 때문이다.

集說

田鼠・田豕, 皆能害稼, 故食之者爲有功. 迎者, 迎其神也. 坊, 隄也,
以蓄水亦以障水. 庸, 溝也, 以受水亦以洩水. 皆農事之備, 故曰事
也. 眉山蘇氏以爲迎猫則爲猫之尸, 迎虎則爲虎之尸, 近於倡優所
爲, 是以子貢言一國之人皆若狂也.

들쥐와 멧돼지는 모두 농작물에 피해를 줄 수 있는 동물들이다. 그렇기 때문에 그것들을 잡아먹는 동물들에게 공덕이 있다고 여기는 것이다. '영(迎)'이라는 말은 그 신을 맞이한다는 뜻이다. '방(坊)'자는 제방을 뜻하니, 물을 모아두고 또한 물이 넘치는 것을 막는다. '용(庸)'은 용수로를 뜻하니, 물을 받아들이고 또 물이 경작지로 스며들도록 하는 것이다. 이 모두는 농사에 대해 정비를 하는 것이다. 그렇기 때문에 '사(事)'라고 말한 것이다. 미산소씨[1]는 '영묘(迎貓)'가 곧 고양이 신을 대신하는 시동을 맞이한다는 뜻으로 여겼고, '영호(迎虎)'가 곧 호랑이 신을 대신하는 시동을 맞이한다는 뜻으로 여겼는데, 시동이 하는 짓은 광대들이 하는 짓과 유사하였기 때문에, 자공이 "온 나라 사람들이 모두 미친 듯이 즐거워했다."고 말했다고 주장한다.

經文

> 曰: "土反其宅, 水歸其壑, 昆蟲毋[無]作, 草木歸其澤."〈050〉

축문에서는 "흙은 그 안존한 장소로 돌아가라, 물은 본래의 구덩이로 돌아가라, 곤충은 발생하지 마라['毋'자의 음은 '無(무)'이다.] 초목은 수풀 지역으로 돌아가라."라고 한다.

集說

此祝辭也. 宅, 猶安也. 土安則無崩圮, 水歸則無泛溢. 昆蟲, 謂螟蝗

---

1) 미산소씨(眉山蘇氏, A.D.1009∼A.D.1066) : =소순(蘇洵). 북송(北宋) 때의 학자이다. 자(字)는 명윤(明允)이고, 호(號)는 노천(老泉)이다. 소식(蘇軾)과 소철(蘇轍)의 부친으로, 두 아들과 함께 '삼소(三蘇)'로 일컬어졌다. 저서로는 『역론(易論)』·『예론(禮論)』·『악론(樂論)』·『시론(詩論)』·『서론(書論)』·『춘추론(春秋論)』 등이 있다.

之屬, 害稼者. 作, 起也. 草木各歸根于藪澤, 不得生於耕稼之土也.

이 구문은 축사에 해당한다. '택(宅)'자는 안존한 곳을 뜻한다. 토가 안존하게 된다면 흙이 붕괴되는 일이 없게 되며, 물이 되돌아가게 되면 범람하는 일이 없게 된다. '곤충(昆蟲)'은 해충인 명황 등의 부류로, 농작물에 해를 끼치는 것들이다. '작(作)'자는 "일어나다."는 뜻이다. 초목이 각각 수풀이 빽빽한 곳으로 뿌리를 되돌리게 된다면, 경작지에서 성장하지 못하게 된다.

皮弁素服而祭, 素服以送終也. 葛帶榛杖, 喪殺[色介反]也. 蜡之祭, 仁之至, 義之盡也.〈051〉

피변을 쓰고 소복을 입고서 제사를 지내니, 소복을 입고서 제사를 지내는 것은 끝마침에 대해 잘 전송하는 것이다. 칡을 엮은 띠를 두르고 개암나무로 만든 지팡이를 잡는 것은 정식적인 상례에 따라 낮추는['殺'자는 '色(색)'자와 '介(개)'자의 반절음이다.] 것이다. 사제사는 인의 지극함이며 의의 극진함이다.

集說

物之助成歲功者, 至此而老, 老則終矣, 故皮弁 · 素服 · 葛帶 · 榛杖以送之, 喪禮之殺也. 此爲義之盡. 祭報其功, 則仁之至也. 周禮 · 籥章云: "國祭蜡則歙豳頌, 擊土鼓, 以息老物."

만물이 세공(歲功)[2]을 도와서 완성하는 일을 하는데, 이 시기에 이르게

---

2) 세공(歲功)은 한 해 동안 이룩한 공적(功績)을 지칭한다. 구체적으로는 한 해의

되어 노쇠해지니, 노쇠해지면 끝마치게 된다. 그렇기 때문에 피변을 쓰고 소복을 착용하며 칡으로 엮은 띠를 두르고 개암나무로 만든 지팡이를 잡고서 그것들을 전송하니, 이것은 상례에서 낮추는 것에 해당한다. 이것들은 의의 극진함이 된다. 제사를 지내서 그 공덕에 보답하게 된다면 인의 지극함이 된다. 『주례』「약장(籥章)」편에서는 "나라에서 사제사를 지내게 되면, 빈송(을 연주하고, 토고를 두드려서, 노쇠해진 만물을 쉬게 한다."[3]고 했다.

淺見

近按: 此上諸節, 言蜡祭之禮義也.

내가 살펴보니, 여기까지의 여러 문장들은 사제사의 예법과 의미를 언급한 것이다.

농사를 수확한다는 뜻이다. 『한서(漢書)』「예악지(禮樂志)」편에는 "陽出布施於上而主歲功, 陰入伏藏於下而時出佐陽. 陽不得陰之助, 亦不能獨成歲功."이라는 기록이 있다.
3) 『주례』「춘관(春官)·약장(籥章)」: 國祭蜡, 則吹豳頌, 擊土鼓, 以息老物.

經文

八蜡以記四方. 四方年不順成, 八蜡不通, 以謹民財也. 順成
之方, 其蜡乃通, 以移[去聲]民也. 旣蜡而牧, 民息已. 故旣蜡,
君子不興功.〈056〉[舊在下文"不斂藏之種也"之下.]

여덟 신에게 사제사를 지낼 때에는 사방 제후국들의 길흉을 기록한 것
을 참고한다. 사방의 제후국 중 흉년이 든 국가에서는 사제사를 지내지
않음으로써 백성들의 재화를 아낀다. 풍년이 든 제후국에서는 제사를
지내서, 백성들의 마음을 편안하게['移'자는 거성으로 읽는다.] 한다. 사제사
를 끝내고 만물을 수렴하고 나면, 백성들을 쉬도록 할 따름이다. 그렇
기 때문에 사제사를 끝낸 다음에 군주는 사업을 일으키지 않는 것이다.
[옛 판본에는 아래문장의 "수확하여 오래도록 보관할 수 없는 품종이기 때문이다."[1]
라고 한 문장 뒤에 수록되어 있었다.]

集說

記四方者, 因蜡祭而記其豊凶也. 蜡祭之禮, 列國皆行之. 若其國歲
凶, 則八蜡之神, 不得與諸方通祭, 所以使民知謹於用財, 不妄費也.
移者, 寬縱之義. 蓋歲豊, 則民財稍可寬舒用之也. 黨正屬民飮酒,
始雖用禮, 及其飮酒醉飽, 則亦縱其酣暢爲樂, 夫子所謂一日之澤是
也. 農民終歲勤動, 而於此時得一日之樂, 是上之人勞農之美意也.
旣蜡之後, 收斂積聚, 民皆休息, 故不興起事功也.

"사방을 기록한다."는 말은 사제사를 지내는 것에 기인하여 각 지역의
풍흉 정도를 기록한다는 뜻이다. 사제사의 예법에 따르면, 모든 제후국
에서 이 제사를 시행한다. 그런데 만약 어느 제후국에 흉년이 들게 된다
면, 그 지역의 사제사를 받는 여덟 신들은 다른 지역에서 이들에 대한

---

1) 『예기』「郊特牲」 055장 : 天子樹瓜華, 不斂藏之種也.

통괄적인 제사를 지내는데 참여할 수 없으니, 이러한 조치를 통해 백성들이 재물을 씀에 신중하게 만들어서, 낭비하지 못하도록 하는 것이다. '이(移)'라는 것은 자유롭게 놔둔다는 뜻이다. 무릇 풍년이 든 해라면 백성들의 재물에 대해서는 사용하는 것을 너그럽게 수용하게 된다. 당정은 백성들을 취합하여 음주를 함에 처음에는 비록 예법에 따라서 시행하지만, 취하고 배가 부르게 되면 그 뜻에 따라 자유롭게 노는 것을 즐거움으로 삼으니, 공자가 하루 동안 즐겁게 논다고 한 말이 바로 이것을 가리킨다. 농민은 일 년 내내 수고롭게 일을 했고, 이 시기가 되어서야 하루 동안의 즐거움을 만끽하니, 이것은 위정자가 농민들을 위로하는 아름다운 뜻에 해당한다. 이미 사제사를 지낸 이후 농작물을 수확하여 저장을 하게 되면, 백성들은 모두 휴식을 취한다. 그렇기 때문에 사업을 일으키지 않는 것이다.

經文

黃衣黃冠而祭, 息田夫也. 野夫黃冠. 黃冠, 草服也.〈052〉

황색의 옷을 입고 황색의 모자를 쓰고서 제사를 지내는 것은 농부들을 휴식시키는 것이다. 초야에 머무는 자들은 황색의 모자를 쓴다. 황색의 모자는 초야에 머무는 자들이 착용하는 복장에 따른 모자이다.

集說

月令臘先祖五祀, 勞農以休息之, 此祭是也. 黃冠爲草野之服, 其詳未聞.

『예기』「월령(月令)」편에서는 "선조와 오사에게 납제사를 지내고, 농부들을 위로하여 휴식을 시킨다."[2]라고 하였는데, 이곳에 말하는 제사가 바로 이것을 가리킨다. '황관(黃冠)'은 초야에 머무는 사람들이 입는 복

장에 쓰는 모자이지만, 그 자세한 형태와 제작방법에 대해서는 들어보
지 못했다.

淺見

近按: 此因上言蜡祭, 而幷及凡祭勞農休息之禮也.

내가 살펴보니, 이것은 앞에서 사제사를 언급한 것에 따라서 제사에서
농민들을 위로하며 휴식시키는 예법까지도 함께 언급한 것이다.

---

2) 『예기』「월령(月令)」 217장 : 天子, 乃祈來年于天宗, 大割祠于公社及門閭, 臘
先祖・五祀, 勞農以休息之.

大羅氏, 天子之掌鳥獸者也, 諸侯貢屬焉. 草笠而至, 尊野服
也.〈053〉

대라씨는 천자에게 소속된 관리로, 천자에게 있는 조수를 담당하는 자
이니, 제후들이 공물로 바치는 조수들이 여기에 포함된다. 제후의 공물
을 가져온 자들은 풀로 엮은 관을 쓰고 찾아오니, 이러한 복장을 하는
이유는 초야의 사람들이 입는 복장을 존중하기 때문이다.

集說

諸侯鳥獸之貢, 屬大羅氏之掌, 其使者戴草笠, 是尊野服.

제후들이 공물로 바친 조수들은 대라씨가 담당하는 조수에 포함되며,
공물을 가져온 자들은 풀로 엮은 관을 쓰게 되니, 이것은 초야의 사람들
이 입는 복장을 존중하는 것이다.

淺見

近按: 此因上言野夫草服, 而類附之也.

내가 살펴보니, 이것은 앞에서 초야에 머무는 자들이 초복을 착용한다
고 말한 것에 따라서 그와 비슷한 부류를 덧붙인 것이다.

羅氏, 致鹿與女, 而詔客告也. 以戒諸侯曰: "好田好女者亡其
國." 〈054〉

대라씨는 사슴과 여자를 데려와서 공납품을 들고 찾아온 심부름꾼에게
보여주며, 천자의 명령을 알려주어, 그가 자신의 군주에게 아뢰게 한다.
그리고 천자의 말을 전해 제후들에게 주의를 주며, "사냥을 좋아하고 여
색을 좋아하는 자는 반드시 그 나라를 잃게 될 것이다."라고 말한다.

鹿者, 田獵所獲. 女則所俘於亡國者. 客, 貢使也. 使者將返, 羅氏以
鹿與女示使者, 以王命詔之, 使歸告其君, 而以王言戒之曰: "好田獵
好女色者必亡其國." 舊說如此. 然鹿可歲得, 而亡國之女不恒有, 其
詳未聞也.

사슴은 사냥을 통해 포획한 동물이다. 여자는 패망한 나라에서 포로로
획득한 여자이다. '객(客)'은 공납품을 가져온 심부름꾼이다. 심부름꾼이
장차 자신의 나라로 돌아가려고 할 때, 대라씨는 사슴과 여자를 심부름
꾼에게 보여주고, 천자의 명령을 그에게 일러주며, 그가 자신의 나라로
되돌아가서, 자신의 군주에게 아뢰게 하고, 천자의 명령으로 주의를 주
며, "사냥을 좋아하고 여색을 좋아하는 자는 반드시 그 나라를 잃게 될
것이다."라고 한다. 옛 학설에서 풀이한 내용은 이와 같다. 그런데 사슴
이라는 것은 해마다 얻을 수 있는 것이지만, 패망한 나라에서 포로로 잡
은 여자는 항상 보유하고 있는 것이 아니니, 그 자세한 내용에 대해서는
모르겠다.

天子樹瓜華, 不斂藏之種[上聲]也.〈055〉

천자는 오이를 심으니, 수확하여 오래도록 보관할 수 없는 품종이기[('種'
자는 상성으로 읽는다.] 때문이다.

瓜華, 瓜與果蓏之屬也. 天子所種者瓜華, 供一時之用而已, 不是收
斂久藏之種也. 若可收斂久藏之物, 則不樹之, 惡與民爭利也. 此亦
令使者歸告戒其君之事.

'과화(瓜華)'는 오이와 그 과실 등속을 뜻한다. 천자가 심는 과화는 어느
특정 시기에 쓰일 재료로 공급될 따름이니, 수확하여 오래도록 보관할
수 있는 품종이 아니다. 만약 수확하여 오래도록 보관할 수 있는 물건이
라면 심지 않으니, 백성들과 이로움을 다툰다는 것을 싫어하기 때문이
다. 이러한 내용 또한 심부름을 온 자로 하여금 되돌아가서 그의 군주에
게 아뢰어 경계지침으로 삼는 사안이다.

近按: 黃衣黃冠而下至此, 上下皆言蜡祭之事, 而此節雜在其中, 文
不相屬. 恐失其次, 今更定之. 天子樹瓜華一節, 尤爲不倫, 姑從舊
說, 恐是脫簡.

내가 살펴보니, 황의와 황관을 쓴다고 한 것으로부터 그 이하로 여기에
이르기까지, 앞뒤의 문맥에서는 모두 사제사의 사안을 언급했는데, 이
곳 문단은 그 중간에 뒤섞여 있어 문맥이 서로 연결되지 않는다. 아마도
순서가 잘못된 것 같으니 지금 다시 바로잡는다. 천자가 과화를 심는다
고 한 문단은 더욱이 질서에 맞지 않는데, 옛 주장을 잠시 따르긴 하지
만, 아마도 이것은 탈간된 기록인 것 같다.

> 恒豆之菹[菹居反], 水草之和氣也, 其醢, 陸産之物也. 加豆, 陸 産也; 其醢, 水物也.〈057〉

항상 진설하는 두의 채소절임은['菹'자는 '玆(자)'자와 '居(거)'자의 반절음이다.] 조화로운 기운을 가진 수중 산물이며, 그곳에 올리는 젓갈은 육지 산물 이다. 추가적으로 올리는 두의 음식은 육지 산물이며, 그곳에 올리는 젓갈은 수중 산물이다.

恒豆, 每日常進之豆也. 周禮醢人所掌朝事之豆, 註謂淸朝未食先 進口食也. 菹, 酢菜也. 水草, 昌本茆菹之類. 加豆, 周禮註謂尸旣食 后, 亞獻尸所加進之豆, 但醢人所掌, 是天子之禮. 此言諸侯之禮, 物旣不同, 此朝事之豆, 與祭禮饋食薦孰之豆, 俱爲恒豆, 而加豆, 則祭末酳尸所用也. 水物, 若蠃醢魚醢是也. 菹醢皆以豆盛之.

'항두(恒豆)'는 매일 일상적으로 올리는 두를 뜻한다. 『주례』의 해인이 담당했던 조사(朝事)[1]의 두에 대해서,[2] 정현의 주에서는 이른 아침 아 직 식사를 하지 않았을 때, 먼저 음식을 진설하는 것이라고 했다.[3] '저 (菹)'는 초채라는 채소절임이다. '수초(水草)'는 창본이나 묘저와 같은 식 물류이다. '가두(加豆)'에 대해서, 『주례』의 주에서는 시동이 이미 식사

---

1) 조사(朝事)는 종묘(宗廟)에서 새벽에 지내는 제사를 가리킨다. 『예기』「제의(祭 義)」편에는 "建設朝事, 燔燎羶薌."이라는 기록이 있고, 이에 대한 진호(陳澔)의 『집설(集說)』에서는 "朝事, 謂祭之日, 早朝而行之事也."라고 풀이했다.
2) 『주례』「천관(天官)·해인(醢人)」: 醢人; 掌四豆之實. 朝事之豆, 其實韭菹· 醓醢, 昌本·麋臡, 菁菹·鹿臡, 茆菹·麋臡.
3) 이 문장은 『주례』「천관(天官)·변인(籩人)」편의 "朝事之籩, 其實麷·蕡·白· 黑·形鹽·膴·鮑魚·鱐."이라는 기록에 대한 정현의 주이다.

를 마친 이후, 시동에게 아헌을 하며 추가적으로 진설하게 되는 두라고 했는데,4) 다만 해인이라는 관리가 담당을 하니, 이것은 천자에게 적용되는 예법이다. 이곳 문장에서는 제후에게 적용되는 예법을 언급하였으므로, 그 음식들이 이미 동일하지 않은 것이며, 여기에서 말하는 조사 때의 두와 제례에서 궤식과 익힌 음식을 바칠 때의 두는 모두 항두가되고, 가두는 제사 말미에 시동에게 입가심하는 술을 따라주며 사용하는 것이다. '수물(水物)'은 마치 나해나 어해와 같은 것들이다. 저와 해는 모두 두를 이용해서 담는다.

經文

籩豆之薦, 水土之品也. 不敢用常褻味而貴多品, 所以交於神明之義也, 非食味之道也. 先王之薦, 可食也而不可耆[嗜]也. 卷[袞]冕路車, 可陳也而不可好[去聲]也. 武壯而不可樂[洛]也. 宗廟之威而不可安也. 宗廟之器, 可用也而不可便其利也. 所以交於神明者, 不可同於所安樂之義也.〈058〉

변과 두에 차려서 바치는 산물은 물과 땅에서 생산되는 물품이다. 감히 일상적으로 먹는 맛있는 음식들을 사용하지 않고 물품이 많은 것을 귀한 것으로 여기는 것은 신명과 교감하는 방법의 도리이니, 맛있는 음식을 먹는 도리가 아니다. 선왕이 제사를 지내며 바쳤던 음식들은 먹을 수 있는 것이었지만, 즐겨 먹을['耆'자의 음은 '嗜(기)'이다.] 수 없는 것들이다. 곤면과['卷'자의 음은 '袞(곤)'이다.] 노거(路車)5)는 진열해둘 수 있지만,

---

4) 이 문장은 『주례』「천관(天官) · 변인(籩人)」편의 "加籩之實, 菱芡 · 棗 · 脯 · 菱 · 芡 · 棗 · 脯."라는 기록에 대한 정현의 주이며, 원문은 "加籩, 謂尸旣食, 后亞獻尸所加之籩."으로 기록되어 있다.

5) 노거(路車)는 천자 및 제후 등이 타는 수레이다. 후대에는 귀족들이 타는 수레까

사람들이 눈요기를['好'자는 거성으로 읽는다.] 할 수 없는 것이다. 제사에 추는 춤은 장엄한 것으로 오락거리로['樂'자의 음은 '洛(락)'이다.] 삼을 수 없다. 종묘는 위엄스러운 장소이니 편안하게 머물 수 없다. 종묘에서 사용하는 기물들은 실제로 사용할 수 있는 것들이지만, 그 기물들을 편리하게 사용할 수 없다. 신명과 교감하는 방법은 안락하게 여기는 도의와 동일하게 할 수 없다.

集說

不可耆, 謂食之有節, 不可貪愛. 舊說謂質而無味, 不能悅口. 不可好, 謂尊嚴之服器, 不可以供玩愛. 武, 萬舞大武也, 以示壯勇之容, 不可常爲娛樂. 宗廟, 威嚴之地, 不可寢處以自安. 宗廟行禮之器, 不可利用以爲便. 交神明之義如此.

'불가기(不可耆)'라는 말은 음식을 먹을 때에도 절도가 있으니, 탐욕을 부릴 수 없다는 뜻이다. 옛 학설에서는 질박하며 맛이 없어서 입을 즐겁게 할 수 없다고 풀이했다. '불가호(不可好)'라는 말은 존엄한 의복과 기물은 완상하고 감상하는데 사용할 수 없다는 뜻이다. '무(武)'는 만무(萬舞)[6]인 대무를 뜻하니, 이를 통해서 장엄하고 용맹한 모습을 드러내는 것으로, 일상적인 오락거리로 삼을 수 없다. 종묘는 위엄스러운 곳이니, 휴식을 취하며 제 스스로 편안하게 있을 수 없다. 종묘에서 의례를 시행할 때 사용하는 기물들은 이롭게 사용하며 편리한 도구로 삼을 수 없다.

지도 지칭하는 용어로 사용되었다. '노거'의 '노(路)'자는 그 뜻이 크다[大]는 의미이다. 따라서 군주가 이용하거나 머무는 장소에 '노'자를 붙여서 부르게 된 것이다. 『춘추좌씨전』「환공(桓公) 2년」편에는 "大路越席."이라는 기록이 있는데, 이에 대한 공영달(孔穎達)의 소(疏)에서는 "路, 訓大也. 君之所在以大爲號, 門曰路門, 寢曰路寢, 車曰路車, 故人君之車, 通以路爲名也."라고 풀이했다.

6) 만무(萬舞)는 고대의 악무(樂舞) 명칭이다. 먼저 무용수들은 손에 병장기를 들고 무무(武舞)를 추고, 이후에 깃털과 악기 등을 들고 문무(文舞)를 춘다. '만무'는 또한 악무를 범칭하는 용어로도 사용되었다.

신명과 교감하는 도의는 이와 같다.

酒醴之美, 玄酒明水之尚, 貴五味之本也. 黼黻文繡之美, 疏
布之尚, 反女功之始也. 莞簟之安, 而蒲越[活]藁鞂之尚, 明之
也. 大羹不和, 貴其質也. 大圭不琢, 美其質也. 丹漆雕幾[祈]之
美, 素車之乘[去聲], 尊其樸也. 貴其質而已矣. 所以交於神明
者, 不可同於所安褻之甚也. 如是而后宜.〈059〉

술과 단술을 맛좋은 것으로 여기지만 현주와 명수를 숭상하는 것은 오
미의 근본이 되는 물을 존귀하게 여기기 때문이다. 보불과 같은 무늬와
화려한 수들을 아름답게 여기지만 거친 포를 숭상하는 것은 여자들이
견직물을 만들기 시작한 시초를 반추하기 때문이다. 완점과 같은 것은
편안하지만 포활이나'越'자의 음은 '活(활)'이다.] 고갈과 같이 조악한 것들
을 숭상하는 것은 그 예법의 차이점을 드러내기 위해서이다. 대갱에는
양념을 가미하여 맛을 내지 않으니, 그 질박함을 존귀하게 여기기 때문
이다. 대규에는 별도의 조각을 새기지 않으니, 그 질박함을 아름답게
여기기 때문이다. 단색이나 옻칠을 하며 무늬를'幾'자의 음은 '祈(기)'이다.]
조각하는 것을 아름답게 여기지만, 소박한 소거에 타는'乘'자는 거성으로
읽는다.] 것은 그 소박함을 존귀하게 여기기 때문이다. 이러한 것들은 모
두 그 질박함을 귀하게 여기기 때문일 따름이다. 신명과 교감하는 방법
은 매우 안락하게 여기며 친숙하게 여기는 것들과 동일하게 할 수 없
다. 이처럼 한 이후에야 합당하게 되는 것이다.

未有五味之初, 先有水, 故水爲五味之本. 未有黼繡, 先有麤布, 故

疏布爲女功之始. 周禮司烜氏掌以鑒取明水於月, 蓋取其潔也. 明之, 昭其禮之異也. 雕, 刻鏤之也. 幾, 漆飾之畿限也. 安褻之甚, 言甚安甚褻也. 宜, 猶稱也. 餘竝見前.

아직 오미를 내기 이전인 초기에는 그보다 앞서 물이 있었다. 그렇기 때문에 물을 오미의 근본으로 삼은 것이다. 아직 보수와 같은 무늬가 있기 전에는 그보다 앞서 거친 포가 있었다. 그렇기 때문에 거친 포를 여자들이 견직물을 짜기 시작한 것으로 삼은 것이다. 『주례』「사훤씨(司烜氏)」편에서는 음감으로 달이 비친 우물에서 명수(明水)[7] 뜨는 일을 담당한다고 했는데,[8] 무릇 그 청결함을 취한 것이다. '명지(明之)'라는 말은 그 예법의 차이를 드러낸다는 뜻이다. '조(雕)'자는 조각을 하고 새긴다는 뜻이다. '기(幾)'자는 옻칠로 장식을 할 때의 무늬를 새기는 윤곽을 뜻한다. '안설지심(安褻之甚)'은 매우 편안하게 여기며 매우 친근하게 여긴다는 뜻이다. '의(宜)'자는 걸맞음을 뜻한다. 나머지 사안들은 모두 앞에 그 설명이 나온다.

鼎俎奇而籩豆偶, 陰陽之義也. 黃目, 鬱氣之上尊也. 黃者, 中也. 目者, 氣之淸明者也. 言酌於中而淸明於外也.〈060〉

정과 조는 홀수로 설치하고 변과 두는 짝수로 설치하니, 음양의 뜻에 따른 것이다. 황목은 울창주를 담아서 향기가 퍼지는 상위의 술동이이다. '황(黃)'은 중앙에 해당하는 색깔이다. '목(目)'은 기운의 맑고 밝음

---

7) 명수(明水)는 제사 때 사용하는 깨끗한 물을 뜻한다.

8) 『주례』「추관(秋官)·사훤씨(司烜氏)」: 司烜氏; 掌以夫遂取明火於日, <u>以鑒取明水於月</u>, 以共祭祀之明齍·明燭, 共明水.

을 뜻한다. 즉 중앙에서 잔을 따라서 겉으로 맑고 밝음을 드러낸다는 뜻이다.

集說

黃目, 黃彝也, 卣罍之類, 以黃金鏤其外以爲目, 因名焉. 用貯鬱鬯之酒, 有芬芳之氣, 故云鬱氣. 中, 中央之色也. 奇偶, 見前.

'황목(黃目)'은 황이(黃彝)[9]이니, 술동이의 부류인데, 황금으로 그 겉을 조각하여 눈 무늬를 만들기 때문에, 이에 따라 이러한 명칭이 정해진 것이다. 울창주를 담는 용도로 사용하며, 향기로운 기운이 있기 때문에, '울기(鬱氣)'라고 말한 것이다. '중(中)'자는 중앙의 색을 뜻한다. 홀수와 짝수에 대한 설명은 앞에 보인다.

經文

祭天掃[去聲]地而祭焉, 於其質而己矣. 醯醢之美, 而煎鹽之尙, 貴天産也. 割刀之用, 而鸞刀之貴, 貴其義也, 聲和而後斷[上聲]也. 〈061〉

하늘에 대한 제사를 지낼 때에는 땅을 쓸기만['掃'자는 거성으로 읽는다.] 하고 제사를 지내니, 질박한 장소에서 치를 따름이다. 혜해와 같은 젓갈들은 맛이 좋지만 전염을 숭상하는 것은 하늘이 만들어준 산물을 존귀

---

9) 황이(黃彝)는 황목(黃目) 또는 황목존(黃目尊)이라고도 부른다. 황동으로 만든 술동이이며, 사람의 눈을 그려서 장식으로 삼기 때문에, '황목'이라고 부른다. 『주례』 「춘관(春官) · 사준이(司尊彝)」편에는 "秋嘗冬烝, 祼用斝彝 · 黃彝, 皆有舟."라는 기록이 있는데, 이에 대한 정현의 주에서는 "黃彝, 黃目尊也."라고 풀이했다.

하게 여기기 때문이다. 할도는 사용하기에 편리하지만 난도를 존귀하게 여기는 것은 소리가 조화를 이룬다는 뜻을 존귀하게 여기기 때문이며, 소리가 조화를 이룬 뒤에야 고기를 자른다.['斷'자는 상성으로 읽는다.]

集說

鹽以煎鍊而成, 故曰煎塩. 必用鸞刀者, 取其鸞鈴之聲調和, 而後斷割其肉也. 貴其義, 是貴聲和之義.

소금은 물을 말려서 만들기 때문에 '전염(煎鹽)'이라고 부르는 것이다. 반드시 난도를 사용하는 것은 난령의 소리가 조화로움을 이룬 뒤에야 그 고기를 자른다는 뜻에서 취한 것이다. '귀기의(貴其義)'는 소리가 조화를 이룬다는 뜻을 존귀하게 여기는 것이다.

淺見

近按: 此上諸節統論郊社以下凡祭祀之禮, 所薦之物, 所用之器, 皆不同於常藝, 而各有義理當然之則也.

내가 살펴보니, 앞의 여러 문단들은 교제사와 사제사로부터 그 이하로 뭇 제사들의 예법을 통괄적으로 논의하고 있는데, 바치는 사물과 사용하는 기물은 모두 일상적이며 익숙하게 사용하던 것과 다르니, 각각에 당연한 법칙에 따른 의리가 있다는 의미이다.

經文

禮之所尊, 尊其義也. 失其義, 陳其數, 祝史之事也. 故其數可
陳也, 其義難知也. 知其義而敬守之, 天子之所以治天下也.〈069〉
[舊在"生無爵死無諡"之下.]

예가 존귀한 것은 그 의를 존귀하게 여기기 때문이다. 그 의를 놓치고
의례에 사용되는 각종 기물들을 진열하는 것은 축관이나 사관들에게 해
당하는 일이다. 그렇기 때문에 각종 기물들은 누구나 진열할 수 있지만,
그 의는 파악하기가 어렵다. 그 의를 알고 공경스럽게 지키는 것은 천
자가 천하를 다스리는 방법이다. [옛 판본에는 "생전에 작위가 없었다면, 죽어
서도 시호를 짓지 않았다."[1]라고 한 문장 뒤에 수록되어 있었다.]

集說

先王制禮, 皆有精微之理, 所謂義也. 禮之所以爲尊, 以其義之可尊
耳. 玉帛俎豆, 各有多寡厚薄之數. 數之陳列者, 人皆可得而見. 義
之精微者, 不學則不能知也, 祝史其能知之乎? 中庸曰: "明乎郊社之
禮, 禘嘗之義, 治國其如示諸掌乎?" 此總結前章冠義以下.

선왕이 제정한 예에는 모두 정밀하고 은미한 이치가 포함되어 있으니,
이것을 이른바 '의(義)'라고 부른 것이다. 예가 존귀하게 되는 이유는 그
의를 존귀하게 여길 수 있기 때문이다. 옥이나 비단 및 도마와 두 같은
것들은 각각 많이 하고 적게 하며 두텁게 하고 얇게 하는 차등이 있다.
그것들을 진열하는 것은 사람들이 모두 살펴볼 수 있다. 그러나 의의
정밀하고 은미한 부분은 배우지 않는다면 알아차릴 수 없으니, 축관이
나 사관들이 알아차릴 수 있겠는가? 『예기』「중용(中庸)」편에서는 "교사
의 예 및 체상(禘嘗)[2]의 의에 밝다면, 나라를 다스리는 것이 그 손바닥

---

1) 『예기』「교특생」 068장 : 天子之元子, 士也. 天下無生而貴者也. 繼世以立諸
侯, 象賢也. 以官爵人, 德之殺也. 死而諡, 今也. 古者生無爵, 死無諡.

을 보는 것과 같을 것이다!"라고 했다. 이것은 앞장에 나온 '관의(冠義)' 이하의 내용들에 대해 총괄적으로 결론을 맺은 기록이다.

淺見

近按: 此節舊在冠昏兩節之間, 說者以爲總結冠義之意. 今以文義求之, 當爲上文諸節所論祭義之結語也. 蓋先王所制祭祀之禮, 其所薦用物品之陳器皿之設, 皆有精微之義, 已詳列於前矣. 其數之陳列者, 祝史之事而可知矣. 其義之精微者, 非君子之有學則爲難知也. 明乎郊社之禮·禘嘗之義, 則治國其如視諸掌矣, 故知其義而敬守之者, 天子所以治天下之道也. 此結上文郊社以下祭禮之義, 而非只言冠義之意明矣.

내가 살펴보니, 이 문단은 관례와 혼례를 기록한 두 문단 중간에 수록되어 있어서, 이것을 해석하는 자는 관의의 뜻을 총괄적으로 결론 맺은 것으로 여겼다. 그런데 문장의 뜻을 살펴본다면, 마땅히 앞의 여러 문단에서 논의한 제례의 의미에 대해 결론을 맺은 말이 된다. 선왕이 제정한 제사의 예법에 있어서 바치고 사용하는 사물들을 진열하고 기물들을 진설하는 것에는 모두 정미한 뜻이 포함되어 있는데, 이미 이에 대해서는 앞에서 상세히 나열하였다. 진열하는 것들에 대해서는 축관과 사관이 담당하는 일로 쉽게 알 수 있는 것이다. 그러나 정미한 의미에 대해서는 군자처럼 학식을 갖춘 자가 아니라면 파악하기가 어렵다. 그리고 교사의 예법과 체상의 의미에 대해 해박하다면 나라를 다스리는 것이 손바닥을 보는 것처럼 쉽다. 그렇기 때문에 그 의미를 알고 공경스럽게 지키는 것은 천자가 천하를 다스리는 도에 해당한다. 이것은 앞에서 교사를 언급한 것으로부터 그 이하의 기록에 나온 제례의 의미

---

2) 체상(禘嘗)은 체(禘)제사와 상(嘗)제사를 뜻한다. 주(周)나라의 예법에 따르면, 여름에 종묘에서 지내는 제사를 '체(禘)'제사라고 불렀고, 가을에 종묘에서 지내는 제사를 '상(嘗)'제사라고 불렀다. 고대에는 '체상'이라는 용어를 이용하여, 군주가 조상에게 지내는 제사를 범칭하였다.

에 대해 결론을 맺은 것이고, 단지 관의의 뜻만을 언급한 것이 아니라
는 사실이 분명하다.

有虞氏之祭也, 尙用氣. 血·腥·爓祭[句], 用氣也. 〈075〉

유우씨 때의 제사에서는 기운을 사용하는 것을 숭상했다. 희생물의 피,
생고기, 데친 고기를 사용하여 제사를 지내는 것은['祭'자에서 구문을 끊는
다.] 바로 기운을 사용하는 것에 해당한다.

集說

尙用氣, 以用氣爲尙也. 初以血詔神於室, 次薦腥肉於堂, 爓次腥亦
薦於堂, 皆未熟, 故云用氣.

'상용기(尙用氣)'라는 말은 기 사용하는 것을 숭상하였다는 뜻이다. 최초
희생물의 피를 통해 실에서 신에게 아뢰고, 그 다음으로 희생물의 생고
기를 당에서 바치며, 데친 고기는 생고기 다음으로 또한 당에서 바치는
데, 이 모든 것들은 익힌 것들이 아니다. 그렇기 때문에 기를 사용한다
고 말한 것이다.

經文

殷人尙聲, 臭味未成, 滌蕩其聲. 樂三闋, 然後出迎牲. 聲音之
號, 所以詔告於天地之間也. 〈076〉

은나라 때에는 소리를 숭상했으니, 희생물을 도축하기 이전에 음악소리
를 울려 퍼지게 한다. 음악을 연주하여 세 차례 연주를 끝내게 되면,
그런 뒤에야 밖으로 나가서 희생물을 맞이한다. 소리를 통해서 부르짖
는 것은 천지의 사이에서 귀신에게 아뢰는 방법이다.

牲未殺, 則未有臭味, 故云臭味未成. 滌蕩, 宣播之意. 鬼神在天地
間, 與陰陽合散同一理, 而聲音之感, 無間顯幽, 故殷人之祭, 必先
作樂三終, 然後出而迎牲於廟門之外. 此是欲以此樂之聲音號呼而
詔告於兩間, 庶幾其聞之而來格來享也. 殷人先求諸陽, 凡聲, 陽也.

희생물을 아직 도축하기 이전이라면, 고기의 냄새와 맛이 생기지 않은
것이다. 그렇기 때문에 "냄새와 맛이 아직 이루어지지 않았다."라고 말
한 것이다. '척탕(滌蕩)'이라는 말은 드날리고 펼친다는 뜻이다. 귀신은
천지 사이에 있고, 음양과 함께 합쳐지고 흩어짐에 그 이치를 함께 하
고, 소리에 감응함에 있어서는 드러나고 그윽함에 사이를 둠이 없다. 그
렇기 때문에 은나라에서 제사를 지낼 때에는 반드시 가장 먼저 음악을
연주하여 세 차례 연주를 끝내고, 그런 뒤에야 밖으로 나와 묘문 밖에서
희생물을 맞이한 것이다. 이것은 이러한 음악의 소리를 통해 부르짖어
서, 양측 사이에서 아뢰는 것이니, 거의 그 소리를 듣게 되어 찾아와서
흠향을 하게 된다. 은나라 때에는 우선적으로 양에서 찾았으니, 모든 소
리는 양에 해당한다.

周人尚臭, 灌用鬯臭, 鬱合鬯, 臭陰達於淵泉. 灌以圭璋, 用玉
氣也. 旣灌然後迎牲, 致陰氣也.〈077〉

주나라 때에는 냄새를 숭상했으니, 술을 땅에 부어서 신을 강림시킬 때
에는 창주의 향기로운 냄새를 사용했는데, 울금이라는 향초를 창주에
합하여, 더욱 깊어진 향기를 통해 음에서 신을 구했으니, 더욱 깊은 심
연에까지 도달하게 만든 것이다. 관을 할 때에는 규와 장을 사용하니,
옥의 기운을 사용한 것이다. 이미 관을 했다면 그런 뒤에는 희생물을
맞이하니, 음의 기운에 도달하도록 만드는 것이다.

周人尙氣臭, 而祭必先求諸陰, 故牲之未殺, 先酌鬱酒灌地以求神, 以鬱之有芳氣也, 故曰灌用鬱臭. 又擣鬱金香草之汁, 和合鬯酒, 使香氣滋甚, 故云鬱合鬯也. 以臭而求諸陰, 其臭下達於淵泉矣. 灌之禮, 以圭璋爲瓚之柄. 用玉之氣, 亦是尙臭也. 灌後乃迎牲, 是欲先致氣於陰以求神, 故云致陰氣也.

주나라 때에는 냄새를 숭상하였고, 제사를 지낼 때에는 반드시 우선적으로 음에서 찾았다. 그렇기 때문에 희생물을 아직 도축하기 이전에 우선 울창주를 잔에 따라서 땅에 붓고 신을 찾았으니, 울창주에는 향기로운 냄새가 있기 때문이다. 그래서 "땅에 술을 부어 강림을 시킬 때에는 울창주의 냄새를 사용했다."라고 말한 것이다. 또한 울금이라는 향초의 즙을 울창주에 섞어서, 그 향기가 더욱 깊어지도록 했다. 그렇기 때문에 "울금초를 창주에 합했다."라고 말한 것이다. 냄새를 통해서 음에서 찾았는데, 냄새는 밑으로 내려가서 깊은 심연에 도달하기 때문이다. 땅에 술을 부어서 신을 강림시키는 의례를 시행할 때에는 규와 장으로 술잔의 손잡이를 만들었다. 옥의 기운을 사용한다는 것 또한 냄새를 숭상하는 일에 해당한다. 관을 한 이후에는 곧 희생물을 맞이하니, 이것은 우선적으로 그 기운을 음에 이르게 하여 신을 찾고자 한 것이다. 그렇기 때문에 "음기에 이르게 하다."라고 말한 것이다.

石梁王氏曰: "四臭字本皆句絶, 然細別之, 鬱灌之地, 此臭之陰者也; 蕭焫上達, 此臭之陽者也." 亦有義, 姑從釋文.

석량왕씨가 말하길, "4개의 '취(臭)'자는 본래 모든 글자에서 구문을 끊는데, 세부적으로 구별해보면, 창주를 땅에 부어서 신을 강림시키는 것은 냄새의 음한 것에 해당하고, 쑥을 태워서 냄새를 위로 올리는 것은 냄새의 양한 것에 해당한다."라고 했는데, 이 말에도 일리가 있지만, 『경전석문』에서 구문을 끊은 것에 따른다.

蕭合黍稷, 臭陽達於墻屋. 故旣奠, 然後焫[如悅反]蕭合羶[馨]薌
[香]. 凡祭愼諸此.〈078〉[自"有虞氏之祭"之下至此, 舊在"人之序也"之下.]

쑥을 서직에 합해서 태우는 것은 냄새를 올려 양에서 신을 찾음에 그
냄새를 담장과 지붕으로 두루 통하게 하는 것이다. 그렇기 때문에 술을
따라서 진설한 뒤에는 쑥을 태워서['焫'자는 '如(여)'자와 '悅(열)'자의 반절음
이다.] 고기의 기름과 곡물에['羶'자의 음은 '馨(형)'이다. '薌'자의 음은 '香(향)'이
다.] 합해서 태우는 것이다. 무릇 제사를 지낼 때에는 이러한 부분에 대
해서 신중을 기한다. ['유우씨 때의 제사'라고 한 말로부터 그 이하로 이곳에 이
르기까지 옛 판본에는 "세대를 전승하는 순서이다."[1]라고 한 문장 뒤에 수록되어
있었다.]

蕭, 香蒿也. 取此蒿及牲之脂膋合黍稷而燒之, 使其氣旁達於墻屋
之間, 是以臭而求諸陽也. 此是周人先求諸陽之禮. 旣奠, 謂薦孰之
時, 蓋堂上事尸禮畢, 迎尸於戶內而薦之孰, 祝先酌酒奠於鉶羹之
南, 而尸猶未入, 蕭脂黍稷之燒, 正此時也. 馨香, 卽黍稷也, 旣奠以
下, 是明上文焫蕭之時, 非再焫也. 此是天子·諸侯之禮, 非大夫·
士禮也.

'소(蕭)'자는 향기로운 쑥을 뜻한다. 이러한 쑥과 희생물의 기름을 취하
여, 서직에 합쳐서 태우고, 그 냄새를 담과 지붕 사이로 두루 통하게 하
니, 냄새를 통해서 양에서 찾기 때문이다. 이것은 주나라 때 우선적으로

---

1) 『예기』「교특생」074장 : 共牢而食, 同尊卑也. 故婦人無爵, 從夫之爵, 坐以夫
之齒. 器用陶匏, 尙禮然也. 三王作牢用陶匏. 厥明, 婦盥饋. 舅姑卒食, 婦餕
餘, 私之也. 舅姑降自西階, 婦降自阼階, 授之室也. 昏禮不用樂, 幽陰之義也.
樂, 陽氣也. 昏禮不賀, <u>人之序也</u>.

양에서 찾은 예에 해당한다. '기전(旣奠)'은 익힌 고기를 바칠 때, 당상에서 시동을 섬기는 의례 절차가 모두 끝나면, 시동을 호 안쪽으로 인도하여, 그에게 익힌 고기를 바치는데, 축관은 우선적으로 술을 따라서 국을 담은 형의 남쪽에 놓아두고, 시동이 아직 들어오지 않았을 때, 쑥과 희생물의 기름 및 서직을 불태우게 되니, 바로 이 시기를 뜻한다. '형향(馨香)'은 서직을 뜻한다. '기전(旣奠)'으로부터 그 이하의 문장 내용은 앞 문장에서 쑥을 태운다고 했던 시기에 해당하는 것이지, 재차 태운다는 뜻이 아니다. 이것은 천자와 제후에게 해당하는 예법이며, 대부와 사 계층의 예법을 뜻하는 것이 아니다.

淺見

近按: 此言帝王祭禮所尙之異. 蓋上言祭祀之義, 所以治天下之意, 因引帝王之禮以明之. 言虞殷周而不言夏者, 夏因虞禮也.

내가 살펴보니, 이것은 제왕의 제례에서 숭상했던 것들의 차이점을 언급한 것이다. 앞에서는 제사의 도의는 천하를 다스리는 뜻임을 언급하였는데, 그로 인해서 제왕의 예법을 인용하여 그 사실을 밝힌 것이다. 우·은·주나라를 언급하고 하나라를 언급하지 않은 것은 하나라는 우 때의 예법에 따랐기 때문이다.

魂氣歸于天, 形魄歸于地, 故祭求諸陰陽之義也. 殷人先求諸
陽, 周人先求諸陰. 詔祝於室, 坐尸於堂, 用牲於庭, 升首於室.
直祭祝于主, 索祭祝于祊. 不知神之所在, 於彼乎, 於此乎? 或
諸遠[去聲]人乎? 祭于祊, 尚曰求諸遠者與?〈079〉

사람이 죽게 되면, 혼기는 하늘로 회귀하고, 형백은 땅으로 회귀한다.
그렇기 때문에 제사를 지내는 것은 음양에서 신을 찾는 의에 해당한다.
은나라 때에는 우선적으로 양에서 신을 찾았고, 주나라 때에는 우선적
으로 음에서 신을 찾았다. 실에서 축관이 축사를 통해 신에게 아뢰고,
당에 시동을 앉히며, 마당에서 희생물을 도축하고, 실에 희생물의 머리
를 올린다. 정규 제사에서는 신주에게 축사를 아뢰고, 신을 찾으며 지
내는 제사에서는 팽에서 축사를 아뢴다. 팽에서 축사를 아뢸 때에는 신
이 계신 곳을 알 수 없으니, "저기에 계신가? 아니면 이곳에 계신가? 그
것도 아니라면 사람과 멀리 떨어진['遠'자는 거성으로 읽는다.] 곳에 계신
가?"라고 하게 된다. 팽에서 제사를 지내게 되면, 희망을 하며 "멀리 떨
어진 곳에서 찾을 수 있기를 바랍니다."라고 말하게 된다.

詔, 告也. 詔祝於室, 謂天子諸侯之祭, 朝事之時, 祝取牲之膟膋燎
於爐炭, 而入告神於室也. 坐尸於堂者, 灌鬯之後, 尸坐戶西南面也.
用牲於庭, 謂殺牲也. 升首於室, 升牲之首也. 直祭, 正祭也. 祭以薦
孰爲正, 正祭之時, 祝官以祝辭告于神主, 如云薦歲事于皇祖伯某甫
是也. 索, 求也. 求索其神靈而祭之, 則祝官行祭于祊也. 祊有二, 一
是正祭時設祭于廟, 又求神於廟門之內而祭之. 詩云: "祝祭于祊".
此則與祭同日. 一是明日繹祭, 祭於廟門之外也. 於彼於此, 言神在
於彼室乎, 在於此堂乎? 或諸遠人者, 或遠離於人而不在廟乎? 尙,
庶幾也. 祭于祊, 庶幾可求之於遠處乎?

'조(詔)'자는 "아뢰다."는 뜻이다. '조축어실(詔祝於室)'은 천자와 제후가 제사를 지내며, 조사를 할 때, 축관이 희생물의 창자 사이에 낀 기름을 가져다가 화로의 숯에서 태우고, 실에 들어가서 신에게 아뢴다는 뜻이다. '좌시어당(坐尸於堂)'은 울창주를 이용해서 땅에 부은 이후, 시동을 호의 서쪽에 앉히고 남쪽을 바라보게 한다는 뜻이다. '용생어정(用牲於庭)'은 희생물을 도축한다는 뜻이다. '승수어실(升首於室)'은 희생물의 머리를 올린다는 뜻이다. '직제(直祭)'는 정규 제사를 뜻한다. 제사에서는 익힌 고기를 바치는 것을 올바른 규정으로 삼는데, 정규 제사를 지낼 때, 축관은 축사를 통해 신주에게 아뢰니, 마치 "황조의 맏이이신 아무개께 해마다 드리는 정규적인 제사를 올립니다."라고 하는 말들이 그 축사에 해당한다. '색(索)'자는 "찾다."는 뜻이다. 신령을 찾아서 제사를 지내게 된다면, 축관은 팽에서 제사를 지내게 된다. '팽(祊)'에는 두 가지가 있으니, 하나는 정규 제사를 지낼 때, 묘에서 제사를 지내고, 또한 묘문 안쪽에서 신을 찾아서 제사를 지내는 것이다. 『시』에서는 "축관이 팽에서 제사를 지낸다."[1]라고 했다. 이러한 경우에는 정규 제사를 지내는 날과 동일한 날에 시행한다. 다른 하나는 그 다음날 지내는 역제를 뜻하니, 묘문 밖에서 제사를 지내는 것이다. '어피어차(於彼於此)'는 "신이 저 실에 계신가? 아니면 이곳 당에 계신가?"라는 뜻이다. '혹저원인(或諸遠人)'은 "혹은 사람과 멀리 떨어져 있어서, 묘에 있지 않은 것인가?"라는 뜻이다. '상(尚)'자는 "바란다."는 뜻이다. 팽에서 제사를 지내면, "바라건대 먼 곳에서 신을 찾을 수 있을 것인가?"라고 말하게 된다.

---

1) 『시』「소아(小雅)・초자(楚茨)」: 濟濟蹌蹌, 絜爾牛羊, 以往烝嘗. 或剝或亨, 或肆或將. 祝祭于祊, 祀事孔明. 先祖是皇, 神保是饗. 孝孫有慶. 報以介福, 萬壽無疆.

祊之爲言諒[諒]也, 肵[祈]之爲言敬也. 富也者, 福也. 首也者, 直也. 相[去聲], 饗之也. 嘏, 長也, 大也. 尸, 陳也. 毛血, 告幽全之物也. 告幽全之物者, 貴純之道也.〈080〉

'팽(祊)'이라는 말은 멀다는['諒'자의 음은 '諒(량)'이다.] 의미이고, 시동 앞에 차려지는 '기'는['肵'자의 음은 '祈(기)'이다.] 공경한다는 뜻이다. 하사에 들어가는 '부(富)'라는 말은 축복을 받는다는 뜻이다. 희생물의 머리라는 것은 곧다는 뜻이다. '상'은['相'자는 거성으로 읽는다.] 흠향을 시킨다는 뜻이다. '하(嘏)'는 장구하고 광대하다는 의미이다. '시(尸)'는 진열하다는 뜻이다. 희생물의 털과 피는 내외적으로 이상 없이 온전한 희생물로 아뢴다는 뜻이다. 이상 없이 온전한 희생물로 아뢰는 것은 내외적으로 모두 좋은 것을 존귀하게 여기는 도에 해당한다.

諒, 遠也. 承上文求諸遠者而言, 尸有肵俎, 是主人敬尸之俎也. 人若嘏辭有富, 以福言也. 牲體首在前, 升首而祭, 取其與神坐相直也. 相, 詔侑也. 所以詔侑於尸, 欲其享此饌也. 尸使祝致嘏辭于主人, 嘏有長久廣大之義也. 尸, 神象, 當爲主之義, 今以訓陳, 記者誤耳. 殺牲之時, 先以毛及血告神者, 血在內, 是告其幽, 毛在外, 是告其全也. 貴純者, 貴其表裏皆善也.

'양(諒)'자는 "멀다."는 뜻이다. 앞 문장에서 "멀리 있는 곳에서 찾는다."라고 한 말을 이어서 말한 것이며, 시동에게는 기조가 차려지게 되는데, 이것은 주인이 시동을 공경하게 대하여 차려내는 도마에 해당한다. 군주에 대해서 하사(嘏辭)[2]를 할 때에는 '부(富)'자가 들어가는데, 축복을

---

2) 하사(嘏辭)의 하(嘏)자는 축복을 받는다는 뜻이다. 제사를 지내게 되면, 시동이

기원하며 말을 하기 때문이다. 희생물의 몸체 중 머리는 앞에 놓여 있고, 머리를 바쳐서 제사를 지내는 것은 그것이 신이 앉는 자리와 서로 마주한다는 뜻에서 채택한 것이다. '상(相)'자는 아뢰고 권유한다는 뜻이다. 시동에게 아뢰고 권유를 하는 것은 그가 차려진 음식들을 흠향하도록 만들고자 해서이다. 시동은 축관을 시켜서 주인에게 하사를 내려주는데, '하(嘏)'에는 장구하고 광대하다는 의미가 포함되어 있다. 시동은 신을 형상화한 것이니, 마땅히 '주(主)'의 의미가 되는데, 현재는 '진(陳)'자로 풀이를 했으니, 이것은 『예기』를 기록한 자가 잘못 기록한 것일 뿐이다. 희생물을 도축했을 때에는 우선적으로 희생물의 털과 피로써 신에게 아뢰는데, 피는 희생물의 내부에 있는 것이므로, 희생물의 그윽함을 아뢰는 것에 해당하고, 털은 바깥에 있으므로, 희생물이 이상 없이 완전하다는 것을 아뢰는 것에 해당한다. "순을 존귀하게 대한다."는 것은 겉과 속이 모두 좋은 것을 존귀하게 여기는 것이다.

입가심 하는 술을 받은 다음, 술잔이 오가게 되는데, 그 일이 끝나게 되면 축관(祝官)에게 명령하여, 제주(祭主)에게 축복을 내려주도록 한다. 이 의식을 '하'라고 부른다. 시동의 명령을 받은 축관은 '하'를 하게 되는데, 그 말에서는 "황시(皇尸)가 나 축관에게 명하여, 효손인 그대에게 많은 복을 영원토록 내리게 하였다. 그대 효손으로 하여금, 하늘로부터 녹봉[祿]을 받게 하고, 많은 농토를 경작하게 할 것이며, 장수하여 천년만년 향유하도록 할 것이니, 폐망하는 일 없이 잘 이끌어 가야 한다."라고 한다. 이것이 바로 '하사'이다. 『의례』「소뢰궤식례(少牢饋食禮)」편에는 "卒命祝, 祝受以東, 北面于戶西, 以嘏于主人曰, "皇尸命工祝, 承致多福無疆于女孝孫. 來女孝孫, 使女受祿于天, 宜稼于田, 眉壽萬年, 勿替引之." 라는 기록이 있다.

血祭, 盛氣也. 祭肺肝心, 貴氣主也. 祭黍稷加肺, 祭齊[去聲]加明水, 報陰也. 取膟[律]膋[憭]燔[煩]燎升首, 報陽也. 明水涗[稅]齊[去聲], 貴新也. 凡涗, 新之也. 其謂之明水也, 由主人之絜著此水也.〈081〉

희생물의 피를 가지고 제사를 지내는 것은 그 기를 더욱 융성하게 만드는 것이다. 희생물의 폐·간·심장을 가지고 제사를 지내는 것은 기운의 주체가 되는 장기를 존귀하게 여기기 때문이다. 서직으로 제사를 지낼 때 희생물의 폐를 첨가하고, 오제를['齊'자는 거성으로 읽는다.] 가지고 제사를 지낼 때 명수를 첨가하는 것은 음에 보답하기 위해서이다. 희생물의 장기 사이에 있는 기름을['膟'자의 음은 '律(률)'이다. '膋'자의 음은 '憭(료)'이다.] 가져다가 태우고['燔'자의 음은 '煩(번)'이다.] 희생물의 머리를 바치는 것은 양에 보답하기 위해서이다. 명수와 걸러낸 술을['涗'자의 음은 '稅(세)'이다. '齊'자는 거성으로 읽는다.] 설치하는 것은 신선한 것을 존귀하게 여기기 때문이다. 무릇 '세(涗)'라는 것은 신선하게 만든다는 뜻이다. 그 물을 '명수(明水)'라고 부르는 것은 주인이 청결하게 하며 밝게 드러내는 것이 이 물을 통해서 이루어졌기 때문이다.

有血有氣乃爲生物, 血由氣以滋, 死則氣盡而血亦枯矣. 故血祭者, 所以表其氣之盛也. 肺肝心, 皆氣之所舍, 故云氣主. 周祭肺, 殷祭肝, 夏祭心也. 祭黍稷加肺者, 謂尸隋祭之時, 以黍稷兼肺而祭也. 祭齊加明水, 謂尸正祭之時, 陳列五齊之尊, 又加明水之尊也. 祖考形魄歸地屬陰, 而肺於五行屬金, 金水陰也, 故加肺. 加明水, 是以陰物而報陰靈也. 膟膋, 腸閒脂也. 先燔燎于爐, 至薦孰, 則合蕭與黍稷燒之. 黍稷陽也, 牲首亦陽體, 魂氣歸天爲陽, 此以陽物報陽靈也. 明水, 陰鑑所取月中之水. 涗, 猶淸也. 沛漉五齊而使之淸, 故云況齊. 所以設明水及況齊者, 貴其新潔也. 凡況, 新之也, 專主況齊而言, 故下文又釋明水之義. 絜著, 潔淨而明著也. 自月而生, 故謂之明. 周禮五齊, 一泛齊, 二醴齊, 三盎齊, 四緹齊, 五沈齊.

피를 가지고 있고 기를 가지고 있다면 살아있는 사물이 되며, 피는 기를 통해서 많아지고, 죽게 되면 기가 소진되어 피 또한 마르게 된다. 그렇기 때문에 희생물의 피를 바쳐서 제사를 지내는 것은 기의 융성함을 드러내는 방법이 된다. 희생물의 폐·간·심장은 모두 기가 모이는 곳이다. 그렇기 때문에 기운의 주인이라고 말한 것이다. 주나라 때에는 폐를 위주로 제사지냈고, 은나라 때에는 간을 위주로 제사지냈으며, 하나라 때에는 심장을 위주로 제사지냈다. 서직으로 제사를 지내며 폐를 더한다는 말은 시동이 수제를 지낼 때, 서직과 폐를 가지고 제사를 지낸다는 뜻이다. "제로 제사를 지내며 명수를 더한다."는 말은 시동이 정규 제사를 지낼 때, 오제(五齊)[3]를 담은 술동이를 진열하고, 또 명수를 담은 술

---

3) 오제(五齊)는 술의 맑고 탁한 정도에 따라서 다섯 가지 등급으로 분류한 술을 뜻한다. 또한 술을 범칭하는 용어로도 사용된다. 다섯 가지 술은 범제(泛齊), 례제(醴齊), 앙제(盎齊), 제제(緹齊), 침제(沈齊)를 가리킨다. 『주례』「천관(天官)·주정(酒正)」편에는 "辨五齊之名, 一曰泛齊, 二曰醴齊, 三曰盎齊, 四曰緹齊, 五曰沈齊."라는 기록이 있다. 각 술들에 대해 설명하자면, 위의 기록에 대한 정현의 주에서는 "泛者, 成而滓浮泛泛然, 如今宜成醪矣. 醴猶體也, 成而汁滓相將, 如今恬酒矣. 盎猶翁也, 成而翁翁然, 蔥白色, 如今酇白矣. 緹者, 成而紅赤, 如今下酒矣. 沈者, 成而滓沈, 如今造淸矣. 自醴以上尤濁, 縮酌者. 盎以下差淸. 其象類則然, 古之法式未可盡聞. 杜子春讀齊皆爲粢. 又禮器曰, '緹酒之用, 玄酒之尙.' 玄謂齊者, 每有祭祀, 以度量節作之."라고 풀이했다. 즉 '범제'는 술이 익고 나서 앙금이 둥둥 떠 있는 것으로 정현 시대의 의성료(宜成醪)와 같은 술이고, '례주'는 술이 익고 나서 앙금을 한 차례 걸러낸 것으로 염주(恬酒)와 같은 것이며, '앙제'는 술이 익고 나서 새파란 빛깔을 보이는 것으로 찬백(酇白)과 같은 술이고, '제제'는 술이 익고 나서 붉은 빛깔을 보이는 것으로 하주(下酒)와 같은 술이며, '침제'는 술이 익고 나서 앙금이 모두 가라앉아 있는 것으로 조청(造淸)과 같은 술이다. '범주'는 가장 탁한 술이며, '례주'는 그 다음으로 탁한 술이고, '앙제'부터는 뒤로 갈수록 맑은 술에 해당한다.

동이를 진열한다는 뜻이다. 조상의 형백은 땅으로 귀의하여 음에 속하고, 희생물의 폐는 오행 중 금에 속하는데, 금과 수는 음에 해당한다. 그렇기 때문에 희생물의 폐를 첨가하는 것이다. 명수를 첨가하는 것은 음에 해당하는 사물을 통해서 음의 혼령에게 보답하는 것이다. '율료(膟膋)'는 창자 사이에 있는 지방이다. 먼저 화로에서 그것을 태우고, 익힌 고기를 바치게 되면, 쑥과 서직을 합하여 태운다. 서직은 양에 해당하고, 희생물의 머리 또한 양에 해당하는 신체 부위이며, 혼기는 하늘로 귀의하여 양이 되니, 이것은 양에 해당하는 사물을 통해서 양의 혼령에게 보답하는 것이다. '명수(明水)'는 음감을 통해서 달이 비춰진 우물에서 뜬 물이다. '세(涗)'자는 "맑다."는 뜻이다. 오제를 맑게 걸러내서, 맑은 술로 만드는 것이다. 그렇기 때문에 '세제(涗齊)'라고 말한 것이다. 명수와 세제를 진설하는 이유는 신선하고 청결한 것을 존귀하게 여기기 때문이다. 무릇 '세(涗)'라는 것은 신선하게 만든다는 것이니, 이 말은 전적으로 세제만을 위주로 언급한 것이다. 그렇기 때문에 그 뒤의 문장에서는 또한 '명수(明水)'의 의미를 풀이한 것이다. '혈저(絜著)'는 청결하고 밝게 드러난다는 뜻이다. 달을 통해서 생겨났기 때문에, '명(明)'이라고 부르는 것이다. 『주례』에는 '오제(五齊)'가 기록되어 있으니, 첫 번째는 범제이고, 두 번째는 예제이며, 세 번째는 앙제이고, 네 번째는 제제이며, 다섯 번째는 침제이다.

君再拜稽首, 肉袒親割, 敬之至也. 敬之至也, 服也. 拜, 服也. 稽首, 服之甚也. 肉袒, 服之盡也. 祭稱孝孫孝子, 以其義稱也. 稱曾孫某, 謂國家也. 祭祀之相[去聲], 主人自致其敬, 盡其嘉, 而無與讓也.〈082〉

군주가 재배를 하고 머리를 조아리며, 팔을 걷어서 신체를 드러내며 직접 희생물을 가르는 것은 공경함을 지극히 나타내는 것이다. 공경함을 지극히 나타내는 것은 복종하고 순종함을 뜻한다. 절을 하는 것도 복종하고 순종함을 뜻한다. 머리를 조아리는 것은 복종함과 순종함을 매우 극심히 나타내는 것이다. 팔을 걷어서 신체를 드러내는 것은 복종함과 순종함의 도리를 다하는 것이다. 제사에서 '효자(孝子)'나 '효손(孝孫)'이라고 지칭하는 것은 제사의 의에 따라 명칭을 맞추는 것이다. '증손 아무개'라고 지칭하는 것은 국이나 가를 소유한 경우를 뜻한다. 제사에서는 권유를 하며 아뢰는 일을['相'자는 거성으로 읽는다.] 하는데, 주인이 제 스스로 공경함을 지극히 하며, 좋은 것들을 다하게 되어, 함께 겸양을 표하는 일이 없게 된다.

集說

服者, 服順於親也. 拜服也, 謂再拜是服順也. 稽首爲服順之甚, 肉袒爲服順之盡, 言服順之誠在內, 今又肉袒, 則內外皆服矣, 故云服之盡. 祭主於孝, 士之祭, 稱孝孫孝子, 是以祭之義爲稱也. 諸侯有國, 卿・大夫有家, 不但祭祖與禰而已. 其祭自曾祖以上, 惟稱曾孫, 故云稱曾孫某, 謂國家也. 蓋大夫三廟, 得事曾祖也. 上士二廟, 事祖禰. 中下士一廟, 祖禰共之. 相, 詔侑於尸也. 相者不告尸以讓, 蓋是主人敬尸, 自致其誠敬, 盡其嘉善, 無所與讓也.

'복(服)'은 부모에 대해서 복종하고 순종한다는 뜻이다. '배복야(拜服也)'

는 재배를 하는 것은 복종하고 순종함에 해당한다는 뜻이다. 계수는 복
종함과 순종함이 매우 깊은 것이며, 옷을 걷어서 신체를 드러내는 것은
복종함과 순종함을 다하는 것이니, 복종함과 순종함의 진실됨이 내면에
있는데, 현재 신체까지도 드러냈다면, 내외적으로 모두 복종을 한다는
뜻이다. 그렇기 때문에 "복을 다함이다."라고 말한 것이다. 제사에서는
효를 위주로 하는데, 사 계층의 제사에서는 '효손(孝孫)'이나 '효자(孝子)'
라고 지칭하니, 이것은 제사의 의에 따라 칭호를 맞춘 것이다. 제후는
국을 소유하고 있고, 경과 대부는 가를 소유하고 있으니, 단지 조부 및
부친에 대해서만 제사를 지낼 뿐이 아니다. 그들이 지내는 제사에서는
증조부로부터 그 이상의 조상에 대해서 지내므로, 오직 '증손(曾孫)'이라
고 지칭하게 된다. 그렇기 때문에 "증손 아무개라고 지칭하는 것은 국과
가를 소유한 경우를 뜻한다."라고 말한 것이다. 무릇 대부는 3개의 묘를
세우니, 증조부에 대해서 섬길 수 있다. 상사는 2개의 묘를 세우니, 조
부와 부친에 대해서 섬기는 것이다. 중사 및 하사는 1개의 묘를 세우니,
조부와 부친의 신주를 같은 곳에 설치하여 섬긴다. '상(相)'은 시동에게
아뢰고 권유한다는 뜻이다. 의례를 돕는 자는 시동에게 겸양의 뜻으로
아뢰지 않으니, 무릇 주인이 시동을 공경하여, 제 스스로 진실됨과 공경
함을 다하고, 좋은 것들을 다 하게 되어, 함께 사양을 하는 것이 없기
때문이다.

經文

腥肆[剔]爓腍[而審反]祭, 豈知神之所饗也? 主人自盡其敬而已
矣. 擧斝角, 詔妥尸. 古者尸無事則立, 有事而后坐也. 尸, 神
象也. 祝, 將命也.〈083〉

희생물의 생고기, 부위별로 자른 고기['肆'자의 음은 '剔(척)'이다.] 데친 고
기, 익힌 고기를['腍'자는 '而(이)'자와 '審(심)'자의 반절음이다.] 통해서 제사를

지내는데, 어찌 신이 어떤 것을 흠향할 줄 알아서 이처럼 하는 것이겠는가? 주인이 제 스스로 자신의 공경하는 마음을 다하는 것일 뿐이다. 가와 각을 들어 올리면, 축관은 주인에게 아뢰어 시동을 편안히 앉도록 만든다. 고대에는 시동에게 특별한 일이 없다면 제자리에 세워 두었고, 시행할 일이 있은 뒤에라야 자리에 앉혔다. 시동은 신을 형상화하는 자이다. 축관은 명령을 전달하는 자이다.

集說

祭之爲禮, 或進腥體, 或薦解剔, 或進湯沈, 或薦煮熟, 豈知神果何所享乎? 主人不過盡其敬心而已耳. 斝與角, 皆爵名. 詔, 告也. 妥, 安也. 尸始卽席擧斝角之時, 祝告主人拜尸, 以妥安其坐. 前篇言夏立尸而卒祭, 此言古者, 蓋指夏時也. 夏之禮, 尸無事則立, 有飮食之事, 然後得坐也. 尸所以象所祭者, 故曰神象. 爲祝者, 先以主人之辭告神, 後以尸之辭嘏主人, 故曰將命.

제사라는 의례를 시행할 때, 어떤 경우에는 희생물의 몸체를 생고기 상태로 올리고, 또 어떤 경우에는 부위별로 갈라서 올리며, 또 어떤 경우에는 탕에 담가서 데친 것을 올리고, 또 어떤 경우에는 익힌 것을 올리는데, 신이 과연 어떤 것을 흠향할 줄 알아서이겠는가? 주인이 자신의 공경하는 마음을 다하는 것에 불과할 따름이다. '가(斝)'와 '각(角)'은 모두 술잔의 이름이다. '조(詔)'자는 "아뢰다."는 뜻이다. '타(妥)'자는 "편안하다."는 뜻이다. 시동이 처음으로 자리에 나아가서 가와 각을 들 때, 축관은 주인에게 아뢰어, 시동에게 절을 하도록 해서, 이를 통해 시동이 편안히 앉도록 만든다. 앞 편에서는 하나라 때에는 시동을 제 자리에 세워두게 되며, 세워둔 상태에서 제사를 끝냈다고 했으니, 여기에서 말한 '고(古)'라는 것은 아마도 하나라 때를 가리키는 것 같다. 하나라의 예법에서는 시동에게 특별히 시행할 일이 없다면 세워 두었고, 음식을 먹는 일이 생긴 뒤에라야 자리에 앉힐 수 있었다. 시동은 제사를 받는 대상을 형상화하는 자이다. 그렇기 때문에 "신을 형상화한다."라고 말한 것이다. 축관이 된 자는 우선적으로 주인의 말을 가지고 신에게 아뢰고, 이후에 시동의 말을 가지고 주인에게 하사를 전한다. 그렇기 때문에 "명령을 전달한다."라고 말한 것이다.

浅見

近按: 此上諸節, 皆以論釋帝王祭禮之義也.

내가 살펴보니, 이곳 문장과 앞의 여러 문장들은 모두 제왕의 제례에 담겨진 뜻을 논의하고 풀이한 것이다.

縮酌用茅, 明酌也.〈084〉

예제를 걸러서 맑은 술로 만들고자 할 때에는 띠풀로 거름망을 만들고
명작을 섞어서 거른다.

縮, 沛也. 酌, 斟酌也. 謂醴齊濁沛而后可斟酌, 故云縮酌也. 用茅
者, 以茅覆藉而沛之也. 周禮三酒, 一曰事酒, 二曰昔酒, 三曰淸酒.
事酒, 爲事而新作者, 其色淸明, 謂之明酌. 言欲沛醴齊, 則先用此
明酌和之, 然后用茅以沛之也.

‘축(縮)’자는 “거르다.”는 뜻이다. ‘작(酌)’자는 술을 따른다는 뜻이다. 즉
예제는 탁한 술이므로 거른 이후에야 술잔에 따를 수 있다. 그렇기 때문
에 ‘축작(縮酌)’이라고 말한 것이다. ‘용모(用茅)’는 띠풀로 깔개를 덮어
서 술을 거른다는 뜻이다. 『주례』에는 삼주(三酒)[1]가 나오는데, 첫 번

---

1) 삼주(三酒)는 상황에 따라 사용되는 세 가지 술을 뜻한다. 세 가지 술은 사주(事
酒), 석주(昔酒), 청주(淸酒)를 가리킨다. 『주례』「천관(天官)·주정(酒正)」편에
는 “辨三酒之物, 一曰事酒, 二曰昔酒, 三曰淸酒.”라는 기록이 있다. 각 술들에
설명은 주석마다 약간의 차이를 보인다. 위의 기록에 대해서 정현의 주에서는
“鄭司農云, ‘事酒, 有事而飲也, 昔酒, 無事而飲也, 淸酒, 祭祀之酒.’ 玄謂事酒,
酌有事者之酒, 其酒則今之醳酒也. 昔酒, 今之酋久白酒, 所謂舊醳者也. 淸酒,
今中山冬釀接夏而成.”이라고 풀이했다. 즉 정사농(鄭司農)의 주장에 따르면,
‘사주’는 어떤 사안이 있어서 마시게 되는 술을 뜻하고, ‘석주’는 특별한 일이 없을
때 마시는 술을 뜻하며, ‘청주’는 제사를 지낼 때 쓰는 술을 뜻한다. 한편 정현의
주장에 따르면, ‘사주’는 일을 맡아본 자에게 따라주는 술을 뜻하는데, 그 술은
정현 시대의 역주(醳酒)에 해당하고, ‘석주’는 오래 숙성시킨 술로 백주(白酒)와
같은 것이며, ‘청주’는 중산(中山) 지역에서 겨울에 술을 담가서 여름쯤 다 익은
술을 뜻한다. 그리고 위의 기록에 대해서 손이양(孫詒讓)의 『정의(正義)』에서는
“三酒之中, 事酒較濁, 亦隨時釀之, 酋繹卽孰. 昔酒較淸, 則冬釀春孰. 淸酒尤

째는 ‘사주(事酒)’이고, 두 번째는 ‘석주(昔酒)’이며, 세 번째는 ‘청주(清酒)’이다. 사주는 어떠한 일을 위해서 새롭게 만든 술이며, 그 색깔은 청명하므로, 이것을 ‘명작(明酌)’이라고 부른다. 예제를 거르고자 한다면, 우선적으로 이러한 명작을 이용해서 술에 섞고, 그런 뒤에 띠풀로 거름망을 만들어서 거른다는 뜻이다.

醆[側眼反]酒涗于清, 汁獻[莎]涗于醆酒.〈085〉

잔주는[‘醆’자는 ‘側(측)’자와 ‘眼(안)’자의 반절음이다.] 청주를 통해서 거르고, 즙사는[‘獻’자의 음은 ‘莎(사)’이다.] 잔주를 통해서 거른다.

醆酒, 盎齊也. 涗, 沛也. 清, 謂清酒也. 清酒冬釀, 接夏而成. 盎齊差清, 先和以清酒而後沛之, 故云醆酒涗于清. 以其差清, 故不用茅也. 汁獻, 謂摩挲秬鬯及鬱金之汁也. 秬鬯中有煮鬱, 又和以盎齊摩挲而沛之, 出其香汁, 故云汁獻涗于醆酒也.

‘잔주(醆酒)’는 앙제를 뜻한다. ‘세(涗)’자는 “거른다.”는 뜻이다. ‘청(清)’자는 청주를 뜻한다. 청주는 겨울에 빚고 여름이 될 무렵 익게 된다. 앙제는 조금 더 맑은 술인데, 우선 청주를 이용해서 섞은 뒤에 거르게 된다. 그렇기 때문에 “잔주는 청주에 거른다.”라고 말한 것이다. 그 술은

清, 則冬釀夏孰.”이라고 풀이했다. 즉 손이양의 주장에 따르면, ‘사주’는 비교적 탁한 술이며, 또한 수시로 빚은 술을 말하는데, 술독을 열어두어서 곧바로 숙성시키는 술을 뜻한다. ‘석주’는 비교적 맑은 술이며, 겨울에 빚어서 봄쯤에 다 익는 술을 뜻한다. ‘청주’는 더욱 맑은 술이며, 겨울에 빚어서 여름쯤에 익는 술을 뜻한다.

조금 더 맑기 때문에 띠풀을 이용하지 않는 것이다. '즙사(汁獻)'는 거창과 울금을 으깬 즙을 뜻한다. 거창 안에 삶은 울금을 넣고, 또한 앙제를 부어서 섞은 뒤에 걸러서, 그 향긋한 즙을 추출하는 것이다. 그렇기 때문에 "즙헌은 잔주를 통해서 거른다."라고 말한 것이다.

疏曰: 以事酒沛醴齊, 淸酒沛盎齊, 今沛秬鬯乃用盎齊, 而不以三酒者, 五齊卑, 故用三酒沛之; 秬鬯尊, 故用五齊沛之也.

소에서 말하길, 사주를 통해서 예제를 거르고, 청주를 통해서 앙제를 거르는데, 현재 거창을 거를 때 앙제를 사용하고 삼주를 이용하지 않은 것은 오제는 상대적으로 미천한 것이기 때문에, 삼주를 이용해서 거르는 것이며, 거창은 존귀한 것이기 때문에 오제를 이용해서 거르는 것이다.

經文

猶明淸與酸酒于舊澤[亦]之酒也. ⟨086⟩

앞서 언급한 술들은 오늘날 명작과 청주 및 잔주를 오래된 술에 섞은 뒤 걸러낸['澤'자의 음은 '亦(역)'이다.] 술과 같다.

集說

上文所沛三者之酒, 皆天子·諸侯之禮. 作記之時, 此禮已廢, 人不能知其法, 故言此以曉之曰, 沛醴齊以明酌, 沛酸酒以淸酒, 沛汁獻以酸酒者, 卽如今時明淸酸酒沛于舊醳之酒也. 猶, 若也. 舊, 謂陳久也. 澤, 讀爲醳. 醳者, 和醳醴釀之名, 後世謂之醳酒.

앞 문장에서 거른다고 한 세 가지 술들은 모두 천자와 제후의 의례 때 사용하는 술이다. 『예기』를 기록했을 당시 이러한 예는 이미 폐지되어서, 사람들은 그 예법을 알 수 없었다. 그렇기 때문에 이러한 말을 언급하여 깨우쳐주길, "예제를 거를 때 명작을 사용하고, 잔주를 거를 때 청주를 사용하며, 즙사를 거를 때 잔주를 사용한다는 것은 곧 오늘날 명작·청주·잔주를 구역에 거른 술과 같다."고 한 것이다. '유(猶)'자는 "같다."는 뜻이다. '구(舊)'자는 매우 오래되었다는 뜻이다. '역(澤)'자는 역(醳)자로 풀이한다. '역(醳)'이라는 것은 오래된 술에 섞어서 맑은 술로 만든다는 명칭으로, 후세에는 이것을 '역주(醳酒)'라고 불렀다.

淺見

近按: 此承上言祭禮之義, 而又特言祭祀沛酒之法也.

내가 살펴보니, 이것은 앞에서 제례의 의미를 언급한 것을 이어 받고 있으며, 또한 특별히 제사 때 술을 거르는 예법을 언급한 것이다.

經文

祭有祈焉, 有報焉, 有由辟[弭]焉.〈087〉

제사에는 기원을 하는 것도 있고, 보답을 하는 것도 있으며, 이러한 것
들을 이용하여 제례를 지내서 재앙이나 환란 등을 그치게['辟'자의 음은
'弭(미)'이다.] 하는 것도 있다.

集說

此泛言祭禮又有此三者之例. 如周禮所云: "祈福祥, 求求貞, 祈福于
田祖", 詩言"春夏祈穀"之類, 是祈也. 報, 謂獲福而報之. 祭禮多是
報本之義. 由, 用也. 辟, 讀爲弭. 如周所謂弭災兵遠罪疾之類. 由弭
者, 用此以消弭之也.

이 문장은 제례에는 또한 이러한 세 종류의 범례가 있음을 범범하게 해
석하고 있다. 예를 들어 『주례』에서 이른바 "복과 상서로움을 기원하고,
장수를 기원하며, 전조(田祖)[1]에게 풍년을 기원한다."[2]라고 말하고, 『시』
에서 "봄과 여름이 곡식이 여물기를 기원한다."[3]라고 말한 부류들이 바
로 기원하는 일에 해당한다. '보(報)'자는 복을 얻어서 보답한다는 뜻이
다. 제례는 대부분 근본에 보답하는 의에 해당한다. '유(由)'자는 "사용
하다."는 뜻이다. '미(辟)'자는 미(弭)자로 풀이한다. 예를 들어 일상적으
로 말하는 재앙이나 병란을 그치게 하고, 죄나 질병을 멀리한다는 부류

---

1) 전조(田祖)는 전설 속의 인물로, 처음 농경지를 경작한 자이다. 신농씨(神農氏)
를 가리킨다. 『시』 「소아(小雅)・보전(甫田)」편에는 "琴瑟擊鼓, 以御田祖."라는
기록이 있는데, 주자의 『집전(集傳)』에서는 "謂始耕田者, 卽神農也."라고 풀이
했다.

2) 『주례』 「춘관(春官)・대축(大祝)」: 大祝; 掌六祝之辭, 以事鬼神示, 祈福祥, 求
永貞. 一曰順祝, 二曰年祝, 三曰吉祝, 四曰化祝, 五曰瑞祝, 六曰筴祝. / 『주례』
「춘관(春官)・약장(籥章)」: 凡國祈年于田祖, 龡豳雅, 擊土鼓, 以樂田畯.

3) 『시』 「주송(周頌)・희희(噫嘻)」편의 모서(毛序): 噫嘻, 春夏, 祈穀于上帝也.

와 같은 것이다. 따라서 '유미(由弭)'라는 말은 이러한 제사를 이용해서,
소멸시키고 그치게 한다는 뜻이다.

齊[側皆反]之玄也, 以陰幽思也. 故君子三日齊, 必見其所祭者.
〈088〉

재계를['齊'자는 '側(측)'자와 '皆(개)'자의 반절음이다.] 하며 현관과 현의를 착
용하는 것은 귀신들이 머무는 그윽하고 어두운 뜻에 따르면서도 그것에
생각을 잠기게 하기 때문이다. 그러므로 군자가 3일 동안 이처럼 재계
를 하게 되면, 반드시 제사를 지내게 되는 대상을 볼 수 있게 된다.

齊而玄冠玄衣, 順鬼神幽黯之意, 且以致其陰幽之思也. 見其所祭
之親, 精誠之感也.

재계를 하며 현관과 현의를 착용하는 것은 귀신이 그윽하고 어두운 곳
에 머문다는 뜻에 따르는 것이며, 또한 그윽하고 어두운 곳에 잠긴 생각
을 지극히 하는 것이다. 제사를 받게 되는 돌아가신 부친을 보는 것은
지극한 정성에 감응을 하기 때문이다.

近按: 此泛言行祭之意與致齊之事, 以總結之也.

내가 살펴보니, 이것은 제사를 시행하는 의미와 치제의 사안에 대해서
범범하게 언급하여 결론을 맺은 것이다.

右自社祭以下至此, 皆論祭祀之義而言有節次, 其文當合爲一章也.

"사에서 제사를 지낸다."[4]라고 한 말로부터 그 이하로 이곳 문장까지는
모두 제사의 도의에 대해 논의하고 있는데, 그 말에는 절차가 있으니,
그 문장들은 마땅히 하나의 장이 되어야 한다.

---

4) 『예기』「교특생」027장 : 社祭土而主陰氣也, 君南鄕於北墉下, 答陰之義也. 日
用甲, 用日之始也.

무분류

冠[去聲]義, 始冠之, 緇布之冠也. 大古冠布, 齊[側皆反]則緇之.
其緌[如追反]也, 孔子曰: "吾未之聞也, 冠而敝之可也."〈062〉 [舊
在"聲和而後斷也"之下.]

관례를['冠'자는 거성으로 읽는다.] 치르는 도의에서는 처음으로 관을 씌워
줌에 치포관을 사용한다. 태고 때에는 관을 만들 때 포를 이용해서 만
들었고, 재계를['齊'자는 '側(측)'자와 '皆(개)'자의 반절음이다.] 하게 되면 검은
색으로 된 포를 이용해서 만들었다. 관에 다는 장식인 유에['緌'자는 '如
(여)'자와 '追(추)'자의 반절음이다.] 대해서 공자는 "나는 이러한 장식을 한다
는 것에 대해서는 들어보지 못했다. 관례를 치를 때 잠시 사용하고 관
례를 치른 뒤에는 치포관을 제거하는 것이 옳다."라고 했다. [옛 판본에는
"소리가 조화를 이룬 뒤에야 고기를 자른다."[1]라고 한 문장 뒤에 수록되어 있었다.]

集說

冠義, 言冠禮之義也. 冠禮三加, 先加緇布冠, 是太古齊時之冠也.
緇布爲之, 不用笄, 用頍以圍髮際, 而結於項中, 因綴之以固冠耳,
不聞有垂下之緌也. 此冠後世不復用, 而初冠暫用之, 不忘古也. 冠
禮旣畢, 則敝棄之可矣. 玉藻云: "緇布冠繢緌", 是諸侯位尊, 盡飾故
也. 然亦後世之爲耳.

'관의(冠義)'는 관례의 도의를 뜻한다. 관례를 치르며 삼가를 할 때에는
먼저 치포관을 씌워주니, 이것은 태고 때 재계를 하며 쓰는 관에 해당한

---

1) 『예기』「교특생」061장 : 祭天掃地而祭焉, 於其質而已矣. 醯醢之美, 而煎鹽之
尙, 貴天産也. 割刀之用, 而鸞刀之貴, 貴其義也, 聲和而後斷也.

다. 치포를 이용해서 만들 때에는 비녀를 사용하지 않고, 규를 이용해서 머리카락을 감싸고, 목이 있는 곳에서 결속하며, 이것을 통해 결속하여 관을 단단하게 고정시킬 따름이며, 밑으로 늘어뜨리는 유가 포함된다는 것에 대해서는 들어보지 못했다. 그러한 관은 후세에 재차 사용하지 않았고, 최초 관례를 치를 때에만 잠시 사용했던 것이니, 고대의 예법을 잊지 않기 위함이다. 관례가 모두 끝나면 제거하는 것이 옳다. 『예기』「옥조(玉藻)」편에서는 "치포관에는 궤유를 한다."고 했는데, 그 이유는 제후는 지위가 존귀한 자이므로, 그 장식을 다하기 때문이다. 그러나 이 또한 후세에 시행되었던 관행일 뿐이다.

石梁王氏曰: 冠一段, 當付冠義.

석량왕씨가 말하길, '관(冠)'자로 시작하는 이곳 단락은 마땅히 『예기』「관의(冠義)」편에 포함시켜야 한다.

淺見

近按: 此以下冠昏二節, 舊本雜在祭禮之中. 今別陳之, 冠義二字, 其篇目歟.

내가 살펴보니, 이곳 구문으로부터 그 이하로 관례와 혼례를 기록한 두 문단을 옛 판본에서는 제례를 언급한 기록 중에 뒤섞어 기록했다. 지금은 이를 구별하여 별도로 기술하는데, '관의(冠義)'라는 두 글자는 아마도 편목에 해당할 것이다.

適[的]子冠於阼, 以著代也. 醮於客位, 加有成也. 三加彌尊, 喩
其志也. 冠而字之, 敬其名也.〈063〉

적장자의['適'자의 음은 '的(적)'이다.] 경우 동쪽 계단에서 관례를 치르니,
이를 통해서 부친의 대를 계승한다는 사실을 드러낸다. 그리고 관을 모
두 씌워주면, 빈객의 자리에서 초를 하니, 성인이 된 자에게 해당 예법
을 더해주기 때문이다. 세 차례 관을 씌워줄 때에는 점진적으로 그 복
식이 존귀한 것으로 바뀌니, 그 뜻을 확충하여 존귀한 복장에 걸맞게
함을 깨우쳐주기 위함이다. 관례를 치른 뒤에는 그에게 자를 지어주니,
그의 이름을 공경하기 때문이다.

集說

著代, 顯其爲主人之次也. 酌而無酬酢曰醮, 客位在戶牖之間. 加有
成, 加禮於有成之人也. 三加, 始冠緇布冠, 次加皮弁, 又次加爵弁
也. 喩其志者, 使其知廣充志意以稱尊服也. 此適子之禮, 若庶子則
冠於房戶外南面, 醮亦在戶也. 夏·殷之禮醮用酒, 每一加而一醮.
周則用醴, 三加畢乃總一醴也.

'저대(著代)'는 주인에 오를 다음 서열이 됨을 드러낸다는 뜻이다. 술을
따르되 서로 술을 권함이 없는 의례를 '초(醮)'라 부르고, 빈객의 자리는
호와 들창 사이에 해당한다. '가유성(加有成)'은 성인이 되는 자에게 예
법을 더해준다는 뜻이다. 삼가에서는 최초 치포관을 씌워주고, 그 다음
으로 피변을 씌워주며, 또 그 다음으로 작변을 씌워준다. '유기지(喩其
志)'라는 말은 뜻과 의지를 확충하여, 존귀한 복식에 걸맞도록 해야 함
을 알게끔 한다는 뜻이다. 이것은 적자에게 해당하는 예이니, 만약 서자
인 경우라면 방의 호 바깥에서 남쪽을 바라보는 장소에서 관례를 치르
고, 초 또한 호 밖에서 시행한다. 하나라와 은나라의 예법에서는 초를
할 때 술을 사용했으며, 매번 하나의 관을 씌워줄 때마다 한 차례 초를

했다. 주나라의 경우에는 단술을 사용하였고, 세 차례 관을 씌워주는 절차가 모두 끝나게 되면, 총괄적으로 한 차례 단술을 따라주었다.

淺見

近按: 此言冠禮之義也.

내가 살펴보니, 이것은 관례의 의미를 언급한 것이다.

委貌, 周道也. 章甫, 殷道也. 毋[牟]追[堆], 夏后氏之道也.〈064〉

위모를 쓰는 것은 주나라 때의 도이다. 장보를 쓰는 것은 은나라 때의 도이다. 모퇴를['毋'자의 음은 '牟(모)'이다. '追'자의 음은 '堆(퇴)'이다.] 쓰는 것은 하후씨 때의 도이다.

集說

委貌·章甫·毋追, 皆緇布冠, 但三代之易名不同, 而其形制亦應異耳. 是皆先王制禮之道, 故皆以道言之. 委貌, 卽玄冠. 舊說, 委, 安也, 言所以安正容貌; 章, 明也, 所以表明丈夫. 毋發聲之辭. 追, 猶椎也. 以其形名之. 此一條, 是論三加始加之冠.

'위모(委貌)'·'장보(章甫)'·'모퇴(毋追)'는 모두 치포관에 해당하는데, 다만 삼대 때에는 명칭을 고치게 되어, 서로 달라지게 된 것이고, 그 형태와 제작방법 또한 마땅히 달랐을 것이다. 이것은 모두 선왕이 예를 제정했던 도에 해당한다. 그렇기 때문에 모두에 대해 '도(道)'자를 붙여서 언급한 것이다. '위모(委貌)'는 곧 현관에 해당한다. 옛 학설에서는 '위(委)'자를 "안정시킨다."는 뜻으로 풀이하니, 즉 용모를 단정하게 만든다는 의미이고, '장(章)'자는 "나타낸다."는 뜻으로 풀이하니, 즉 장부가 되었음을 드러내는 의미이다. '모(毋)'자는 발어사에 해당한다. '퇴(追)'자는 상투를 뜻한다. 그 형태에 따라서 이러한 명칭을 정한 것이다. 이곳 한 조목은 삼가를 할 때 처음으로 씌워주는 관에 대해 논의한 것이다.

周弁, 殷冔[詡], 夏收.〈065〉

주나라 때에는 변을 썼고, 은나라 때에는 후를['冔'자의 음은 '詡(후)'이다.]
썼으며, 하나라 때에는 수를 썼다.

集說

周之弁, 殷之冔, 夏之收, 各是時王所制, 以爲三加之冠. 舊說弁名
出於槃, 槃, 大也. 冔名出於憮, 憮, 覆也. 收, 所以收斂其髮也. 形制
未聞.

주나라 때의 변, 은나라 때의 후, 하나라 때의 수는 각각 당시 왕조에서
제작한 것으로, 삼가에서 세 번째로 씌워주는 관으로 삼은 것이다. 옛
학설에서는 '변(弁)'이라는 명칭은 반에서 도출되었는데, '반(槃)'자는
"크다."는 뜻이라고 했다. 또 '후(冔)'라는 명칭은 무에서 도출되었는데,
'무(憮)'자는 "뒤덮다."는 뜻이다. '수(收)'는 그 머리카락을 감싼다는 뜻
이다. 그러나 그 형태와 제작방법에 대해서는 들어보지 못했다고 했다.

經文

三王共皮弁·素積.〈066〉

삼왕 때에는 모두 피변에 소적을 착용했다.

集說

皮弁, 以白鹿皮爲之, 其服則十五升之布也, 白與冠同, 以素爲裳,
而辟積其要中, 故云皮弁素積也. 三代皆以此爲再加之冠服.

'피변(皮弁)'은 백색의 사슴가죽으로 만든 것으로, 그 때 착용하는 복식은 15승의 포를 이용해서 만드니, 백색으로 만들어서 관의 색깔과 동일하게 하며, 흰색의 옷감으로 하의를 만들고, 이것으로 허리 중앙에 덧대기 때문에, '피변소적(皮弁素積)'이라고 말한 것이다. 삼대 때에는 모두 이것을 두 번째 씌워주는 관의 복식으로 삼았다.

淺見

近按: 此下備擧三代所冠之不同. 舊說以委貌·章甫·毋追爲始加之冠, 周弁·殷冔·夏收爲三加, 而皮弁·素積爲再加, 則其節次當以皮弁素積一句, 升于周弁·殷冔之上, 而今在其下者, 禮家不以所加之先後爲次, 但以歷擧三代者先之, 而以三王摠其後也, 故今且仍舊而不易之也.

내가 살펴보니, 이 뒤로는 삼대에서 관례를 치를 때의 차이점에 대해 자세히 거론하고 있다. 옛 학설에서는 위모·장보·모퇴를 처음 씌워주는 관이라고 했고, 주나라 때의 변, 은나라 때의 후, 하나라 때의 수는 세 번째 씌워주는 관이라고 했으며, 피변에 소적을 하는 것을 두 번째 씌워줄 때의 복식이라고 했으니, 그 절차에 따른다면 마땅히 피변소적이라는 구문은 주변과 은후라는 구문 앞에 두어야 한다. 그런데 현재는 그 뒤에 수록되어 있는데, 예학자들은 이 순서는 씌워주는 관의 선후에 따라 순서를 정한 것이 아니고, 단지 삼대 때의 것들을 차례대로 열거한 것을 앞에 두고, 삼왕 때의 것으로 그 뒤를 종합한 것이라고 했다. 그러므로 이곳에서도 옛 기록에 따르며 순서를 바꾸지 않았다.

無大夫冠禮, 而有其昏禮. 古者五十而后爵, 何大夫冠禮之有?
諸侯之有冠禮, 夏之末造也.〈067〉

대부 계층에는 다른 계층과 다른 별도의 관례가 없고, 별도의 혼례만
있을 따름이다. 고대에는 50세가 된 이후에야 작위를 받았는데, 어떻게
대부의 관례가 별도로 있겠는가? 제후에게 별도의 관례가 생긴 것은 하
나라 말기에 생겨난 일이다.

集說

諸侯大夫之冠, 一如士禮行之, 下章所謂無生而貴者也. 夏之末造,
言夏之末世所爲耳.

제후와 대부의 관례는 모두 사 계급에게 적용되는 예법에 따라 시행하
니, 아래문장에서 말한 "태어나면서부터 존귀한 자는 없다."는 뜻에 해
당한다. '하지말조(夏之末造)'라는 말은 하나라 말엽에 시행된 것일 뿐이
라는 의미이다.

經文

天子之元子, 士也. 天下無生而貴者也. 繼世以立諸侯, 象賢
也. 以官爵人, 德之殺[色介反]也. 死而諡, 今也. 古者生無爵, 死
無諡.〈068〉

천자의 원자라 하더라도 그에게 적용하는 관례는 사 계층이 따르는 예
법일 따름이다. 천하에는 태어나면서부터 존귀한 자는 없었다. 선대를
계승하여 제후의 지위에 오른 것은 조상들의 현명함을 본받을 수 있기
때문이다. 관직을 가지고 사람들에게 작위를 나눠줄 때에는 그들이 갖

춘 덕에 따라서 차등을['殺'자는 '色(색)'자와 '介(개)'자의 반절음이다.] 두어야 한다. 죽었을 때 시호를 지어주는 것은 현재 시행되는 예법일 따름이다. 고대에는 생전에 작위가 없었다면, 죽어서도 시호를 짓지 않았다.

元子, 適長子也, 其冠亦行士之冠禮. 無生而貴, 言有德乃有位也. 立諸侯以繼其先世, 以其能法前人之賢行也. 以官爵人, 必隨其德之大小而爲降殺也. 死必有諡, 今日之變禮也. 殷以前, 大夫以上乃爲爵, 死則有諡. 周制雖爵及命士, 死不諡也.

'원자(元子)'는 천자의 적장자를 뜻하는데, 그에게 적용하는 관례 또한 사에게 적용되는 관례에 따라 시행한다. "태어나면서부터 존귀한 자는 없다."는 말은 덕을 갖춰야만 곧 지위를 갖게 된다는 뜻이다. 제후의 적자를 제후로 세워서 선대를 계승하도록 하는 것은 그가 이전 조상들의 현명한 행실을 본받을 수 있기 때문이다. 관직으로 다른 사람들에게 작위를 나눠줄 때에는 반드시 그가 갖춘 덕의 크기에 따라서 차등을 두어야 한다. 죽었을 때 반드시 시호를 정하게 된 것은 현재 시행되는 변례이다. 은나라 이전인 경우 대부 이상이라면 곧 작위를 갖게 되고, 그가 죽게 되면 시호를 받게 된다. 그러나 주나라 때의 제도에서는 비록 작위가 명사(命士)[1]에게까지 하사되었지만, 명사가 죽었을 때에는 시호를 지어주지 않았다.

近按: 此因冠義而并及爵諡之義也.

---

1) 명사(命士)는 사(士) 중에서도 작명(爵命)을 받은 자를 뜻한다. 『예기』「내칙(內則)」편에는 "由命士以上, 父子皆異官, 昧爽而朝, 慈以旨甘."이라는 용례가 나온다.

내가 살펴보니, 이것은 관례의 의미를 기술한 것에 따라서 작위와 시호에 대한 의미도 언급한 것이다.

経文

天地合而後萬物興焉. 夫昏禮, 萬世之始也. 取[去聲]於異姓, 所以附遠[去聲]厚別[彼列反]也. 幣必誠, 辭無不腆, 告之以直信. 信事人也, 信婦德也. 壹與之齊, 終身不改, 故夫死不嫁.〈070〉

하늘과 땅이 합치된 이후에야 만물이 흥성해진다. 무릇 혼례라는 것은 인류의 시작이 된다. 혼례를 치르며 이성에게서 상대방을 찾음은['取'자는 거성으로 읽는다.] 혐의를 멀리한다는['遠'자는 거성으로 읽는다.] 것과 남녀 사이의 구별을['別'자는 '彼(피)'자와 '列(렬)'자의 반절음이다.] 두텁게 하기 위함이다. 폐물을 보낼 때에는 반드시 성심을 다하며, 전하는 말에 있어서도 아름답게 꾸미지 않는 말이 없고, 강직함과 신의를 경계지침으로 알려준다. 신의는 다른 사람을 섬기는 것에 해당하고, 또한 아녀자가 갖춰야 하는 덕에 해당한다. 한결같이 남편과 더불어서 동일한 희생물을 먹고, 종신토록 고치지 않는다. 그렇기 때문에 남편이 죽게 되더라도 다른 집으로 시집을 가지 않는다.

集說

附遠, 附猶託也, 託於遠嫌之義也. 厚別, 重其有別之禮也. 幣誠辭腆, 是欲告戒爲婦者, 以正直誠信之行, 信其能盡事人之道, 信其能有爲婦之德也, 此以下言昏禮之義.

'부원(附遠)'이라고 했는데, 이때의 '부(附)'자는 "의탁하다."는 뜻이니, 곧 혐의를 멀리한다는 의에 의탁한다는 의미이다. '후별(厚別)'은 남녀의 유별함이라는 예를 중시한다는 뜻이다. 폐백은 성실하게 하며 전하는 말을 아름답게 꾸미는 것은 며느리가 되는 여자에게 경계지침을 내리며, 정직하고 진실된 행실을 통해 시행하도록 한 것이고, '신(信)'은 사람을 섬기는 도리를 다할 수 있고, 아녀자가 되는 덕을 갖출 수 있다는 것을 알려주는 것이니, 이 문장으로부터 그 아래의 내용들은 혼례의 의를 언급하고 있다.

鄭氏曰: 齊, 謂共牢而食, 同尊卑也.

정현이 말하길, '제(齊)'자는 같은 희생물을 먹는다는 뜻으로, 신분을 동일하게 맞춘다는 의미이다.

石梁王氏曰: 昏一段, 當附昏義.

석량왕씨가 말하길, '혼(昏)'자로 시작하는 한 단락은 마땅히 『예기』「혼의(昏義)」편에 포함되어야 한다.

男子親迎[去聲], 男先[去聲]於女, 剛柔之義也. 天先乎地, 君先乎臣, 其義一也. 執摯以相見, 敬章別也. 男女有別, 然後父子親; 父子親, 然後義生; 義生, 然後禮作; 禮作, 然後萬物安. 無別無義, 禽獸之道也.〈071〉

혼례에 있어서 남자는 친영을['迎'자는 거성으로 읽는다.] 하는데, 아내를 데려올 때 남자가 여자를 앞장서는['先'자는 거성으로 읽는다.] 것은 강유의 의에 따르기 때문이다. 그리고 하늘이 땅보다 앞서고 군주가 신하보다 앞선 것은 그 의가 이것과 동일하다. 남자가 아내의 집안에 찾아갈 때 예물을 가지고 찾아가 만나보는 것은 공경스럽게 행동하여 남녀의 유별함을 드러내기 위해서이다. 남녀 사이에 유별함이 있은 뒤에라야 부자관계에서 친근함이 생겨나고, 부자관계에 친근함이 있은 뒤에라야 의가 생겨나며, 의가 생겨난 뒤에라야 예가 만들어지고, 예가 만들어진 이후에야 만물이 편안하게 된다. 유별함이 없고 의가 없는 것은 짐승들이 따르는 도이다.

先, 謂倡道之也. 執摯, 奠鴈也. 行敬以明其有別, 故云敬章別也. 有
別, 則一本而父子親, 親親之嚴, 則義生禮作, 而萬物各得其所矣.
禽獸知有母而不知有父, 無別故也.

'선(先)'자는 앞서 이끈다는 뜻이다. '집지(執摯)'는 전안(奠鴈)[1]을 뜻한
다. 공경스러움을 시행하여 남녀의 유별함을 드러낸다. 그렇기 때문에
"공경스럽게 행동하여 유별함을 드러낸다."라고 말한 것이다. 남녀 사이
에 유별함이 생기게 된다면, 근본을 동일하게 하여 부자관계에 친근함
이 생기고, 친근하게 대해야 할 자를 친근하게 대함에 관계에 따른 차등
이 있다면, 의가 발생하고 예가 만들어지며, 만물도 각각 제자리를 얻게
된다. 짐승은 자신의 모친이 있는지는 알지만 부친이 있다는 사실을 모
르니, 유별함이 없기 때문이다.

壻親御授綏, 親之也. 親之也者, 親之也. 敬而親之, 先王之所
以得天下也. 出乎大門而先[去聲], 男帥女, 女從男, 夫婦之義
由此始也. 婦人從人者也, 幼從父兄, 嫁從夫, 夫死從子. 夫也
者, 夫也. 夫也者, 以知[去聲]帥人者也.〈072〉

친영을 하여 아내를 데려갈 때, 남편은 직접 수레를 몰며 아내에게 수
레에 오를 때 잡게 되는 끈을 건네니, 이것은 상대방을 친애하기 때문
이다. 상대방을 친애하는 것은 상대방으로 하여금 자신을 친애하게 만
드는 것이다. 공경스럽게 대하여 친애를 하는 것은 선왕이 천하를 얻었

---

1) 전안(奠鴈)은 고대에 혼례(昏禮)를 치르며, 신랑이 부인의 집으로 찾아가서 아내
   를 맞이하여 데려올 때, 기러기를 선물로 가져가는데, 이것을 '전안'이라고 부른다.

던 방법이다. 그녀의 집 대문을 나가게 되면, 남편이 탄 수레가 앞장을 ['先'자는 거성으로 읽는다.] 서니, 남자는 여자를 이끄는 것이고, 여자는 남자를 따르는 것으로, 부부의 의가 이 시점으로부터 시작된다. 부인은 타인을 따르는 존재이니, 어렸을 때에는 부친과 남자 형제들을 따르게 되고, 시집을 가게 되면 남편을 따르게 되며, 남편이 죽게 되면 아들을 따르게 된다. '부(夫)'라는 것은 사내를 뜻한다. 사내가 된 자는 지혜와 ['知'자는 거성으로 읽는다.] 재주로 상대방을 통솔하는 자이다.

集說

親御婦車而授之綏, 是親愛之義也. 親之, 乃可使之親己, 故曰親之也者親之也. 太王爰及姜女, 文王親迎于渭, 皆是敬而親之之道. 以至于有天下, 故曰先王之所以得天下也. 大門, 女家之門也. 先, 壻車在前也. 女從男, 婦車隨之也. 夫也者, 丈夫也. 丈夫者, 以才智帥人者也.

직접 부인이 탈 수레를 몰며 그녀에게 수레에 오를 때 잡게 되는 수를 건네는데, 이것은 친애하는 의에 해당한다. 그녀를 친애하게 되면, 곧 그녀로 하여금 자신을 친애하게 할 수 있다. 그렇기 때문에 "친애하게 대한다는 것은 본인을 친애하게 대하도록 하는 것이다."라고 말한 것이다. 태왕은 이에 강녀와 함께 왔다고 했고,[2] 문왕은 위수에서 직접 맞이하였다고 했는데,[3] 이 모두는 공경스럽게 행동하여 친애하는 도에 해당한다. 이것을 통해 천하를 소유하는 경지에 이르렀기 때문에, "선왕이 천하를 얻었던 방법이다."라고 말한 것이다. '대문(大門)'은 여자 집안의 문을 뜻한다. '선(先)'자는 남편이 타는 수레가 앞에 있다는 뜻이다. 여

---

2) 『시』「대아(大雅)·면(縣)」: 古公亶父, 來朝走馬. 率西水滸, 至于岐下. <u>爰及姜女</u>, 聿來胥宇.

3) 『시』「대아(大雅)·대명(大明)」: 大邦有子, 俔天之妹. 文定厥祥, <u>親迎于渭</u>. 造舟爲梁, 不顯其光.

자가 남자를 따른다는 말은 부인이 타는 수레가 그 뒤를 따른다는 뜻이다. '부야자(夫也者)'라는 말은 사내를 뜻한다. 사내가 된 자는 재주와 지혜로 상대방을 통솔하는 자이다.

經文

玄冕齊戒, 鬼神陰陽也. 將以爲社稷主, 爲先祖後, 而可以不致敬乎?〈073〉

현면을 착용하고 재계를 하는 것은 귀신을 섬기는 도리에 해당한다. 혼례를 치르는 자는 장차 사직의 제사를 주관하는 자가 되는데, 선조의 후예가 되는 자가 공경을 다하지 않을 수 있겠는가?

集說

服玄冕而致齊戒, 是事鬼神之道. 鬼者, 陰之靈. 神者, 陽之靈. 故曰鬼神陰陽也. 今昏禮者, 蓋將以主社稷之祭祀, 承先祖之宗廟也, 可不以敬社稷與先祖之禮敬之, 而玄冕齊戒乎?

현면을 착용하고 재계를 지극히 하는 것은 귀신을 섬기는 도에 해당한다. '귀(鬼)'는 음의 혼령이다. '신(神)'은 양의 혼령이다. 그렇기 때문에 '귀신음양(鬼神陰陽)'이라고 말한 것이다. 현재 혼례를 치르는 자는 장차 사직의 제사를 주관하게 되고 선조의 종묘를 받들게 되니, 사직과 선조에게 공경을 표하는 예에 대해서 공경스럽게 따르며, 현면을 착용하고 재계를 하지 않을 수 있겠는가?

共牢而食, 同尊卑也. 故婦人無爵, 從夫之爵, 坐以夫之齒. 器
用陶匏, 尚禮然也. 三王作牢用陶匏. 厥明, 婦盥饋. 舅姑卒[子
恤反]食, 婦餕[俊]餘, 私之也. 舅姑降自西階, 婦降自阼階, 授之
室也. 昏禮不用樂, 幽陰之義也. 樂, 陽氣也. 昏禮不賀, 人之
序也.〈074〉

혼례를 치른 부부가 희생물의 고기를 같은 도마에 두고 먹는 것은 부부
의 신분이 동일함을 뜻한다. 그렇기 때문에 부인에게는 작위가 없지만
남편의 작위에 따르는 것이고, 모임에 참여하여 자리에 앉을 때에도 서
열을 정함에 남편의 나이에 따르는 것이다. 기물들에 있어서 질그릇이
나 바가지를 사용하는 것은 고대로부터 숭상되어 왔던 예가 이와 같았
기 때문이다. 삼왕 때부터 희생물을 함께 먹고 질그릇과 바가지를 사용
하는 것이 시행되었다. 혼례를 치른 다음날 아침 며느리는 깨끗하고 정
결하게 씻고서, 시부모에게 음식을 바친다. 시부모가 그 음식을 다 먹
은 뒤['卒'자는 '子(자)'자와 '恤(휼)'자의 반절음이다.] 며느리는 시부모가 남긴
음식을 먹게 되니['餕'자의 음은 '俊(준)'이다.] 이것은 자식처럼 여겨서 자애
롭게 대하기 때문이다. 의례 절차가 끝나면 시부모는 빈객이 이용하는
서쪽 계단을 통해서 내려가고, 며느리는 주인이 이용하는 동쪽 계단을
통해서 내려가니, 그녀에게 가사를 전수한다는 뜻을 나타내기 위해서이
다. 혼례를 치를 때에는 음악을 연주하지 않는데, 이것은 그윽하고 조
용하고자 하는 의에 따르기 때문이다. 음악은 양의 기운에 해당한다.
혼례에서는 당사자에게 축하를 하지 않으니, 이것은 그 자가 부모의 지
위를 계승하게 되어, 부모의 입장에서는 서글픈 일이 되기 때문이다.

牢, 俎也. 尙禮然, 謂古來所尙之禮如此. 共牢之禮, 雖三王所作, 而
俎之外, 器用皆如古者之用陶匏, 重夫婦之始也. 厥明, 昏禮之明日

也, 盥饋, 盥潔而饋食也. 人之序, 謂相承代之次序也.

'뇌(牢)'는 희생물의 고기를 담은 도마를 뜻한다. '상례연(尚禮然)'은 고대로부터 숭상했던 예가 이와 같았다는 뜻이다. 희생물의 고기를 함께 먹는 예는 비록 삼왕 때부터 만들어진 것인데, 도마 이외의 기물에 있어서도, 모두 고대에 사용했던 질그릇과 바가지를 동일하게 따르는 것은 부부의 도리가 시작되는 것을 중시하기 때문이다. '궐명(厥明)'은 혼례를 치른 다음 날을 뜻한다. '관궤(盥饋)'는 깨끗하고 정결하게 씻고서 음식을 바친다는 뜻이다. '인지서(人之序)'는 서로 세대를 전승하는 순서를 뜻한다.

浅見

近按: 右詳論昏禮之義, 其言比冠義尤精密, 其所以重大昏而敬男女之別者至矣.

내가 살펴보니, 이것은 혼례의 의미를 자세히 논의한 것인데, 그 말은 관례의 의미를 설명한 것과 비교해보면 더욱 정밀하니, 혼례를 중대하게 여기고 남녀의 유별함을 공경스럽게 여겼던 것이 지극했기 때문이다.

禮記淺見錄卷第十一

『예기천견록』 11권

「내칙(內則)」

集說

疏曰: 閨門之內, 軌儀可則, 故曰內則

소에서 말하길, 규문(閨門)¹⁾ 안에서 본받을 만한 규범이기 때문에, ‘내칙(內則)’이라고 말한 것이다.

石梁王氏曰: 此篇於曲禮之義爲多.

석량왕씨가 말하길, 이곳 「내칙」편에는 곡례의 의미를 풀이한 내용이 많다.

淺見

此篇以后, 始得黃氏日抄之書, 而附之.

「내칙」편 이후로 비로소 황씨가 일지를 기록한 문서를 얻어서 덧붙인다.

---

1) 규문(閨門)은 내실(內室) 및 궁 안의 동산에 설치된 문을 뜻한다. 그 장소가 안쪽에 위치하였으므로, 부인이 거처하던 장소를 뜻하는 용어로도 사용하였다.

「내칙」편 문장 순서 비교

『예기집설』	『예기천견록』	
	구분	문장
001		001
002		002
003		003
004		004
005		005
006		006
007		007
008		008
009		009
010		010
011		011
012		012
013		013
014		014
015		015
016	무분류	016
017		017
018		018
019		019
020		020
021		021
022		022
023		023
024		024
025		025
026		026
027		027
028		028
029		029
030		030
031		031
032		032

『예기집설』	『예기천견록』	
	구분	문장
033		033
034		034
035		035
036		036
037		037
038		038
039		039
040		040
041		041
042		042
043		072
044		043
045		044
046		045
047		046
048		047
049	무분류	048
050		049
051		050
052		051
053		052
054		053
055		054
056		055
057		056
058		057
059		058
060		059
061		060
062		061
063		062
064		063
065		064

『예기집설』	『예기천견록』	
	구분	문장
066		065
067		066
068		067
069		068
070		069
071		070
072		074
073		075
074		076
075		077
076		078
077		079
078		081
079		080
080		082
081		071
082	무분류	073
083		083
084		084
085		085
086		086
087		087
088		088
089		101
090		102
091		089
092		090
093		091
094		092
095		093
096		094
097		095
098		104

『예기집설』	『예기천견록』	
	구분	문장
099		096
100		097
101		098
102		099
103		100
104		103
105		105
106	무분류	106
107		107
108		108
109		109
110		110
111		111
112		112
113		113
114		114

무분류

后王命冢宰降德于衆兆民.〈001〉

천자는 총재에게 명령하여, 만백성에게 그 덕을 내려주어서 교화를 하
도록 시켰다.

集說

冢宰掌邦治, 而治國者必先齊家. 降德者, 下其德敎於民也. 孝爲德
之本, 故首言子事父

母之道.

총재는 나라의 정치를 담당하고, 나라를 다스리는 자는 반드시 그 보다
앞서 집안을 다스려야만 한다. '강덕(降德)'이라는 말은 덕을 내려주어서
백성들을 가르친다는 뜻이다. 효는 덕을 시행하는 근본이 된다. 그렇기
때문에 편의 첫 부분에서는 자식이 부모를 섬기는 도에 대해 언급하고
있는 것이다.

淺見

黃氏曰: 后王, 謂天子, 德, 謂德敎. 敎民, 雖司徒分職, 冢宰實無所
不統, 故以其重者言之.

황씨가 말하길, '후왕(后王)'은 천자를 가리키고, '덕(德)'은 덕에 따른 교
화를 가리킨다. 백성들을 교화하는 것은 비록 사도의 직분에 해당하지
만, 총재는 실질적으로 통괄하지 않는 영역이 없다. 그렇기 때문에 중책
을 맡은 자를 기준으로 말한 것이다.

近按: 此篇主言一家之內子婦孝敬之禮, 而先以后王降德于民言之者, 民德之厚本於上之德敎也.

내가 살펴보니, 「내칙」편에서는 주로 한 집안 안에서 자식과 며느리가 효와 공경을 시행하는 예법을 위주로 언급하였는데, 그보다 앞서서 후왕이 백성들에게 덕을 내려주었다고 말한 것은 백성들의 두터운 덕은 위정자의 덕교에 근본을 두기 때문이다.

子事父母, 雞初鳴, 咸盥漱[先奏反], 櫛[側瑟反]縰[所買反]笄總, 拂
髦, 冠綏[儒追反]纓, 端韠[畢]紳, 搢[薦]笏.〈002〉

자식이 부모를 섬김에 닭이 아침에 처음으로 울면, 모두 일어나서 손을
씻고 양치질을 하고['漱'자는 '先(선)'자와 '奏(주)'자의 반절음이다.] 머리를 빗
어서['櫛'자는 '側(측)'자와 '瑟(슬)'자의 반절음이다.] 싸매고['縰'자는 '所(소)'자와
'買(매)'자의 반절음이다.] 비녀와 총을 덧대어 다팔머리를 만들며, 머리카
락 위에 있는 먼지들을 털어내고, 관을 쓰고 끈을 결속하며['綏'자는 '儒
(유)'자와 '追(추)'자의 반절음이다.] 남은 부분을 늘어트리고, 현단복을 착용
하고 무릎 가리개와['韠'자의 음은 '畢(필)'이다.] 띠를 차고, 허리춤에 홀을
꼽는다.['搢'자의 음은 '薦(진)'이다.]

盥, 洗手也. 漱, 滌口也. 櫛, 梳也. 縰, 黑繒韜髮者, 以縰韜髮作髻
訖, 卽橫揷笄以固髻. 總, 亦繒爲之, 以束髮之本, 而垂餘於髻後以
爲飾也. 拂髦, 振去髦上之塵也. 髦, 用髮爲之, 象幼時翦髮爲鬌之
形. 此所陳皆以先後之次. 櫛訖加縰, 次加笄, 加總, 然后加髦著冠.
冠之纓結於領下以爲固, 結之餘者下垂謂之綏. 端, 玄端服也. 衣用
緇布而裳不同, 上士玄裳, 中士黃裳, 下士雜裳也. 服玄端著韠, 又
加紳大帶也. 搢, 揷也, 揷笏於帶中. 韠, 以韋爲之. 古者帶地而坐,
以臨俎豆, 故設蔽膝以備濡漬. 韠之言蔽也, 在冕服謂之韍, 他服則
謂之韠.

'관(盥)'은 손을 씻는다는 뜻이다. '수(漱)'는 입을 청결하게 한다는 뜻이
다. '즐(櫛)'은 머리를 빗는다는 뜻이다. '쇄(縰)'는 검은색의 비단으로 머
리카락을 감싸는 것으로, 쇄를 이용하여 머리카락을 감싸서 머리다발
묶는 일이 끝나면, 곧 가로로 비녀를 꼽아서 머리다발을 고정시킨다.
'총(總)' 또한 비단으로 만들어서, 머리카락을 결속하는 기본 틀로 삼고,

나머지 부분을 머리다발 뒤로 늘어트려서 장식으로 삼는다. '불모(拂髦)'
는 다팔머리 위에 있는 먼지를 제거한다는 뜻이다. '모(髦)'는 머리카락
을 이용해서 그 모양을 만들게 되는데, 유년시절 머리카락을 잘라서 황
새머리의 형태로 만들었던 것을 본뜬 것이다. 이곳에서 진술한 내용들
은 모두 선후의 순차로 기록한 것이다. 머리를 빗는 일이 끝나면, 쇄를
덧대고, 그 다음으로 비녀를 꼽으며, 총을 덧대는데, 그런 뒤에야 모의
형태로 머리모양을 만들고 관을 착용한다. 관에 달린 끈인 영은 턱 아래
에서 결속하여 고정시키고, 매듭을 묶고 남은 부분은 밑으로 늘어트리
는데, 그것을 '유(緌)'라고 부른다. '단(端)'자는 현단복을 뜻한다. 상의는
모두 검은색의 치포를 이용해서 만들지만, 하의의 경우에는 동일하지
않으니, 상사는 검은색의 하의로 하며, 중사는 황색의 하의로 하고, 하
사는 색이 섞인 하의로 한다. 현단복을 입게 되면 무릎 가리개를 착용하
고, 또 큰 띠인 신을 덧댄다. '진(搢)'자는 꼽는다는 뜻으로, 띠 중간에 홀
을 꼽는다. '필(韠)'은 무두질한 가죽으로 만든다. 고대에는 땅에 자리를
펴고 앉아서, 조와 두를 받게 된다. 그렇기 때문에 무릎 가리개를 달아
서 적셔지는 것을 대비하는 것이다. '필(韠)'자는 "가리다."는 뜻이니, 면
복(冕服)[1]에 있는 것을 '불(韍)'이라 부르며, 다른 복장에 있는 것을 '필
(韠)'이라 부른다.

項氏曰: "髦者, 以髮作僞髻垂兩眉之上, 如今小兒用一帶連雙髻, 橫
繫額上是也.

항씨[2]가 말하길, '모(髦)'라는 것은 머리카락을 인위적으로 틀어서 상투

---

1) 면복(冕服)은 대부(大夫) 이상의 계층이 착용하는 예관(禮冠)과 복식을 뜻한다.
   무릇 길례(吉禮)를 시행할 때에는 모두 면류관[冕]을 착용하는데, 복장의 경우에
   는 시행하는 사안에 따라서 달라진다.
2) 강릉항씨(江陵項氏, A.D.1129~A.D.1208): =항씨(項氏)·항안세(項安世)·항
   평보(項平父)·항평보(項平甫). 남송(南宋) 때의 학자이다. 자(字)는 평보(平
   甫)이다. 세간에서는 평암선생(平菴先生)이라고도 칭해졌다. 『역(易)』에 조예가

를 만들고, 양쪽 눈썹 위에 늘어트리는데, 이것은 마치 오늘날 아동들이 하나의 띠를 이용하여 양 갈래로 묶은 머리를 연결하고, 이마 위에서 횡으로 연결하는 것에 해당한다.

經文

左右佩用, 左佩紛[數文反]・帨[稅]・刀礪・小觿[戶圭反]・金燧.〈003〉

홀을 꼽은 뒤에는 좌우측에 사용할 물건들을 차게 되니, 좌측에는 기물을 닦는 헝겊['紛'자는 '數(부)'자와 '文(문)'자의 반절음이다.] 손을 닦는 수건['帨'자의 음은 '稅(세)'이다.] 작은 칼과 가는 숫돌, 작은 매듭을 푸는 작은 뿔송곳['觿'자는 '戶(호)'자와 '圭(규)'자의 반절음이다.] 햇빛으로 불을 붙일 때 사용하는 금수를 찬다.

集說

所佩之物, 皆是備尊者使令之用. 紛以拭器, 帨以拭手, 皆巾也. 刀礪, 小刀與礪石也. 觿, 狀如錐, 象骨爲之. 小觿, 所以解小結者. 金燧, 用以取火於日中者.

차게 되는 물건은 모두 존귀한 자가 심부름을 시키거나 명령을 내릴 때 사용될 물건을 갖추는 것이다. 헝겊으로는 기물을 닦고, 수건으로는 손을 닦으니, 이 모두는 수건에 해당한다. '도려(刀礪)'는 작은 칼과 칼을 가는 돌이다. '휴(觿)'는 송곳의 모양처럼 생긴 것으로 상아로 만들게 된다. '소휴(小觿)'는 작은 매듭을 푸는 도구이다. '금수(金燧)'는 낮에 불을 붙일 때 사용하는 것이다.

깊었다. 저서로는 『주역완사(周易玩辭)』, 『항씨가설(項氏家說)』 등이 있다.

經文

右佩玦[決]・捍[汗]・管・遰[逝]・大觿・木燧. ⟨004⟩

우측에는 활을 쏠 때 오른쪽 엄지에 끼우는 결['玦'자의 음은 '決(결)'이다.] 왼쪽 팔뚝에 감는 한['捍'자의 음은 '汗(한)'이다.] 붓대, 칼집['遰'자의 음은 '逝(서)'이다.] 큰 매듭을 푸는 큰 뿔송곳, 나무를 마찰시켜 불을 붙이는 목수를 찬다.

集說

玦, 射者著於右手大指, 所以鉤弦而開弓體也. 捍, 拾也, 韜左臂而收拾衣袖以利弦也. 管, 舊註云筆彄, 其形制未聞. 遰, 刀室也. 大觿, 所以解大結. 木燧, 鑽火之器. 晴則用金燧以取火, 陰則用木燧以鑽火也.

'결(玦)'은 활 쏘는 자가 오른손 엄지에 끼워서, 시위에 걸어 활을 당길 때 사용하는 것이다. '한(捍)'은 습(拾)을 뜻하니, 좌측 팔을 감싸서 옷의 소매를 가려, 시위를 당기기 쉽도록 하는 것이다. '관(管)'자에 대해 옛 주석에서는 붓대라고 했는데, 그 형태와 제작방법에 대해서는 들어보지 못했다. '서(遰)'는 칼집이다. '대휴(大觿)'는 큰 매듭을 풀 때 사용하는 것이다. '목수(木燧)'는 나무를 마찰시켜 불을 붙이는 도구이다. 날씨가 맑으면 금수를 이용해서 불을 붙이고, 흐리면 목수를 이용해서 불을 붙인다.

經文

偪[逼]. ⟨005⟩

허리 좌우측에 물건을 찬 뒤에는 행전을['偪'자의 음은 '逼(핍)'이다.] 찬다.

卽詩所謂邪幅也. 偪束其脛, 自足至膝, 故謂之偪也.

『시』에서 말한 '사폭(邪幅)'에 해당한다.3) '핍(偪)'은 정강이에 결속하니, 발부터 무릎까지 가리게 된다. 그렇기 때문에 죈다는 뜻의 '핍(偪)'이라고 부르는 것이다.

屨著[斫]綦[忌].〈006〉

행전을 찬 뒤에는 신발을 신고, 신코장식을['綦'자의 음은 '忌(기)'이다.] 묶어서 드러낸다.['著'자의 음은 '斫(작)'이다.]

綦, 屨頭之飾, 卽絇也, 說見曲禮. 著, 猶施也.

'기(綦)'자는 신코에 있는 장식으로, 곧 구(絇)에 해당하는데, 그 설명은 『예기』「곡례(曲禮)」편에 나온다. '저(著)'자는 "드러내다."는 뜻이다.

黃氏曰: 凡屬陽者左佩, 屬陰者右佩.

황씨가 말하길, 양에 속하는 것들은 좌측에 차고, 음에 속하는 것들은 우측에 찬다.

---

3) 『시』「소아(小雅)·채숙(采菽)」: 赤芾在股, 邪幅在下. 彼交匪紓, 天子所予. 樂只君子, 天子命之. 樂只君子, 福祿申之.

婦事舅姑, 如事父母. 雞初鳴, 咸盥漱, 櫛縰, 笄總, 衣[平聲]
紳.〈007〉

며느리가 시부모를 섬길 때에는 자신의 부모를 섬기는 것처럼 한다. 닭
이 아침에 처음으로 울면, 모두 일어나서 손을 씻고 양치질을 하고, 머
리를 빗어서 싸매며, 비녀와 총을 덧대어 다팔머리를 만들고, 현단과 초
의를 착용하고['衣'자는 평성으로 읽는다.] 허리띠를 두른다.

笄, 今之簪也. 衣紳, 玄端綃衣之上加紳帶, 士妻之服也.

'계(笄)'는 오늘날의 비녀이다. '의신(衣紳)'은 현단과 초의 위에 허리띠
를 두르는 것으로, 사 계급의 아내가 하는 복장 방식이다.

左佩紛 · 帨 · 刀礪 · 小觽 · 金燧, 右佩箴管 · 線 · 纊[曠], 施縏
[盤]袠[陳乙反], 大觽 · 木燧. 衿[其鴆反]纓, 綦屨, 以適父母舅姑之
所.〈008〉

허리띠를 두른 뒤 허리에 물건을 차게 되니, 좌측에는 기물을 닦는 형
겊, 손을 닦는 수건, 작은 칼과 가는 숫돌, 작은 매듭을 푸는 작은 뿔송
곳, 햇빛으로 불을 붙일 때 사용하는 금수를 차고, 우측에는 바늘을 넣
은 통, 실, 솜['纊'자의 음은 '曠(광)'이다.] 이것들을 넣는 주머니['縏'자의 음은
'盤(반)'이다. '袠'자는 '陳(진)'자와 '乙(을)'자의 반절음이다.] 큰 매듭을 푸는 큰
뿔송곳, 나무를 마찰시켜 불을 붙이는 목수를 찬다. 그리고 향낭을 차

고['衿'자는 '其(기)'자와 '鴆(짐)'자의 반절음이다.] 신발 끈을 결속하여, 부모 및 시부모가 계신 장소로 간다.

箴管, 箴在管中也. 綦袠, 皆囊屬. 施綦袠者, 爲貯箴線纊也. 衿, 結也. 纓, 香囊也.

'잠관(箴管)'은 바늘이 관 속에 있는 것이다. '반(綦)'과 '질(袠)'은 모두 주머니에 해당한다. '시반질(施綦袠)'이라는 말은 이러한 주머니를 이용하여 바늘·실·솜을 넣는다는 뜻이다. '금(衿)'자는 "묶는다."는 뜻이다. '영(纓)'은 향낭을 뜻한다.

經文

及所, 下氣怡聲, 問衣燠[郁]寒, 疾痛苛癢[以想反], 而敬抑搔之. 出入, 則或先或後而敬扶持之. 進盥, 少者奉[上聲]槃. 長者奉水, 請沃盥, 盥卒授巾. 問所欲而敬進之, 柔色以溫[於奮反]之.〈009〉

부모 및 시부모가 계신 장소에 도착하면, 숨소리를 낮추고 목소리를 온화하게 하며, 입고 계신 옷이 더운지['燠'자의 음은 '郁(욱)'이다.] 또는 추운지를 여쭤보고, 질병에 걸리셨거나 가려운 곳이['癢'자는 '以(이)'자와 '想(상)'자의 반절음이다.] 있다면, 공경스러운 태도로 어루만지고 긁어드린다. 부모 및 시부모가 출입을 하게 되면, 앞서기도 하고 뒤서기도 하며 공경스럽게 부축해드린다. 세숫물을 떠서 드릴 때에는 나이가 어린 자는 대야를 들고['奉'자는 상성으로 읽는다.] 가고, 나이가 많은 자는 물을 가져가서, 씻을 물을 대야에 부어, 씻으시기를 청하며, 씻는 일이 끝나면 수건을 건넨다. 드시고 싶은 음식에 대해 물어서, 공경스러운 태도로 바치며, 얼굴빛을 유순하게 하여 부모 및 시부모의 뜻을 받든다.['溫'자는 '於(어)'자와 '奮(분)'자의 반절음이다.]

集說

苟, 亦也. 抑, 按; 搔, 摩也. 溫, 承藉之義. 謂以柔順之色, 承藉尊者之意, 若藻藉之承玉然.

'가(苟)'자는 옴을 뜻한다. '억(抑)'자는 "문지르다."는 뜻이며, '소(搔)'자는 "긁는다."는 뜻이다. '온(溫)'자는 받든다는 뜻이다. 즉 유순한 얼굴빛을 하여 존귀한 자의 뜻을 받드는데, 마치 옥을 바치는 깔개를 통해서 옥을 받드는 것처럼 한다는 의미이다.

經文

饘[旃]酏[移] · 酒醴 · 芼[冒]羹 · 菽 · 麥蕡[焚] · 稻 · 黍 · 粱 · 秫[述], 唯所欲.〈010〉

된죽과['饘'자의 음은 '旃(전)'이다.] 묽은 죽['酏'자의 음은 '移(이)'이다.] 술과 단술, 채소['芼'자의 음은 '冒(모)'이다.] 고깃국, 콩, 보리와 대마 열매['蕡'자의 음은 '焚(분)'이다.] 쌀, 기장, 양, 차조['秫'자의 음은 '述(술)'이다.] 등을 차리는데, 부모 및 시부모가 드시고 싶어 하는 것으로 차린다.

集說

饘, 厚粥. 酏, 薄粥也. 芼羹, 以菜雜肉爲羹也. 蕡, 大麻子.

'전(饘)'은 된죽이다. '이(酏)'는 묽은 죽이다. '모갱(芼羹)'은 채소를 고기와 섞어서 함께 끓인 국이다. '분(蕡)'은 대마의 열매이다.

棗・栗飴[怡]蜜以甘之, 菫[謹]・苣[丸]・枌・楡免[問]薧[考], 瀡[思酒反]滫[髓]以滑之, 脂膏以膏[告]之. 父母舅姑必嘗之而后退.〈011〉

대추·밤 등은 엿이나['飴'자의 음은 '怡(이)'이다.] 꿀 등으로 달게 만들며, 근['菫'자의 음은 '謹(근)'이다.]·환['苣'자의 음은 '丸(환)'이다.]·분·유의 신선한 것이나['免'자의 음은 '問(문)'이다.] 말린 것들은['薧'자의 음은 '考(고)'이다.] 쌀뜨물로['瀡'자는 '思(사)'자와 '酒(주)'자의 반절음이다.] 매끄럽게['滫'자의 음은 '髓(수)'이다.] 하거나 기름을 통해서 기름지게['膏'자의 음은 '告(고)'이다.] 만든다. 부모 및 시부모가 반드시 그것을 맛본 것은 본 이후에야 물러난다.

飴, 餳也. 菫, 菜名. 苣, 似菫而葉大. 楡之白者名枌. 免, 新鮮者. 薧, 乾陳者. 言菫苣枌楡四物, 或用新, 或用舊也. 瀡, 說文久泔也. 滫, 滑也. 瀡滫, 瀡之滑者也. 凝者爲脂, 釋者爲膏. 甘之·滑之·膏之, 皆謂調和飮食之味也. 此篇所記飮食珍羞諸物, 古今異制, 風土異宜, 不能盡曉, 然亦可見古人察物之精, 用物之詳也.

'이(飴)'자는 엿을 뜻한다. '근(菫)'자는 채소의 이름이다. '환(苣)'은 근과 유사하지만 잎사귀가 큰 것이다. 누룹 중 흰 것을 '분(枌)'이라 부른다. '문(免)'은 신선한 것을 뜻한다. '고(薧)'는 널어서 말린 것을 뜻한다. 즉 근·환·분·유라는 네 가지 식재료는 어떤 것은 신선한 것으로 사용하고, 또 어떤 것은 오래전에 말린 것을 사용한다는 뜻이다. '수(瀡)'자에 대해 『설문』에서는 뜨물이라고 풀이한다. '수(滫)'자는 "매끄럽다."는 뜻이다. '수수(瀡滫)'라는 것은 수 중에서도 매끄러운 것을 뜻한다. 응결된 것은 '지(脂)'가 되며, 풀어진 것은 '고(膏)'가 된다. 달게 하고, 매끄럽게 하며, 기름지게 한다는 것은 모두 음식에 조미를 가미하여 맛을 낸다는 뜻이다. 이곳 「내칙」편에서 기록한 음식 및 맛좋은 여러 것들은 고대와 현재의 요리 방법이 다른데, 풍토의 적합함이 달랐으므로, 그것들에 대해서 모두 알 수는 없다. 그러나 이 기록을 통해서 또한 고대인들이 사물을 매우 정밀하게 파악했고, 사물을 매우 섬세하게 사용했음을 확인할 수 있다.

經文

男女未冠[去聲]笄者, 雞初鳴, 咸盥漱, 櫛縰, 拂髦, 總角, 衿纓, 皆佩容臭. 昧爽而朝, 問何食飮矣, 若已食則退, 若未食則佐長者視具.〈012〉

남녀 중 아직 관례나[‘冠’자는 거성으로 읽는다.] 계례를 치르지 않은 자는 닭이 새벽에 처음으로 울면, 모두 일어나서 손을 씻고 양치질을 하고, 머리를 빗고 쇄를 착용하며, 머리다발을 털어서 먼지를 제거하고, 머리카락을 묶어서 뿔처럼 만들며, 금영하니, 남녀 모두 향기를 내는 물건을 허리에 차게 된다. 아직 동이 터 오르기 이전에 아침 문안인사를 드려서, 어떤 음식을 드시고 싶은가를 여쭙고, 만약 이미 식사를 끝냈다면 물러나고, 만약 아직 식사를 끝내지 않았다면, 나이가 많은 자를 도와서 음식 갖추는 것을 살펴본다.

集說

總角, 總聚其髮而結束之爲角, 童子之飾也. 容臭, 香物也, 助爲形容之飾, 故言容臭. 以纓佩之, 后世香囊, 卽其遺制. 昧, 晦也. 爽, 明也. 昧爽, 欲明未明之時也.

‘총각(總角)’은 머리카락을 한데 모아 결속하여 뿔처럼 모양을 만드니, 어린아이들이 하는 머리모양이다. ‘용취(容臭)’는 향기를 내는 물건으로, 겉모습을 장식하는데 도움을 준다. 그렇기 때문에 ‘용취(容臭)’라고 부르는 것이다. 영을 이용해서 차게 되는데, 후대에 사용하고 있는 향낭이 곧 그것의 남겨진 제도이다. '매(昧)'자는 "어둡다."는 뜻이다. '상(爽)'자는 "밝다."는 뜻이다. 따라서 '매상(昧爽)'이라는 말은 동이 터 오르려고 하지만, 아직 밝지 않은 시기를 뜻한다.

經文

凡內外, 雞初鳴, 咸盥漱, 衣服, 斂枕簟[徒點反], 洒[所買反]掃室堂及庭, 布席, 各從其事. 孺子蚤寢晏起, 唯所欲, 食無時.〈013〉

무릇 집 안팎의 사람들은 닭이 처음 울면 모두 일어나서 손을 씻고 양치질을 하고, 의복을 착용하며, 베개와 잠자리를['簟'자는 '徒(도)'자와 '點(점)'자의 반절음이다.] 거두고, 실과 당 및 마당에 물을 뿌려서['洒'자는 '所(소)'자와 '買(매)'자의 반절음이다.] 쓸며, 그런 뒤에 자리를 펴두고, 각각 자신의 일에 종사한다. 어린아이는 일찍 잠자리에 들고 늦게 일어나며, 오직 자신이 먹고 싶어 하는 것을 먹는데, 정해진 시기가 없다.

集說

古人枕席之具, 夜則設之, 曉則斂之, 不以私藝之用示人也.
고대인은 잠자리의 도구들을 밤이 되면 설치했고 깨어나면 거두었으니, 개인이 친근하게 사용하는 것들을 남에게 보여주지 않았기 때문이다.

經文

由命士以上[上聲], 父子皆異宮. 昧爽而朝, 慈以旨甘; 日出而退, 各從其事; 日入而夕, 慈以旨甘.〈014〉

명사로부터 그 이상의 '上'자는 상성으로 읽는다.] 계급은 부모와 자식이 모든 경우에 있어서 다른 건물에 각각 거처한다. 이러한 경우 동이 틀 무렵에 아침 문안인사를 드리고, 감미로운 맛을 내는 음식을 통해 부모를 친애하는 마음을 드러내고, 해가 떠오르면 물러가서 각자 자신의 일에 종사하며, 해가 저물면 저녁 문안인사를 드리고, 감미로운 맛을 내는 음식을 통해 부모를 친애하는 마음을 드러낸다.

集說

慈, 愛也. 謂敬愛其親, 故以旨甘之味致其愛. 各從其事者, 各治其所當爲之事也. 晚朝爲夕.

'자(慈)'자는 "친애하다."는 뜻이다. 즉 부모를 공경하고 친애한다는 의미이다. 그렇기 때문에 감미로운 맛을 내는 맛있는 음식으로 부모를 친애하는 마음을 지극히 나타내는 것이다. "각각 그 일에 종사한다."는 말은 각자 담당해야 하는 일들을 처리한다는 뜻이다. 저녁에 문안인사를 드리는 것을 '석(夕)'이라고 한다.

鄭氏曰: 異宮, 崇敬也.

정현이 말하길, 건물을 달리해서 거주하는 것은 존숭하고 공경하기 때문이다.

經文

父母舅姑將坐, 奉席請何鄕[去聲]; 將衽[稔], 長者奉席請何趾, 少者執牀與坐, 御者擧几, 斂席與簟, 縣[玄]衾, 篋[結叶反]枕, 斂簟而襡[獨]之.〈015〉

부모와 시부모가 장차 앉으려고 할 때에는 앉을 자리를 받들고서 어느 방향으로[‘鄕’자는 거성으로 읽는다.] 자리를 펴야 하는지를 묻는다. 또한 누울 자리를[‘衽’자의 음은 ‘稔(임)’이다.] 다시 바꾸려고 한다면, 나이가 많은 자는 자리를 받들고서 다리를 어느 방향으로 두실 지를 묻고, 나이가 어린 자는 몸을 편안하게 하는 상을 들고 가서 부모 및 시부모에게 앉을 자리를 마련해드리며, 시중을 드는 자는 몸을 기댈 수 있는 안석을 들고 나아가고, 눕는 자리와 그 위에 까는 점을 거두며, 이불을 매달고[‘縣’자의 음은 ‘玄(현)’이다.] 베개는 상자 안에 넣어두며[‘篋’자는 ‘結(결)’자와 ‘叶(협)’자의 반절음이다.] 점은 거둬서 천으로 감싸 보관한다.[‘襡’자의 음은 ‘獨(독)’이다.]

集說

將坐, 旦起時也. 奉坐席而鋪者, 必問何向. 衽, 臥席也. 將衽, 謂更臥處也. 長者奉此臥席而鋪, 必問足向何所. 牀, 說文云: “安身之几坐”, 非今之臥牀也. 將坐之時, 少者執此牀以與之坐, 御侍者奉几進之, 使之憑以爲安. 臥必簟在席上, 旦起則斂之. 而簟又以襡韜之者, 以親身恐穢汙也. 衾則束而縣之, 枕則貯於篋也.

“장차 앉으려고 한다.”는 말은 아침에 일어날 때를 뜻한다. 앉을 자리를 받들고 가서 펴는 자는 반드시 어느 방향으로 펴야 하는지를 묻는다. ‘임(衽)’자는 눕는 자리를 뜻한다. “장차 임하려고 한다.”는 말은 눕는 자리로 바꾼다는 뜻이다. 나이가 많은 자는 이러한 눕는 자리를 받들고 가서 펴며, 반드시 다리를 어느 방향으로 해야 하는지를 묻는다. ‘상(牀)’자에 대해 『설문』에서는 “몸을 편안하게 만드는 안석과 자리이다.”라고 했는데, 이것은 오늘날 눕는 침상을 뜻하는 말이 아니다. 장차 앉으려고 할 때, 나이가 어린 자는 이러한 상을 들고 가서 부모에게 앉을 자리를 마련해드리고, 시중을 드는 자는 안석을 들고 나아가게 되니, 부모로 하여금 그것에 기대어 몸을 편안하게 하도록 만드는 것이다. 누울 때에는 반드시 자리 위에 점을 깔게 되는데, 아침에 일어나게 되면 그것을 거두게 된다. 그리고 점은 또한 자루로 감싸게 되는데, 그 이유는 부모의 신체가 직접 닿는 것이므로, 아마도 신체를 더럽히게 될까를 염려했기 때문이다. 이불의 경우에는 묶어서 걸어두게 되고, 베개의 경우에는 상자 안에 넣어두게 된다.

父母舅姑之衣衾簟席枕几, 不傳, 杖屨, 祗敬之勿敢近. 敦[對]牟卮[支]匜[移], 非餕[俊]莫敢用. 與恒食飮, 非餕莫之敢飮食.〈016〉

부모 및 시부모가 사용하는 옷·이불·점·석·베개·안석 등은 제 마음대로 옮길 수 없고, 부모 및 시부모가 사용하는 지팡이와 신발은 공경스럽게 대하여 감히 가까이 갈 수 없다. 부모 및 시부모가 사용하는 대['敦'자의 음은 '對(대)'이다.]·모·치['卮'자의 음은 '支(지)'이다.]·이['匜'자의 음은 '移(이)'이다.] 등의 그릇들은 남겨준 음식을['餕'자의 음은 '俊(준)'이다.] 먹는 경우가 아니라면 감히 사용할 수 없다. 그리고 부모 및 시부모가 항상 먹고 마시는 음식들에 있어서도, 그것들을 남겨준 경우가 아니라면, 감히 먹거나 마실 수 없다.

傳, 移也. 謂此數者, 每日置之有常處, 子與婦不得輒移置他所也. 近, 謂挨偪之也. 敦與牟, 皆盛黍稷之器. 牟, 讀爲堥, 土釜也. 此器則木爲之, 象土釜之形耳. 卮, 酒器. 匜, 盛水漿之器. 此四器皆尊者所用, 子與婦非餕其餘, 無敢用此器也. 與, 及也. 及尊者所常食飮之物, 子與婦非餕餘, 不敢擅飮食之也.

'전(傳)'자는 "옮기다."는 뜻이다. 즉 이러한 여러 물건들은 매일 항상 정해진 장소에 놓아두니, 자식이나 며느리가 갑작스럽게 다른 장소로 옮길 수 없다는 뜻이다. '근(近)'자는 가까이 접근한다는 뜻이다. '대(敦)'와 '모(牟)'는 모두 서직을 담는 그릇이다. '모(牟)'는 '무(堥)'자로 읽으니, 흙으로 만든 솥을 뜻한다. 그런데 이 그릇은 나무로 만들게 되며, 흙으로 만든 솥의 형상을 본뜰 따름이다. '치(卮)'는 술잔이다. '이(匜)'는 물과 음료를 담는 그릇이다. 이러한 네 가지 그릇들은 모두 존장자가 사용하는 것이므로, 자식이나 며느리는 남겨준 음식을 먹는 경우가 아니라면, 감히 이러한 그릇들을 사용할 수 없다. '여(與)'자는 '~과'라는 뜻이다. 즉 존장자가 항상 먹고 마시는 음식들에 있어서, 자식과 며느리는 남겨준 음식을 먹는 경우가 아니라면, 감히 제 마음대로 먹거나 마실 수 없다.

經文

父母在, 朝夕恒食. 子婦佐餕, 旣食恒餕. 父沒母存, 冢子御食, 群子婦佐餕如初, 旨甘滑, 孺子餕.〈017〉

부모가 모두 생존해 계신다면, 아침식사와 저녁식사 때 항상 드시게 되는 음식에 대해서, 자식과 며느리는 권유를 하여 더 드시게 하고, 남은 음식들을 먹으며, 부모가 먹고 남긴 음식들을 모두 먹어치운다. 부친이 돌아가시고 모친만 생존해 계신다면, 총자(冢子)[4]는 모친이 식사하시는 것을 시중들고, 나머지 아들들과 며느리들은 권유를 하여 더 드시게 하며, 남은 음식을 먹는데, 부친이 생존해 계실 때처럼 한다. 기름지고 달며 윤기가 흐르는 음식들이 남게 되면, 어린아이가 그 음식들을 먹는다.

---

4) 총자(冢子)는 적장자를 뜻한다.

佐餕者, 勸勉之使食而後餕其餘也. 旣食恒餕者, 盡食其常食之餘
也. 御食, 侍母食也. 如初, 如父在時也.

'좌준(佐餕)'은 권유를 하여 식사를 드시게 한 이후에 남은 음식들을 먹
는다는 뜻이다. '기식항준(旣食恒餕)'이라는 말은 항상 먹게 되는 음식
중 남은 음식들을 모두 먹는다는 뜻이다. '어식(御食)'은 모친이 식사하
시는 것을 시중든다는 뜻이다. '여초(如初)'는 부친이 생존해 계실 때처
럼 한다는 뜻이다.

淺見

黃氏曰: 父沒母存, 食則獨矣. 恐母心之傷, 故冢子侍食而群子婦佐餕.

황씨가 말하길, 부친이 돌아가시고 모친만 생존해 계신 경우, 식사를 하
게 되면 혼자 식사를 하게 된다. 따라서 모친이 상심할 것을 염려하기
때문에, 총자가 식사를 시중들고 나머지 아들과 며느리들이 권유를 하
고 남은 음식을 먹는 것이다.

經文

在父母舅姑之所, 有命之, 應唯[上聲]敬對; 進退周旋愼齊, 升
降出入揖遊, 不敢噦[於月反]噫[於界反]・嚏[帝]咳[苦愛反]・欠伸・
跛[彼義反]倚・睇[弟]視, 不敢唾[吐臥反]洟[替].〈018〉

부모 및 시부모가 계신 곳에 위치할 때, 명령을 내리게 되면, 유라고['唯'
자는 상성으로 읽는다.] 응답하고 공손하게 대답하며, 나아가고 물러나는
등의 행동거지를 신중하고 가지런히 하고, 오르고 내리며 출입하고 신
체를 굽히고 펴는 일에 있어서도, 구역질을['噦'자는 '於(어)'자와 '月(월)'자의

반절음이다.] 하거나 거친 숨소리를['噫'자는 '於(어)'자와 '界(계)'자의 반절음이다.] 내거나 재채기를['嚏'자의 음은 '帝(제)'이다.] 하거나 기침소리를['咳'자는 '苦(고)'자와 '愛(애)'자의 반절음이다.] 내거나 하품을 하거나 기지개를 켜거나 비스듬하게 서거나['跛'자는 '彼(피)'자와 '義(의)'자의 반절음이다.] 어딘가에 기대거나 곁눈질을['睇'자의 음은 '弟(제)'이다.] 하는 등의 행동거지를 감히 나타내지 않으며, 감히 침과['唾'자는 '吐(토)'자와 '臥(와)'자와 반절음이다.] 콧물을['洟'자의 음은 '替(체)'이다.] 흘리지 않는다.

淺見

黃氏曰: 胃受疾則噦, 心受疾則噫, 肺受疾則咳, 鼻出聲爲嚏, 志疫則欠, 體疾則伸, 偏立爲跛, 依物爲倚, 傾視爲睇, 唾, 口津, 洟, 鼻液. 噦噫嚏咳, 則聲不恭, 欠伸跛倚睇視, 則貌不恭, 唾洟則聲貌皆不恭, 故每不敢爲也.

황씨가 말하길, 위에서 병의 기운을 받아들이게 되면 구역질을 하고, 심장에서 병의 기운을 받아들이게 되면 거친 숨소리를 내며, 폐에서 병의 기운을 받아들이게 되면 기침을 한다. 코로 소리가 나오는 것은 '체(嚏)'가 되고, 뜻이 병들면 하품을 하며, 몸이 병들면 기지개를 켜고, 한쪽으로 치우쳐서 서 있는 것은 '파(跛)'가 되며, 사물에 의지하는 것은 '의(倚)'가 되고, 비스듬하게 쳐다보는 것은 '제(睇)'가 되며, '타(唾)'는 입에서 침이 흐르는 것이고, '체(洟)'는 코에서 콧물이 흐르는 것이다. 구역질을 하고 거친 숨소리를 내며 재채기를 하고 기침을 하는 것은 소리가 공손하지 못한 것이고, 하품을 하고 기지개를 켜며 한쪽으로 치우쳐 서 있고 어딘가에 기대어 서 있으며 곁눈질을 하는 것은 모습이 공손하지 못한 것이며, 침을 흘리고 콧물을 흘리는 것은 소리와 모습 모두 공손하지 못한 것이다. 그렇기 때문에 매사에 감히 이러한 행동을 하지 않는 것이다.

寒不敢襲, 癢不敢搔, 不有敬事, 不敢袒裼, 不涉不撅[厥], 褻衣
衾, 不見[現]裏.〈019〉

부모 및 시부모가 계신 곳에서는 춥더라도 감히 옷을 껴입지 않고, 가
렵더라도 감히 긁지 않으며, 공경을 나타내야 할 일이 있지 않다면, 감
히 단과 석을 하지 않고, 물을 건너지 않는다면, 하의를 걷어 올리지['撅'
자의 음은 '厥(궐)'이다.] 않으며, 속옷과 이불은 안감을 드러내지['見'자의 음
은 '現(현)'이다.] 않는다.

集說

襲, 重衣也. 袒與裼皆禮之敬, 故非敬事不袒裼也. 不因涉水, 則不
揭裳, 不見裏, 爲其可穢.

'습(襲)'자는 옷을 껴입는다는 뜻이다. '단(袒)'과 '석(裼)'은 모두 예에 따
라 공경을 나타내는 복장방식이다. 그렇기 때문에 공경을 표시해야 할
일이 아니라면, 단과 석을 하지 않는 것이다. 물을 건너는 일이 아니라
면 하의를 걷어 올리지 않고, 속을 보이지 않는 것은 그것이 더럽혀질
수도 있기 때문이다.

經文

父母唾洟不見[現]. 冠帶垢, 和灰請漱[平聲]; 衣裳垢, 和灰請澣
[胡管反]; 衣裳綻[直莧反]裂, 紉[女陳反]箴請補綴[拙].〈020〉

부모의 침과 콧물은 즉시 닦아서 다른 사람이 보지['見'자의 음은 '現(현)'이
다.] 못하도록 한다. 부모의 관과 대가 더러워졌다면 잿물을 타서 세탁
하기를['漱'자는 평성으로 읽는다.] 청하며, 상의와 하의가 더러워졌다면 잿

물을 타서 세탁하기를['澣'자는 '胡(호)'자와 '管(관)'자의 반절음이다.] 청하고, 상의와 하의가 찢어졌다면['綻'자는 '直(직)'자와 '莧(현)'자의 반절음이다.] 바늘에 실을 꿰어서['紉'자는 '女(녀)'자와 '陳(진)'자의 반절음이다.] 꿰매기를['綴'자의 음은 '拙(졸)'이다.] 청한다.

集說

唾洟不見, 謂卽刷除之, 不使見示於人也. 漱, 澣, 皆洗濯之事. 和灰, 如今人用灰湯也. 以線貫箴爲紉.

"침과 콧물을 드러내지 않는다."는 말은 즉시 닦아 제거하여, 다른 사람들이 볼 수 없도록 한다는 뜻이다. '수(漱)'자와 '한(澣)'자는 모두 세탁하는 일에 해당한다. '화회(和灰)'는 오늘날의 사람들이 잿물을 사용하는 것과 같다. 실을 바늘에 꿰는 것이 '인(紉)'이다.

經文

五日則燂[詳廉反]湯請浴, 三日具沐. 其間面垢, 燂潘[翻]請靧[悔]; 足垢, 燂湯請洗. 少事長, 賤事貴, 共帥時.〈021〉

5일째가 되면 물을 끓여서['燂'자는 '詳(상)'자와 '廉(렴)'자의 반절음이다.] 목욕하시기를 청하고, 3일째가 되면 머리를 감으실 수 있도록 준비한다. 그 사이에 부모 및 시부모의 얼굴에 얼룩이 지면 쌀뜨물을['潘'자의 음은 '翻(번)'이다.] 데워서 세면하기를['靧'자의 음은 '悔(회)'이다.] 청하고, 발이 더러워지면 물을 끓여서 발 씻으시기를 청한다. 나이가 어린 자가 나이가 많은 자를 섬기고, 신분이 미천한 자가 신분이 존귀한 자를 섬길 때에도, 모두 이러한 예에 따른다.

燂, 溫也. 潘, 淅米汁也. 靧, 洗面也. 共帥時, 皆循是禮也.

'첨(燂)'자는 "데운다."는 뜻이다. '반(潘)'자는 쌀을 씻은 물을 뜻한다. '회(靧)'자는 얼굴을 닦는다는 뜻이다. '공솔시(共帥時)'는 모두 이러한 예에 따른다는 뜻이다.

近按: 以上諸節, 皆言子婦事親之常禮.

내가 살펴보니, 여기까지의 여러 문장들은 모두 자식과 며느리가 부모를 섬기는 일상적인 예법을 언급한 것이다.

男不言內, 女不言外, 非祭非喪, 不相授器. 其相授, 則女受以
篚; 其無篚, 則皆坐[句], 奠之而后取之.〈022〉

남자는 집안에서 집밖의 일을 언급하지 않고, 여자는 집밖에서 집안의
일을 언급하지 않는다. 제사나 상사가 아니라면 서로 물건을 주고받지
않는다. 서로 물건을 주고받게 된다면 여자는 광주리를 이용해서 받고,
광주리가 없는 경우라면 둘 모두 무릎을 꿇고서['坐'자에서 구문을 끊는다.]
땅에 물건을 놓아두면, 그 이후에 땅에서 물건을 들고 간다.

集說

男正位乎外, 不當於外而言內庭之事; 女正位乎內, 不當於內而言梱
外之事. 惟喪祭二事, 乃得以器相授受者, 以祭爲嚴肅之地, 喪當急
遽之時, 乃無他嫌也. 非此二者, 則女必執篚, 使授者置之篚中也.
皆坐, 男女皆跪也. 授者跪而置諸地, 則受者亦跪而就地以取之也.

남자는 밖에서 위치를 바르게 하니, 바깥에서 집안의 일들을 언급하는
것은 합당하지 않고, 여자는 안에서 위치를 바르게 하니, 집안에서 바깥
의 일들을 언급하는 것은 합당하지 않다.[1] 오직 상사나 제사라는 두 가
지 사안이라야만 기물을 서로 주고받을 수 있는 것은 제사는 엄숙한 공
간에서 치르고 상사는 황급한 시기에 해당하므로, 곧 타인들의 혐의를
받지 않기 때문이다. 이러한 두 가지 사안이 아니라면, 여자는 반드시
광주리를 들고서, 건네는 사람으로 하여금 물건을 광주리 안에 두도록
한다. '개좌(皆坐)'는 남자와 여자 모두 무릎을 꿇는다는 뜻이다. 건네는
자가 무릎을 꿇고서 땅바닥에 놓아두면, 받는 사람 또한 무릎을 꿇고서

---

1) 『역』「가인(家人)・단전(彖傳)」: 象曰, 家人, 女正位乎內, 男正位乎外, 男女
正, 天地之大義也. 家人有嚴君焉, 父母之謂也. 父父, 子子, 兄兄, 弟弟, 夫夫,
婦婦, 而家道正, 正家而天下定矣.

땅에서 그것을 들어서 가져간다는 뜻이다.

經文

外內不共井, 不共湢[湢]浴, 不通寢席, 不通乞假. 男女不通衣
裳. 內言不出, 外言不入. 男子入內, 不嘯[如字]不指, 夜行以燭,
無燭則止. 女子出門, 必擁蔽其面, 夜行以燭, 無燭則止. 道路,
男子由右, 女子由左.〈023〉

바깥채의 사람들과 안채의 사람들은 우물을 함께 쓰지 않고, 욕실을['湢'
자의 음은 '逼(핍)'이다.] 함께 쓰지 않으며, 침구를 함께 사용하지 않고, 빌
리거나 빌려주지 않는다. 남자와 여자는 의복을 함께 사용하지 않는다.
집안의 말은 집밖으로 나가지 않고, 집밖의 말은 집안으로 들이지 않는
다. 남자가 집안으로 들어오면 휘파람을['嘯'자는 글자대로 읽는다.] 불거나
손가락질을 하지 않으며, 밤에 길을 갈 때에는 등불을 밝히고, 등불이
없다면 나가기를 그만둔다. 여자가 대문을 벗어나게 되면, 반드시 자신
의 얼굴을 가리며, 밤에 길을 갈 때에는 등불을 밝히고, 등불이 없다면
나가기를 그만둔다. 도로에서 남자는 우측 길로 다니고, 여자는 좌측
길로 다닌다.

集說

湢, 浴室也. 不嘯不指, 謂聲容有異, 駭人視聽也. 舊讀嘯爲叱, 今詳
嘯非家庭所發之聲, 宜其不可, 叱或有當發者, 如見非禮擧動, 安得
不叱以儆之乎? 讀如本字爲是. 擁, 猶障也. 由右由左, 見王制.

'벽(湢)'자는 욕실을 뜻한다. "휘파람을 불지 않고 손가락질을 하지 않는
다."는 말은 소리와 모습에 다른 점이 생기면, 남들이 보고 들음에 놀라
게 만든다는 뜻이다. 옛 학설에서는 '소(嘯)'자를 질(叱)자로 해석했는데,

현재 자세히 살펴보니, 휘파람은 가정에서 내는 소리가 아니므로, 마땅히 해서는 안 되는 것이지만, 꾸짖는 것은 간혹 그러한 소리를 내는 경우도 발생하니, 예를 들어 비례에 따른 행동거지를 보게 되면, 어찌 꾸짖어서 주의를 주지 않을 수 있겠는가? 따라서 본래의 글자대로 해석하는 것이 옳다. '옹(擁)'자는 "가린다."는 뜻이다. '유우유좌(由右由左)'에 대해서는 그 설명이 『예기』「왕제(王制)」편에 나온다.

淺見

近按: 此因上文有凡內外之言, 以明內外男女之別.

내가 살펴보니, 이 문장은 앞 문장에서 집안과 밖의 말을 언급한 것에 따라서, 내외와 남녀의 유별함을 밝힌 것이다.

子婦孝者敬者, 父母舅姑之命, 勿逆勿怠.〈024〉

자식과 며느리 중 효도를 하고 공경하는 자는 부모와 시부모의 명령을
거역해서는 안 되고 태만하게 굴어서도 안 된다.

集說

子而孝, 父母必愛之; 婦而敬, 舅姑必愛之. 然猶恐其恃愛而於命或
有所違也, 故以勿逆勿怠爲戒.

아들로 태어나서 효도를 한다면 부모는 반드시 그를 사랑하게 되고, 며
느리가 되어서 공경한다면 시부모는 반드시 그녀를 사랑하게 된다. 그
러나 본인을 사랑한다는 사실을 믿고서, 명령에 대해 간혹 위배하는 일
이 발생할 것을 염려했기 때문에, 거역하지 말고 태만하게 굴지 말라는
말로 주의를 준 것이다.

經文

**若飲[去聲]食[嗣]之, 雖不耆[嗜], 必嘗而待; 加之衣服, 雖不欲,
必服而待.**〈025〉

만약 부모 및 시부모에게 마실 것이나['飲'자는 거성으로 읽는다.] 밥을['食'자
의 음은 '嗣(사)'이다.] 드시게 한다면, 비록 즐기는['耆'자의 음은 '嗜(기)'이다.]
음식이 아니더라도, 반드시 맛을 보고서 다음 명령을 기다리며, 의복을
입도록 시키면, 비록 바라는 의복이 아니더라도, 반드시 그 의복을 착용
하고서 다음 명령을 기다린다.

嘗而待, 服而待, 皆謂俟尊者, 察其不耆不欲而改命之, 則或置之, 或藏去, 乃敢如己意也.

맛을 보고서 기다린다는 말과 옷을 입고서 기다린다는 말은 모두 존장자의 말을 기다리는 것으로, 즐기지 않고 바라지 않는다는 것을 살피고서, 재차 다른 명령을 내린다면, 치우기도 하고, 보관하기도 하게 되니, 이것은 곧 자기의 뜻과 같게 된다는 의미이다.

加之事, 人代之, 己雖弗欲, 姑與之, 而姑使之, 而后復之.〈026〉

존장자가 자신에게 일을 맡겼는데, 수고로울 것을 염려하여 다른 사람을 대신 시키게 되면, 본인이 비록 바라지 않더라도, 잠시 그에게 일을 맡기고, 그가 잘 하지 못할 것이 염려되면 잠시 그에게 가르쳐주어 그로 하여금 그 일을 처리하도록 하고, 그가 완수하지 못한 이후에야 본인이 다시 그 일을 처리한다.

尊者任之以事, 而己旣爲之矣, 或念其勞, 又使他人代爲, 己意雖不以爲勞而不欲其代, 然必順尊者之意而姑與之. 若慮其爲之不如己意, 姑敎使之, 及其果不能而后己復爲之也.

존장자가 일을 맡겼고, 본인이 이미 그 일을 시행하고 있는데, 간혹 수고로울 것을 염려하여, 또 다시 다른 사람으로 하여금 대신 시행하게 하면, 본인이 비록 수고롭다고 여기지 않고, 다른 사람을 대신 시키고 싶지 않더라도, 반드시 존장자의 뜻에 따라서 잠시 다른 사람에게 맡겨야 한다. 만약 다른 사람이 하는 것이 자신의 뜻과 맞지 않을 것을 염려한다면, 잠시 그를 교육시키고 그 일을 시키며, 결국 그 자가 잘 할 수 없게 된 뒤에라야 본인이 재차 그 일을 한다.

經文

子婦有勤勞之事, 雖甚愛之, 姑縱之, 而寧數[朔]休之.〈027〉

자식과 며느리에게 수고스러운 일이 있다면, 비록 그들을 깊이 사랑하더라도, 잠시 그대로 그 일을 처리하도록 나두며, 차라리 자주['數'자의 음은 '朔(삭)'이다.] 휴식을 시켜서, 그 일을 완수하도록 하는 것이 더 낫다.

集說

謂雖甚愛此子婦而不忍其勞, 然必且縱使爲之, 而寧數數休息之, 必使終竟其事而後已. 不可以姑息爲愛, 而使之不事事也.

비록 자신의 자식과 며느리를 깊이 사랑하여, 그들이 수고롭게 되는 것을 참아낼 수 없더라도, 반드시 잠시 그대로 놔두어, 그들로 하여금 그 일을 시행하도록 하고, 차라리 자주 휴식을 시켜서, 반드시 그들로 하여금 그 일을 끝맺게 한 뒤에야 그치게 한다는 뜻이다. 일부러 휴식을 시키는 것을 사랑함으로 여겨서, 그들로 하여금 그 일을 처리하지 못하게 해서는 안 된다.

經文

子婦未孝未敬, 勿庸疾怨, 姑敎之. 若不可敎, 而后怒之. 不可怒, 子放婦出, 而不表禮焉.〈028〉

자식과 며느리가 아직 제대로 효도를 못하고, 제대로 공경함을 나타내지 않더라도, 원망하거나 미워하지 않고, 우선 그들을 가르친다. 만약 가르쳐도 제대로 하지 못한다면, 그런 이후에야 꾸짖는다. 꾸짖어도 고쳐지지 않는다면, 자식을 내쫓고 며느리를 쫓아내되, 그들이 범한 죄목을 드러내서는 안 된다.

集說

庸, 用也. 怒之, 譴責之也. 不可怒, 謂雖譴責之而不改也. 雖放逐其子, 出弃其婦, 而不表明其失禮之罪, 示不終絶之也.

'용(庸)'자는 "쓰다."는 뜻이다. "성낸다."는 말은 꾸짖는다는 뜻이다. '불가노(不可怒)'는 비록 꾸짖더라도 고치지 못한다는 뜻이다. 비록 자식을 내쫓고 며느리를 쫓아내더라도, 그들이 실례를 범한 죄목에 대해서 공표해서는 안 되니, 완전히 관계를 끊지 않았음을 나타내는 것이다.

經文

父母有過, 下氣怡色柔聲以諫. 諫若不入, 起敬起孝, 說[悅]則復[扶又反]諫. 不說, 與其得罪於鄕黨州閭, 寧孰諫. 父母怒不說, 而撻之流血, 不敢疾怨, 起敬起孝.〈029〉

부모에게 과실이 있다면, 숨소리를 낮추고, 얼굴빛을 평온하게 하며, 목소리를 유순하게 하여 간언을 한다. 간언을 했는데도 만약 받아들이지 않는다면, 공경함과 효도를 더욱 발휘하고, 부모가 기뻐하면['說'자의 음은 '悅(열)'이다.] 재차['復'자는 '扶(부)'자와 '又(우)'자의 반절음이다.] 간언을 하다. 부모가 기뻐하지 않더라도, 부모가 마을 사람들에게 죄를 얻기보다는 차라리 조심스럽고 성숙된 자세로 간언을 하는 것이 낫다. 부모가 노여워하며 기뻐하지 않아서, 회초리를 때려 피가 흐르더라도, 감히 원망하지 않고 공경함과 효도를 더욱 발휘한다.

黃氏曰: 諫而父母不悅, 其罪輕, 不諫而使父母得罪於鄕黨州閭, 其罪重, 故寧反覆熟諫, 雖撻之流血不怨.

황씨가 말하길, 간언을 했는데 부모가 기뻐하지 않는 것은 그 죄가 가볍지만, 간언을 하지 않아 부모로 하여금 마을 사람들에게 죄를 짓도록 한다면 그 죄는 무겁다. 그렇기 때문에 차라리 반복해서 자주 간언을 하는 것이 나으며, 비록 회초리를 맞아서 피가 흐르더라도 원망하지 않는다.

經文

父母有婢子若庶子庶孫, 甚愛之. 雖父母沒, 沒身敬之不衰.〈030〉 子有二妾, 父母愛一人焉, 子愛一人焉, 由衣服飮食, 由執事, 毋敢視父母所愛, 雖父母沒不衰.〈031〉 子甚宜其妻, 父母不說, 出. 子不宜其妻, 父母曰: "是善事我", 子行夫婦之禮焉, 沒身不衰.〈032〉

부모에게 미천한 자에게서 출생한 자식이나 서자나 서손이 있는데, 부모가 그들을 매우 사랑했다면, 비록 부모가 돌아가시더라도, 본인 또한 종신토록 그들을 공경해야 하며, 공경하는 마음이 줄어들어서는 안 된다. 자식에게 두 명의 첩이 있는데, 부모가 그 중 한 명을 사랑하고, 자식이 다른 한 명을 사랑한다면, 의복과 음식을 사용하고, 일을 맡아보는 일에 있어서, 감히 부모가 사랑했던 자에게 부여되는 것들과 견주지 않고, 비록 부모가 돌아가시더라도, 이러한 행동 및 마음이 줄어들어서는 안 된다. 자식이 자신의 처를 매우 좋게 여기고 있더라도, 부모가 기뻐하지 않으면 집에서 내보낸다. 자식이 자신의 처를 좋지 않게 여기고 있더라도, 부모가 "그 아이가 나를 잘 섬긴다."라고 말씀하시면, 자식은 부부의 예에 따라 시행하고, 종신토록 그 자세를 낮추지 않는다.

淺見

黃氏曰: 婢子, 古說謂婢之子, 然則與下文庶子意重矣, 合如曲禮之婢子, 直言婢耳. 婢子, 父母之所使令, 庶孼, 父母之所愛育, 是固所當聽命. 至於妻妾之切近吾身者, 亦不敢不听焉. 妾雖吾所甚愛, 不敢與父母之所愛者, 敵妻雖吾所甚宜, 不敢以父母之不悅而留. 苟父母以爲善, 子之情雖替, 而夫婦之禮不可以不行. 吾親有存沒, 吾心無遷改, 知有親而不知有己也.

황씨가 말하길, '비자(婢子)'에 대해 옛 주석에서는 미천한 자의 자식이라고 풀이했는데, 그렇다면 뒤의 문장에 나온 서자(庶子)라는 말과 의미가 중복된다. 따라서 이 말은 『예기』「곡례(曲禮)」편에서 말한 '비자(婢子)'와 같은 것으로, 단지 첩을 뜻할 따름이다. 첩은 부모가 심부름을 시키는 자이고, 서얼은 부모가 사랑하고 기르는 대상인데, 이들에 대해서는 진실로 부모의 명령을 마땅히 따라야만 한다. 그리고 처나 첩과 같이 나와 지극히 가까운 대상에 대해서라도 감히 명령을 따르지 않아서는 안 된다. 따라서 첩을 비록 내가 매우 아끼고 있더라도 감히 부모가 친애했던 대상과 동일하게 대할 수 없으며, 적처를 비록 내가 매우 좋게 여기고 있더라도 감히 부모가 마땅하게 여기지 않는데 그대로 머물게 해서는 안 된다. 만약 부모가 선하다고 여긴 대상에 대해 자식의 마음이 비록 바뀌었다 하더라도 부부의 예법은 시행하지 않을 수 없다. 부모에게 있어서는 생존해 계시느냐 또는 돌아가셨느냐의 차이점은 있어도 내

마음에 있어서는 바꾸거나 고치는 경우가 없고, 부모가 있는 줄은 알아도 내 사적인 마음이 있는 줄은 모르는 것이다.

經文

父母雖沒, 將爲善, 思貽父母令名, 必果; 將爲不善, 思貽父母羞辱, 必不果. 舅沒則姑老, 冢婦所祭祀賓客, 每事必請於姑, 介婦請於冢婦.〈033〉

부모가 비록 돌아가셨더라도, 장차 선한 일을 시행하려고 할 때에는 부모에게 명예가 미칠 것을 생각하여 반드시 실천하고, 장차 선하지 못한 일을 시행하려고 할 때에는 부모에게 오명이 미칠 것을 생각하여 반드시 실천하지 말아야 한다. 시아비가 돌아가시면, 시어미는 큰 며느리에게 가사를 전수하지만, 큰 며느리는 제사를 지내거나 빈객을 접대해야 하는 일에 있어서, 매사에 시어미에게 자문을 구해야만 하고, 나머지 며느리들은 큰 며느리에게 자문을 구해야 한다.

集說

老, 謂傳家事於長婦也. 然長婦猶不敢專行, 故祭祀賓客之事, 必稟問焉. 介婦, 衆婦也.

'노(老)'자는 큰 며느리에게 가사를 전수한다는 뜻이다. 그러나 큰 며느리도 여전히 자기 마음대로 시행할 수 없다. 그렇기 때문에 제사를 지내거나 빈객을 접대하는 일에 있어서는 반드시 자문을 구해야 한다. '개부(介婦)'는 나머지 며느리들을 뜻한다.

舅姑使冢婦, 毋怠, 不友無禮於介婦.〈034〉

시부모가 큰 며느리에게 어떤 일을 시키면, 큰 며느리는 태만하게 굴어
서는 안 되며, 나머지 며느리들에게 감히 무례하게 굴어서도 안 된다.

集說

石梁王氏曰: 友, 謂當作敢者是.

석량왕씨가 말하길, '우(友)'자에 대해 마땅히 '감(敢)'자로 기록해야 한
다는 주장이 옳다.

劉氏曰: 使, 以事使之也. 毋, 禁止辭. 不友者, 不愛也. 無禮者, 不敬
也. 言舅姑以事命冢婦, 則冢婦當自任其勞, 不可怠於勞而怨介婦
不助己, 遂不愛敬之也.

유씨가 말하길, '사(使)'자는 일을 시킨다는 뜻이다. '무(毋)'자는 금지사
이다. '불우(不友)'는 사랑하지 않는다는 뜻이다. '무례(無禮)'는 공경하
지 않는다는 뜻이다. 즉 시부모가 어떤 일을 큰 며느리에게 시키면, 큰
며느리는 마땅히 제 스스로 수고스러운 일을 처리해야 하며, 수고로운
일에 태만히 하며, 나머지 며느리들이 자신을 돕지 않는 것을 원망해서,
결국 그녀들을 사랑하지 않거나 공경하지 않아서는 안 된다는 뜻이다.

舅姑若使介婦, 毋敢敵耦於家婦.〈035〉

시부모가 만약 나머지 며느리들에게 일을 시킨다면, 며느리들은 감히
큰 며느리와 대등하다고 여기며, 큰 며느리에게까지 그 일을 균등하게
나누고자 해서는 안 된다.

集說

劉氏曰: 敵耦者, 欲求分任均勞之意. 言舅姑若以事使介婦爲之, 則
介婦亦當自任其勞, 不可謂己與家婦爲敵耦, 欲求均配其勞也.

유씨가 말하길, '적우(敵耦)'는 맡은 소임을 나눠서 수고로운 일을 균등하
게 하고자 한다는 의미이다. 즉 시부모가 만약 어떤 일을 나머지 며느리
들에게 시켜서 일을 하게 되었다면, 나머지 며느리들은 또한 마땅히 제
스스로 수고로운 일을 맡아야 하며, 자신과 큰 며느리가 대등하다고 여겨
서, 그 수고로움을 균등하게 나누기를 요구해서는 안 된다는 뜻이다.

經文

不敢並行, 不敢並命, 不敢並坐.〈036〉

나머지 며느리들은 큰 며느리에 대해서, 감히 나란히 걸을 수 없으며, 감
히 나란히 명령을 받거나 내릴 수도 없고, 감히 나란히 앉을 수도 없다.

集說

又言介婦之與家婦, 分有尊卑, 非惟任事毋敢敵耦, 亦且不敢比肩而
行, 不敢並受命於尊者, 不敢並出命於卑者, 蓋介婦當請命於家婦

也. 坐次亦必異列.

또한 나머지 며느리들과 큰 며느리들의 관계에 있어서, 그 신분에는 존비의 차이가 있으니, 오직 임무를 맡았을 때에만 감히 대등하게 맞먹을 수 없을 뿐만 아니라, 또한 감히 나란히 걸어갈 수도 없고, 감히 존장자로부터 나란히 명령을 받을 수도 없으며, 감히 자신들보다 신분이 낮은 자에 대해서 나란히 명령을 내릴 수도 없다는 뜻이니, 무릇 나머지 며느리들은 마땅히 큰 며느리에게 청하여 명령을 들어야 하기 때문이다. 앉을 때의 자리 순서 또한 반드시 그 줄을 달리해서 앉는다.

經文

凡婦不命適私室, 不敢退. 婦將有事, 大小必請於舅姑. 子婦無私貨, 無私畜[許六反]無私器. 不敢私假, 不敢私與.〈037〉

모든 며느리들은 개인의 방으로 가라는 명령을 받지 않으면, 감히 물러나지 않는다. 며느리에게 장차 어떤 일이 있게 되면, 대소사에 관계없이 반드시 시부모에게 청하여 자문을 구한다. 자식과 며느리는 사적인 재화가 없고, 사적으로 비축하는['畜'자는 '許(허)'자와 '六(륙)'자의 반절음이다.] 일이 없으며, 사적으로 사용하는 기물이 없다. 따라서 감히 사적으로 빌려올 수도 없고, 사적으로 빌려줄 수도 없다.

集說

鄭氏曰: 家事統於尊也.

정현이 말하길, 가사는 존장자에게 통솔받기 때문이다.

婦或賜之飮食‧衣服‧布帛‧佩帨‧茝[昌改反]蘭, 則受而獻諸
舅姑. 舅姑受之則喜, 如新受賜. 若反賜之, 則辭. 不得命, 如
更受賜, 藏以待乏.〈038〉

며느리가 간혹 자신의 형제 등이 준 음식‧의복‧옷감‧패세‧향초['茝'
자는 '昌(창)'자와 '改(개)'자의 반절음이다.] 등을 얻게 된다면, 그것을 받아서
시부모에게 바친다. 시부모가 그것을 받으면 며느리는 기뻐해야 하니,
마치 처음에 다른 사람에게서 그 물건을 받아서 기뻐할 때처럼 기뻐한
다. 만약 되돌려준다면 사양한다. 사양함을 허락지 않으면 마치 다시
받은 것처럼 하고, 보관하여 시부모가 사용하던 물건이 떨어질 때까지
기다린다.

集說

或賜之, 謂私親兄弟也. 茝蘭, 皆香草也. 受之, 則如新受賜, 不受,
則如更受賜, 孝愛之至也. 不得命者, 不見許也. 待乏, 待尊者之
乏也.

"혹자가 준다."고 했을 때의 혹자는 개인적으로 친분이 있는 형제들을
뜻한다. '채(茝)'와 '난(蘭)'은 모두 향기를 내는 풀이다. 시부모가 받아들
이면 마치 처음에 그 물건을 받았을 때처럼 하고, 받아들이지 않는다면
마치 다시금 준 것을 받는 것처럼 하니, 효와 친애의 지극함이다. '부득
명(不得命)'이라는 말은 허락을 얻지 못했다는 뜻이다. '대핍(待乏)'은 존
장자가 사용하던 것이 떨어질 때까지 기다린다는 뜻이다.

婦若有私親兄弟, 將與之, 則必復[扶又反]請其故[句], 賜而后與
之.〈039〉

며느리에게 만약 개인적으로 친분이 있는 형제가 있어서, 며느리가 장
차 그에게 물건을 건네려고 한다면, 반드시 지난번에 시부모가 받지 않
았던 물건에 대해 재차'復'자는 '扶(부)'자와 '又(우)'자의 반절음이다.] 여쭤보
고'故'자에서 구문을 끊는다.] 시부모가 허락을 한 이후에야 그에게 건넨다.

集說

故, 卽前者所獻之物而舅姑不受者, 雖藏於私室, 今必請於尊者, 旣
許, 然后取以與之也.

'고(故)'자는 앞서 시부모에게 바쳤던 물건을 시부모가 받지 않았을 경
우, 비록 개인의 방에 보관하고 있더라도, 현재의 상황에서는 반드시 존
장자에게 청하여 여쭤보니, 허락을 한 연후에야 그것을 가져다가 그에
게 주는 것이다.

淺見

黃氏曰: 婦, 侍舅姑者也, 故不命適私室, 不敢退. 不敢專行, 故大小
必請於舅姑. 家事統於尊, 故無私貨·私畜·私器·私假·私與. 不
敢私受人, 故或賜之, 則獻諸舅姑. 不敢私與人, 故請其故賜而后與,
其心終始一於舅姑也.

황씨가 말하길, 며느리는 시부모를 시중드는 자이다. 그렇기 때문에 사
실로 가라는 명령을 내리지 않으면 감히 물러나지 않는다. 그리고 감히
제멋대로 행동할 수 없기 때문에, 대소사에 대해서 반드시 시부모에게
청해 물어야 한다. 가사는 존귀한 자에게 통솔되기 때문에, 사적인 재화
나 사적으로 비축한 것이나 사적인 기물이나 개인적으로 빌려주거나 주

는 것들 자체가 없다. 그리고 감히 남에게서 사적으로 받을 수 없기 때문에, 간혹 어떤 자가 물건을 주게 되면 시부모에게 바쳐야 한다. 그리고 감히 남에게 사적으로 줄 수 없기 때문에, 예전에 받았던 것에 대해 주어도 되는지 청해 묻고 그 이후에야 준다. 따라서 그 마음은 시종일관 시부모를 향해 있는 것이다.

經文

適子庶子, 祇事宗子宗婦, 雖貴富, 不敢以貴富入宗子之家. 雖衆車徒, 舍[去聲]於外, 以寡約入.〈040〉

소종의 적장자와 나머지 아들들은 대종의 적장자와 그의 부인을 공경스럽게 섬기니, 비록 소종의 아들들이 부귀하더라도, 감히 자신의 부귀함을 뽐내며, 종자의 집으로 들어갈 수 없다. 비록 소종의 아들들이 가져온 수레나 사람들이 많더라도, 그것들은 밖에 머물도록['舍'자는 거성으로 읽는다.] 하고, 간소한 차림으로 들어간다.

集說

疏曰: 適子, 謂父及祖之適子, 是小宗也. 庶子, 謂適子之弟. 宗子, 謂大宗子. 宗婦, 謂大宗子之婦.

소에서 말하길, '적자(適子)'는 부친 및 조부의 적장자를 뜻하니, 소종을 가리킨다. '서자(庶子)'는 적장자의 동생을 뜻한다. '종자(宗子)'자는 대종의 적장자를 뜻한다. '종부(宗婦)'는 대종의 적장자 부인을 뜻한다.

子弟猶歸器, 衣服・裘衾・車馬, 則必獻其上而后敢服用其次
也. 若非所獻, 則不敢以入於宗子之門, 不敢以貴富加於父兄
宗族.〈041〉

자손들 중 군왕 등으로부터 기물을 하사받게 되어, 의복·이불·수레나
말 등을 받게 된다면, 반드시 그 중에서도 상등품을 종자에게 바치고,
그런 뒤에야 그 다음 등급의 것을 제 자신이 사용한다. 만약 종자의 작
위가 그 물건을 사용할 수 없어서 바치지 못했다면, 감히 그것을 착용
하거나 사용하며 종자의 집 대문으로 들어가지 않으니, 감히 자신의 부
귀함을 친족들보다 더 높일 수 없기 때문이다.

猶, 若也. 謂子弟中若有以功德顯榮, 而蒙尊上歸遺之以器用衣服
等物, 則必獻其上等者於宗子, 而自服用其次者. 若非宗子之爵所
當服用而不可獻者, 則己亦不敢服用之, 以入宗子之門也. 加, 高也.

'유(猶)'자는 만약이라는 뜻이다. 즉 자손들 중 만약 공덕과 현저하게 드
러나는 영달을 얻은 자가 있고, 그가 군왕 등으로부터 기물이나 의복 등
의 물건을 하사받게 된다면, 반드시 그 중에서도 상등에 속하는 물건을
종자에게 바치고, 제 스스로는 그 다음 등급에 해당하는 것을 사용한다.
만약 종자의 작위로는 착용하거나 사용할 수 있는 물건들이 아니라서
바칠 수 없는 것들이라면, 본인 또한 감히 그것을 착용하거나 사용하여
종자의 집 대문으로 들어갈 수 없다. '가(加)'자는 "~보다 높인다."는 뜻
이다.

經文

若富, 則具二牲, 獻其賢者於宗子. 夫婦皆齊而宗敬焉, 終事而后敢私祭.〈042〉 [以上竝從舊文之次.]

종자가 아닌 자손들 중 부귀한 자가 있다면, 두 마리의 희생물을 준비하고, 그 중에서도 좋은 것을 종자에게 바친다. 두 부부는 모두 재계를 하고, 종자의 집에 있는 종묘에 찾아가서, 제사를 도와 공경하는 마음을 표한다. 그 일을 끝낸 이후에야 되돌아와서 개인적인 제사를 지낸다. [여기까지는 모두 옛 판본의 기록 순서에 따른다.]

集說

賢, 猶善也. 齊而宗敬, 謂齋戒而往助祭事, 以致宗廟之敬也. 私祭祖禰, 則用二牲之下者.

'현(賢)'자는 "좋다."는 뜻이다. '제이종경(齊而宗敬)'이라는 말은 재계를 하고 찾아가서 제사의 일을 돕고, 이를 통해 종묘에 대한 공경하는 마음을 지극히 한다는 뜻이다. 개인적으로 조부와 부친에게 제사를 지낸다면, 두 마리 이하의 희생물을 사용할 수 있는 자에 해당한다.

淺見

近按: 以上諸節兼言子婦事親, 或非常有之禮, 與其善於兄弟之事, 而幷及祭禮以終之, 生養死祭, 事親之始終備矣.

내가 살펴보니, 앞의 여러 문단에서는 자식과 며느리가 부모를 섬기는 일에 있어서 일상적이지 않았을 때의 예법과 형제에게 잘하는 일을 언급하고, 아울러 제사에 대한 일을 언급하여 결론을 맺었는데, 살아계셨을 때 봉양하고 돌아가셨을 때 제사를 지내니, 부모를 섬기는 처음과 끝이 모두 갖춰져 있다.

曾子曰: "孝子之養老也, 樂[洛]其心, 不違其志, 樂其耳目, 安
其寢處, 以其飲食忠養之, 孝子之身終. 終身也者, 非終父母
之身, 終其身也. 是故父母之所愛亦愛之, 父母之所敬亦敬之.
至於犬馬盡然, 而況於人乎!" 〈072〉 [舊在"玄衣而養老"之下, 以養老
之言, 而類付之. 然此言養其親, 彼言養國老, 非其類矣.]

증자가 말하길, "자식이 나이든 부모를 봉양할 때에는 부모의 마음을 즐
겁게['樂'자의 음은 '洛(락)'이다.] 해드리며, 부모의 뜻을 위배하지 않고, 부
모의 귀와 눈을 즐겁게 해드리며, 부모가 주무시는 잠자리를 편안하게
해드리고, 음식으로 충심을 다하여 봉양하니, 자식이 죽을 때까지 이처
럼 시행한다. 그 몸이 죽는다고 했는데, 이것은 부모가 돌아가신 것을
뜻하는 말이 아니며, 자식이 죽을 때를 뜻한다. 이러한 까닭으로 부모
가 사랑하는 대상에 대해서는 자식 또한 사랑하고, 부모가 공경하던 대
상에 대해서는 자식 또한 공경한다. 부모가 아끼던 개나 말에 대해서도
이처럼 그 마음을 다하게 되는데, 하물며 사람에게 있어서는 어떠하겠
는가!"라고 했다. [옛 판본에는 "현의를 입고서 노인을 봉양했다."1)라고 한 문장

---

1) 『예기』「내칙」 071장 : 凡養老, 有虞氏以燕禮, 夏后氏以饗禮, 殷人以食禮, 周
人脩而兼用之. 凡五十養於鄕; 六十養於國; 七十養於學, 達於諸侯; 八十拜君
命, 一坐再至, 瞽亦如之; 九十者使人受. 五十異粻, 六十宿肉, 七十貳膳, 八十
常珍, 九十飲食不違寢, 膳飲從於遊可也. 六十歲制, 七十時制, 八十月制, 九
十日修, 惟絞·紟·衾·冒, 死而後制. 五十始衰, 六十非肉不飽, 七十非帛不
煖, 八十非人不煖, 九十雖得人不煖矣. 五十杖於家, 六十杖於鄕, 七十杖於國,
八十杖於朝, 九十者天子欲有問焉, 則就其室, 以珍從. 七十不俟朝, 八十月告
存, 九十日有秩. 五十不從力政, 六十不與服戎, 七十不與賓客之事, 八十齊喪
之事弗及也. 五十而爵, 六十不親學, 七十致政. 凡自七十以上, 惟衰麻爲喪.
凡三王養老皆引年. 八十者一子不從政, 九十者其家不從政, 瞽亦如之. 凡父
母在, 子雖老不坐. 有虞氏養國老於上庠, 養庶老於下庠; 夏后氏養國老於東
序, 養庶老於西序; 殷人養國老於右學, 養庶老於左學; 周人養國老於東膠, 養

뒤에 수록되어 있었는데, 노인을 봉양한다는 기록으로 인해 비슷한 부류로 여겨 덧붙인 것이다. 그러나 이곳에서는 부모를 봉양하는 일을 언급한 것이고, 앞의 문장은 국로를 봉양하는 일을 언급한 것이니, 비슷한 부류가 아니다.]

樂其心, 喩父母於道也. 不違其志, 能養志也. 飮食忠養以上, 是終父母之身; 愛所愛, 敬所敬, 則終孝子之身也.

"그 마음을 즐겁게 한다."는 말은 부모에게 도에 대해 아뢴다는 뜻이다. "그 뜻을 어기지 않는다."는 말은 부모의 뜻을 잘 보필한다는 의미이다. '음식충양(飮食忠養)'이라는 구문부터 그 이상의 내용은 부모가 돌아가실 때까지 시행하는 것이며, 사랑하던 대상을 사랑하고, 공경하던 대상을 공경한다는 것은 곧 자식 본인이 죽을 때까지 시행하는 것이다.

近按: 此言孝子事親之至情, 終始無變之事, 故付於此, 以爲上文諸節之結語也.

내가 살펴보니, 이것은 자식이 부모를 섬기는 지극한 정감과 시종일관 변함없는 사안을 언급했다. 그렇기 때문에 이곳에 덧붙여서 앞의 여러 문장들에 대한 결론으로 삼았다.

庶老於虞庠. 虞庠在國之西郊. 有虞氏皇而祭, 深衣而養老; 夏后氏收而祭, 燕衣而養老; 殷人冔而祭, 縞衣而養老; 周人冕而祭, 玄衣而養老.

飯[目諸飯之品]: 黍·稷·稻·粱·白黍·黃粱, 稰[胥上聲]穛[捉].〈043〉

밥 종류로는[여러 밥의 품목들에 대한 제목에 해당한다.] 메기장·차기장·
벼·조·백색 메기장·황색 조가 있으며, 이러한 것들은 곡식이 다 여
물고 난 뒤에 수확한 것도['稰'자의 음은 '胥(서)'이며 상성으로 읽는다.] 있고,
아직 다 익기 전에 수확한 것도['穛'자의 음은 '捉(착)'이다.] 있다.

集說

飯之品有黃黍·稷·稻·白粱·白黍·黃粱, 凡六. 其穀熟而穫之則
曰稰, 生穫之曰穛. 穛是斂縮之名, 以生穫, 故其物縮斂也. 此諸侯
之飯, 天子又有麥與苽.

밥의 종류에는 황색 메기장·차기장·벼·백색 조·백색 메기장·황색
조 등으로, 총 6종류가 있다. 그 곡식이 여물면 수확을 하게 되니, 그것
을 '서(稰)'라 부르고, 아직 다 익지 않았을 때 수확한 것을 '착(穛)'이라
부른다. '착(穛)'자는 줄어든다는 뜻이다. 다 익지 않았을 때 수확을 하
기 때문에, 그 사물이 줄어든 상태에서 거두는 것이다. 이것은 제후가
먹는 밥에 해당하니, 천자의 경우에는 여기에 보리와 줄이 포함된다.

經文

膳[目諸膳之品]: 膷[香]·臐[熏]·膮[曉]·醢·牛炙[柘].〈044〉

음식으로는[여러 음식의 품목들에 대한 제목에 해당한다.] 소고깃국['膷'자의 음
은 '香(향)'이다.]·양고깃국['臐'자의 음은 '熏(훈)'이다.]·돼지고깃국['膮'자의
음은 '曉(효)'이다.]·구운['炙'자의 음은 '柘(자)'이다.] 소고기를 차려내니, 이
것이 1열을 이룬다.

集說

臐, 牛臛. 膟, 羊臛. 膮, 豕臛. 皆香美之名也. 醓字衍, 當刪. 牛炙, 炙牛肉也. 此四物爲四豆, 共爲一行.

'향(臐)'자는 소고깃국을 뜻한다. '훈(膟)'자는 양고깃국을 뜻한다. '효(膮)'자는 돼지고깃국을 뜻한다. 이 모두는 향미로운 음식들을 뜻한다. '해(醓)'자는 연문(衍文)으로 잘못 기록된 글자이니, 마땅히 삭제해야 한다. '우자(炙)'는 소고기를 구운 것이다. 이 네 가지 음식들은 4개의 두에 차려내니, 이 모두는 1열을 이룬다.

經文

醓 · 午胾[側吏反] · 醓 · 牛膾.〈045〉

음식으로는 육장 · 저민['胾'자는 '側(측)'자와 '吏(리)'자의 반절음이다.] 소고기 · 젓갈 · 소고기 육회를 차려내니, 이것이 2열을 이룬다.

集說

醓, 肉醬也. 牛胾, 切牛肉也. 幷醓與牛膾四物爲四豆, 是第二行.

'해(醓)'는 고기로 담근 젓갈이다. '우자(牛胾)'는 소고기를 잘게 저민 것이다. 젓갈 및 소고기 육회와 함께, 이 음식들은 4개의 두에 차려내니, 이것들은 제 2열에 차려낸다.

經文

羊炙 · 羊胾 · 醓 · 豕炙.〈046〉

음식으로는 양고기 적·저민 양고기·젓갈·돼지고기 적을 차려내니, 이것이 3열을 이룬다.

集說

此四物爲四豆, 是第三行.

이러한 네 가지 음식들은 4개의 두에 차려내니, 이것들은 제 3열에 차려 낸다.

經文

醯·豕胾·芥醬·魚膾.〈047〉

음식으로는 젓갈·저민 돼지고기·개장·물고기 회를 차려내니, 이것이 4열을 이룬다.

集說

此四物爲四豆, 是第四行. 共十六豆, 下大夫之禮也.

이러한 네 가지 음식들은 4개의 두에 차려내니, 이것들은 제 4열에 차려 낸다. 지금까지의 음식들은 총 16개의 두에 음식을 차려내는데, 이것은 하대부에게 적용되는 예법이다.

經文

雉·兎·鶉[淳]·鷃[晏].〈048〉

음식으로는 꿩고기·토끼고기·메추라기고기['鶉'자의 음은 '淳(순)'이다.]·
세가락 메추라기고기를['鷃'자의 음은 '晏(안)'이다.] 차려내니, 이것이 5열을
이룬다.

此四物爲四豆, 列爲第五行. 共二十豆, 則上大夫之禮也.

이러한 네 가지 음식들은 4개의 두에 차려내는데, 일렬로 진설하여 제
5열에 차려낸다. 지금까지의 음식들은 총 20개의 두에 음식을 차려내는
데, 이것은 상대부에게 적용되는 예법이다.

飮[目諸飮之品]: 重[平聲]醴, 稻醴淸糟, 黍醴淸糟, 粱醴淸糟. 或
以酏[移]爲醴, 黍酏·漿水·醷[倚]·濫[力暫反].〈049〉

마실 것을[여러 음료의 품목들에 대한 제목에 해당한다.] 진설할 때에는 감주
를 짝이 되도록['重'자는 평성으로 읽는다.] 진설하니, 벼로 빚은 감주에는
맑은 것이 있으며 또 탁한 것이 있고, 메기장으로 빚은 감주에는 맑은
것이 있고 또 탁한 것이 있으며, 조로 빚은 감주에는 맑은 것이 있으며
또 탁한 것이 있다. 혹은 죽으로['酏'자의 음은 '移(이)'이다.] 감주를 빚기도
하며, 메기장으로 만든 죽·식초·매실로 만든 식초['醷'자의 음은 '倚(의)'
이다.]·남['濫'자는 '力(력)'자와 '暫(잠)'자의 반절음이다.] 등이 있다.

醴者, 稻黍粱三者各爲之, 已涕者爲淸, 未沛者爲糟, 是三醴各有淸
有糟也. 以淸與糟相配重設, 故云重醴, 蓋致飮於賓客則兼設之也.

以酏爲醴, 釀粥爲醴也. 黍酏, 以黍爲粥也. 醬, 醋水也. 醷, 梅漿也. 濫, 雜糗飯之屬和水也.

'예(醴)'는 벼·메기장·조 등 3종류로 각각 만들게 되는데, 이미 걸러낸 것은 맑은 것이 되고, 아직 걸러내지 않은 것은 탁한 것이 되니, 이 세 가지 감주에는 각각 맑은 것도 있고 탁한 것도 있다. 맑은 것과 탁한 것을 서로 짝이 되도록 중복해서 진설하기 때문에, 감주를 중복해서 진설한다고 말한 것이니, 무릇 빈객에게 마실 것을 대접하게 된다면, 이것 들을 함께 진설한다. '이이위례(以酏爲醴)'는 죽을 쑤어서 감주를 만든다 는 뜻이다. '서이(黍酏)'는 메기장으로 죽을 만든 것이다. '장(漿)'은 식초 이다. '의(醷)'자는 매실로 담근 식초이다. '남(濫)'은 볶은 쌀이나 밥 등 을 섞어서 물에 탄 것이다.

經文

酒: 清·白.〈050〉

술로는 청주와 백주 등이 있다.

集說

清, 清酒也. 祭祀之酒, 事酒·昔酒俱白, 故以白名之. 有事而飲者 謂之事酒, 無事而飲者名昔酒.

'청(清)'자는 청주를 뜻한다. 제사를 지낼 때 사용하는 술 중 사주와 석 주는 모두 백색이다. 그렇기 때문에 '백(白)'이라고 부른 것이다. 어떤 사안이 있어서 마시는 것을 '사주(事酒)'라 부르고, 특별한 일이 없는데 마시는 것을 '석주(昔酒)'라 부른다.

羞: 糗[起九反]**餌**[二]・**粉酏**[自私反].〈051〉

변에 담아내는 음식으로는 경단과['糗'자는 '起(기)'자와 '九(구)'자의 반절음이다. '餌'자의 음은 '二(이)'이다.] 인절미가['酏'자는 '自(자)'자와 '私(사)'자의 반절음이다.] 있다.

集說

周禮"羞籩之實, 糗酏粉餈." 此酏字當讀爲餈, 記者誤耳. 許愼云: "餈, 稻餠也. 炊米擣之." 粉餈, 以豆爲粉, 糝餈上也. 糗, 炒乾米麥也. 擣之以爲餌. 蓋先屑爲粉, 然後溲之, 餌之言堅潔若玉珥也. 餈之言滋也.

『주례』에서는 "변에 담아내는 음식으로는 구이와 분자가 있다."[1]라고 했다. 이곳의 '이(酏)'자는 마땅히 자(餈)자로 풀이해야 하니, 『예기』를 기록한 자가 글자를 잘못 기록한 것일 뿐이다. 허신은 "'자(餈)'는 쌀로 만든 떡이다. 밥을 짓고서 찧어서 만든다."라고 했다. '분자(粉餈)'는 콩을 가루로 만들어서, 떡 위에 묻힌 것이다. '구(糗)'는 말린 쌀과 보리를 볶은 것이다. 그것을 찧어서 경단으로 만든다. 무릇 먼저 빻아서 가루를 만들고, 그런 뒤에 반죽을 하는 것으로, '이(餌)'는 단단하고 깨끗한 것이 마치 옥으로 만든 귀고리와 같다는 뜻이다. '자(餈)'자는 "윤기가 흐른다."라는 뜻이다.

經文

食[嗣下同]**蝸**[力戈反]**醢, 而苽**[孤]**食雉羹, 麥食脯羹・雞羹, 折稌**[杜]**犬羹・兎羹. 和**[去聲]**糝**[思敢反]**不蓼**[了].〈052〉

---

1)『주례』「천관(天官)・변인(籩人)」: 羞籩之實, 糗餌・粉餈.

쌀밥을['食'자의 음은 '嗣(사)'이며, 뒤에 나오는 글자도 그 음이 이와 같다.] 먹을 때에는 소라로['蝸'자는 '力(력)'자와 '戈(과)'자의 반절음이다.] 담근 젓갈을 곁들이고, 고미밥을['苽'자의 음은 '孤(고)'이다.] 먹을 때에는 꿩국을 곁들이며, 보리밥을 먹을 때에는 포로 끓인 국·닭국을 곁들이고, 쌀을['稌'자의 음은 '杜(두)'이다.] 찧어서 만든 밥에는 개고깃국·토끼고깃국을 곁들이되, 맛의 조화를['和'자는 거성으로 읽는다.] 맞추고, 풀죽에는['糝'자는 '思(사)'자와 '敢(감)'자의 반절음이다.] 요라는['蓼'자의 음은 '了(료)'이다.] 풀은 넣지 않는다.

此言進飯之宜. 蝸, 與螺同. 苽, 雕胡也. 脯羹, 析脯爲羹也. 稌, 稻. 折稌, 謂細折稻米爲飯也. 此五羹者, 宜以五味調和米屑爲糝, 不須加蓼, 故云和糝不蓼也.

이 문장은 밥을 진설할 때 밥과 어울리는 음식에 대해 언급하고 있다. '와(蝸)'자는 나(螺)자와 동일하다. '고(苽)'자는 조호라는 식물의 열매이다. '포갱(脯羹)'은 포를 찢어서 국으로 만든 것이다. '도(稌)'자는 쌀을 뜻한다. '절도(折稌)'는 쌀알을 가늘게 찧어서 밥으로 만든 것을 뜻한다. 이러한 다섯 가지 국은 마땅히 오미로 조화를 이루고, 쌀가루로 풀죽을 만드는데, 요라는 풀은 첨가할 필요가 없다. 그렇기 때문에 "맛의 조화를 이루고, 풀죽에는 요는 넣지 않는다."라고 말한 것이다.

濡[而]豚, 包苦實蓼; 濡雞, 醢醬實蓼; 濡魚, 卵[鯤]醬實蓼; 濡鼈, 醢醬實蓼. 〈053〉

돼지고기를 삶을['濡'자의 음은 '而(이)'이다.] 때에는 씀바귀로 겉을 싸고, 배 안에 요라는 식물을 채워서 삶으며, 닭고기를 삶을 때에는 젓갈로 국물의 간을 맞추고, 배 안에 요라는 식물을 채워서 삶고, 물고기를 삶을 때에는 물고기 알로['卵'자의 음은 '鯤(곤)'이다.] 담근 젓갈로 국물의 간을 맞추고, 배 안에 요라는 식물을 채워서 삶으며, 자라를 삶을 때에는 젓갈로 국물의 간을 맞추고, 배 안에 요라는 식물을 채워서 삶는다.

濡, 讀爲胹, 烹煮之也. 胹豚者, 包裹之以苦菜, 而實蓼於腹中. 此四物, 皆以蓼實其腹而煮之也. 卵醬, 魚子爲醬也. 三物之用醬, 蓋以調和其汁耳.

'유(濡)'자는 이(胹)자로 풀이하니, 삶는다는 뜻이다. 따라서 '이돈(胹豚)'은 고채라는 식물을 이용하여 돼지고기를 싸고, 돼지 배 안에는 요라는 식물을 채워서 만든 것이다. 이 네 가지 음식들은 모두 요라는 식물을 그 배 안에 채워서 삶게 된다. '곤장(卵醬)'은 물고기 알로 젓갈을 담근 것이다. 이 세 가지 음식들에는 젓갈을 사용하게 되는데, 무릇 젓갈을 이용해서 국물의 간을 맞추기 때문이다.

腶[丁貫反]脩蚳[墀]醢, 脯羹兔醢, 麋膚魚醢. 魚膾芥醬, 麋腥醢醬, 桃諸梅諸卵[力管反]鹽.〈054〉

조미육포에는['腶'자는 '丁(정)'자와 '貫(관)'자의 반절음이다.] 왕개미 알로['蚳'자의 음은 '墀(지)'이다.] 담근 젓갈을 곁들이고, 포로 끓인 국에는 토끼고기로 담근 육장을 곁들이며, 큰 사슴의 저민 고기에는 물고기로 담근 젓갈을 곁들이고, 물기기 회에는 개장을 곁들이며, 큰 사슴의 생고기에는 젓갈과 장을 곁들이고, 복숭아 절임과 매실 절임에는 난염을['卵'자는 '力(력)'자와 '管(관)'자의 반절음이다.] 곁들인다.

腒脩, 見前. 蚳醢, 以蚔蝤子爲醢也. 謂食腒脩者, 以蚳醢配之; 食脯
羹者, 以兎醢配之. 餘倣此. 麋, 鹿之大者. 膚, 切肉也. 麋腥, 生麋
肉也. 諸, 菹也. 桃梅皆爲菹藏之, 欲藏必令稍乾, 故周禮謂之乾穣.
食之則和以卵鹽. 大鹽形似鳥卵, 故名卵鹽也.

'단수(腒脩)'에 대해서는 앞에 그 설명이 나온다. '지해(蚳醢)'는 왕개미
의 알로 젓갈을 담근 것이다. 즉 단수를 먹을 때에는 지해를 함께 곁들
여서 먹는다는 뜻이며, 포로 만든 국을 먹을 때에는 토끼고기로 담근 젓
갈을 곁들인다는 의미이다. 나머지 음식들도 모두 이러한 의미이다. '미
(麋)'는 사슴 중에서도 몸집이 큰 것이다. '부(膚)'는 고기를 잘게 썬 것
이다. '미성(麋腥)'은 생으로 된 미의 고기이다. '제(諸)'자는 채소 절임을
뜻한다. 복숭아와 매실은 모두 절임을 해서 보관하니, 보관을 하려고 하
면 반드시 좀 더 건조를 시켜야 하기 때문에, 『주례』에서는 이것을 '건
료(乾穣)'라고 부른 것이다. 이것을 먹을 때에는 난염을 곁들여서 맛을
낸다. 대염의 모습은 마치 새의 알과 같기 때문에, '난염(卵鹽)'이라고도
부르는 것이다.

凡食[嗣]齊[去聲]視春時, 羹齊視夏時, 醬齊視秋時, 飲齊視冬
時.〈055〉

무릇 밥을['食'자의 음은 '嗣(사)'이다. '齊'자는 거성으로 읽는다.] 차릴 때에는
봄철의 기운에 견주어 따뜻하게 내놓고, 국을 차릴 때에는 여름철의 기
운에 견주어 뜨겁게 내놓으며, 장을 차릴 때에는 가을철의 기운에 견주
어 서늘하게 내놓고, 음료를 차릴 때에는 겨울철의 기운에 견주어 시원
하게 내놓는다.

鄭氏曰: 飯宜溫, 羹宜熱, 醬宜涼, 飲宜寒也.

정현이 말하길, 밥은 마땅히 따뜻해야 하고, 국은 마땅히 뜨거워야 하며, 장은 마땅히 서늘해야 하고, 마실 것은 마땅히 시원해야 한다.

經文

凡和[去聲], 春多酸, 夏多苦, 秋多辛, 冬多鹹, 調以滑甘.〈056〉

무릇 조미료를 가미할['和'자는 거성으로 읽는다.] 때에는 봄에는 신맛을 많이 내고, 여름에는 쓴맛을 많이 내며, 가을에는 매운 맛을 많이 내고, 겨울에는 짠맛을 많이 내니, 단맛을 이용해서 맛을 조율한다.

集說

酸·苦·辛·鹹, 木·火·金·水之所屬, 多其時味, 所以養氣也. 四時皆調以滑甘, 象土之寄歟.

신맛·쓴맛·매운맛·짠맛은 오행 중 목·화·금·수에 해당하는데, 해당 계절의 맛을 많이 하는 것은 기운을 기르는 방법이다. 사계절에 대해 모두 단맛으로 조율하는 것은 오행 중 사행에 토가 깃들어 있음을 본뜬 것이다.

經文

牛宜稌, 羊宜黍, 豕宜稷, 犬宜粱, 鴈宜麥, 魚宜苽.〈057〉

소고깃국에는 쌀밥이 적합하며, 양고깃국에는 메기장밥이 적합하고, 돼지고깃국에는 차기장밥이 적합하며, 개고깃국에는 조밥이 적합하고, 기러기 고깃국에는 보리밥이 적합하며, 생선국에는 고미밥이 적합하다.

集說

上云折稌犬羹兎羹, 此云牛宜稌者, 上是人君燕食, 以滋味爲美, 此據尊者正食而言也.

앞에서는 쌀을 빻아서 지은 밥에는 개고깃국과 토끼고깃국을 곁들인다고 했는데, 이곳에서는 소고깃국에는 쌀밥이 합당하다고 했다. 그 이유는 군주의 연사(燕食)2)에서는 영양과 맛이 풍부한 음식을 맛있는 음식으로 여기기 때문이니, 이 기록은 존장자가 먹는 정식을 기준으로 말한 것이다.

經文

春宜羔豚, 膳膏薌; 夏宜腒[渠]鱐[搜], 膳膏臊[騷]; 秋宜犢麛[迷], 膳膏腥; 冬宜鮮[仙]羽, 膳膏羶.〈058〉

봄에는 새끼양고기와 돼지고기가 적합하고, 그것을 조리할 때에는 소의 지방을 이용하며, 여름에는 말린 꿩고기와['腒'자의 음은 '渠(거)'이다.] 말린

---

2) 연사(燕食)는 군주를 포함한 모든 계층들이 일상적으로 먹는 오찬이나 만찬을 뜻한다. 『주례』「천관(天官)·선부(膳夫)」에는 "王燕食, 則奉膳贊祭."라는 기록이 있고, 이에 대한 정현의 주에서는 "燕食, 謂日中與夕食."라고 풀이했다. 한편 손이양(孫詒讓)의 『주례정의(周禮正義)』에서는 "王日三食, 日中與夕食, 饌具減殺, 別於禮食及朝食盛饌, 故謂之燕食."라고 풀이했다. 즉 군주는 하루에 세 차례 식사를 하는데, 오찬 및 만찬에는 반찬의 가짓수가 적기 때문에, 예사(禮食)나 조찬 때 차려내는 성찬(盛饌)과는 구별이 된다. 그렇기 때문에 '연사'라고 부른다. 또한 연회를 시행할 때, 사용하는 음식을 뜻하기도 한다.

물고기가['鱐'자의 음은 '搜(수)'이다.] 적합하고, 그것을 조리할 때에는 개의
지방을['膮'자의 음은 '騷(소)'이다.] 이용하며, 가을에는 송아지 고기와 새끼
사슴고기가['麛'자의 음은 '迷(미)'이다.] 적합하고, 그것을 조리할 때에는 닭
의 지방을 이용하며, 겨울에는 살아있는 물고기와['鮮'자의 음은 '仙(선)'이다.]
기러기고기가 적합한데, 그것을 조리할 때에는 양의 지방을 이용한다.

牛膏薌, 犬膏臊, 雞膏腥, 羊膏羶. 如春時食羔豚, 則煎之以牛膏, 故
云膳膏薌也. 餘倣此. 腒, 乾雉. 鱐, 乾魚. 麛, 鹿子. 鮮, 生魚. 羽,
鴈也. 舊說此膳所宜, 以五行衰王相參, 乃方氏燥濕疾遲强弱之說,
今皆略之.

소의 지방, 개의 지방, 닭의 지방, 양의 지방을 뜻한다. 이것들은 마치
봄철에 새끼양과 돼지를 먹는다면, 그것을 끓일 때, 소의 지방을 이용하
는 것과 같다. 그렇기 때문에 "소의 지방으로 조리한다."라고 말한 것이
다. 나머지도 모두 이러한 방식이다. '거(腒)'자는 말린 꿩고기를 뜻한
다. '수(鱐)'자는 말린 물고기를 뜻한다. '미(麛)'자는 새끼 사슴을 뜻한
다. '선(鮮)'자는 살아있는 물고기를 뜻한다. '우(羽)'자는 기러기를 뜻한
다. 옛 학설에서는 이러한 음식들에 적합한 것은 오행 중 쇠약해지고
왕성해지는 것들이 서로 어울리는 것으로 한다고 했는데, 이것은 곧 방
씨가 마르고 축축하며, 빠르고 더디며, 강하고 약하다고 했던 주장에 해
당하는 것으로, 현재 이곳에서는 그 주장들을 모두 생략한다.

牛脩鹿脯 · 田豕脯 · 麋脯 · 麕[俱倫反]脯. 麋 · 鹿 · 田豕 · 麕皆
有軒[憲], 雉 · 兔皆有芼. 〈059〉

군주의 연사에서 추가적으로 차리는 음식들로는 소고기 육포·사슴고기 육포·멧돼지 육포·큰사슴고기 육포·노루고기['麕'자는 '俱(구)'자와 '倫(륜)'자의 반절음이다.] 육포가 있다. 큰사슴고기·사슴고기·멧돼지고기·노루고기는 포로만 먹는 것이 아니라 이들은 모두 생고기를 크게 잘라서도['軒'자의 음은 '憲(헌)'이다.] 먹고, 꿩고기와 토끼고기는 국으로 끓일 때, 모두 모채를 섞어서 맛을 낸다.

淺見

黃氏曰: 脯, 謂析乾其肉, 軒, 謂切其肉如藿菽, 芼, 謂以菜雜羹.

황씨가 말하길, '포(脯)'는 고기를 갈라서 말린 것을 뜻하며, '헌(軒)'은 고기를 자른 것이 콩잎처럼 생긴 것을 뜻하고, '모(芼)'는 채소를 국에 섞은 것을 뜻한다.

經文

爵·鷃[晏]·蜩[條]·范·芝·栭[而]·菱[陵]·椇[矩]·棗·栗·榛·柿[俟]·瓜·桃·李·梅·杏·楂[側加反]·梨·薑·桂. 〈060〉

군주의 연사에서 추가적으로 차리는 음식들로는 참새·세가락메추라기['鷃'자의 음은 '晏(안)'이다.]·매미['蜩'자의 음은 '條(조)'이다.]·벌·버섯·작은 밤['栭'자의 음은 '而(이)'이다.]·마름['菱'자의 음은 '陵(릉)'이다.]·호깨나무 열매['椇'자의 음은 '矩(구)'이다.]·대추·밤·개암나무 열매·감['柿'자의 음은 '俟(사)'이다.]·복숭아·자두·매실·살구·사['楂'자는 '側(측)'자와 '加(가)'자의 반절음이다.]·배·생강·월계수 등이 있다.

蜩, 蟬; 范, 蜂; 芝, 如今木耳之類; 栭, 韻會註云: "江准呼小栗爲栭
栗", 蔆, 芰也. 棋, 形似珊瑚, 味甛美, 一名白石李.

'조(蜩)'자는 매미를 뜻하며, '범(范)'자는 벌을 뜻하고, '지(芝)'는 마치 오
늘날의 목이라는 버섯의 부류와 같은 것이며, '이(栭)'에 대해서, 『운회』
의 주에서는 "강회 지역에서는 작은 밤을 '이률(栭栗)'이라고 부른다."라
고 했고, '능(蔆)'은 마름이라는 수초를 뜻한다. '구(棋)'는 그 모습이 마
치 산호와 유사한데, 맛이 달고 좋으며, '백석리(白石李)'라고도 부른다.

鄭氏曰: 自牛脩至此三十一物, 皆人君燕食所加庶羞也. 周禮天子
羞用百有二十品, 記者不能次錄.

정현이 말하길, '우수(牛脩)'라는 것부터 이곳에 기록된 음식까지는 모두
31종류가 되는데, 이 모두는 군주가 연사를 할 때, 추가적으로 차려내는
음식들에 해당한다. 『주례』에서 천자는 반찬으로 120종류의 음식이 들어
간다고 했는데, 『예기』를 기록한 자는 차례대로 기록하지 못한 것이다.

**大夫燕食, 有膾無脯, 有脯無膾. 士不貳羹胾. 庶人耆老不徒
食.**〈061〉

대부의 연사에 회가 포함되면 포가 없게 되고, 포가 포함되면 회가 없
게 된다. 사 계급은 국과 고기를 함께 차려서 먹지 않는다. 서인이라
하더라도 노인인 경우라면, 밥을 먹을 때 항상 맛있는 요리들이 포함
된다.

因上文言人君燕食之物, 而言大夫燕食, 士不貳羹胾, 亦謂燕食也.
徒, 猶空也. 不徒食, 言必有饌.

앞 문장에서 군주가 연사를 할 때 먹는 음식들을 언급한 것에 연유하여,
대부가 연사를 할 때 먹는 음식들을 언급한 것이며, "사는 국과 자를 함
께 먹지 않는다."는 말 또한 연사에 대한 내용이다. '도(徒)'자는 "비다."
는 뜻이다. '부도식(不徒食)'이라는 말은 반드시 맛있는 요리가 포함된다
는 뜻이다.

疏曰: 若朝夕常食, 則下云羹食, 自諸侯以下至於庶人無等.

소에서 말하길, 만약 아침저녁으로 먹는 일상적인 식사라면, 아래문장
에서는 국과 밥의 경우, 제후로부터 그 이하로 서인에 이르기까지 차등
이 없다고 했다.

膾, 春用葱, 秋用芥. 豚, 春用韭, 秋用蓼. 脂用葱, 膏用薤[胡介
反], 三牲用藙[毅], 和[去聲]用醯, 獸用梅.〈062〉

회를 먹을 때, 봄에는 파를 곁들이고, 가을에는 개장을 곁들인다. 돼지
고기를 먹을 때, 봄에는 부추를 곁들이고, 가을에는 요라는 채소를 곁들
인다. 굳어 있는 지방을 요리할 때에는 파를 이용하고, 녹아있는 지방
을 요리할 때에는 염교를['薤'자는 '胡(호)'자와 '介(개)'자의 반절음이다.] 이용
하며, 세 가지 희생물의 고기를 조리할 때에는 수유를['藙'자의 음은 '毅
(의)'이다.] 이용하고, 간을 맞출 때에는['和'자는 거성으로 읽는다.] 젓갈을 이
용하며, 뭍짐승 고기는 매실을 이용하여 간을 맞춘다.

芥, 芥醬也. 肥凝者爲脂, 釋者爲膏. 三牲, 牛・羊・豕也. 菽, 茱萸也. 和用醯, 以醯和三牲也. 獸用梅, 以梅和獸也.

‘개(芥)’자는 개장을 뜻한다. 비계가 응고된 것을 ‘지(脂)’라고 하며, 풀어진 것을 ‘고(膏)’라고 한다. ‘삼생(三牲)’은 소・양・돼지를 뜻한다. ‘의(菽)’는 수유이다. ‘화용혜(和用醯)’라는 말은 젓갈을 이용해서 세 가지 희생물에 대한 간을 맞춘다는 뜻이다. ‘수용매(獸用梅)’라는 말은 매실을 이용해서 뭍짐승 고기에 대한 간을 맞춘다는 뜻이다.

經文

鶉羹・雞羹・駕[如], 釀[尼亮反]之蓼. 魴[防]鱮[序]烝・雛燒・雉, 薌無蓼.〈063〉

메추라기 국・닭국・세가락메추라기[‘駕’자의 음은 ‘如(여)’이다.] 찜에는 요라는 식물을 섞어서[‘釀’자는 ‘尼(니)’자와 ‘亮(량)’자의 반절음이다.] 맛을 낸다. 방어와[‘魴’자의 음은 ‘防(방)’이다.] 연어의[‘鱮’자의 음은 ‘序(서)’이다.] 찜・새끼새 구이・꿩 요리는 향초를 섞어서 맛을 내되 요는 섞지 않는다.

駕不爲羹, 惟烝煮而已, 故不曰羹. 此三味皆切蓼以雜和之, 故曰釀之蓼. 魴鱮二魚, 烝而食之, 故曰魴鱮烝. 雛, 鳥之小者, 燒熟然後調和, 故云雛燒. 雉則或燒或烝, 或以爲羹皆可. 薌, 謂香草, 若白蘇紫蘇之屬也. 言烝魴鱮・燒雛及烹雉, 皆調和之以香草, 無用蓼也.

세가락메추라기로는 국을 만들지 않으니, 오직 찌거나 삶을 따름이다. 그렇기 때문에 ‘갱(羹)’자를 붙여서 말하지 않았다. 이 세 가지 음식들에는 모두 요라는 식물을 잘게 잘라서, 그곳에 섞어 맛을 조화롭게 한다. 그렇기 때문에 "요를 섞어서 맛을 낸다."라고 말한 것이다. 방어와 연어라는 두 가지 물고기는 쪄서 먹게 된다. 그렇기 때문에 '방어와 연어의 찜'이라고 말한 것이다. 추는 새 중에서도 크기가 작은 것인데, 불로 구운 뒤에야 맛이 조화롭게 된다. 그렇기 때문에 '새끼 새 구이'라고 말한 것이다. 꿩은 굽기도 하고 찌기도 하며, 간혹 국으로 만들기도 하여, 이모든 방법이 가능하다. '향(薌)'자는 향기를 내는 식물을 뜻하니, 마치 백소나 자소와 같은 부류들이다. 방어와 연어를 찐 것과 새끼 새를 구운 것 및 꿩을 삶은 것들은 모두 향초를 이용해서 맛을 조화롭게 하되, 요는 사용하지 않는다.

經文

不食[句], 雛鼈. 狼去[上聲]腸, 狗去腎. 狸去正脊, 兎去尻[苦刀反], 狐去首, 豚去腦, 魚去乙, 鼈去醜.〈064〉

먹지 않는 것으로는['食'자에서 구문을 끊는다.] 새끼 자라가 있다. 이리를 먹을 때에는 창자를 제거하고['去'자는 상성으로 읽는다.] 먹고, 개를 먹을 때에는 콩팥을 제거하고 먹으며, 살쾡이를 먹을 때에는 등뼈를 제거하고 먹고, 토끼를 먹을 때에는 꽁무니를['尻'자는 '苦(고)'자와 '刀(도)'자의 반절음이다.] 제거하고 먹으며, 여우를 먹을 때에는 머리를 제거하고 먹고, 돼지를 먹을 때에는 뇌를 제거하고 먹으며, 물고기를 먹을 때에는 아가미에 있는 을자 모양의 뼈를 제거하고 먹고, 자라를 먹을 때에는 항문을 제거하고 먹는다.

集說

此九者皆爲不利於人. 雛鼈, 伏乳者. 魚體中有骨如篆乙之形, 去之,爲鯁人也. 醜, 竅也. 或云頸下有骨能毒人.

이러한 아홉 가지 부위들은 모두 사람에게 이롭지 않은 것이다. '추별(雛鼈)'은 아직 젖을 먹게 되는 새끼를 뜻한다. 물고기 몸체에는 '을(乙)'자를 새겨 넣은 것처럼 생긴 뼈가 있는데, 그것을 제거하는 것은 먹을 때 가시가 박히도록 만들기 때문이다. '추(醜)'자는 항문을 뜻한다. 혹자는 목 아래에 있는 뼈로, 사람에게 독을 퍼트리는 부위라고도 한다.

經文

肉曰脫之, 魚曰作之, 棗曰新之, 栗曰撰[須克反]之, 桃曰膽之, 柤[側加反]棃曰攢[咨官反]之.〈065〉

고기의 경우, 껍질과 힘줄을 벗겨내고 제거하는 것을 '탈(脫)'한다고 부르고, 물고기의 경우, 움직이게 하여 신선한지를 살펴보는 것을 '작(作)'한다고 부르며, 대추의 경우, 깨끗하게 씻는 것을 '신(新)'한다고 부르고, 밤의 경우, 벌레 먹은 것을 골라내는 것을 '선(撰)'한다고['撰'자는 '須(수)'자와 '充(연)'자의 반절음이다.] 부르며, 복숭아의 경우, 씻고 문질러서 푸르고 매끄럽게 만드는 것을 '담(膽)'한다고 부르고, 사와['柤'자는 '側(측)'자와 '加(가)'자의 반절음이다.] 배의 경우, 벌레 먹은 것을 도려내는 것을 '찬(攢)'한다고['攢'자는 '咨(자)'자와 '官(관)'자의 반절음이다.] 부른다.

淺見

黃氏曰: 脫之, 除其筋膜. 作之, 刷其麟. 新之, 拭其垢. 撰之, 省視其蟲蠹. 膽之, 去其毛使靑瑩, 如膽. 攢之, 環看其虫孔, 皆治擇之名也.

황씨가 말하길, '탈지(脫之)'는 힘줄과 표피의 막을 제거한다는 뜻이다. '작지(作之)'는 비늘을 깎아낸다는 뜻이다. '신지(新之)'는 먼지를 닦아낸다는 뜻이다. '선지(撰之)'는 벌레가 좀먹은 부위를 살핀다는 뜻이다. '담지(膽之)'는 솜털을 제거하여 쓸개처럼 푸르고 영롱하게 만든다는 뜻이다. '찬지(攢之)'는 벌레가 먹은 부위를 둥글게 도려낸다는 뜻이니, 이 모두는 다듬고 고른다는 뜻의 명칭이다.

牛夜鳴, 則疒[由]; 羊泠[零]毛而毳[昌銳反], 羶; 狗赤股而躁, 臊[騷]; 鳥麃[傍表反]色而沙鳴, 鬱; 豕望視而交睫[接], 腥; 馬黑脊而般[班]臂, 漏[平聲].〈066〉

소가 밤에 운다면, 그 고기에서는 썩은 나무 냄새가['疒'자의 음은 '由(유)'이다.] 나고, 양의 털의 끝이 구부러져['泠'자의 음은 '零(령)'이다.] 있고 가늘어져['毳'자는 '昌(창)'자와 '銳(예)'자의 반절음이다.] 있다면, 그 고기에서는 누린내가 나며, 개의 정강이에 털이 없어서 그 속살이 훤히 드러나며, 방정맞게 움직인다면, 그 고기에서는 누린내가['臊'자의 음은 '騷(소)'이다.] 나고, 새의 털색이 변하여 윤기가 없고['麃'자는 '傍(방)'자와 '表(표)'자의 반절음이다.] 서글프게 운다면, 그 고기에서는 썩은 냄새가 나며, 돼지가 눈을 치켜뜨고, 속눈썹이['睫'자의 음은 '接(접)'이다.] 길어서 서로 교차했다면, 그 고기에는 쌀알처럼 흰 반점들이 나타나고, 말의 척추가 검고 앞쪽 정강이에 얼룩무늬가['般'자의 음은 '班(반)'이다.] 있다면, 그 고기에서는 땅강아지 냄새가['漏'자는 평성으로 읽는다.] 난다. 따라서 이러한 것들은 먹어서는 안 된다.

牛之夜鳴者, 其肉疒臭. 羊之毛本稀泠, 而毛端毳結者, 其肉羶氣. 狗股裏無毛而擧動急躁者, 其肉臊惡. 麃色, 色變而無潤澤也. 沙,

嘶也, 鳴而其聲沙斯者. 鬱, 謂腐臭也. 望視, 擧目高也. 交睫, 目睫
毛交也. 腥, 讀爲星, 肉中生小息肉如米者也. 般臂, 前脛毛班也.
漏, 讀爲螻, 謂其肉如螻蛄臭也. 牛至馬六物若此者, 皆不可食.

소 중에 밤에 우는 것들은 그 고기에서 썩은 나무 냄새가 난다. 양의
털 줄기가 구부러져 있고 듬성듬성 있으며, 털의 끝이 가늘고 구부러져
있는 것은 그 고기에서 누린내가 난다. 개의 넓적다리 속살에 털이 없
고, 거동이 방정맞은 것은 그 고기에서 누린내가 난다. '표색(驫色)'은
색이 변하여 윤기가 없다는 뜻이다. '사(沙)'자는 "애처롭게 울다."는 뜻
으로, 새가 울 때 그 소리가 애처로운 것을 뜻한다. '울(鬱)'자는 부패할
때 나는 냄새를 뜻한다. '망시(望視)'는 눈을 높이 치켜뜬다는 뜻이다.
'교첩(交睫)'은 속눈썹의 털이 서로 엇갈려 있다는 뜻이다. '성(腥)'자는
성(星)자로 풀이하니, 생고기 상태로 잠시 놔두게 되면, 고기 중에 쌀처
럼 하얀 반점이 생기는 것을 뜻한다. '반비(般臂)'는 앞정강이에 있는 털
이 얼룩무늬인 것을 뜻한다. '누(漏)'자는 누(螻)자로 풀이하니, 그 고기에
서 땅강아지와 같은 냄새를 풍기는 것을 뜻한다. 소로부터 말에 이르기까
지, 총 6가지 고기 중 이와 같은 것이 있다면, 모두 먹어서는 안 된다.

經文

雛尾不盈握, 弗食. 舒鴈翠·鵠鴞[于嬌反]胖[判]·舒鳧翠·雞
肝·鴈腎·鴇[保]奧[郁]·鹿胃.〈067〉

몸집이 작은 새의 꼬리가 한 줌도 안 되면, 먹지 않는다. 거위의 꼬리·
고니와 부엉이의['鴞'자는 '于(우)'자와 '嬌(교)'자의 반절음이다.] 옆구리['胖'자의
음은 '判(판)'이다.]·오리의 꼬리·닭의 간·기러기의 콩팥·너새의['鴇'자
의 음은 '保(보)'이다.] 지라['奧'자의 음은 '郁(욱)'이다.]·사슴의 위는 먹지 않
는다.

舒鴈, 鵝也. 翠, 尾肉也. 胖, 脅側薄肉也. 舒鳧, 鴨也. 鴰,
似鴈而大, 無後指. 奧, 脾肶也, 藏之深奧處也. 此九物亦不可食.

'서안(舒鴈)'은 거위를 뜻한다. '취(翠)'자는 꼬리 고기를 뜻한다. '반(胖)'
은 갈비 측면에 붙어 있는 엷은 살을 뜻한다. '서부(舒鳧)'는 오리를 뜻
한다. '보(鴰)'는 기러기와 유사하지만 몸집이 큰 것으로, 뒷발가락이 없
는 것이다. '욱(奧)'은 지라 주머니를 뜻하는데, 장기 중 가장 깊숙한 곳
에 있다. 이러한 아홉 가지 부위들 또한 먹어서는 안 된다.

肉腥細者爲膾, 大者爲軒[憲]. 或曰: "麋鹿魚爲菹, 麕爲辟[璧]
鷄, 野豕爲軒, 兎爲宛[苑]脾. 切葱若薤, 實諸醯以柔之."〈068〉

생고기를 가늘게 저민 것은 '회(膾)'가 되며, 크게 자른 것은 '헌(軒)'이
['軒'자의 음은 '憲(헌)'이다.] 된다. 혹은 "큰 사슴고기·사슴고기·물고기로
는 절임을 만들고, 노루로는 벽계를['辟'자의 음은 '璧(벽)'이다.] 만들며, 멧
돼지로는 헌을 만들고, 토끼로는 원비를['宛'자의 음은 '苑(원)'이다.] 만든
다. 염교나 파를 썰어서, 젓갈에 담가서 부드럽게 만든다."라고 했다.

細縷切者爲膾, 大片切者爲軒. 或用葱或用薤, 故云切葱若薤. 肉與
葱薤皆置之醯中, 故云實諸醯. 侵漬而熟, 則柔軟矣, 故曰柔之.

가늘고 잘게 저민 것은 '회(膾)'가 되고, 크게 자른 것은 '헌(軒)'이 된다.
혹은 파를 이용하기도 하고, 혹은 염교를 이용하기도 한다. 그렇기 때문
에 "염교나 파를 자른다."라고 말한 것이다. 고기와 파 및 염교는 모두

식초에 재우게 된다. 그렇기 때문에 "젓갈에 담근다."라고 말한 것이다. 재워서 숙성을 시키게 된다면, 연하고 부드럽게 된다. 그렇기 때문에 "연하게 한다."라고 말한 것이다.

疏曰: 爲記之時, 無菹軒辟雞宛脾之制, 作之未審, 舊有此言, 記者承而用之, 故稱或曰. 其辟雞·宛脾及軒之各, 其義未聞.

소에서 말하길, 『예기』를 기록했을 당시에는 저·헌·벽계·원비를 만드는 방법이 남아 있지 않았으므로, 기록을 상세하게 하지 못한 것인데, 옛 기록에 이러한 말들이 남아 있어서, 『예기』를 기록한 자가 그 내용을 가져와서 인용한 것이다. 그렇기 때문에 '혹왈(或曰)'이라고 지칭한 것이다. 벽계·원비 및 헌의 명칭에 대해서는 그 자세한 의미를 들어보지 못했다.

經文

羹食[嗣], 自諸侯以下至於庶人, 無等. 大夫無秩膳, 大夫七十而有閣.〈069〉

국과 밥은['食'자의 음은 '嗣(사)'이다.] 평상시에 먹는 것들이니, 제후로부터 서인에 이르기까지 신분에 따른 차등이 없다. 대부에게는 항상 차리게 되는 요리가 없고, 대부의 나이가 70이 되어서야 음식물을 올려두는 각을 두게 된다.

集說

羹與飯常日所食, 故無貴賤之等差. 秩, 常也. 五十始命爲大夫, 未爲甚老, 故無常膳. 七十有閣, 則有秩膳矣. 閣以板爲之, 所以庋飮食之物.

국과 밥은 평상시에 먹는 것들이다. 그렇기 때문에 귀천의 등급에 따른 차등이 없는 것이다. '질(秩)'자는 항상이라는 뜻이다. 50세가 되어서야 비로소 명을 받아 대부가 되는데, 아직은 매우 늙은 것이 아니다. 그렇기 때문에 항상 먹게 되는 요리가 없는 것이다. 70세가 되어 각을 둔다면, 항상 먹게 되는 요리가 있는 것이다. '각(閣)'은 널판을 이용해서 만드는데, 음식물을 올려두는 것이다.

經文

天子之閣, 左達五, 右達五. 公・侯・伯於房中五, 大夫於閣三, 士於坫[丁念反]一.〈070〉[舊在"敢私祭"之下.]

천자가 설치하는 각은 좌측 협실에 5개를 설치하고, 우측 협실에 5개를 설치한다. 공작・후작・백작의 경우에는 방 안에 5개의 각을 설치하고, 대부는 협실에 각을 설치하되 3개를 설치하며, 사는 각 대신 흙으로 쌓은 받침을['坫'자는 '丁(정)'자와 '念(념)'자의 반절음이다.] 1개 설치한다. [옛 판본에는 "감히 사적인 제사를 지낸다."3)라고 한 문장 뒤에 수록되어 있었다.]

集說

疏曰: 宮室之制, 中央爲正室, 正室左右爲房, 房外有序, 序外有夾室. 天子尊, 庖廚遠, 故左夾室五閣, 右夾室五閣. 諸侯卑, 庖廚宜稍近, 故於房中, 惟一房之中而五閣也. 大夫卑而無嫌, 故亦於夾室而三閣. 士卑不得爲閣, 但於室中爲士坫以庋食. 五者, 三牲之肉及魚・腊. 三者, 豕・魚・腊也.

---

3) 『예기』「내칙」042장 : 若富, 則具二牲, 獻其賢者於宗子. 夫婦皆齊而宗敬焉, 終事而后<u>敢私祭</u>.

소에서 말하길, 궁실의 제도에 있어서, 중앙에 있는 것은 정실이 되며, 정실의 좌우측에 있는 것은 방이 되고, 방 바깥에는 서가 있으며, 서 바깥에는 협실이 있다. 천자는 존귀한 존재이므로, 부엌이 멀리 떨어져 있다. 그렇기 때문에 좌측 협실에는 5개의 각을 갖추고, 우측 협실에는 5개의 각을 갖추는 것이다. 제후는 상대적으로 신분이 낮으므로, 부엌의 위치에 있어서도 마땅히 천자보다 조금 더 가까이 있게 된다. 그렇기 때문에 방 안에 두며, 단지 1개의 방 안에 5개의 각을 갖출 뿐이다. 대부는 제후보다도 신분이 낮으므로, 예법을 높이더라도 혐의를 받지 않는다. 그렇기 때문에 또한 협실에 마련하며 3개의 각을 둔다. 사는 신분이 더욱 낮으므로 각을 만들 수 없고, 단지 실 안에 흙으로 쌓은 대를 만들어서, 음식을 올려둘 따름이다. 5개의 각을 갖추는 경우에는 3종류 희생물의 고기 및 물고기와 석을 둔다. 3개의 각을 갖추는 경우에는 돼지고기·물고기·석을 둔다.

淺見

近按: 以上諸節皆言飮食之制, 而以自天子至於士庋閣之數, 而總結之也.

내가 살펴보니, 여기까지의 여러 문단들은 모두 음식에 대한 제도를 언급하고 있으며, 천자로부터 사 계급에 이르기까지 음식을 올려두는 선반의 수치를 언급하여 총괄적인 결론을 맺었다.

淳[之純反]熬[遨]: 煎醢加于陸稻上, 沃之以膏, 曰淳熬.〈074〉

여덟 가지 진미 중 첫 번째 요리인 준오에['淳'자는 '之(지)'자와 '純(순)'자의 반절음이다. '熬'자의 음은 '遨(오)'이다.] 대해 설명하자면, 젓갈을 달여서 쌀밥 위에 붓고, 다시 기름을 부어서 완성한다. 그렇기 때문에 이러한 뜻에서 '준오(淳熬)'라고 부르는 것이다.

集說

淳, 沃也. 熬, 煎也. 陸稻, 陸地之稻也. 以陸稻爲飯, 煎醢加于飯上, 又恐味薄, 故更沃之以膏. 此八珍之一也.

'준(淳)'자는 "붓다."는 뜻이다. '오(熬)'자는 "달이다."는 뜻이다. '육도(陸稻)'는 육지에서 생산된 벼를 뜻한다. 육도로 밥을 짓고, 젓갈을 달여서 밥 위에 붓고, 또 그 맛이 싱거울 것을 염려했기 때문에, 재차 기름을 붓는 것이다. 이것은 팔진 중 첫 번째 요리이다.

淳母[模]: 煎醢加于黍食[嗣]上, 沃之以膏, 曰淳母.〈075〉

여덟 가지 진미 중 두 번째 요리인 준모에['母'자의 음은 '模(모)'이다.] 대해 설명하자면, 젓갈을 달여서 메기장으로 지은 밥['食'자의 음은 '嗣(사)'이다.] 위에 붓고, 다시 기름을 부어서 완성한다. 그렇기 때문에 이러한 뜻에서 '준모(淳母)'라고 부르는 것이다.

集說

疏曰: 母, 是禁辭, 非膳羞之體, 故讀爲模, 象也. 蓋法象淳熬而爲之. 但用黍飯爲異耳. 此八珍之二也.

소에서 말하길, '무(毋)'라는 말은 금지사에 해당하니, 요리와 음식들을 가리키는 말이 아니다. 그렇기 때문에 모(模)자로 풀이하니, '모(模)'자는 "본받다."는 뜻이다. 준오의 조리방법을 본받아서 만든다. 다만 메기장으로 지은 밥을 이용하는 점만 다를 따름이다. 이것은 여덟 가지 진미 중 두 번째 요리이다.

炮[庖]: 取豚若將[牂], 刲[睽]之刳[枯]之, 實棗於其腹中, 編萑[丸]以苴[子餘反]之, 塗之以謹[芹]塗. 炮之, 塗皆乾[干], 擘[百]之, 濯手以摩之, 去[上聲]其皽[展], 爲稻粉, 糔[息酒反]溲[所九反]之以爲酏[移], 以付豚, 煎諸膏, 膏必滅之. 鉅鑊[戶郭反]湯, 以小鼎薌脯於其中, 使其湯毋滅鼎, 三日三夜毋絶火, 而后調之以醯醢. 〈076〉

여덟 가지 진미 중 세 번째와 네 번째 요리에 해당하며, 진흙에 싸서 굽는 포돈과 포장에['炮'자의 음은 '庖(포)'이다.] 대해 설명하자면, 돼지와 숫양을['將'자의 음은 '牂(장)'이다.] 가져다가 도축을 하여, 안의 내장을 제거하고['刲'자의 음은 '睽(규)'이다. '刳'자의 음은 '枯(고)'이다.] 그 배 안에 대추를 채우며, 환이라는['萑'자의 음은 '丸(환)'이다.] 풀을 엮어서 감싸고['苴'자는 '子(자)'자와 '餘(여)'자의 반절음이다.] 진흙을['謹'자의 음은 '芹(근)'이다.] 바른다. 그것을 구워서, 진흙이 모두 마르게['乾'자의 음은 '干(간)'이다.] 되면, 겉면의 진흙을 제거하고['擘'자의 음은 '百(백)'이다.] 손을 씻은 뒤에 문질러서 표피를['皽'자의 음은 '展(전)'이다.] 벗겨내고['去'자는 상성으로 읽는다.] 쌀가루를 만들어서, 물을 부어['溲'자는 '所(소)'자와 '九(구)'자의 반절음이다.] 반죽해서['糔'자는 '息(식)'자와 '酒(주)'자의 반절음이다.] 쌀죽을['酏'자의 음은 '移(이)'

이다.] 만들고, 이것을 돼지고기에 입히고, 기름에 넣어서 졸이는데, 기름은 반드시 돼지고기가 잠기도록 충분히 붓는다. 큰 솥을['鑊'자는 '戶(호)'자와 '郭(곽)'자의 반절음이다.] 준비하여 그 안에 물을 붓고, 작은 솥 안에는 향미를 가미한 포를 넣는데, 작은 솥을 큰 솥 안에 넣는다. 그리고 물이 작은 솥 안으로 들어가지 않도록 하고, 3일 밤낮을 은근한 불로 달이며, 그런 뒤에 젓갈이나 장을 이용해서 간을 맞춘다.

集說

此珍主於塗而燒之, 故以炮各. 牂, 牡羊也. 刲之刳之, 殺而去其五藏也. 萑, 蘆葦之類. 苴, 裹也. 謹, 讀爲墐, 說文黏土也. 擘之者, 擘去乾塗也. 濯手以摩之去其皽, 謂擘泥手不淨, 又隸肉熱, 故必濯其手, 然后摩去其皽膜也. 糔, 與前章滫隨之滫同, 以稻米爲粉, 滫溲之爲粥. 若豚則以此粥敷其外, 若羊則解析其肉, 以此粥和之, 而俱煎以膏. 滅, 沒也. 謂所用膏, 沒此豚與羊也. 鉅鑊湯, 以大鑊盛湯也. 脯, 解析之薄如脯也. 蘜脯, 香美此脯也. 脯在小鼎內, 而小鼎則置在鑊湯內, 湯不可沒鼎, 沒鼎則水入壞脯也. 毋絶火, 微熱而已, 不熾之也. 至食則又以醯與醢調和之. 此八珍之三·四也.

여기에서 말하는 진미들은 진흙에 싸서 굽는 것을 위주로 한다. 그렇기 때문에 '포(炮)'자를 붙여서 부르는 것이다. '장(牂)'자는 수컷 양을 뜻한다. '규지고지(刲之刳之)'라는 말은 도축을 하고서 오장을 제거한다는 뜻이다. '환(萑)'은 노위라는 풀 부류이다. '저(苴)'자는 "싸다."는 뜻이다. '근(謹)'자는 근(墐)자로 풀이하니, 『설문』에서는 점토라고 했다. '벽지(擘之)'라는 말은 말라붙은 진흙을 제거한다는 뜻이다. 손을 씻고 문질러서 그 표피를 제거하니, 진흙을 제거하면 손이 더럽게 되고, 또한 고기가 익어서 뜨겁기 때문에, 반드시 손을 씻은 뒤에 문질러서 표피를 벗겨낸다는 의미이다. '수(糔)'자는 앞장에 '수수(滫隨)'라고 했을 때의 수(滫)자와 동일하니, 쌀 알갱이를 빻아서 가루로 만들고, 뜨물로 반죽하여 죽으로 만든 것이다. 만약 돼지고기인 경우라면, 이러한 죽을 이용해서 그 겉면에 입히고, 양고기인 경우라면, 고기를 잘게 잘라 이러한 죽을 섞어서 기름을 이용해 함께 달인다. '멸(滅)'자는 "잠기다."는 뜻이다. 즉 기름을 이용하여 이러한 돼지고기와 양고기를 잠기도록 붓는다는 뜻이다. '거확탕(鉅鑊湯)'이라는 말은 큰 솥에 물을 담는다는 뜻이다. '포(脯)'자는 포처럼 엷게 썰었다는 뜻이다. '향포(薌脯)'는 이러한 포에 향미를 더한다는 뜻이다. 포는 작은 솥 안에 담겨 있고, 작은 솥은 큰 솥에 담긴 물 위에 놓이게 되며, 물이 작은 솥을 잠기게 해서는 안 되니, 작은 솥이 물에 잠긴다면, 물이 들어와서 포의 맛을 망치기 때문이다. '무절화(毋絶火)'는 약한 불로 계속 데울 따름이며, 활활 타도록 하지 않는다는 뜻이다. 식사를 할 때가 되면, 또한 젓갈과 장을 이용해서 간을 맞춘다. 이것들은 여덟 가지 진미 중 세 번째와 네 번째에 해당하는 요리이다.

經文

擣[丁老反]珍: 取牛·羊·麋·鹿·麕之肉必脄[每], 每物與牛若一, 捶[主藥反]反側之, 去其餌, 孰出之, 去其皽, 柔其肉.〈077〉

여덟 가지 진미 중 다섯 번째 요리인 도진에['擣'자는 '丁(정)'자와 '老(로)'자의 반절음이다.] 대해 설명하자면, 소고기·양고기·큰 사슴고기·사슴고기·노루고기 중 등심['脄'자의 음은 '每(매)'이다.] 부위만을 취하여 사용하되, 각각의 고기들은 소고기 양과 균등하게 섞고, 이리저리 두드려서['捶'자는 '主(주)'자와 '藥(예)'자의 반절음이다.] 힘줄처럼 질긴 부위를 제거하고, 다 익으면 꺼내서, 겉면에 있는 얇은 표피를 제거하고, 젓갈 등을 이용해서 고기를 부드럽게 만든다.

集說

脄, 夾脊肉也. 與牛若一, 謂與牛肉之多寡均也. 捶, 擣也. 反捶之,

又側捶之, 然后去其筋餌. 旣熟, 乃去其皽膜而柔之以醢醢. 此八珍
之五也.

'매(脢)'는 등골뼈에 끼어 있는 살을 뜻한다. '여우약일(與牛若一)'이라는
말은 소고기의 수량과 균등하게 한다는 뜻이다. '추(捶)'자는 "두드리다."
는 뜻이다. 반대로 두드리고, 또 측면을 두드린 뒤에, 힘줄 등의 질긴
부위를 제거하는 것이다. 다 익었다면, 곧 표피의 엷은 막을 제거하고,
젓갈과 장을 이용해서 부드럽게 한다. 이것은 여덟 가지 진미 중 다섯
번째 요리에 해당한다.

經文

漬[自]: 取牛肉必新殺者, 薄切之, 必絶其理, 湛[尖]諸美酒, 期
[基]朝而食之以醢若醯醢[倚].〈078〉

여덟 가지 진미 중 여섯 번째 요리인 지에['漬'자의 음은 '自(자)'이다.] 대해
설명하자면, 소고기를 이용하되, 반드시 새로 잡은 신선한 고기를 사용
하며, 엷게 자르되, 반드시 그 결에 따라서 횡으로 자르며, 자른 고기는
감미로운 술에 담그고['湛'자의 음은 '尖(첨)'이다.] 하루가 지난 뒤에['期'자의
음은 '基(기)'이다.] 먹되, 젓갈이나 매실장['醢'자의 음은 '倚(의)'이다.] 등을 곁
들인다.

集說

絶其理, 橫斷其文理也. 湛, 亦漬也. 期朝, 今旦至明旦也. 醢, 梅漿
也. 此八珍之六也.

'절기리(絶其理)'는 고기를 결에 따라서 횡으로 자른다는 뜻이다. '담
(湛)'자 또한 "담그다."는 뜻이다. '기조(期朝)'는 금일 아침부터 다음날

아침까지를 뜻한다. '의(醷)'는 매실로 담근 장이다. 이것은 여덟 가지 진미 중 여섯 번째에 해당하는 요리이다.

爲熬: 捶之去其皽, 編萑布牛肉焉. 屑桂與薑, 以酒[所買反]諸上而鹽[去聲]之, 乾而食之. 施羊亦之. 施麋·施鹿·施麕皆如牛羊. 欲濡肉, 則釋而煎之以醢; 欲乾肉, 則捶而食之.〈079〉[舊在"皆有惇史"之下.]

여덟 가지 진미 중 일곱 번째 요리인 오의 조리법에 대해 설명하자면, 고기를 두들겨서 표피의 얇은 막을 제거하고, 환을 엮은 것 위에 소고기를 펴둔다. 계피와 생강을 가루로 만들어서, 고기 위에 뿌리고['酒'자는 '所(소)'자와 '買(매)'자의 반절음이다.] 소금물로 적시고['鹽'자는 거성으로 읽는다.] 마르면 먹는다. 양고기를 가지고 만들 때에도 또한 이처럼 한다. 큰 사슴고기를 가지고 만들고, 사슴고기를 가지고 만들며, 노루고기를 가지고 만들 때에도 모두 소고기나 양고기를 이용할 때처럼 한다. 축축한 고기를 만들고자 한다면, 불려서 젓갈에 끓이고, 마른 고기를 만들고자 한다면, 두들겨서 부드럽게 한 다음에 먹는다. [옛 판본에는 "모두에게 있어서 돈사를 기록하는 것이 있었다."[1]라고 한 문장 뒤에 수록되어 있었다.]

此肉於火上爲之, 故名曰熬. 生擣而去其皽膜, 然后布於編萑之上, 先以桂薑之屑酒之, 次用鹽釋, 謂以水潤釋之也. 此八珍之七也.

---

1) 『예기』「내칙」073장: 凡養老, 五帝憲, 三王有乞言. 五帝憲, 養氣體而不乞言, 有善則記之爲惇史. 三王亦憲, 旣養老而后乞言, 亦微其禮, 皆有惇史.

이러한 고기들은 불 위에서 조리하게 된다. 그렇기 때문에 '오(熬)'라고 부르는 것이다. 생고기를 두들겨서, 표피의 엷은 막을 제거하고, 그런 뒤에 환을 엮은 것 위에 펼치며, 우선적으로 계피와 생강가루를 뿌리고, 그 다음으로 소금을 이용해서 적시니, 즉 소금물을 이용해서 적신다는 뜻이다. 이것은 여덟 가지 진미 중 일곱 번째 요리에 해당한다.

淺見

近按: 以上言天子八珍之制, 自一至七.

내가 살펴보니, 여기까지는 천자가 먹는 팔진의 조리 방법에 있어서 첫 번째부터 일곱 번째 요리까지를 말하고 있다.

肝膋[聊]: 取狗肝一, 朦[蒙]之以其膋, 濡炙之擧燋, 其膋不
蓼.〈081〉 [舊在"爲餌煎"之下.]

여덟 가지 진미 중 여덟 번째 요리인 간료에['膋'자의 음은 '聊(료)'이다.] 대
해 설명하자면, 개의 간 한 개를 가져다가 뱃가죽 안쪽의 지방을 이용
해서 완전히 뒤덮고['朦'자의 음은 '蒙(몽)'이다.] 적신 것을 굽되 완전히 익
혀서 바삭바삭하게 굽고, 간료를 먹을 때에는 요를 곁들이지 않는다.
[옛 판본에는 "반죽을 한 뒤에, 끓이게 된다."[1]라고 한 문장 뒤에 수록되어 있었다.]

擧, 皆也. 謂炙膋皆熟而焦, 食之不用蓼也. 此八珍之八. 記者文不
依次, 故間雜在糁食·酏食之間.

'거(擧)'자는 모두라는 뜻이다. 요를 구울 때에는 모두 익혀서 바삭바삭
하게 굽고, 먹을 때에는 요를 곁들이지 않는다는 뜻이다. 이것은 여덟
가지 진미 중 여덟 번째에 해당하는 음식이다. 『예기』를 기록한 자는
이 문장에 대해서도 순서에 의거하여 기록하지 않았다. 그렇기 때문에
'삼사(糁食)'와 '전사(酏食)' 사이에 뒤섞여 기록된 것이다.

近按: 此卽八珍之八. 舊註以爲失次, 今正之. 前章自"飯黍稷"以下,
兼以通乎上下者言之. 此章八珍, 及下文糁食酏食兩節, 全以天子
之禮言也.

내가 살펴보니, 이것은 팔진 중 여덟 번째에 해당하는 음식이다. 옛 주

---

1) 『예기』「내칙」080장 : 糁: 取牛·羊·豕之肉三如一, 小切之與稻米, 稻米二,
肉一, 合以爲餌, 煎之.

석에서는 순서가 잘못되었다고 여겨서, 이곳에서 순서를 바로잡는다. 앞 장에서 "밥 종류로는 메기장과 차기장 밥이 있다."[2]라고 한 문장으로 부터 그 이하의 기록은 상하 계층에 공통으로 적용되는 것까지도 함께 언급한 것이다. 이곳에서 말한 팔진과 아래문장에서 말한 삼사와 전사에 대한 두 문단은 전적으로 천자의 예법을 기준으로 언급한 것이다.

---

2) 『예기』「내칙」 043장 : <u>飯:</u> 黍·稷·稻·粱·白黍·黃粱, 稰穛.

糝[思感反]: 取牛·羊·豕之肉三如一, 小切之與稻米, 稻米二, 肉一, 合以爲餌, 煎之.〈080〉 [舊在"捶而食之"之下.]

삼을['糝'자는 '思(사)'자와 '感(감)'자의 반절음이다.] 만들 때에는 소고기·양고기·돼지고기 등 3종류의 고기를 균등하고 마련하여, 잘게 다져서 쌀과 섞는데, 쌀 2만큼에 고기 1만큼의 비율로 섞고, 둘을 합하여 반죽을 한 뒤에, 끓이게 된다. [옛 판본에는 "두들겨서 부드럽게 한 다음에 먹는다."[1]라고 한 문장 뒤에 수록되어 있었다.]

三如一, 謂三者之肉多寡均也. 稻米二肉一, 謂二分稻米, 一分肉也. 此卽周禮糝食.

'삼여일(三如一)'이라는 말은 세 가지 고기의 양을 균등하게 맞춘다는 뜻이다. '도미이육일(稻米二肉一)'이라는 말은 쌀 2만큼에 1만큼의 고기를 뜻한다. 이것은 곧 『주례』에 나오는 '삼사(糝食)'에 해당한다.[2]

近按: 舊註此則周禮之糝食, 雜在八珍之間, 今正之.

내가 살펴보니, 옛 주석에서는 이곳에서 말한 것은 『주례』에 나온 삼사에 해당하며, 팔진 사이에 뒤섞여 있다고 했는데, 이곳에서는 순서를 바로잡는다.

---

1) 『예기』「내칙」 079장 : 爲熬: 捶之去其皽, 編萑布牛肉焉. 屑桂與薑, 以灑諸上而鹽之, 乾而食之. 施羊亦如之. 施麋·施鹿·施麝皆如牛羊. 欲濡肉, 則釋而煎之以醢; 欲乾肉, 則捶而食之.

2) 『주례』「천관(天官)·해인(醢人)」 : 羞豆之實, 酏食·糝食.

取稻米擧糔溲之, 小切狼臅[觸]膏, 以與稻米爲酏[之然反].〈082〉
[舊在"其膋不蓼"之下.]

쌀가루를 가져다가 뜨물을 이용하여 반죽하고, 이리의 가슴에서['臅'자의
음은 '觸(촉)'이다.] 나온 지방을 잘게 썰며, 이것을 반죽과 함께 섞어서 전
사를['酏'자는 '之(지)'자와 '然(연)'자의 반절음이다.] 만든다. [옛 판본에는 "간료
를 먹을 때에는 요를 곁들이지 않는다."[1]라고 한 문장 뒤에 수록되어 있었다.]

狼臅膏, 狼胷臆中之膏也. 此蓋以潎溲稻米之粉, 而煎之以膏. 註讀
酏爲餰者, 以酏是粥, 非豆實也. 此卽周禮之酏食.

'낭촉고(狼臅膏)'는 이리의 가슴 내부에 있는 기름을 뜻한다. 이것은 뜨
물을 이용해서 쌀가루를 반죽하고, 기름을 이용해서 끓이는 것이다. 정
현의 주에서는 '이(酏)'자를 전(餰)자로 풀이한다고 했는데, '이(酏)'는 죽
에 해당하므로 두에 담아내는 음식이 아니기 때문이다. 이것은 『주례』
에 나오는 '전사(酏食)'에 해당한다.[2]

---

1) 『예기』「내칙」 081장 : 肝膋: 取狗肝一, 幪之以其膋, 濡炙之擧燋, 其膋不蓼.
2) 『주례』「천관(天官)·해인(醢人)」 : 羞豆之實, 酏食·糝食.

凡養老, 有虞氏以燕禮, 夏后氏以饗禮, 殷人以食[嗣]禮, 周人
脩而兼用之. 凡五十養於鄕; 六十養於國; 七十養於學, 達於
諸侯; 八十拜君命, 一坐再至, 瞽亦如之; 九十者使人受. 五十
異粻[章], 六十宿肉, 七十貳膳, 八十常珍, 九十飮食不違寢, 膳
飮從於遊可也. 六十歲制, 七十時制, 八十月制, 九十日脩, 唯
絞[爻]衿[其鳩反]・衾・冒, 死而后制. 五十始衰, 六十非肉不飽,
七十非帛不煖, 八十非人不煖, 九十雖得人不煖矣. 五十杖於
家, 六十杖於鄕, 七十杖於國, 八十杖於朝, 九十者天子欲有
問焉, 則就其室, 以珍從[去聲]. 七十不俟朝, 八十月告存, 九十
日有秩. 五十不從力政, 六十不與[去聲]服戎, 七十不與賓客之
事, 八十齊[側皆反]喪之事弗及也. 五十而爵, 六十不親學, 七十
致政. 凡自七十以上[上聲], 唯衰[催]麻爲喪. 凡三王養老皆引
年. 八十者一子不從政, 九十者其家不從政, 瞽亦如之. 凡父
母在, 子雖老不坐. 有虞氏養國老於上庠, 養庶老於下庠; 夏
后氏養國老於東序, 養庶老於西序; 殷人養國老於右學, 養庶
老於左學; 周人養國老於東膠, 養庶老於虞庠. 虞庠在國之西
郊. 有虞氏皇而祭, 深衣而養老; 夏后氏收而祭, 燕衣而養老;
殷人冔[栩]而祭, 縞衣而養老; 周人冕而祭, 玄衣而養老.〈071〉
[舊在"士於坫一"之下, 天子八珍之上.]

무릇 노인을 봉양할 때, 유우씨 때에는 연례로 시행했고, 하후씨 때에는
향례로 시행했으며, 은나라 때에는 사례로['食'자의 음은 '嗣(사)'이다.] 시행
했고, 주나라 때에는 이러한 제도들을 정비하여 함께 사용했다. 나이가
50세가 된 사람들은 향에서 봉양을 받고, 60세가 된 사람들은 국에서
봉양을 받으며, 70세가 된 사람들은 학에서 봉양을 받으니, 이러한 제
도의 시행은 천자로부터 제후까지 통용된다. 또 나이가 80세가 된 자는
군주의 명을 받을 때, 절을 하며 한쪽 다리만 꿇고 머리만 두 번 땅에
닿게 절한다. 장님 또한 이와 같이 한다. 나이가 90세가 된 자는 사람을

시켜서 대신 명을 받게 한다. 나이가 50세가 된 자에게 바치는 양식은 ['粻'자의 음은 '章(장)'이다.] 젊은이들과 달리 좋은 것으로 하며, 나이가 60세가 된 자에게는 항상 격일로 고기를 먹게 하고, 나이가 70세가 된 자에게는 맛좋은 음식을 두 가지 이상 준비하며, 나이가 80세가 된 자에게는 항상 맛좋고 귀한 음식이 있어야 하고, 나이가 90세가 된 자에게는 마시고 먹는 것들이 그가 거처하는 곳에서 떨어져서는 안 되며, 맛좋은 음식과 마실 것들을 가지고 그가 가는 곳마다 따라다니는 것이 좋다. 나이가 60세가 되면 관을 미리 제작해서 준비해 두고, 70세가 되면 부장하게 될 의복과 기물들 중 비교적 얻기 힘든 것들을 미리 제작해서 준비해 두며, 80세가 되면 부장하게 될 의복과 기물 들 중 비교적 얻기 쉬운 것들을 미리 제작해서 준비해 두고, 90세가 되면 미리 준비해둔 것들을 날마다 손질하며, 오직 염할 때 시신을 묶는 끈인 효['絞'자의 음은 '爻(효)'이다.] 홑이불인 금['衿'자는 '其(기)'자와 '鴆(짐)'자의 반절음이다.] 이불인 금, 시신을 전체적으로 감싸는 모는 그가 죽은 뒤에야 제작한다. 나이가 50세가 되면 비로소 쇠약해지기 시작하며, 60세가 되면 고기로 만든 음식이 아니라면 배가 부르지 않게 되고, 70세가 되면 비단으로 된 옷이 아니라면 따뜻해지지 않게 되며, 80세가 되면 다른 사람의 체온이 아니라면 따뜻해지지 않게 되고, 90세가 되면 비록 다른 사람의 체온을 얻게 되더라도 따뜻해지지 않게 된다. 나이가 50세가 되면 그의 집안에서 지팡이를 짚을 수 있고, 60세가 되면 향 안에서 지팡이를 짚을 수 있으며, 70세가 되면 국 안에서 지팡이를 짚을 수 있고, 80세가 되면 조정에서도 지팡이를 짚을 수 있으며, 나이가 90세가 된 자에게 천자가 자문하고자 한다면, 천자가 그의 집에 직접 찾아가서 하되, 맛좋고 귀한 음식물을 가지고['從'자는 거성으로 읽는다.] 간다. 나이가 70세가 된 자는 군주를 알현할 때 조정의 일이 끝날 때까지 기다리지 않고, 군주가 읍을 하면 곧 물러나오며, 80세가 된 자에게는 군주는 사람을 시켜 달마다 맛좋은 음식을 가지고 가서 안부를 묻고, 90세가 된 자에게는 군주는 사람을 시켜 날마다 항상 맛좋은 음식을 보내, 항상 맛좋은 음식들

을 먹게끔 한다. 나이가 50세가 되면 힘으로 복역해야 하는 정사에는
나아가지 않고, 60세가 되면 병역의 일에는 참여하지['與'자는 거성으로 읽
는다.] 않으며, 70세가 되면 국가에서 시행하는 행사 중 빈객을 접대하는
일에는 참여하지 않고, 80세가 되면 재계를['齊'자는 '側(측)'자와 '皆(개)'자
의 반절음이다.] 하여 상을 지내는 일이 그에게는 해당하지 않게 된다. 나
이가 50세가 되면 작위를 받고, 60세가 되면 직접 제자의 예를 갖춰 배
우는 것을 하지 않으며, 70세가 되면 정사에서 물러난다. 무릇 70세로
부터 그 이상에['上'자는 상성으로 읽는다.] 해당하는 자들은 오직 최마복만
을['衰'자의 음은 '催(최)'이다.] 입고서 상례를 지낸다. 무릇 하·은·주의
삼왕이 노인을 봉양할 때에는 모두 인년으로 하였다. 나이가 80세가 된
자에겐 자식 한 명을 부역에 종사하지 않게 하고, 90세가 된 자에겐 그
집안 전체를 부역에 종사하지 않게 한다. 장님에 대해서도 이처럼 한
다. 부모가 모두 생존해 계시다면, 그 자식은 비록 노년에 이르렀다 하
더라도 자리에 앉지 않는다. 유우씨 때에는 태학인 상상에서 국로를 봉
양했고, 소학인 하상에서 서로를 봉양했다. 하후씨 때에는 태학인 동서
에서 국로를 봉양했고, 소학인 서서에서 서로를 봉양했다. 은나라 때에
는 태학인 우학에서 국로를 봉양했고, 소학인 좌학에서 서로를 봉양했
다. 주나라 때에는 태학인 동교에서 국로를 봉양했고, 소학인 우상에서
서로를 봉양했다. 우상은 수도의 서교에 위치했다. 유우씨 때 천자는
황이라는 면류관을 쓰고 제사를 지냈으며, 심의를 입고서 노인을 봉양
했다. 하후씨 때 천자는 수라는 면류관을 쓰고 제사를 지냈으며, 연의
를 입고서 노인을 봉양했다. 은나라 때 천자는 후라는['冔'자의 음은 '栩
(허)'이다.] 면류관을 쓰고 제사를 지냈으며, 호의를 입고서 노인을 봉양
했다. 주나라 때 천자는 면류관을 쓰고 제사를 지냈으며, 현의를 입고
서 노인을 봉양했다. [옛 판본에는 "사는 흙으로 쌓은 받침을 1개 설치한다."[3]라
고 한 문장 뒤와 천자의 팔진에 대한 문장 앞에 수록되어 있었다.]

---

3) 『예기』「내칙」 070장 : 天子之閣, 左達五, 右達五. 公侯伯於房中五, 大夫於閣
   三, 士於坫一.

此一節竝說見王制.

이곳 문단에 대한 모든 설명은 『예기』「왕제(王制)」편에 나온다.

近按: 此因養親飯食之制, 以見養老亦然之意, 故重出乎此而附于上下通言之後, 天子八珍之上. 今愚切意養老之禮, 帝王所同, 八珍之羞, 亦當及於天子養老之食, 故移于八珍之後. 若其節次先後之說, 亦已見於王制. 此姑從舊次也. "凡父母在, 子雖老不坐"一句, 王制所無, 是雖常禮, 亦主養老之事而言. 六十養於國, 而有八十九十之親亦與是宴, 則六十之子雖在所養之中, 而不敢與其親竝坐也.

내가 살펴보니, 이 문단은 부모를 봉양하며 마실 것과 먹을 것을 만드는 제도를 설명한 것으로 인해, 노인을 봉양하는 것 또한 이와 같다는 뜻을 드러낸 것이다. 그렇기 때문에 이곳에 거듭 노출하며, 상하 계층에게 통용되는 것들을 언급한 내용 뒤와 천자에게 해당하는 팔진에 대한 내용 앞에 덧붙여둔 것이다. 현재 내가 깊이 생각해보니, 노인을 봉양하는 예법은 제왕들이 동일하게 따르는 바이며, 팔진의 음식 또한 마땅히 천자가 노인을 봉양할 때의 음식에도 해당할 것이다. 그렇기 때문에 팔진에 대한 기술 뒤로 옮긴 것이다. 절차와 선후에 대한 설명 또한 이미 『예기』「왕제(王制)」편에서 했다. 이곳에서는 옛 판본의 순서에 따른다. "부모가 모두 생존해 계시다면, 그 자식은 비록 노년에 이르렀다 하더라도 자리에 앉지 않는다."라고 한 구문은 「왕제」편에는 없는 기록인데, 이것이 비록 일반적인 예법이라 하더라도, 이 또한 노인을 봉양하는 일을 위주로 언급한 것이다. 따라서 60세인 사람이 국에서 봉양을 받는다 하더라도 80세나 90세에 해당하는 부모 또한 그 연회에 참여하게 된다면, 60세에 해당하는 자식은 비록 봉양을 받는 대상에 해당하더라도, 감히 부모와 나란히 앉지 않는다는 의미이다.

經文

凡養老, 五帝憲, 三王有又乞言. 五帝憲, 養氣體而不乞言, 有
善則記之爲惇史. 三王亦憲, 旣養老而后乞言, 亦微其禮, 皆
有惇史.〈073〉 [舊在"況於人乎"之下.]

무릇 노인을 봉양함에 있어서, 오제 때에는 그들의 덕행을 본받는 것을
위주로 했고, 삼왕 때에는 그들에게 말씀을 구하는 의식이 포함되었다.
오제 때에는 노인들의 덕행을 본받는 것을 위주로 했으므로, 그들의 기
운과 신체를 봉양했으나 말씀을 구하지는 않았고, 선한 일을 했던 자가
있다면 그것을 기록하여 후세의 교훈으로 정하는 돈사로 삼았다. 삼왕
때에도 노인들의 덕행을 본받았는데, 노인을 봉양하는 의식이 끝나면,
그 이후에 말씀을 구하는 절차를 시행했었고, 또한 이전보다는 그 예법
을 간소하게 하였다. 그러나 모두에게 있어서 돈사를 기록하는 것이 있
었다. [옛 판본에는 "하물며 사람에게 있어서는 어떠하겠는가!"[1]라고 한 문장 뒤에
수록되어 있었다.]

集說

憲, 法也. 養老之禮, 五帝之世, 主於法其德行而已. 至三王之世, 則
又有乞言之禮焉. 惇史, 所以記其惇厚之德也. 三王亦未嘗不法其
德行, 然於乞言之際, 其禮微略, 不誠切以求之, 故云微其禮. 然亦
皆有惇史焉.

'헌(憲)'자는 "본받다."는 뜻이다. 노인을 봉양하는 예에 있어서, 오제 시
대에는 그 덕행을 본받는 것을 위주로 했을 따름이다. 삼왕 시대에 이르
게 되면, 또한 말씀을 구하는 예가 생겼다. '돈사(惇史)'는 도탑고 후덕

---

1) 『예기』「내칙」072장 : 曾子曰: "孝子之養老也. 樂其心, 不違其志, 樂其耳目,
安其寢處, 以其飮食忠養之, 孝子之身終. 終身也者, 非終父母之身, 終其身也.
是故父母之所愛亦愛之, 父母之所敬亦敬之. 至於犬馬盡然, 而況於人乎!"

한 덕을 기록한 것이다. 삼왕 때에도 일찍이 그 덕행을 본받지 않은 적이 없었지만, 말씀을 구할 때에는 그 예를 다소 간소하게 했으니, 간절하게 구했던 것은 아니다. 그렇기 때문에 "그 예를 은미하게 하다."라고 말한 것이다. 그러나 이때에도 모두 돈사가 포함되었다.

方氏曰: 五帝之憲也, 而老者未嘗無言, 要之以德爲主耳. 故曰有善則記之, 蓋可記者言故也. 三王之乞言, 而老者未嘗無德, 要之以言爲主耳. 故曰三王亦憲.

방씨가 말하길, 오제 때에는 노인들의 몸을 봉양했지만, 노인들은 또한 일찍이 말을 남기지 않은 적이 없었다. 다만 덕을 위주로 요약했을 따름이다. 그렇기 때문에 선함을 갖춘 자가 말을 하면 기록을 했다고 말한 것이니, 기록을 남겨둘만한 자가 말을 했기 때문이다. 삼왕 때에는 말씀을 구했지만, 노인들 또한 일찍이 덕이 없었던 적이 없었다. 다만 말을 위주로 했을 따름이다. 그렇기 때문에 "삼왕 때에는 또한 헌을 했다."라고 말한 것이다.

淺見

近按: 此節亦王制所無. 五帝養老而不乞言, 但觀其有善行則記之, 三王有乞言而亦微其禮, 不敢强以求之, 皆敬老者而不欲煩之也. 惇史者, 老者言行, 皆其謹厚之事, 故所記之書, 稱爲惇史也.

내가 살펴보니, 이 문단 또한 『예기』「왕제(王制)」편에는 없는 기록이다. 오제 때에는 노인을 봉양했지만 말을 구하지 않았으니, 단지 선한 행실을 갖춘 자가 있으면 그들을 관찰하여 기록했고, 삼왕 때에는 말을 구하는 절차가 생겼지만, 또한 그 예를 은미하게 하여 억지로 구하지는 않았으니, 이 모두는 노인을 공경하여 번거롭게 만들고자 하지 않았기 때문이다. '돈사(惇史)'는 노인의 언행은 모두 조심스럽고 중후한 일들에 해당한다. 그렇기 때문에 그것을 기록한 서적에 대해 '돈사(惇史)'라고 지칭한 것이다.

禮始於謹夫婦, 爲宮室, 辨外內, 男子居外, 女子居內. 深宮固門, 閽寺守之, 男不入, 女不出.〈083〉

예는 부부의 도의를 삼가는 것에서 시작하니, 궁실을 지을 때에는 내외를 변별하여 남자는 바깥채에 거주하고 여자는 안채에 거주한다. 여자가 머무는 곳은 안쪽 깊숙한 곳에 짓고, 문을 굳건하게 지키며, 혼과 시가 그곳을 지켜서, 남자는 함부로 그 안으로 들어갈 수 없으며, 여자는 함부로 그곳에서 나올 수 없다.

集說

夫婦爲人倫之始, 不謹則亂其倫類, 故禮始於謹夫婦也.

부부는 인륜의 시작이 되니, 삼가지 않는다면 인륜의 질서를 문란하게 만든다. 그렇기 때문에 예는 부부사이의 도리를 삼가는 것에서 시작되는 것이다.

鄭氏曰: 閽, 掌守中門之禁. 寺, 掌內人之禁令.

정현이 말하길, '혼(閽)'은 중문의 금령에 대해 담당한다. '시(寺)'는 궁내 사람들에 대한 금령을 담당한다.

經文

男女不同椸[移]枷[架], 不敢縣[玄]於夫之楎[輝]椸, 不敢藏於夫之篋笥[四], 不敢共湢浴. 夫不在, 斂枕篋, 簟席襡[獨]器而藏之. 少事長, 賤事貴, 咸如之.〈084〉

남자와 여자는 옷걸이를['椸'자의 음은 '移(이)'이다. '枷'자의 음은 '架(가)'이다.]

함께 사용하지 않으니, 부인은 감히 남편이 사용하는 옷걸이에['楎'자의 음은 '輝(휘)'이다.] 옷을 걸지['縣'자의 음은 '玄(현)'이다.] 않고, 감히 남편이 사용하는 상자에['笥'자의 음은 '四(사)'이다.] 물건을 넣어두지 않으며, 감히 욕실을 함께 사용하지 않는다. 남편이 부재중이라면, 베개를 거두어 상자에 보관하고, 잠자리를 말아서['襡'자의 음은 '獨(독)'이다.] 보관하니, 감싸는 기물을 이용해서 보관을 한다. 나이가 어린 자가 어른을 섬기고, 신분이 미천한 자가 존귀한 자를 섬길 때에도 모두 이처럼 한다.

集說

桃架, 見曲禮. 植者曰楎, 橫者曰桃. 揮桃, 同類之物, 桃以竿爲之. 故鄭云竿謂之桃. 餘見前.

'이가(桃枷)'에 대해서는 『예기』「곡례(曲禮)」편에 그 설명이 나온다. 수직으로 세워둔 옷걸이를 '휘(楎)'라 부르고, 가로로 걸어둔 옷걸이를 '이(桃)'라 부른다. '휘(楎)'와 '이(桃)'는 동일한 부류의 기물인데, '이(桃)'는 횟대로 만들게 된다. 그렇기 때문에 정현은 '간(竿)'은 이(桃)라 부른다고 말한 것이다. 나머지는 앞에 설명이 나온다.

經文

夫婦之禮, 唯及七十同藏無間. 故妾雖老, 年未滿五十, 必與 [去聲]五日之御. 將御者, 齊[側皆反]漱[平聲]澣[浣], 愼衣服, 櫛縱 笄總角, 拂髦, 衿纓, 綦屨. 雖婢妾, 衣服飲食必後長者. 妻不 在, 妾御莫敢當夕.〈085〉[以上舊在"爲醴食"之下.]

부부의 예에 있어서, 오직 70세가 되어야만 같은 숙소에 머무르며 사이를 두지 않는다. 그렇기 때문에 첩이 비록 늙었더라도 나이가 아직 50세에 이르지 않았다면, 반드시 5일을 주기로 시중을 드는 일에 참여한다.['與'자는 거성으로 읽는다.] 장차 시중을 들게 되는 여자는 재계를['齊'자는 '側(측)'자와 '皆(개)'자의 반절음이다.] 하고 양치질을 하고['漱'자는 평성으로 읽는다.] 손발을 씻으며['靧'자의 음은 '浣(완)'이다.] 의복을 신중히 차려 입고, 머리를 빗어서 싸매며, 비녀와 총을 덧대어 다팔머리를 만들고, 머리카락에 묻은 먼지를 털어내며, 향낭을 차고, 신발 끈을 결속한다. 비록 비첩의 신분이라 하더라도, 의복과 음식에 있어서는 반드시 연장자보다 뒤에 한다. 처가 부재한 경우, 첩은 시중을 들 때 감히 처가 시중을 드는 밤에 대신 시중을 들지 않는다. [여기까지는 옛 판본에 "전사를 만든다."1)라고 한 문장 뒤에 수록되어 있었다.]

集說

櫛縰以下, 說見篇首. 角字衍. 天子之御妻八十一人, 當九夕; 世婦二十七人, 當三夕. 九嬪九人, 當一夕; 三夫人當一夕; 后當一夕. 凡十五日而徧. 五日之御, 諸侯制也. 諸侯一娶九女, 夫人及二媵各有姪娣, 此六人當三夕; 次二媵當一夕; 次夫人專一夕. 凡五日而徧也. 當夕, 當妻之夕也.

'즐쇄(櫛縰)'로부터 그 이하의 내용에 대해서는 편의 첫 부분에 그 설명이 나온다. '각(角)'자는 연문이다. 천자의 어처는 81명이며, 9명씩 9일 밤 동안 시중을 들고, 세부는 27명이며, 9명씩 3일 밤 동안 시중을 든다. 구빈은 9명이며, 9명이 1일 밤 동안 시중을 들고, 3명의 부인은 3명이 1일 밤 동안 시중을 들며, 왕후는 1명으로, 1명이 1일 밤 동안 시중을 든다. 따라서 총 15일 동안 두루 시중을 들게 된다. 5일을 주기로 시중을 든다는 것은 제후에게 해당하는 제도이다. 제후의 경우 1명의 여자를 아내로 들이게 되면, 9명의 여인이 오게 되므로, 부인 및 2명의 잉첩들은 각각 조카나 누이를 데려오게 되어, 이러한 여섯 명의 여자가

---

1) 『예기』「내칙」 082장 : 取稻米擧糔溲之, 小切狼臅膏, 以與稻米爲酏.

3일 밤 동안 시중을 들게 되고, 그 다음으로 2명의 잉첩이 1일 밤 동안 시중을 들게 되어 있으며, 그 다음으로 부인은 자기 홀로 1일 밤 동안 시중을 들게 된다. 따라서 총 5일 동안 두루 시중을 들게 된다. '당석(當夕)'은 처가 시중을 들어야 하는 밤을 뜻한다.

淺見

近按: 此節之言, 多與上文男不言內一節相似, 然上文泛言男女之事, 主非爲夫婦者言也. 此節全主夫婦之禮以言也.

내가 살펴보니, 이 문단에서 언급하는 말들은 대체로 앞 문장에서 "남자는 집안에서 집밖의 일을 언급하지 않는다."[2]라고 한 문단과 유사한데, 앞 문장은 남녀에 대한 일을 범범하게 언급한 것이며, 부부가 아닌 자들에 대한 것을 위주로 말한 것이다. 이곳 문단은 전적으로 부부의 예법을 위주로 언급하였다.

---

2) 『예기』「내칙」022장 : 男不言內, 女不言外. 非祭非喪, 不相授器. 其相授, 則女受以篚; 其無篚, 則皆坐, 奠之而后取之.

經文

妻將生子, 及月辰, 居側室. 夫使人日再問之, 作而自問之. 妻
不敢見[形甸反], 使姆[茂]衣服而對. 至于子生, 夫復使人日再問
之. 夫齊[側皆反], 則不入側室之門. 〈086〉

처가 장차 자식을 낳으려고 할 때, 산달의 초하루가 되면, 처를 측실로
옮겨서 거처하게 한다. 남편은 사람을 시켜서 매일 두 차례 안부를 묻
고, 마음이 동하게 되면 직접 찾아가서 안부를 묻는다. 그러나 처는 감
히 자신이 직접 만나보지['見'자는 '形(형)'자와 '甸(전)'자의 반절음이다.] 못하
며, 여사를['姆'자의 음은 '茂(무)'이다.] 시켜서 의복을 차려입고 응대하게
한다. 자식을 낳게 되면, 남편은 재차 사람을 시켜서 날마다 두 차례
안부를 묻는다. 남편이 재계를['齊'자는 '側(측)'자와 '皆(개)'자의 반절음이다.]
하게 된다면, 측실의 문으로 들어가지 않는다.

集說

正寢在前, 燕寢在後. 側室者, 燕寢之旁室也. 作, 動作之時也. 姆,
女師也.

정침은 앞쪽에 있고, 연침은 뒤쪽에 있다. '측실(側室)'은 연침의 측면에
있는 실이다. '작(作)'자는 마음이 동할 때를 뜻한다. '무(姆)'는 여사(女
師)[1]를 뜻한다.

---

1) 여사(女師)는 고대에 귀족의 여식들을 교육했던 선생을 뜻한다.

子生, 男子設弧於門左, 女子設帨於門右. 三日始負子, 男射
女否.⟨087⟩

자식이 태어났을 때, 그 아이가 사내아이라면 문의 좌측에 활을 걸어두
고, 여자아이라면 문의 우측에 수건을 걸어둔다. 태어난 후 3일이 지나
게 되면, 비로소 자식을 안을 수 있고, 사내아이의 경우라면 활 쏘는 의
식을 시행하고, 여자아이라면 그렇게 하지 않는다.

集說

弧, 弓也. 帨, 佩巾也. 以此二物爲男女之表. 負, 抱也.

'호(弧)'는 활이다. '세(帨)'는 허리에 차는 수건이다. 이 두 사물로 남자
와 여자를 상징하는 표식으로 삼는다. '부(負)'자는 "안다."는 뜻이다.

淺見

近按: 自此至篇終, 皆言生子敎養之禮. 此節泛言生子之事也.

내가 살펴보니, 이 문장으로부터 「내칙」편의 끝까지는 모두 자식을 낳
고 가르치며 기르는 예법을 언급한 것이다. 이곳 문단은 자식을 낳는
일들에 대해서 범범하게 언급하였다.

國君世子生, 告于君, 接[如字]以大牢, 宰掌具. 三日, 卜士負之,
吉者宿齊, 朝服寢門外, 詩負之. 射人以桑弧蓬矢六, 射[石]天
地四方, 保受乃負之. 宰醴負子, 賜之束帛. 卜士之妻, 大夫之
妾, 使食[嗣]子.〈088〉

제후의 세자가 태어나면, 군주에게 그 사실을 아뢰고, 태뢰를 갖춰서 접
견의['接'자는 글자대로 읽는다.] 의례를 시행하며, 재부가 음식 갖추는 일을
담당한다. 3일 째가 되면, 길한 사를 점쳐서, 그로 하여금 세자를 안고
있도록 하니, 길한 점괘가 나온 자는 집안에 머물며 재계를 하고, 조복
을 갖춰 입고서, 침문 밖에서 세자를 받들어서 안는다. 활을 쏘는 자는
뽕나무로 만든 활과 쑥대로 만든 화살 여섯 대를 이용해서, 천지와 사
방에 각각 1발씩 쏘게['射'자의 음은 '石(석)'이다.] 되며, 그 일이 끝나면 보
모는 세자를 받아서 안는다. 재부가 세자를 안고 있었던 사에게 단술을
따라서 예우하면, 그에게 속백을 하사한다. 사의 처와 대부의 첩들 중
점을 쳐서 길한 점괘가 나온 여자로 하여금 세자에게 모유를 먹여서['食'
자의 음은 '嗣(사)'이다.] 양육하도록 한다.

接以大牢者, 以大牢之禮接見其子也. 宰, 宰夫也. 掌具, 掌其設禮
之具也. 卜士負之者, 卜其吉者而使之抱子也. 詩, 承也. 儀禮言尸
酢主人, 詩懷之, 亦承義. 射天地四方者, 期其有事於遠大也. 保, 保
母也. 受乃負之, 受子於士而抱之也. 蓋士之負子, 特爲斯須之禮而
已, 宰旣掌具, 故以醴禮負子之士, 仍賜束帛以酬之. 食子, 謂乳養
之也. 今按此言世子生接以大牢, 特言其常禮如此耳. 下文又言接
子擇日, 則亦或在始生三日之後也. 鄭氏謂食其母, 使補靈强氣, 讀
接爲捷, 而訓爲勝, 其義迂. 方氏讀如本字, 今從之.

'접이대뢰(接以大牢)'는 태뢰의 예를 사용하여 자식을 접견한다는 뜻이

다. '재(宰)'는 재부(宰夫)[1]를 뜻한다. '장구(掌具)'는 예법에 따라 음식 갖추는 일을 담당한다는 뜻이다. '복사부지(卜士負之)'라는 말은 길한 자에 대해 점을 쳐서, 그로 하여금 자식을 안고 있도록 한다는 뜻이다. '시(詩)'자는 "받들다."는 뜻이다. 『의례』에서는 시동이 주인에게 술을 따라 권하면 시(詩)하여 가슴 위로 든다고 했는데, 이때의 '시(詩)'자도 받든다는 의미이다. 천지와 사방을 향해서 활을 쏘는 이유는 원대한 대상에 대해 일삼음이 있음을 기약하기 위해서이다. '보(保)'는 보모를 뜻한다. '수내부지(受乃負之)'라는 말은 사에게서 받아서 안는다는 뜻이다. 무릇 사가 세자를 안는 것은 단지 이러한 의례를 치르기 위해서일 따름이며, 재부가 이미 예식에 맞는 음식 갖추는 일을 담당하기 때문에, 단술을 따라서 세자를 안았던 사를 예우하면, 곧 속백을 하사하여 술을 권하게 된다. '사자(食子)'는 모유를 먹여서 양육한다는 뜻이다. 내가 살펴보니, 이곳에서는 세자가 태어났을 때 태뢰로 접견한다고 했는데, 이것은 단지 일상적인 예법에 따라 이처럼 한다는 것을 뜻할 따름이다. 아래문장에서는 또한 세자를 접견하며 날짜를 택하는 일에 대해 언급했으니, 이 또한 아마도 세자가 태어난 후 3일 이후에 시행하게 될 것이다. 정현은 이러한 음식을 그 모친에게 먹여서 허약해진 기력을 보완하여 굳건하게 만든다고 했고, '접(接)'자를 첩(捷)자로 풀이하여, 그 뜻을 "빠르다."라고 하였는데, 그 의미가 우원하다. 방씨는 글자대로 풀이를 했는데, 나는 그에 따른다.

淺見

近按: 此全言世子之禮.

내가 살펴보니, 이것은 전적으로 세자에 대한 예법을 언급한 것이다.

---

1) 재부(宰夫)는 음식을 담당하거나 제사 때 희생물의 도살을 담당했던 하위 관리이다.

食[嗣]子者, 三年而出, 見於公宮, 則劬.〈101〉[舊在"禮如子見父無辭"之下.]

제후의 경우, 제후의 자식에게 모유를 먹였던['食'자의 음은 '嗣(사)'이다.]
여자는 3년이 지난 뒤에야 공궁을 벗어나서 자신의 집으로 되돌아가는
데, 떠날 때 공궁에 찾아가 군주를 알현하며 떠나게 됨을 아뢰면, 군주
는 반드시 하사를 하여 그녀의 노고를 치하한다. [옛 판본에는 "예는 자식이
부친을 알현할 때와 동일하게 하되, 조부가 전하는 말은 없게 된다."[1]라고 한 문장
뒤에 수록되어 있었다.]

集說

食子者, 士之妻, 大夫之妾也. 子三年則免懷抱, 故食者出還其家,
見於公宮而告辭. 則君必有賜劬者, 有賜以勞其劬勞也.

'사자자(食子者)'는 사의 처나 대부의 첩을 뜻한다. 아이는 태어난 후 3
년이 지나면, 안고 지내는 것에서 벗어나게 된다. 그렇기 때문에 모유를
먹였던 자도 공궁을 빠져나와 자신의 집으로 되돌아가는 것이고, 공궁
에서 알현을 하며 떠날 것을 아뢰게 되면, 군주는 반드시 사구를 하니,
하사를 하여 그녀의 노고에 대해서 치하하는 것이다.

---

1) 『예기』「내칙」100장 : 凡父在, 孫見於祖, 祖亦名之. 禮如子見父, 無辭.

大夫之子有食[嗣]母, 士之妻自養其子.〈102〉

대부의 자식에게는 모친 이외에도 모유를 먹여주는 사모가['食'자의 음은 '嗣(사)'이다.] 있지만, 사는 신분이 낮기 때문에 사의 처가 직접 그 자식을 양육한다.

集說

食母, 乳母也. 士卑, 故自養.

'사모(食母)'는 유모를 뜻다. 사는 신분이 낮기 때문에 직접 양육하는 것이다.

淺見

近按: 此記者因上食世子之言, 而類記之也.

내가 살펴보니, 이것은 『예기』를 기록한 자가 앞에서 세자에게 모유를 먹인다고 한 말로 인하여 비슷한 부류를 여기에 덧붙여 기록한 것이다.

凡接子擇日, 冢子則大牢, 庶人特豚, 士特豕, 大夫少牢, 國君
世子大牢. 其非冢子, 則皆降一等.〈089〉

무릇 자식을 접견하기 위해 길한 날을 점쳐서 가리는데, 천자의 총자인
경우에는 태뢰를 사용하고, 서인의 총자라면 한 마리의 새끼돼지를 사
용하며, 사의 총자라면 한 마리의 돼지를 사용하고, 대부의 총자라면 소
뢰를 사용하며, 제후의 세자라면 태뢰를 사용한다. 만약 총자가 아닌
경우라면, 모든 경우에 있어서 한 등급씩 낮춘다.

集說

冢子大牢, 謂天子之元子也.

총자에게 태뢰를 사용한다는 말은 천자의 원자에 대한 내용이다.

經文

異爲孺子室於宮中, 擇於諸母與可者, 必求其寬裕 · 慈惠 · 溫
良 · 恭敬 · 愼而寡言者, 使爲子師, 其次爲慈母, 其次爲保母,
皆居子室. 他人無事不往.〈090〉

군주의 자식이 태어나면, 궁 안에 아이를 위한 실을 별도로 마련하고,
여러 첩이나 아이의 교육을 맡을 수 있는 여자들 중에서 훌륭한 자들을
간택하니, 간택을 할 때에는 반드시 관대하고 너그러우며, 자혜롭고, 온
화하고 어질며, 공손하고 공경하며, 신중을 기하여 말이 적은 여자를 선
택해서, 그녀를 자식의 사로 삼고, 그 다음으로 훌륭한 여자를 자모로
삼으며, 그 다음으로 훌륭한 여자를 보모로 삼고, 이들을 모두 자식이

있는 실에 머물도록 한다. 다른 사람들은 특별한 일이 없다면 이곳을 출입하지 않는다.

集說

諸母, 衆妾也. 可者, 謂雖非衆妾之列, 或傳御之屬, 可爲子師者也. 此人君養子之禮. 師, 敎以善道者. 慈母, 審其欲惡者. 保母, 安其寢處者. 他人無事不往, 恐兒驚動也.

'제모(諸母)'는 여러 첩들을 뜻한다. '가자(可者)'는 비록 여러 첩들의 대열 속에 포함되지는 않았지만, 간혹 사부나 일처리를 보좌해주는 여자들 중에서, 자식의 스승으로 삼을 수 있는 자를 뜻한다. 이 내용은 군자가 자식을 양육하는 예를 뜻한다. '사(師)'는 선의 도를 가르치는 자이다. '자모(慈母)'는 나쁜 짓을 하려는 것을 살피는 자이다. '보모(保母)'는 잠자리를 보살피는 자이다. 다른 사람의 경우 특별한 일이 없으면 그곳에 찾아가지 않으니, 아이가 놀라게 될까를 염려했기 때문이다.

經文

三月之末, 擇日翦髮爲鬌[朶], 男角女羈, 否則男左女右. 是日也, 妻以子見於父, 貴人則爲衣服, 由命士以下皆漱澣, 男女夙興, 沐浴衣服, 具視朔食. 夫入門升自阼, 立于阼西鄕[去聲]. 妻抱子出自房, 當楣立東面. 〈091〉

자식이 태어난 후 3개월의 말일이 되면, 날짜를 택하고 머리카락을 잘라서 타를['鬌'자의 음은 '朶(타)'이다.] 만들게 되니, 남자아이라면 각의 머리모양으로 하고, 여자아이라면 기의 머리모양으로 하며, 이처럼 하지 않는다면, 남자아이는 좌측으로 머리카락을 묶고, 여자아이라면 우측으로 머리카락을 묶는다. 이 날에 처는 자식을 안고서 아비에게 보이게 되니, 대부 이상의 계급이라면, 새로운 의복을 만들게 되고, 명사로부터 그 이하의 계급이라면, 모두 세탁만 해서 사용하며, 남녀는 모두 일찍 일어나서 목욕하고 의복을 착용하며, 음식은 삭식을 할 때에 견주어서 갖춘다. 남편은 측실의 문으로 들어가서, 동쪽 계단을 통해 올라가서 동쪽 계단 위에 서서 서쪽을바라본다.['鄕'자는 거성으로 읽는다.] 아내는 자식을 안고 방으로부터 나와서, 처마가 있는 곳에 당도하여 서고 동쪽을 바라본다.

集說

髺, 所存留不翦者也. 夾窓兩旁當角之處, 留髮不翦者謂之角. 留頂上縱橫各一相交通達者謂之羈. 嚴氏云: "夾窓曰角, 兩髺也. 午達曰羈, 三髺也." 貴人, 大夫以上也. 由, 自也. 具視朔食者, 所具之禮如朔食也. 朔食, 天子大牢, 諸侯小牢, 大夫特豕, 士特豚也. 入門, 入側室之門也. 側室亦南向, 故有阼階西階. 出自房, 自東房而出也.

'타(髺)'는 남겨서 깎지 않는 머리카락을 뜻한다. 협창은 양쪽 측면에 있어서 뿔이 있는 장소에 해당하는데, 그곳에 머리카락을 남기고 깎지 않은 것을 '각(角)'이라 부른다. 정수리 위의 머리카락을 남기고 가로와 세로로 각각 한 쪽을 남겨서, 성호 교차하도록 하는 것을 '기(羈)'라고 부른다. 엄씨는 "협창의 방식으로 머리를 묶는 것을 '각(角)'이라 부르니, 양쪽으로 상투를 튼 것이다. 오달의 방식으로 머리를 묶는 것을 '기(羈)'라고 부르니, 세 방향으로 상투를 튼 것이다."라고 했다. '귀인(貴人)'은 대부 이상의 계층을 뜻한다. '유(由)'자는 '~로부터'라는 뜻이다. '구시삭식(具視朔食)'이라는 말은 음식을 갖추는 예를 삭식 때처럼 한다는 뜻이다. 삭식의 경우, 천자는 태뢰를 사용하고, 제후는 소뢰를 사용하며, 대부는 한 마리의 돼지를 사용하고, 사는 한 마리의 새끼돼지를 사용한다. '입문(入門)'은 측실의 문으로 들어간다는 뜻이다. 측실 또한 남향으로 되어 있다. 그렇기 때문에 동쪽 계단과 서쪽 계단이 있는 것이다. '출자방(出自房)'이라는 말은 동쪽 방으로부터 나온다는 뜻이다.

姆先相[去聲]曰: "母某, 敢用時日, 祇見[形甸反]孺子." 夫對曰: "欽有帥[率]." 父執子之右手, 咳[戶才反]而名之. 妻對曰: "記有成." 遂左還[旋]授師, 子師辯[偏]告諸婦諸母名, 妻遂適寢.〈092〉

아이의 이름을 짓기 위해, 아비에게 알현시킬 때에는 자사가 먼저 그 의식을 도우며['相'자는 거성으로 읽는다.] "아이의 어미 아무개가 감히 이 날을 이용하여, 삼가 아이를 뵙게['見'자는 '形(형)'자와 '甸(전)'자의 반절음이다.] 하고자 합니다."라고 전한다. 그러면 남편은 "삼가 아이를 잘 가르쳐서 선을 쫓도록['帥'자의 음은 '率(솔)'이다.] 하시오."라고 대답한다. 이후 아이의 아비는 아이의 오른손을 잡고서, 자애로운 표정으로 웃으며['咳'자는 '戶(호)'자와 '才(재)'자의 반절음이다.] 아이에게 이름을 지어준다. 처는 "해주신 말씀을 잘 기록하여, 아이를 가르쳐서 덕을 이루게끔 하겠습니다."라고 대답한다. 그리고 곧 좌측으로 돌아나가서['還'자의 음은 '旋(선)'이다.] 자사에게 아이를 건네고, 자사는 제부와 제모들에게 두루['辯'자의 음은 '偏(편)'이다.] 아이의 이름을 알리며, 이러한 일이 끝나면 처는 남편의 연침으로 되돌아간다.

集說

某, 妻姓某氏也. 時日, 是日也. 孺, 稚也. 欽, 敬; 帥, 循也. 言當敬教之, 使循善道也. 咳而名之者, 說文: "咳, 小兒笑聲", 謂父作咳聲笑容, 以示慈愛而名之也. 記有成, 謂當記識夫言, 教之成德也. 授師, 以子授子師也. 諸婦, 同族卑者之妻也. 諸母同族尊者之妻也. 後告諸母欲名成於尊也. 妻遂適寢, 復夫之燕寢也.

'모(某)'는 처의 성인 아무개 씨라고 말하는 것이다. '시일(時日)'은 오늘이라는 뜻이다. '유(孺)'자는 "어리다."는 뜻이다. '흠(欽)'자는 공경을 뜻하며, '솔(帥)'자는 "쫓다."는 뜻이다. 즉 마땅히 공경스러운 태도로 가르쳐서, 아이로 하여금 선한 도리를 쫓게끔 하라는 의미이다. '해이명지(咳而名之)'라고 했는데, 『설문』에서는 "'해(咳)'자는 어린아이가 웃으면서 내는 소리이다."라고 했으니, 부친은 웃음소리 내고 그 표정을 지어서, 자애로움을 나타내며, 아이에게 이름을 지어주는 것을 뜻한다. '기유성(記有成)'이라는 말은 마땅히 남편의 말을 기록하여, 아이를 가르쳐서 덕을 이루게끔 한다는 뜻이다. '수사(授師)'는 아이를 자사에게 건넨다는 뜻이다. '제부(諸婦)'는 동족 중 신분이 낮은 자들의 처를 뜻한다. '제모(諸母)'는 동족 중 신분이 높은 자들의 처를 뜻한다. 이후에 제모에게 아뢰는 것은 그 이름을 존귀한 자를 통해서 완성하게끔 하고자 해서이다. "처가 마침내 침으로 간다."라고 했는데, 이것은 남편이 사용하는 연침으로 다시 돌아간다는 뜻이다.

經文

> 夫告宰名, 宰辯告諸男名, 書曰"某年某月某日某生"而藏之. 宰告閭史, 閭史書爲二, 其一藏諸閭府, 其一獻諸州史. 州史獻諸州伯, 州伯命藏諸州府. 夫入食如養[去聲]禮.〈093〉

아내가 연침으로 되돌아가면, 남편은 아전에게 아이의 이름을 알려주고, 아전은 동성의 친족들에게 아이의 이름을 두루 알리게 되며, 또한 그 이름을 기록하며, "모년 모월 모일에 아무개가 태어났다."라고 하며, 그 문서를 보관한다. 그런 뒤 아전은 재차 여의 관리인 여사에게 아이의 이름을 알리고, 여사는 그 이름을 문서로 기록하되 2부를 만드는데, 그 중 1부는 여에 있는 보관소에 보관하고, 나머지 1부는 상급 행정기관의 관리인 주사에게 바친다. 주사는 그 문서를 주의 수장은 주백에게 아뢰고, 주백은 명령을 내려서, 주에 있는 보관소에 그 문서를 보관하도록 한다. 남편은 연침으로 들어가서 아내와 함께 식사를 하게 되는데,

그때에는 아내가 처음으로 시부모에게 음식을 바쳤을['養'자는 거성으로 읽는다.] 때의 예법처럼 음식을 갖춘다.

集說

宰, 屬吏也. 諸男, 同宗子姓也. 藏之者, 以簡策書子名而藏于家之書府也. 二十五家爲閭, 二千五百家爲州, 州伯, 則州長也. 閭史, 州史, 皆其屬吏也. 閭府, 州府, 皆其府藏也. 夫入食如養禮, 謂與其妻禮食, 如婦始饋舅姑之禮也.

'재(宰)'는 하급 관리를 뜻한다. '제남(諸男)'은 같은 종자를 모시는 동성의 친족들이다. '장지(藏之)'라는 말은 문서에 자식의 이름을 기록하여, 집에 있는 문서 보관소에 보관한다는 뜻이다. 25개의 가 규모는 1여가 되고, 2,500가의 규모는 1주가 된다. '주백(州伯)'은 주를 담당하고 있는 주장을 뜻한다. '여사(閭史)'와 '주사(州史)'는 모두 해당 행정구역에 속해 있는 관리를 뜻한다. '여부(閭府)'와 '주부(州府)'는 모두 해당 행정구역에 설치된 보관소를 뜻한다. 남편은 들어가서 식사를 할 때 양례처럼 한다고 했는데, 이 말은 자신의 처와 함께 예사를 하는데, 그때에는 며느리가 처음으로 시부모에게 음식을 바칠 때의 예법처럼 한다는 뜻이다.

經文

世子生, 則君沐浴朝服, 夫人亦如之. 皆立于阼階西鄕, 世婦抱子升自西階. 君名之, 乃降.〈094〉

제후의 세자가 태어난 경우라면, 군주는 목욕을 하고 조복을 착용하며, 부인 또한 이처럼 한다. 둘 모두는 동쪽 계단 위에 서서 서쪽을 바라보게 되고, 세부는 세자를 안고서 서쪽 계단을 통해 올라간다. 군주가 세자의 이름을 지어주게 되면 곧 내려간다.

諸侯朝服, 玄端素裳. 夫人亦如之者, 亦朝服也, 當是展衣. 註云:
"褖衣者, 以見子畢卽時御於君, 故服進御之褖衣也." 人君見世子於
路寢, 此升自西階, 是自外而入也. 凡生子, 無問妻妾, 皆在側室.

제후의 조복은 검은색의 상의와 흰색의 하의이다. "부인 또한 이처럼 한
다."는 말은 부인도 조복을 착용한다는 뜻인데, 그 옷은 전의에 해당한
다. 정현의 주에서는 "단의를 착용하는 것은 자식을 접견하는 일이 끝나
면, 군주를 시중들기 때문에, 시중을 들 때 착용하는 단의를 입는 것이
다."라고 했다. 군주가 세자를 접견할 때에는 노침에서 하니, 여기에서
"서쪽 계단을 통해서 올라간다."라고 한 말은 외부로부터 들어온 것을
뜻한다. 무릇 자식을 낳을 때에는 처와 첩을 불문하고 모두 측실에 머물
게 된다.

適子庶子見於外寢, 撫其首, 咳而名之. 禮帥初, 無辭.〈095〉[以
上舊在"使食子"之下.]

세자의 동생과 첩의 자식들에 대해서는 외침에서 접견하고, 군주는 아
이의 머리를 쓰다듬고, 자상하게 웃으며 아이의 이름을 지어준다. 이러
한 예법은 최초 세자에게 이름을 지어줄 때의 예법대로 따르지만, 건네
는 말은 없다. [여기까지는 옛 판본에 "세자에게 모유를 먹이도록 한다"[1]라고 한
문장 뒤에 수록되어 있었다.]

---

1) 『예기』「내칙」088장 : 國君世子生, 告于君, 接以大牢, 宰掌具. 三日, 卜士負
之, 吉者宿齊, 朝服寢門外, 詩負之. 射人以桑弧蓬矢六, 射天地四方, 保受乃
負之. 宰醴負子, 賜之束帛. 卜士之妻, 大夫之妾, 使食子.

此適子, 蓋世子之弟. 庶子, 則妾子也. 外寢, 君燕寢也. 燕寢在內,
以側室在房處內, 故謂此爲外也.

여기에서 말하는 '적자(適子)'는 아마도 세자의 동생을 뜻하는 것 같다.
'서자(庶子)'는 곧 첩의 아들을 뜻한다. '외침(外寢)'은 군주의 연침을 뜻
하다. 연침은 안쪽에 위치하지만, 측실을 옆에 두어 안쪽에 배치시켰기
때문에, 이 공간을 바깥으로 삼은 것이다.

近按: 此下雜言上下之禮.

내가 살펴보니, 이 문장 이하의 내용들은 상하 계층의 예법을 뒤섞어 언
급하고 있다.

冢子未食[如字]而見, 必執其右手. 適子庶子已食而見, 必循其
首.〈104〉 [舊在"旬而見"之下.]

천자나 제후의 경우, 총자에 대해서는 음식을 먹기['食'자는 글자대로 읽는
다.] 이전에 접견하고, 반드시 아들의 오른손을 잡게 된다. 총자의 동생
및 첩의 자식에 대해서는 음식을 먹은 이후에 접견하고, 반드시 그 머
리를 쓰다듬게 된다. [옛 판본에는 "10일마다 접견하게 된다."[1]라고 한 문장 뒤
에 수록되어 있었다.]

集說

疏曰: 此天子・諸侯之禮. 未與后夫人禮食而先見冢子, 急於正也;
禮食之後乃見適子庶子, 緩於庶耳.

소에서 말하길, 이 내용은 천자와 제후에게 해당하는 예이다. 아직 왕후
및 부인과 예사를 하기 이전에, 먼저 총자를 접견하니, 적통을 계승한
자에 대해서는 급히 만나보기 때문이며, 예사를 한 이후에는 곧 총자의
동생 및 첩의 자식들을 만나보니, 서자에 대해서는 다소 느슨하게 대하
기 때문이다.

淺見

近按: 此因上文適子庶子見於外寢之言, 而類付之.

내가 살펴보니, 이 문장은 앞에서 적자와 서자에 대해 외침에서 접견한
다고 한 말로 인해서 비슷한 부류를 덧붙인 것이다.

---

1) 『예기』「내칙」 103장 : 由命士以上及大夫之子, <u>旬而見</u>.

凡名子, 不以日月, 不以國, 不以隱疾. 大夫士之子, 不敢與世
子同名.〈096〉

자식의 이름을 지을 경우에는 해나 달 등의 고유명사로 짓지 않으며,
국명으로 짓지 않고, 그에게 있는 은질로 짓지 않는다. 대부와 사의 자
식은 감히 세자와 동일한 이름으로 짓지 않는다.

說見曲禮.

자세한 설명은 『예기』「곡례(曲禮)」편에 나온다.

妾將生子, 及月辰, 夫使人日一問之. 子生三月之末, 漱澣夙
齊, 見於內寢, 禮之如始入室. 君已食, 徹焉, 使之特餕, 遂入
御.〈097〉

첩이 자식을 낳으려고 할 때, 산달의 초하루가 되면, 남편은 사람을 시
켜서, 날마다 한 차례 안부를 묻는다. 자식이 태어난 후 3개월째의 말일
이 되면, 의복을 세탁하고, 일찍 일어나서 재계를 하여, 내침에서 아들
을 접견하고, 그때 따르는 의례는 첩이 처음 시집을 왔을 때처럼 한다.
남편이 식사를 마치면, 상을 치우고, 첩으로 하여금 홀로 남은 음식을
먹게 하고, 그 일이 끝나면, 들어가서 남편의 시중을 든다.

此言大夫·士之妾生子之禮. 宮室之制, 前有路寢, 次則君之燕寢,

次夫人正寢. 卿・大夫以下, 前有適室, 次則燕寢, 次則適妻之寢.
此言內寢, 正謂適妻寢耳. 如始入室者, 如初來嫁時也. 特餕, 使此
生子者獨餕, 不如常時衆妾同餕也.

이 내용은 대부와 사의 첩이 자식을 낳는 예에 대한 것이다. 궁실의 제
도에 있어서, 앞쪽에는 노침이 있게 되고, 그 다음에는 제후가 사용하는
연침이 있으며, 그 다음에는 부인이 사용하는 정침이 있게 된다. 경과
대부 이하의 계층에 있어서는 앞에 적실이 있고, 그 다음에 연침이 있으
며, 그 다음에 정부인의 침이 있다. 이곳에서 '내침(內寢)'이라고 말한
것은 바로 정부인의 침을 뜻할 따름이다. '여시입실(如始入室)'이라는 말
은 최초 시집을 왔을 때와 동일하게 한다는 뜻이다. '특준(特餕)'은 자식
을 낳은 첩으로 하여금 홀로 남은 음식을 먹게 하니, 일상적인 때 여러
첩들이 남은 음식을 함께 먹었던 것과는 다른 것이다.

公庶子生, 就側室. 三月之末, 其母沐浴朝服見於君, 擯者以
其子見. 君所有賜, 君名之, 衆子則使有司名之. ⟨098⟩

제후의 서자가 태어날 때, 그 어미는 측실로 가게 된다. 자식이 태어난
후 3개월째 말미에 그 어미는 목욕을 하고 조복을 착용하고서 군주를
알현하며, 의례를 돕는 자는 그녀의 자식을 데리고 알현한다. 군주에게
특별히 은총을 받은 경우라면, 군주가 직접 자식의 이름을 지어주지만,
나머지 서자들은 유사를 시켜서 이름을 짓게 한다.

擯者, 傅姆之屬也. 君所有賜者, 此妾君所偏愛而特加恩賜者, 故其
子, 君自名之. 若衆妾之子, 恩寵輕略者, 則使有司名之也.

'빈자(擯者)'는 부모 등의 부류를 뜻한다. '군소유사(君所有賜)'라는 말은 첩이 군주로부터 편애를 받아서, 특별히 은총을 받은 자라는 뜻이다. 그렇기 때문에 그녀의 자식에 대해서는 군주가 직접 이름을 짓는 것이다. 만약 나머지 첩의 자식들 중, 은총을 상대적으로 적게 받은 경우라면, 유사를 시켜서 이름을 짓게 한다.

疏曰: 前文已云適子庶子見, 異於世子, 今更重出者, 以前庶適連文, 故此特言庶子之禮.

소에서 말하길, 앞 문장에서는 이미 적자와 서자를 접견할 때, 세자와는 다르게 한다고 했는데, 현재 이곳 문장에 재차 중복해서 나온 것은 앞에서는 서자와 적자가 연이어져 설명되었기 때문에, 이곳에서는 특별히 서자에 대한 예만을 언급한 것이다.

庶人無側室者, 及月辰, 夫出居群室. 其問之也, 與子見父之禮, 無以異也.〈099〉

서인 중 측실이 없는 자가 자식을 낳을 때, 산달 초하루가 되면, 남편은 집을 벗어나 마을에 있는 여관에 머문다. 안부를 묻고, 자식이 부친을 뵙는 예 등은 신분에 따라 차등을 두지 않는다.

問之之禮, 與執手咳名之事, 欽帥記成之辭, 皆與有爵者同, 故云無以異也.

안부를 묻는 예와 자식의 손을 잡고 웃으며 이름을 지어주는 일, 공경스럽게 따르고, 기록하여 완성하라는 말 등을 전하는 것은 모두 작위를 가지고 있는 자들이 따르는 절차와 동일하다. 그렇기 때문에 차이를 둠이 없다고 말한 것이다.

經文

凡父在, 孫見於祖, 祖亦名之. 禮如子見父, 無辭.⟨100⟩ [舊在"禮師初無辭"之下.]

무릇 부친이 생존해 있을 때, 손자가 조부를 알현하게 될 때에는 조부 또한 손자의 이름을 지어준다. 해당하는 예는 자식이 부친을 알현할 때와 동일하게 하되, 조부가 전하는 말은 없게 된다. [옛 판본에는 "예법은 최초 세자에게 이름을 지어줄 때의 예법대로 따르지만, 건네는 말은 없다."[1]라고 한 문장 뒤에 수록되어 있었다.]

集說

應氏曰: 辭者, 夫婦所以相授受也. 祖尊, 故有其禮而無其辭.

응씨가 말하길, '사(辭)'는 부부가 서로 주고받는 것이다. 조부는 존귀하기 때문에, 해당 예는 있지만 전하는 말은 없다.

淺見

近按: 此節亦通上下而言.

내가 살펴보니, 이 문단 또한 상하 계층을 통괄해서 말한 것이다.

---

1) 『예기』「내칙」 095장 : 適子庶子見於外寢, 撫其首, 咳而名之. 禮師初, 無辭.

由命士以上[上聲]**及大夫之子, 旬**[如字]**而見.**〈103〉 [舊在"自養其子"
之下.]

명사로부터 그 이상의['上'자는 상성으로 읽는다.] 계급 및 대부에게 있어서,
그 자식에 대해서는 10일마다['旬'자는 글자대로 읽는다.] 접견하게 된다.
[옛 판본에는 "직접 그 자식을 양육한다."[1]라고 한 문장 뒤에 수록되어 있었다.]

集說

註讀旬爲均, 謂適子妾子有同時生者, 雖是先生者先見, 後生者後
見, 然皆在夫未與婦禮食之前, 故曰均而見也.

정현의 주에서는 '순(旬)'자를 균(均)자로 풀이했으니, 적자와 첩의 아들
이 동시에 태어난 경우에는 비록 먼저 태어난 자를 먼저 알현시켜야 하
고, 뒤에 태어난 자를 뒤에 알현시켜야 하지만, 이 모두는 남편이 부인
과 함께 아직 예사를 하기 이전이 된다. 그렇기 때문에 "모두 알현하게
된다."라고 말한 것이다.

應氏曰: "子固以禮見於父, 父則欲時時見之, 又不可瀆, 故每旬而一
見之. 若庶人則簡略易通, 故不必以旬而見." 今詳二說俱可疑, 缺之
可也.

응씨가 말하길, "자식은 진실로 예법에 따라서 부친을 알현하는데, 부친
의 경우에는 때때로 접견하고자 한다. 그러나 너무 자주 할 수는 없다.
그렇기 때문에 10일마다 한 차례씩 접견하는 것이다. 서인인 경우라면,
해당 절차를 간략히 하여 쉽게 만나볼 수 있다. 그렇기 때문에 반드시
10일까지 기다린 뒤에야 접견할 필요는 없다."라고 했다. 내가 두 주장

---

1) 『예기』「내칙」102장 : 大夫之子有食母, 士之妻自養其子.

을 살펴보니, 모두 의심스러운 점이 있으므로, 이 내용은 빼버리는 것이 좋을 것 같다.

浅見

近按: 舊註前說讀旬爲句, 蓋因此節之下, 舊有天子諸侯冢子未食而見, 適子庶子已食而見之言, 故以此爲士 · 大夫之適庶, 亦皆於未食而見之意也. 然其所謂適子庶子已食而見者, 以言或適或庶其禮如此爾, 非謂一時俱生而偕見也. 此節之文, 亦未見有適庶同時之意, 況舊本此節在上, 而言適庶之見者在下, 文義不愜, 其說牽强. 後說以旬如字者, 似爲得之, 然旣見之後, 時時而見者, 或數或疎, 不必有定期也. 竊疑上文言三月而見者, 雖通乎上下而言, 亦是全主世子而言之也. 大夫以下其禮稍簡, 生子者所居側室, 與其夫所居之室, 不甚相遠, 況其居室常産之道, 必待夫婦相資而成, 豈能於一家之中, 便至三月之久, 而不相見之者乎? 至於庶人尤不能然矣, 故禮家於前通言三月而后見子之禮, 又恐其拘而難行, 故於此又以爲由命士以上及大夫旬而見, 則是大夫 · 士不必待三月, 而庶人亦不待旬者, 可知矣. 我國之俗, 男女之際, 其禮多出於箕子八條之敎. 今生子者, 無貴賤, 皆於七日而後見, 疑古禮亦若是歟.

내가 살펴보니, 옛 주에서 앞의 주장은 '순(旬)'자에서 구문을 끊었는데, 아마도 이곳 문단 뒤에 옛 판본에는 천자와 제후의 총자에 대해서는 음식을 먹기 이전에 접견하고, 총자의 동생 및 첩의 자식에 대해서는 음식을 먹은 이후에 접견한다는 말이 있었기 때문에,[2] 이곳의 내용을 사와 대부의 적자와 서자에 대해서는 또한 둘 모두에 대해 아직 음식을 먹기 전에 접견한다는 뜻으로 여긴 것이다. 그러나 이른바 적자와 서자에 대해서 음식을 먹은 이후에 접견한다고 한 것은 적자이거나 서자인 경우 그 예법이 이와 같음을 언급한 것일 뿐이니, 일시에 둘 모두가 태어나서

---

2) 『예기』「내칙」104장 : 冢子未食而見, 必執其右手. 適子庶子已食而見, 必循其首.

모두 접견한다는 뜻이 아니다. 이 문단에는 또한 적자와 서자를 동시에 만나본다는 의미가 나타나지 않는데, 하물며 옛 판본에는 이곳 문단이 앞에 기록되어 있고 적자와 서자를 만나본다고 한 내용은 뒤에 기록되어 있으니, 문맥의 뜻이 합치되지 않으므로, 그 주장은 경간부회이다. 뒤의 주장은 '순(旬)'자를 글자대로 풀이했는데, 아마도 이 말이 옳은 것 같다. 그런데 이미 접견의 절차를 끝낸 뒤에 때때로 만나보는 경우에는 어떤 경우에는 자주하고 또 어떤 경우에는 드물게 하여 정해진 기일을 둘 필요는 없다. 내가 생각하기에 앞 문장에서 "3개월이 지난 뒤에 접견한다."라고 한 말은 비록 상하 계층을 통괄해서 말한 것이지만, 이것은 또한 전적으로 세자를 위주로 말한 것이다. 대부 이하의 계층에 있어서는 그 예법이 다소 간소하여, 자식을 낳는 자가 머무는 곳도 측실이 되어 그녀의 남편이 머무는 실과도 매우 멀리 떨어져 있지 않은데, 하물며 실에 머물며 항상 낳는 도라는 것은 반드시 부부가 서로의 바탕이 된 뒤에야 완성이 되는데, 어찌 한 집안에 있어서 3개월이라는 긴 시간 동안 서로 만나보지 못할 수 있겠는가? 서인에게 이르러서는 더욱 이처럼 할 수 없다. 그렇기 때문에 예학자들은 앞서서 3개월이 지난 뒤에 자식을 접견한다는 예법을 통괄적으로 언급하고, 또 너무 그 규정에 얽매이고 시행하기 어렵게 될 것을 염려했기 때문에, 이곳에서 재차 명사로부터 그 이상의 계층과 대부는 10일마다 한 차례 접견한다고 했으니, 이것은 대부와 사가 반드시 3개월까지 기다릴 필요가 없고, 서인은 또한 10일까지 기다리지 않는다는 사실을 알 수 있다. 우리나라의 풍속에 있어서 남녀 사이에 적용되는 예법은 대부분 기자가 정한 여덟 조목의 가르침에서 도출된 것이다. 현재 자식을 낳은 경우 귀천의 차이 없이 모두 7일 이후에 만나보게 되는데, 아마도 고대의 예법 또한 이와 같았을 것이다.

子能食食[嗣], 教以右手; 能言, 男唯[上聲]女兪. 男鞶革, 女鞶 絲.〈105〉

자식이 제 스스로 밥을['食'자의 음은 '嗣(사)'이다.] 먹을 수 있게 되면, 오른 손으로 먹도록 가르치며, 말을 할 수 있다면, 남자아이는 유(唯)라고['唯' 자는 상성으로 읽는다.] 대답하고, 여자아이는 유(兪)라고 대답하도록 가르 친다. 남자아이에게는 가죽으로 만든 작은 주머니를 채우고, 여자아이 에게는 비단으로 만든 작은 주머니를 채운다.

集說

食, 飯也. 唯, 兪, 皆應辭. 鞶, 小囊, 盛帨巾者. 男用韋, 女用繒帛.

'사(食)'는 밥을 뜻한다. '유(唯)'와 '유(兪)'는 모두 응답할 때 내는 말이 다. '반(鞶)'자는 작은 주머니로, 허리에 차는 수건을 담는 것이다. 남자 것은 가죽을 이용해서 만들고, 여자 것은 비단을 이용해서 만든다.

經文

六年, 敎之數與方名. 七年, 男女不同席, 不共食. 八年, 出入 門戶, 及卽席飮食, 必後長者, 始敎之讓.〈106〉

아이의 나이가 6세가 되면, 숫자와 방위를 가르친다. 7세가 되면, 남자 아이와 여자아이는 같은 자리에 앉지 않고, 함께 음식을 먹지 않는다. 8세가 되면, 문과 방문을 출입하고, 자리에 나아가서 음식을 먹을 때에 는 반드시 연장자보다 뒤늦게 하니, 이때부터 비로소 겸양의 도리를 가 르친다.

數, 謂一十百千萬. 方名, 東西南北也.

'수(數)'라는 것은 1, 10, 100, 1000, 10000과 같은 수를 뜻한다. '방명(方名)'은 동·서·남·북을 뜻한다.

九年, 敎之數[上聲]日. 十年, 出就外傅, 居宿於外, 學書計.〈107〉

아이의 나이가 9세가 되면, 날짜를 헤아리는['數'자는 상성으로 읽는다.] 법을 가르친다. 남자아이의 나이가 10세가 되면, 집을 벗어나서 외부 스승에게 찾아가고, 외지에서 기숙하며, 육서와 구수를 배운다.

數日, 知朔望與六甲也. 外傅, 敎學之師也. 書, 謂六書. 計, 謂九數.

'수일(數日)'은 초하루·보름 및 육갑을 헤아리는 법을 알게끔 하는 것이다. '외부(外傅)'는 교육을 담당하는 스승이다. '서(書)'는 육서(六書)[1]를 뜻한다. '계(計)'는 구수(九數)[2]를 뜻한다.

---

1) 육서(六書)는 한자의 구성과 형성에 대한 여섯 가지 이론으로, 상형(象形), 지사(指事: =處事), 회의(會意), 형성(形聲: =諧聲), 전주(轉注), 가차(假借)를 뜻한다. 『주례』「지관(地官)·보씨(保氏)」편에는 "五曰六書."라는 기록이 있는데, 이에 대한 정현의 주에서는 정사농(鄭司農)의 주장을 인용하여, "六書, 象形·會意·轉注·處事·假借·諧聲也."라고 풀이했다.

2) 구수(九數)는 고대의 아홉 가지 계산 방법이다. 방전(方田), 속미(粟米), 차분(差分), 소광(少廣), 상공(商功), 균수(均輸), 방정(方程), 영부족(贏不足), 방요(旁要)를 뜻한다. 『주례』「지관(地官)·보씨(保氏)」편에는 "六曰九數."라는 기록이

衣不帛襦[儒]袴. 禮帥初, 朝夕學幼儀, 請肄簡諒.〈108〉

아이의 옷에 있어서, 비단으로 지은 속옷과['襦'자의 음은 '儒(유)'이다.] 바지는 입히지 않는다. 아이가 예에 따라 행동을 할 때에는 최초 가르친 대로 시행하도록 하고, 아침저녁으로 아이가 따라야 하는 행동예절을 배우도록 하며, 육서의 편수와 언어의 진실됨에 대해서 익히기를 청한다.

集說

曲禮曰: "童子不衣裘裳". 不以帛爲襦袴, 亦爲太溫也. 禮帥初, 謂行禮動作皆循習初敎之方也. 肄, 習也. 簡, 書篇數也. 諒, 言語信實也. 皆請於長者而習學之也. 一說, 簡者簡要, 謂使之習事務從其要, 不爲迂曲煩擾也.

『예기』「곡례(曲禮)」편에서는 "어린아이들에게는 가죽으로 된 옷과 치마를 입히지 않는다."고 했다. 비단으로 속옷과 바지를 만들어 입히지 않는 것 또한 그 옷이 너무 따뜻하기 때문이다. '예솔초(禮帥初)'라는 말은 예를 시행하며 행동할 때에는 모두 최초 가르친 방도대로 따른다는 뜻이다. '이(肄)'자는 "익히다."는 뜻이다. '간(簡)'자는 육서의 편수를 뜻한다. '양(諒)'자는 언어의 진실됨을 뜻한다. 이 모두는 연장자에게 청하여 학습하게 된다. 일설에는 '간(簡)'자는 간단하고 요긴한 요령을 뜻한다고 하니, 그로 하여금 일을 익히게 할 때, 그 요령에 따라 힘쓰게 하여, 우원하고 번거롭게 시행하지 않도록 한다는 뜻이다.

있는데, 이에 대한 정현의 주에서는 정중(鄭衆)의 주장을 인용하여, "九數, 方田·粟米·差分·少廣·商功·均輸·方程·贏不足·旁要."라고 풀이했다.

十有三年, 學樂, 誦詩, 舞勺[酌]. 成童, 舞象, 學射御.⟨109⟩

남자아이의 나이가 13세가 되면, 음악을 익히고, 시를 암송하며, 작이라 는['勺'자의 음은 '酌(작)'이다.] 춤을 추게 한다. 15세 이상이 된 남자아이들 은 상이라는 춤을 추고, 활쏘기와 수레 모는 방법을 익힌다.

集說

樂, 八音之器也. 詩, 樂歌之篇章也. 成童, 十五以上. 象, 說見文王 世子. 射, 謂五射. 御, 謂五御也. 六藝, 詳見小學書.

'악(樂)'자는 팔음(八音)[3]의 악기를 뜻한다. '시(詩)'는 연주하고 노래할 때 사용하는 편과 장이다. '성동(成童)'은 15세 이상의 아이를 뜻한다. '상(象)'에 대해서는 그 설명이 『예기』「문왕세자(文王世子)」편에 나온 다. '사(射)'는 오사(五射)[4]를 뜻한다. '어(御)'는 오어(五御)[5]를 뜻한다.

---

3) 팔음(八音)은 여덟 가지의 악기들을 뜻한다. 여덟 종류의 악기에는 8종류의 서로 다른 재질이 사용되기 때문에, 붙여진 이름이다. 여기에서 여덟 가지 재질이란 통상적으로 쇠[金], 돌[石], 실[絲], 대나무[竹], 박[匏], 흙[土], 가죽[革], 나무[木]를 가리킨다. 『서』「우서(虞書)·순전(舜典)」편에는 "三載, 四海遏密八音."이란 기 록이 있는데, 이에 대한 공안국(孔安國)의 전(傳)에서는 "八音, 金石絲竹匏土革 木."이라고 풀이하였다. 또한 여덟 가지 재질에 따른 악기에 대해서 설명하자면, 금(金)에는 종(鐘)과 박(鎛)이 있고, 석(石)에는 경(磬)이 있으며, 토(土)에는 훈 (塤)이 있고, 혁(革)에는 고(鼓)와 도(鼗)가 있으며, 사(絲)에는 금(琴)과 슬(瑟) 이 있고, 목(木)에는 축(柷)과 어(敔)가 있으며, 포(匏)에는 생(笙)이 있고, 죽(竹) 에는 관(管)과 소(簫)가 있다. 『주례』「춘관(春官)·대사(大師)」편에는 "皆播之 以八音, 金石土革絲木匏竹."이라는 기록이 있는데, 이에 대한 정현의 주에서는 "金, 鐘鎛也. 石, 磬也. 土, 塤也. 革, 鼓鼗也. 絲, 琴瑟也. 木, 柷敔也. 匏, 笙也. 竹, 管簫也."라고 풀이하였다.

4) 오사(五射)는 사례(射禮)를 시행할 때 사용되는 다섯 가지 활 쏘는 예법을 뜻한 다. 다섯 가지 활 쏘는 예법은 백시(白矢), 삼련(參連), 섬주(剡注), 양척(襄尺),

정의(井儀)이다. '백시'는 화살을 쏘아서 과녁을 꿰뚫는다는 뜻이다. 화살이 과녁을 꿰뚫게 되면, 화살 끝에 달려 있는 흰 깃털만 보인다는 의미에서 '백시'라고 부른다. '삼련'은 앞서 한 발의 화살을 쏘고, 뒤이어 3발의 화살을 연이어 쏜다는 뜻이다. '섬주'는 화살을 쏠 때 끝부분의 깃털이 위로 올라가고, 화살촉이 밑으로 내려간 형태로 화살이 날아가는 것을 뜻한다. '양척'은 신하가 군주와 함께 화살을 쏠 때, 군주가 화살을 쏘는 장소로부터 1척(尺) 정도 물러나서 쏘는 것을 뜻한다. '정의'는 4발의 화살을 쏘아서 과녁을 명중시킬 때, 정(井)자의 형태가 되도록 쏘는 것을 뜻한다. 『주례』「지관(地官)・보씨(保氏)」편에는 "養國子以道, 乃敎之六藝, 一曰五禮, 二曰六樂, 三曰<u>五射</u>, 四曰五馭, 五曰六書, 六曰九數."라는 기록이 있고, 이에 대한 정현의 주에서는 정사농(鄭司農)의 주장을 인용하여, "五射, 白矢・參連・剡注・襄尺・井儀也."라고 풀이했으며, 가공언(賈公彦)의 소(疏)에서는 "云白矢者, 矢在侯而貫侯過, 見其鏃白; 云參連者, 前放一矢, 後三矢連續而去也; 云剡注者, 謂羽頭高鏃低而去, 剡剡然; 云襄尺者, 臣與君射, 不與君並立, 襄君一尺而退; 云井儀者, 四矢貫侯, 如井之容儀也."라고 풀이했다.

5) 오어(五馭)는 오어(五御)라고도 부르며, 수레를 몰 때 사용되는 다섯 가지 기술을 뜻한다. 다섯 가지 기술은 명화란(鳴和鸞), 축수곡(逐水曲), 과군표(過君表), 무교구(舞交衢), 축금좌(逐禽左)이다. '명화란'은 수레를 몰 때 방울 소리가 조화롭게 울린다는 뜻이다. '화(和)'와 '란(鸞)'은 모두 수레에 다는 일종의 방울인데, 수레를 편안하게 몰기 때문에 소리가 조화롭게 울린다는 뜻이다. '축수곡'은 물길 옆에 있는 도로를 따라 수레를 몬다는 뜻이다. 즉, 물길의 굴곡에 따른 굽이진 곳을 이동하면서도 수레가 물에 빠지지 않도록 운전을 잘 한다는 뜻이다. '과군표'는 군주가 있는 곳은 깃발 등으로 표시를 하는데, 그곳을 지나갈 때에는 수레를 몰지 않는다는 뜻이다. 일종의 군주에게 공경의 뜻을 표하는 방법이다. '무교구'는 교차로에서 수레끼리 교차하게 될 때, 서로에게 피해를 주지 않기 위해 춤추는 절도에 따라 서로 수레를 돌린다는 뜻이다. '축금좌'는 사냥할 때 수레를 모는 방법이다. 사냥을 할 때 존귀한 자는 좌측에 타서 활을 쏘게 되는데, 짐승을 잘 맞출 수 있도록 수레의 좌측 방향으로 짐승을 몬다는 뜻이다. 『주례』「지관(地官)・보씨(保氏)」편에는 "養國子以道, 乃敎之六藝, 一曰五禮, 二曰六樂, 三曰五射, 四曰<u>五馭</u>, 五曰六書, 六曰九數."라는 기록이 있고, 이에 대한 정현의 주에서는 정사농(鄭司農)의 주장을 인용하여, "五馭, 鳴和鸞・逐水曲・過君表・舞交衢・逐禽左."라고 풀이했으며, 가공언(賈公彦)의 소(疏)에서는 "云五馭者, 馭車有五種. 云鳴和鸞者, 和在式, 鸞在衡. 按韓詩云, '升車則馬動, 馬動則鸞鳴, 鸞鳴則和應.' 先鄭依此而言. 云逐水曲者, 無正文, 先鄭以意而言, 謂御車隨逐水勢之屈曲而不墜水也. 云過君表者, 謂若毛傳云, '褐纏旃以爲門, 裘纏質以

육예에 대해서는 그 설명이 『소학』에 상세히 나온다.

朱子曰: 酌, 卽勺也. 內則曰, 十三舞勺, 卽以此詩爲節而舞也.

주자가 말하길, '작(酌)'은 곧 작(勺)에 해당한다. 「내칙」편에서는 13세 때 작이라는 춤을 춘다고 했으니, 곧 이 시를 절도로 삼아서 춤을 추는 것이다.

二十而冠, 始學禮, 可以衣[去聲]裘帛, 舞大夏, 惇行孝弟, 博學不教, 內而不出.〈110〉

20세가 되면 관례를 치르고, 비로소 본격적인 예를 배우게 되며, 갓옷과 비단옷을 입을['衣'자는 거성으로 읽는다.] 수 있게 되고, 대하라는 춤을 익히며, 효제의 도리를 돈독히 실천하고, 널리 배우되 남을 가르치지 않으며, 내면에 아름다운 미덕을 키우되 겉으로 뽐내지 않는다.

始學禮, 以成人之道, 當兼習言吉·凶·賓·軍·嘉之五禮也. 大夏, 禹樂, 樂之文武兼備者也. 孝弟, 百行之本, 故先務惇行於孝悌而后博學也. 不教, 恐所學未精, 故不可爲師以教人也. 內而不出, 言蘊

爲橛, 間容握, 驅而入, 轚則不得入.' 穀梁亦云, '艾蘭以爲防, 置旄以爲轅門, 以葛覆質以爲槷, 流旁握, 御轚者不得入.' 是其過君表卽褐纏旄是也. 云舞交衢者, 衢, 道也, 謂御車在交道, 車旋應於舞節. 云逐禽左者, 謂御驅逆之車, 逆驅禽獸使左, 當人君以射之, 人君自左射. 故毛傳云, '故自左膘而射之, 達于右腢, 爲上殺.' 又禮記云, '佐車止, 則百姓田獵', 是也."라고 풀이했다.

畜其德美於中, 而不自表見其能也. 一說, 謂不出言以爲人謀畫.

"비로소 예를 배운다."는 것은 성인의 도리에 따라서, 마땅히 길·흉·군·빈·가에 해당하는 오례도 함께 익혀야 하기 때문이다. '대하(大夏)'는 우임금의 악곡이니, 악곡 중 문무를 겸비하고 있는 것이다. '효제(孝悌)'는 모든 행실의 근본이 된다. 그렇기 때문에 우선적으로 효제를 돈독히 시행하는 것에 힘쓰고, 그 이후에 널리 배우는 것이다. 가르치지 않는 것은 배운 것이 아직 정밀하지 않음을 염려하기 때문에, 그를 스승으로 세워 남을 가르치게 할 수 없는 것이다. '내이불출(內而不出)'은 내면에 아름다운 덕을 온축하되, 그 능력을 제 스스로 뽐내지 않는다는 뜻이다. 일설에는 말을 내뱉어서 다른 사람을 위해 계획하거나 도모하지 않는다는 뜻이라고 한다.

經文

三十而有室, 始理男事, 博學無方, 孫[去聲]友視志.〈111〉

30세가 되면 결혼을 하고, 비로소 남자가 해야 할 일들을 처리하게 되며, 널리 배우되 고정된 스승이 없고, 벗을 사귀며['孫'자는 거성으로 읽는다.] 그가 숭상하는 뜻을 살펴서 자신의 뜻을 헤아린다.

集說

室, 猶妻也. 男事, 受田給政役也. 方, 猶常也. 學無常, 在志所慕則學之. 孫友, 順交朋友也. 視志, 視其志意所尚也.

'실(室)'자는 처를 뜻한다. '남사(男事)'는 농경지를 받아서 경작하고 요역에 나가는 것을 뜻한다. '방(方)'자는 일정함을 뜻한다. 배움에 일정함이 없다는 것은 사모하는 자에 대해 뜻을 두고 그의 덕행을 배운다는 뜻이다. '손우(孫友)'는 벗들과 교류하며 따른다는 뜻이다. '시지(視志)'

는 그의 뜻이 숭상하는 바를 견주어 본다는 뜻이다.

四十始仕, 方物出謀發慮, 道合則服從, 不可則去. 五十命爲
大夫, 服官政. 七十致仕. 凡男拜, 尚左手.⟨112⟩

40세가 되면 비로소 벼슬살이를 하고, 그 사안에 대해서 잘 따지고 계
획을 내놓으며 고려한 것을 제출하되, 군주와 도가 합치되면 복종하여
따르고, 불가하다면 관직에서 떠난다. 50세가 되면 명을 받아서 대부가
되고, 관부의 정무에 복무한다. 70세가 되면 벼슬에서 물러난다. 무릇
남자가 절을 할 때에는 좌측 손을 위로 올린다.

集說

朱子曰: "物猶事也. 方物出謀, 則謀不過物; 方物發慮, 則慮不過
物." 問: "何謂不過物?" 曰: "方, 猶對也. 比方以窮理."

주자가 말하길, "'물(物)'은 일을 뜻한다. '방물출모(方物出謀)'는 계획한
것이 그 일을 벗어나지 않는다는 뜻이다. '방물발려(方物發慮)'는 고려한
것이 그 일을 벗어나지 않는다는 뜻이다."라고 했다. 묻기를 "어떤 것을
그 일에서 벗어났다고 합니까?" 대답하길, "'방(方)'자는 '대한다.'는 뜻이
다. 비교하여 이치를 궁구하는 것이다."라고 했다.

女子十年不出, 姆[茂]教婉婉[晩]聽從. 執麻枲, 治絲繭, 織紝[女金反]組[祖]紃[巡], 學女事以共[恭]衣服. 觀於祭祀, 納酒漿籩豆菹醢, 禮相[去聲]助奠.〈113〉

여자아이의 경우 10세가 되면, 더 이상 안채에서 밖으로 나오지 않고, 여사는['姆'자의 음은 '茂(무)'이다.] 말을 순하게 하고, 용모를 순박하게['婉'자의 음은 '晩(만)'이다.] 하며, 잘 따르는 일들을 가르친다. 삼으로 견직물 만드는 일을 하고, 누에에서 생사 뽑는 일을 하며, 견직물을['紝'자는 '女(녀)'자와 '金(금)'자의 반절음이다. '紃'자의 음은 '巡(순)'이다.] 짜고['組'자의 음은 '祖(조)'이다.] 여자가 익혀야 하는 일들을 배워서, 의복을 공급한다.['共'자의 음은 '恭(공)'이다.] 제사에 대한 일을 살펴보고, 술·장, 변과 두에 올리는 음식, 절임과 젓갈 등을 공급하며, 예법에 따라 도와서['相'자는 거성으로 읽는다.] 음식 진설하는 것을 돕는다.

十年不出, 謂十歲則恒處於內也. 姆, 女師也. 婉, 謂言語. 娩, 謂容貌. 司馬公云: "柔順貌". 紝繪帛之屬. 組, 亦織也. 詩: "執轡如組". 紃之制似絛, 古人以置諸冠服縫中者.

'십년불출(十年不出)'은 10세가 되면 항상 안채에 머문다는 뜻이다. '무(姆)'는 여사를 뜻한다. '완(婉)'은 언어에 대한 내용이다. '만(娩)'은 용모에 대한 내용이다. 사마공은 "유순한 모습을 뜻한다."라고 했다. '임(紝)'은 명주나 비단 등의 직물을 뜻한다. '조(組)' 또한 "짜다."는 뜻이니, 『시』에서는 "고삐를 마치 끈을 잡듯이 잡았다."[6]라고 했다. 순을 제

---

6) 『시』「패풍(邶風)·간혜(簡兮)」: 有力如虎, <u>執轡如組</u>. 左手執籥, 右手秉翟. 赫如渥赭, 公言錫爵.

작하는 방법은 조와 유사한데, 고대인들은 이것을 관과 의복 중 봉합된 부위에 달았다.

經文

十有五年而笄, 二十而嫁. 有故, 二十三年而嫁. 聘則爲妻, 奔則爲妾. 凡女拜, 尚右手.〈114〉 [舊在"必循其首"之下.]

여자아이의 나이가 15세가 되어 혼인이 결정되면 비녀를 꼽고, 20세가 되면 시집을 간다. 부모의 상과 같은 변고가 발생하면, 23세에 시집을 간다. 정식 예를 갖춰서 남편이 찾아온 경우에는 처가 되고, 여자가 직접 그 집에 가게 되면 첩이 된다. 무릇 여자가 절을 할 때에는 우측 손을 위로 올린다. [옛 판본에는 "반드시 그 머리를 쓰다듬게 된다."[7]라고 한 문장 뒤에 수록되어 있었다.]

集說

十五許嫁則笄, 未許嫁者二十而笄. 故, 謂父母喪. 妻, 齊也. 妾之言接, 言得接見於君子, 不得伉儷也. 尚左尚右, 陰陽之別.

15세 때 혼인이 약속되면 비녀를 꼽게 되고, 아직 혼인이 결정되지 않은 여자는 20세가 되면 비녀를 꼽는다. '고(故)'자는 부모의 상을 뜻한다. '처(妻)'자는 "나란하다."는 뜻이다. '첩(妾)'자는 "접한다."는 뜻이니, 군자에 대해 접견할 수 있지만 대등한 짝이 될 수 없다는 뜻이다. 왼손을 위로 하고 오른손을 위로 하는 것은 음양에 따른 구별이다.

---

7) 『예기』「내칙」104장 : 冢子未食而見, 必執其右手. 適子庶子已食而見, 必循其首.

淺見

近按: 此以上皆言敎子之禮, 主大夫以下言之也.

내가 살펴보니, 여기까지는 모두 자식을 가르치는 예법을 언급한 것인데, 대부 이하의 계층을 위주로 언급한 것이다.

| 저자 소개 |

권근(權近, 1352~1409)

· 고려말 조선초기 때의 학자
· 본관은 안동(安東)이고, 초명은 진(晉)이며, 자는 가원(可遠)·사숙(思叔)이고,
  호는 소오자(小烏子)·양촌(陽村)이며, 시호는 문충(文忠)이다.

| 역자 소개 |

정병섭鄭秉燮

· 1979년 출생
· 2002년 성균관대학교 유교철학과 졸업
· 2004년 성균관대학교 대학원 유학과 석사
· 2013년 성균관대학교 대학원 유학과 철학박사
· 『역주 예기집설대전』과 『역주 예기보주』를 완역하였다.
· 『의례』, 『주례』, 『대대례기』 번역과 한국유학자들의 예학 관련 저작들의
  번역을 계획 중이다.

譯註
禮記淺見錄 ❸
禮運·禮器·郊特牲·內則

초판 인쇄 2019년 10월 1일
초판 발행 2019년 10월 15일

저   자ㅣ권 근(權近)
역   자ㅣ정 병 섭(鄭秉燮)
펴 낸 이ㅣ하 운 근
펴 낸 곳ㅣ學古房

주   소ㅣ경기도 고양시 덕양구 통일로 140 삼송테크노밸리 A동 B224
전   화ㅣ(02)353-9908 편집부(02)356-9903
팩   스ㅣ(02)6959-8234
홈페이지ㅣhakgobang.co.kr
전자우편ㅣhakgobang@naver.com, hakgobang@chol.com
등록번호ㅣ제311-1994-000001호

ISBN 978-89-6071-893-7 94150
        978-89-6071-890-6 (세트)

값 : 36,000원